法治建设与法学理论研究部级科研项目成果

"史料中的习惯与规则：湖湘地区旧志中的民商事习惯史料整理注释与研究"（项目编号 15SFB3007）

史料中的习惯与规则
——湖湘地区方志中民商事习惯史料的整理注释与研究

于熠　丁广宇　宋宗君　著

学苑出版社

图书在版编目（CIP）数据

史料中的习惯与规则：湖湘地区方志中的民商事习惯史料整理注释与研究 / 于熠，丁广宇，宋宗君著 . — 北京：学苑出版社，2020.9
ISBN 978-7-5077-6006-4

Ⅰ.①史… Ⅱ.①于…②丁…③宋… Ⅲ.①民法—习惯法—史料—研究—湖南②商法—习惯法—史料—研究—湖南 Ⅳ.① D927.640.2

中国版本图书馆 CIP 数据核字（2020）第 172087 号

责任编辑：	周　鼎
出版发行：	学苑出版社
社　　址：	北京市丰台区南方庄2号院1号楼
邮政编码：	100079
网　　址：	www.book001.com
电子信箱：	xueyuanpress@163.com
联系电话：	010-67601101（营销部）、010-67603091（总编室）
经　　销：	全国新华书店
印 刷 厂：	北京建宏印刷有限公司
开本尺寸：	787×1092　1/16
印　　张：	26.25
字　　数：	450千字
版　　次：	2020年9月第1版
印　　次：	2020年9月第1次印刷
定　　价：	298.00元

前　言

党的十九大工作报告中指出新时代中国特色社会主义社会的主要矛盾已经转化为"人民日益增长的美好生活需要和不平衡不充分的发展之间的矛盾"。这说明区域发展的不平衡性已经严重影响我国全面迈向小康社会的步伐。而要解决这一矛盾，就必须正视区域法律的地方性、复杂性与自主性。2018年3月11日通过的《中华人民共和国宪法修正案》明确了"设区的市的人民代表大会和它们的常务委员会，在不同宪法、法律、行政法规和本省、自治区的地方性法规相抵触的前提下，可以依照法律规定制定地方性法规"。这为地方立法权的行使提供了宪法依据。然而，为了实现人民对美好生活的需求和"全体人民共同富裕的社会理想"，如何正确且有效的行使地方立法权是当下法治研究的重要任务。

传统中国是一个乡土社会，众多的人口因小农经济的发展模式而以家族、宗族为主要单位聚居在幅员辽阔的疆域中，呈现出"百里不同风，千里不同俗"的状态。而"法律的基础在于人心，是民族精神的体现"。因此，各地形成了不同但符合本地区生活状态的民俗习惯。民俗习惯是中国老百姓过日子的重要逻辑，它承载着中华民族数千年的价值追求，在司法活动中被普遍接受和适用，与官方法律共同维护了中国传统社会的基层社会秩序。因为"为国也，观俗立法则治，察国事本则宜"。（《商君书·算地第六》）虽然当今中国与传统社会相比已经发生了巨大变化，但变化的是中国老百姓对美好社会生活的需求，不变的是他们在矛盾纠纷解决中苦苦追求的"理"。对地方民商事习惯进行研究正是地方政府实现"科学立法"，达到"良法善治"的重要途径。

尽管近代中国百余年来民商事习惯由于受到西化、苏化的影响早已在城市中无存，但在广阔的乡村中这种传统依然影响着老百姓的民商事生活。如果在对民商事习惯阐释后表明其具有超越时代的法律价值,为现实的"扭曲"的民商事关系"正常化",同时为民商事纠纷解决提供智慧,就不能再将这些视为"故纸堆"和"死物"而简单粗暴的遗弃。过去一段时间中,我们简单强调"革故"式的法律变革对民族法律的进步是有害的。在具体的研究思路上,应当带着"问题意识"来研究中西法律的识别点(差异处)和连接点(共生处)。在这种方法的指引下,既探讨地方民商事习惯对于现实的民商事权利义务关系构建进行指导的可能性,又牵涉传统民商事习惯对于现实民商事地方法律制定进行借鉴的可行性。

新时代中国特色社会主义法治建设的核心在于以人为本,强调"科学立法、严格执法、公正司法、全民守法"的法治工作方针。其中"科学立法"在地方立法上主要体现在满足人民利益、反映人民意愿,避免"劣法"、"闲法"、"恶法"的出现。要实现这个方针,就必须正视我们的民族传统和地方习惯规则,以科学的方法审视方志中的民商事习惯,才是真正的"不忘本来、吸收外来、面向未来",才能做到"良法善治",才能制定出中国人民真正"信仰"的法律。

目 录

第一章 绪论 / 1
一、研究现状 / 1
二、价值和意义 / 1
三、研究对象 / 2
四、研究分类 / 3
五、重点难点 / 4
六、特色和创新 / 5
七、研究思路 / 5
八、研究方法 / 6

第二章 民乡风俗史料 / 7
一、华容县 / 7
二、澧县 / 9
三、安乡县 / 10
四、清泉县 / 15
五、耒阳县 / 20
六、酃县 / 26
七、零陵县 / 35
八、祁阳县 / 49
九、长沙县 / 56

十、汝城县　　　　　　　　　　　／ 60

十一、桂东县　　　　　　　　　／ 72

十二、嘉禾县　　　　　　　　　／ 79

十三、晃州厅　　　　　　　　　／ 88

十四、兴宁县　　　　　　　　　／ 93

十五、宁乡县　　　　　　　　　／ 99

十六、新化县　　　　　　　　　／ 106

十七、新田县　　　　　　　　　／ 107

十八、茶陵县　　　　　　　　　／ 108

十九、长沙府　　　　　　　　　／ 110

二十、平江县　　　　　　　　　／ 115

二十一、华容县　　　　　　　　／ 117

二十二、湘潭县　　　　　　　　／ 118

二十三、浏阳县　　　　　　　　／ 121

二十四、醴陵县　　　　　　　　／ 123

二十五、攸县　　　　　　　　　／ 127

二十六、湘乡县　　　　　　　　／ 132

二十七、郴州直隶州、　　　　　／ 134

二十八、安仁县　　　　　　　　／ 137

二十九、嘉禾县　　　　　　　　／ 142

三十、永兴县　　　　　　　　　／ 144

三十一、桂阳县　　　　　　　　／ 151

三十二、临武县　　　　　　　　／ 155

三十三、耒阳县　　　　　　　　／ 156

三十四、衡山县　　　　　　　　／ 158

三十五、祁阳县　　　　　　　　／ 159

三十六、兴宁县　　　　　　　　／ 161

三十七、永州府　　　　　　　　／ 162

三十八、永明县 / 163

三十九、武冈州 / 164

四十、新化县 / 165

四十一、辰州府 / 166

四十二、黔阳县 / 168

四十三、桑植县 / 171

四十四、永绥厅 / 173

四十五、安福县 / 175

第三章　市廛经济史料　　/ 176

一、华容县 / 176

二、醴陵县 / 176

三、攸县 / 178

四、永兴县 / 183

五、桂阳县 / 183

六、衡山县 / 184

七、武冈县 / 185

八、遂宁县 / 185

九、新化县 / 186

十、辰谿县 / 186

十一、沅陵县 / 186

十二、沅州府 / 187

十三、芷江县 / 187

十四、永顺县 / 188

十五、古丈坪厅 / 188

十六、永绥厅 / 191

十七、保靖县 / 192

十八、益阳县 / 192

十九、湘阴县 / 193

二十、醴陵县 / 194

二十一、新化县 / 195

二十二、宁乡县 / 196

二十三、蓝山县 / 197

二十四、桂阳直隶州 / 199

二十五、麻阳县 / 200

二十六、临武县 / 201

二十七、溆浦县 / 201

二十八、靖州直隶州 / 202

二十九、保靖县 / 202

三十、宁乡县 / 203

三十一、永顺县 / 205

三十二、长沙 / 205

三十三、湘潭 / 206

三十四、永明县 / 221

三十五、巴陵县 / 221

三十六、华容县 / 222

三十七、溆浦县 / 223

三十八、醴陵县 / 227

三十九、桂阳县 / 228

四十、桂阳直隶州 / 229

四十一、古丈坪厅 / 230

四十二、宁乡县 / 231

四十三、永顺县 / 231

四十四、蓝山县 / 232

四十五、东安县 / 233

四十六、永顺府　　　　　　　　　　　　　/ 234

　　四十七、乾州厅　　　　　　　　　　　　　/ 235

　　四十八、古丈坪　　　　　　　　　　　　　/ 236

　　四十九、永绥厅　　　　　　　　　　　　　/ 238

　　五十、保靖县　　　　　　　　　　　　　　/ 239

　　五十一、凤凰厅　　　　　　　　　　　　　/ 240

第四章　坛庙典礼史料　　　　　　　　　　/ 242

　　一、长沙府　　　　　　　　　　　　　　　/ 242

　　二、平江县　　　　　　　　　　　　　　　/ 243

　　三、安仁县　　　　　　　　　　　　　　　/ 243

　　四、嘉禾县　　　　　　　　　　　　　　　/ 245

　　五、永兴县　　　　　　　　　　　　　　　/ 246

　　六、兴宁县　　　　　　　　　　　　　　　/ 251

　　七、桂东县　　　　　　　　　　　　　　　/ 253

　　八、桂阳县　　　　　　　　　　　　　　　/ 254

　　九、汝城县　　　　　　　　　　　　　　　/ 254

　　十、临武县　　　　　　　　　　　　　　　/ 255

　　十一、衡州府　　　　　　　　　　　　　　/ 256

　　十二、清泉县　　　　　　　　　　　　　　/ 257

　　十三、长沙县　　　　　　　　　　　　　　/ 259

　　十四、汝城县　　　　　　　　　　　　　　/ 260

　　十五、桂东县　　　　　　　　　　　　　　/ 261

第五章　学校教化史料　　　　　　　　　　/ 262

　　一、教育源流　　　　　　　　　　　　　　/ 262

　　二、新旧冲突　　　　　　　　　　　　　　/ 266

  三、教育革新 / 267

  四、廪膳补贴 / 268

  五、中等教育 / 270

  六、高等教育 / 272

  六、平民教育 / 303

  七、其他教育 / 309

  八、教育钳制 / 310

第六章 保甲乡约史料 / 313

  一、蓝山县 / 313

  二、石门县 / 320

  四、江华县 / 321

  五、桑植县 / 322

  六、道州 / 324

  七、宝庆府 / 325

  八、澧县 / 326

  九、清泉县 / 326

  十、祁阳县 / 327

  十一、长沙县 / 329

  十二、汝城县 / 335

  十三、桂东县 / 337

  十四、嘉禾县 / 338

  十五、兴宁县 / 339

  十六、宁乡县 / 339

  十七、新化县 / 341

  十八、长沙府 / 342

  十九、安化县 / 345

二十、保靖县 / 348
二十一、永明县 / 349
二十二、乾州 / 350
二十三、善化县 / 351
二十四、岳州巴陵县 / 363
二十五、平江县 / 364
二十六、攸县 / 366
二十七、湘乡县 / 366
二十八、永兴县 / 367
二十九、兴宁县 / 369
三十、桂东县 / 369
三十一、桂阳县 / 370
三十二、耒阳县 / 371
三十三、衡阳县 / 371
三十四、江华县 / 372
三十五、新化县 / 375
三十六、麻阳县 / 375
三十七、永顺府 / 376
三十八、桑植县 / 378
三十九、龙阳县 / 378
四十、沅江县与石门县 / 379
四十一、益阳县 / 380

第七章 清代湖湘地区民间诉讼文化特性的考察 / 381

一、清代湖湘地区民间诉讼风气概览 / 382
二、清代湖湘地区民间诉讼特点 / 383

三、清代湖湘地区民间诉讼文化成因分析　　　　　　／ 389

四、清代湖湘地区诉讼文化对我国纠纷解决机制的启示　／ 394

第八章　厚嫁风俗对清末民初湖湘地区婚姻制度的影响　／ 396

一、"溺女"陋习是如何产生的　　　　　　　　　　／ 396

二、"溺女"陋习对湖湘婚姻产生的影响　　　　　　／ 398

三、从"厚嫁"看风俗与习惯　　　　　　　　　　／ 400

四、习惯法与国家法的影响　　　　　　　　　　　／ 403

第一章 绪论

一、研究现状

关于传统中国民商事习惯的调查整理和注释阐释，是当代中国法学研究的重要课题之一。近百年来，法学界的各位同仁在两类工作上已经投入了大量的努力并取得了成就。第一类是对民商事传统习惯进行调查与整理。主要包括了《中国民事习惯大全》（上海政法学社1924年），《民商事习惯调查报告录》（南京司法部1930年），《中国商事习惯与商事立法理由书》（中国政法大学出版社2003年），《湖南民情风俗·湖南商事习惯报告书》（湖南教育出版社2010年），《中华全国风俗志》（上海科技出版社2011年）等成果。第二类是对传统民商事习惯的学理和历史研究。代表性成果有梁治平著《清代习惯法：国家与社会》（中国政法大学出版社1996年），严昌洪著《中国近代商事习惯变迁》（华中工业大学出版社1997年）朱勇著《清代宗族法研究》（湖南教育出版社1987年），高其才著《中国习惯法论》（法律出版社2011年）等成果。此外还有包括俞荣根、陈金全、徐晓光、李鸣在内的学者对彝族、藏族、羌族、苗族等少数民族习惯法的研究。这两大类的研究工作尽管已经取得了很多成果，但第一类的基础工作尚存严重不足，仅依靠报告书远远达不到展现传统湖湘乡土民商事习惯全貌的工作，同时对于湖湘地区和湘西少数民族地区民商事习惯的法学阐释仍属空白。

二、价值和意义

本书拟通过对1949年以前编撰的湖南省近110种地方旧志进行全面的法律检视，

搜寻民商事习惯的直接或者间接的记录，对这些记录进行系统的梳理，并对其习惯法含义进行法学的当代解读。我们应当清醒认识到，传统民商事习惯是中华传统文化的重要组成部分，对湖南省旧制中民商事习惯的梳理，不仅能够查遗补缺，弥补之前报告书中的疏漏，全面展现湖南传统民商事习惯的内容、原则和内在逻辑，并且能为湖南地方民商事法制的民族化、个性化服务，为优良民商事习惯都在民间纠纷解决中的充分运用，为中华优秀传统法律文化传承体系的建设以及优秀法律文化的弘扬打下坚实的基础。

三、研究对象

本书是依循中共十八大"建设优秀传统文化传承体系，弘扬中华优秀传统文化"的重要精神拟出，以对湖湘地方旧志中的民商事习惯为研究对象，既包括了大湖湘地区的民俗习惯，也包括了湘西少数民族地区的民族习惯，通过对这些习惯进行整理、注释和转化，旨推动湖南优秀法律文化的传承体系建设。

本书的研究内容主要分为三个层次：

（1）关于湖湘地方志民间习惯史料的法律检视原则的确定。在具体的研究过程中应该如何认定湖湘地方志中的某些记述是与本书相关的民商事法律问题。具体来说就是凭借什么来确定这些材料与民商事法律问题有关，其中的标准应当如何确定，这种标准应当是中式的标准还是西式的标准。

（2）关于湖湘地方志民间习惯史料的法律解读及其相关法学阐释原则的确定。本书的另外一个使命是法律阐释，但如何妥帖把握湖湘地方志中民商习惯的法律解读的尺度，是一个需要注意的问题。在具体的阐释工作中，既要真正阐发湖湘地区民商事习惯的民族风格，又要与近代以来西方民商法的概念体系有所衔接。既不能"鸡同鸭讲"，还要注意避免"过度解读"，即把今人的法制理念强加给古人。

（3）关于湖湘地方传统民间法律文化体系的确定。古语有云：百里不同风千里不同俗。法治湖南建设的核心在于以人为本，推进社会法制。要想实现这一目标，首先要充分了解湖湘地区民众的所思所想，即老百姓过日子的规则与逻辑。这客观上要求本书在梳理史料的基础上沟通民商法学，建构湖湘特色的民商事习惯的编纂体系和阐释体系。使法治湖南有依、有据、有凭。

四、研究分类

在分析方志中的民商事习惯时，应当以传统社会秩序中民间法律关系及法律问题的自身逻辑体系为经线，以解释阐发各种具体民商事习惯（包括各地方少数民族特有的民商事习惯）在法学知识体系中的实际价值和法学造诣为纬线。统观方志材料，以五个角度展现开展分析为宜。

（一）民风乡俗（风俗志中的民商习惯）

主要从方志中就有关民俗风情的一般记述来识别民商习惯材料，进而加以整理、注释、阐释。按照能够沟通中国传统和西方法学概念的身份、婚姻家庭、亲子、继承、宗族、乡党、社会等具体名目进行表述。

（二）市廛经济（经济志中的民商习惯）

主要从方志中就有关市廛、食货的一般记述来识别民商习惯材料，进而加以整理、注释、阐释。按照能够沟通中国传统和西方法学概念的经营、买卖、赁贷、契约、票据、捐负、师传、合会、居间、质押、雇佣、牙行、典当、租借、佃作、利息、清偿、会馆等具体名目进行表述。

（三）坛庙典礼（典礼志中的民商习惯）

主要从方志中就有关坛庙节庆祭祀典礼等记述中识别民事商事习惯材料，进而加以整理、注释、阐释。按照能够沟通中国传统和西方法学概念的时日禁忌、主事职权、开支分担、胙品分配、祀产管理等具体名目进行表述。

（四）学校教化（教化志中的民商习惯）

主要从方志中就有关书院学校私塾教育及乡里教化记述中识别民事商事习惯材料，进而加以整理、注释、阐释。按照能够沟通中国传统和西方法学概念的学田院产、师权师酬、生徒义务、学捐义捐、廪膳补贴、乡论清议、编著版权等具体名目进行表述。

（五）保甲乡约（治安志中的民商习惯）

由于治安问题属于中国传统文化中广义"民事"问题，外加之随着《治安管理处罚法》颁布近十年，在具体的实施过程中存在不同程度的问题，法律与民意的冲突多有案例体现，所以应当将这部分内容纳入研究的视野中。以乡约主持、约众义务、约章实施、费用分担、调解仲裁等具体名目进行表述。

本书第二至六章为全书主体，按以上分类进行编排，旨在对湖湘方志中的含有民商事内容的史料进行审视、整理、注释。

五、重点难点

本书的研究存在一个重点，两个难点。

重点：对湖湘地区旧志中的民商事习惯进行法学阐释，不仅仅要注意对湖湘地区民族风格，还要注意与近代以来西方民商法的概念体系的衔接问题。中国特色与国际标准是当今建设中国特色社会主义法治体系的两大主题，做一个区域法律的研究，同样需要注意二者的有机结合。

难点：

（1）标准问题：采用中式抑或是西式的标准对湖湘地区旧志中的民商事习惯史料的摘编。如果用中式的标准，则与当今在中国已经被人们广为认同的民商事理论难以对接；如果用西式的标准，难免会使部分材料难以归入任何一类，而这些又恰恰是"湖湘特色"。

（2）理念问题：阐释民商事习惯应当使用当今的法制理念还是古人的法制理念进行评判。法学的阐释，需要注意今人的价值评判与古人的价值评判是不同的，对于古人的法制理念应当采取理解的同情心态来开展，否则会得出古代的制度多为糟粕的谬论。

这些重点和难点将通过后面所讲到的研究思路和研究方法得以解决。

六、特色和创新

主要体现在以下几个方面：

（1）内容的创新。对湖湘地方旧志和民商事习惯进行全面整理和调查，是对法治湖南建设进行的重大法学基础工作。

（2）体系的创新。系统整理清末以前湖湘地方精英所记录的"原生态"民商事习惯，可以考察它在西方法学方法影响后湖湘民商事习惯之间的差异。

（3）方法的创新。重点强调沟通中西方民商法律的务实标准——"关系指导"和"解纷依据"，带着"问题意识"研究中西法律的识别点（差异处）和连接点（共生处）。在这种方法的指引下，既探讨湖湘民商事习惯对于现实的民商事权利义务关系构建进行指导的可能性，又牵涉传统民商事习惯对于现实民商事地方法规制定进行借鉴的可行性。

七、研究思路

（1）全面检视、撷取和整理。在对湖湘地方旧志全面阅读后，对所有有关民乡风俗、市廛经济、坛庙典礼、学校教化、保甲乡约等历史记述进行全面的检视、撷取和整理。审查其他民商事习惯含义，并就其内容希望解决的具体法律问题进行适当的分类。

（2）注释。针对前述撷取的民商事习惯记录进行语言问题和历史文化上的注释。主要采取文字学、民俗学、人类学、宗教学、社会学、经济学、地理学等有关知识来注释相关的民商事习惯。

（3）法学阐释。即对具体的民商事习惯在湖湘地区具体民商事法律问题解决中应有的制度规范上的法律解读，这种习惯规范阐释主要是服务于民商法律宗旨、价值、造诣等全面的分析和阐发。

需要注意的是本书既不同于通常意义上的史料整理，也不是惯常意义上的纯理论研究，但是本书的研究可以为后者提供坚实的基础，以及解决的思路。因此，从广义上讲，也属于对策理论研究。研究的思路主要聚焦在这三个环节之上，最重要的目标还是对湖湘民商习惯法律文化传承体系的建构。

八、研究方法

研究的方法依赖于研究目的的设定，主要强调两个：

（1）"问题导入法"。判断湖湘地方志中记述的习惯是否属于法学上的民商事习惯，不能够单纯依据当代西方外来学历标准，还必须依据贯通古今的民商事实际需要解决的问题之需要。传统中国虽没有西方意义上的民商事法律，但有民商事生活和关系，在这种认识的基础上，就需要特别强调两个判断标准——"关系指导"及"解纷依据"。前者主要强调对实际民商事生活关系形成的指导意义，后者则强调对实际民商事生活关系纠纷解决的指导意义。

（2）"历史法学法"。历史法学派认为法律史民族精神的体现或者民族性格的反映，按照这一思路，潜心对社会生活习惯进行发现、总结，进而升华为法律，可以有效消减肆意创造法律所带来的国家的"法"与百姓的"理"相抵触的"不良反应"。

第二章 民乡风俗史料

一、华容县

身份

衣朴素，民间有不识绮罗者，妇人用方帕屈两角盘脑后，今则高髻大袖，钗簪环珥，金碧灿然。①

始冠笄日，延宾前夕，以脡脯告祖考，命之于父，拜之于母，揖于兄弟，已冠而字之，亦犹行古之道也。②

【注释】冠：周礼五礼中的嘉礼之一，即男子成熟者授以成人冠饰，表示可以婚娶，冠礼即成人典礼。

【解读】此为关于民事主体资格之习惯，冠后即具备完全民事主体资格，具有完全民事行为能力。

婚姻家庭

幼娣姻，以红笺合书，两家生年时日，谓之庚书，问名纳采，略傲古意。及期迎轿至婿，即于门外，亲迎之。质明以□栗拜舅姑于堂，俗亦谓庙见，先期接女者，为圆房。③

【注释】庚书：庚书既是生根年月也是所谓的八字。庚书礼贴是古时男女在订婚时使用的一种礼帖。纳采：婚礼的第一礼，男家选定意中人后，请媒人向女家提亲，女

---

① 孙炳煜等修，张钊纂，《华容县志》，民国十九年铅字重印本，载《中国方志丛书》，台北，成文出版社，第52页。
② 孙炳煜等修，张钊纂，《华容县志》，民国十九年铅字重印本，载《中国方志丛书》，台北，成文出版社，第52页。
③ 孙炳煜等修，张钊纂，《华容县志》，民国十九年铅字重印本，载《中国方志丛书》，台北，成文出版社，第52页。

家同意后，男家再备礼亲人前去求婚。问名：婚礼的第二礼，男家行纳采礼后，再托媒人询问女方的名字、排行、出生年月日时等，以便男家卜其吉凶，这实际上是男家详细了解媳妇及其娘家的过程。庙见：古代汉族婚礼仪式之一，成妇之礼中的重要仪式。先期：期日。

【解读】此为婚姻成立的习惯，婚后，婚姻关系即宣告成立，夫妻之间建立扶养关系，财产为共有。

死亡

始死沐浴，具衣衾，亦不外礼。所孙小饮于户内，大饮于阼之意。卒哭之期，古以七七邑俗止，五七讲礼之家，亦有遵朱子家礼，不作佛事者，薄俗相沿，竟有丧家殡夕，通宵团坐，张金罄鼓设饮呼唱，谓之孝歌，最为无谓。①

【注释】丧：在埋葬或火化前为死者举行的哀悼仪式。

【解读】此为民事主体资格消灭的习惯。人生命终结，民事主体资格消灭，举行，丧，是民事主体资格消灭的客观仪式。

社会

湖湘间，宾客燕集，供鱼清羹。谚云：鱼到酒止，往来拜谒，多自投刺。②

【注释】投刺：古代汉族礼节，通报姓名以求相见或表示祝贺。刺：指名刺或名帖，也就是现代的名片。典出《后汉书》卷八十下〈文苑列传下·祢衡〉。祢衡为求进用，曾写好了一封自荐书，打算毛遂自荐，但因为看不起任何人，结果自荐书装在口袋里，字迹都磨损得看不清楚了，也没派上用场。后遂以"投刺"指投递名帖。后亦指留下名帖，表示解职告退。

【解读】此为情谊行为，并不是法律意义上的法律行为，具有法律效力。

女红自中馈□□外，惟知纺织，贫妇亦有力田事者，男耕女织常也。华民女不力胜男

---

① 孙炳煜等修，张钊纂，《华容县志》，民国十九年铅字重印本，载《中国方志丛书》，台北，成文出版社，第52页。
② 孙炳煜等修，张钊纂，《华容县志》，民国十九年铅字重印本，载《中国方志丛书》，台北，成文出版社，第52页。

解织，而男则兼织之长，男专事耕而女亦分耕之苦。风土记言采薪负重，往往子信然。①

【解读】此为乡间男女义务分工之习惯，男耕女织是常态，但女也从事一定的耕作任务，男也兼备纺织之长，具有一定约束力。

宗族

岁时祀其祖，先于寝，春秋则合祭于家庙。春秋二仲月祀土，祀除地覆以瓦缸，植树岁久成业国策，所谓神业也。俗用之封山云可却，盗馀则从事地尽，亦春祈、秋报之制焉。雅俗稽言，谓自社神外有小神之外神，疾痛旱涝皆□之掷□卜休咎焉至于沿村古庙赛会，演戏歌舞太平，亦所不禁。②

【注释】春祈秋报：古时春秋两季祭祀土神，春耕时祈祷风调雨顺，秋季报答神功。

【解读】此为乡间祭祀习惯，春季祭祀土神为祈愿，秋季祭祀土神还愿。

风土记言，疾病不事医药，灼笼打瓦以鸡子占卜来祟。所在使巫治，之今则剪纸持病者，祖衣招之，朱子楚辞注屈子招魂，施之死者，今施之生者也，俗云邀魄。③

【解读】客死他乡的人，其魂魄无法回归家乡，家人因此呼唤他的魂魄，死者的尸体安排就绪之后，就要举行招魂仪式。

二、澧县

社会

风俗以勤俭朴实为美，吾澧民，情尤畏上，乐轮志已称之。但地分山乡、平乡、垸乡。山乡民多土著，数代族居，垸乡多移居于郊来者，而冠婚丧祭皆遵交公家礼。婚礼预日告祖合卺，庙见宴客，收礼如故，间有行文明礼者。丧礼亦预日，哭祭或营奠营□相地安厝，凡附近，乡族皆相助为理，新年拜贺，必留酒食。城市则择日互宴为欢，二月社祭，为祈年，八月社祭，为报赛。清明聚族于祠，旗鼓祭墓，七月中元节祀祖焚化冥

---

① 孙炳煜等修，张钊纂，《华容县志》，民国十九年铅字重印本，载《中国方志丛书》，台北，成文出版社，第52页。
② 孙炳煜等修，张钊纂，《华容县志》，民国十九年铅字重印本，载《中国方志丛书》，台北，成文出版社，第52页。
③ 孙炳煜等修，张钊纂，《华容县志》，民国十九年铅字重印本，载《中国方志丛书》，台北，成文出版社，第52页。

资，有差，冬至亦会族人于祠，妇女外甥皆到，婿不兴。一族长老无论亲疏，皆以派次呼之，凡族中姑婿，亦如亲姑婿呼之，有出众者常夸□焉，好事神上九中秋，三三九九，每聊合一，国朝谒达，则五雷近，则各各山有长□者，有间□者，城市乡皆然。在乡妇女劳于城市，种植收获无酒食醴者，为称说。凡有事故，则延亲族评论调处。①

【注释】合卺：一种古老的汉族民俗，结婚礼仪的一部分，指新郎、新娘在结婚当天的新房内共饮交杯酒（合欢酒）。庙见：古代汉族婚礼仪式之一，成妇之礼中的重要仪式。即婚后至迟三个月，须择日率新娘至夫家宗庙祭告祖先，以表示婚姻已取得夫家祖先的同意。安厝：停放灵柩待葬或浅埋以待正式安葬。报赛，古时农事完毕后举行谢神的祭祀。

【解读】1.居住于各处的乡民，无论是否偏远或者是否是移民，冠婚丧祭皆一致，遵循当地的传统。反映了当时当地民商事习惯的统一性与继承性。是，礼法结合的体现。 2.婚礼的礼仪有事先告知祖先，共饮交杯酒、新娘祭告夫家祖先、宴请宾客、收取礼金等风俗。反映当时当地夫妻关系成立之时所应遵循的准则与习惯以及在夫妻关系中，夫权主义的膨胀。夫妻关系中，女方没有地位，夫权即法。

三、安乡县

婚姻家庭

六礼不必悉借男女在襁褓中，及成童以前，如父母意气相投，即由媒人介绍，以□□会庆由女家填送男家，然近知识□□。②

【注释】六礼：纳采、问名、纳吉、纳徵、请期和亲迎。悉：都。借：借助，凭借。襁褓：未满周岁的婴儿。

【解读】这是一个关于童婚，父母包办婚姻的民事习惯的记载。六个礼法不必都凭借父母因意气相投在男女仍是未满周岁的婴儿以及成长为童子之前由媒人的介绍来相亲。这反映出父母在孩子无民事行为能力或限制民事行为能力时意气相投，一方发出邀约，一方接受，达成婚姻合同，表示婚姻的成立不得违约。

---

① 张之觉修，孟庆暄等纂，《澧县县志》，民国二十八年刊本，载《中国方志丛书》，台北，成文出版社，第43页。
② 王燡编纂，《安乡县志》，民国二十五年手抄本，载《中国方志丛书》，台北，成文出版社，第310页。

多因新律离婚结婚绝对自由之规定有禁幼婚者亦有□□□□□。①

【解读】新法律离婚结婚绝对自由的规定，也有禁幼婚的规定。反映出当时安乡县有新律要求婚姻平等自由。

冠□□始定□娶男家请媒，择期备服，铺扛抬盒，曰媒介绍。导婿入女家，名曰过郊。再由男家协商告期。男家备□酒，女家备粢□，各称家厚薄。大概乡里多俭城市多奢，届期二家各为酒食。东请见友邻，族行亲迎礼。女家以姑嫂兄弟送女，鼓乐前尊新妇至□。男家倩人导婿，迎典三揖，曰□。车马婿入俟于堂，妇女客中有才福音，迎新妇入婿及妇□，拜祖先天地行合卺礼，□宾会□燕，亦随力袖金钱赠男家，其亦邻帮乡助之义。新郎妇以次□，拜宾客，宾亦随力出金。为见仪，次日新郎妇奉果拜见舅姑及尊长，亦古者赘明□，见妇□□栗以见之遗容。②

【注释】倩人：请托别人。俟：等。合卺：成婚。袖：把东西放在袖子里。见仪：展现礼仪，仪表仪态。赘：资望。栗：粮食。

【解读】这是关于结婚过程中男女方要进行的各种礼仪风俗习惯的记载。反映出婚礼中，婚礼要遵照程序，体现程序性与强制性，礼法结合，具有法律效力。礼金的赠予民事法律关系的成立，包括，男方礼金赠予女方以结婚为目的，宾客赠予新婚夫妇的赠予关系。具有法律效力，一旦婚姻关系成立，不可收回。

今风气大开士大夫家多遵新式，结文明婚，繁文缛节一概屏斥。实亦婚礼之最简单者。③

【解读】这是关于安乡县如今结婚的现状的记载。如今风气大开，士大夫多遵守新的仪式，文明结婚，摒弃烦琐的礼教程序，也是要实行最简单的程序。反映出新式婚礼的法律约束力，以及人们逐渐遵循新式婚礼程序的新的民事习惯。

社会

春祈秋报自古有之，县昔秋熟，垸必送旁人演戏。日日至七日名曰酬神，其即称

---

① 王燺编纂，《安乡县志》，民国二十五年手抄本，载《中国方志丛书》，台北，成文出版社，第310页。
② 王燺编纂，《安乡县志》，民国二十五年手抄本，载《中国方志丛书》，台北，成文出版社，第310页。
③ 王燺编纂，《安乡县志》，民国二十五年手抄本，载《中国方志丛书》，台北，成文出版社，第310页。

赛之礼，饮民或以来，军匪蜂起当道。以此□合，易藏匪盗，禁之此风。①

【注释】春祈秋报：在春秋两季祭祀土神，春耕时祈祷风调雨顺，秋季报答神功。现在的客家文化中依旧保留这样一种以祭祀土地伯公为主的庆典活动。酬神：酬，用财物报答酬劳、酬谢、酬金、报酬。神，迷信的人称天地万物的创造者和所崇拜的人死后的精灵、神仙、神怪、神主、神社、神农、神甫等。赛：形声。从贝，塞省声。本义行祭礼以酬神。②

【解读】这是一个关于娱乐活动早期发展的记载。

稍杀而县城则大开，戏院终年歌舞，整日扮演，座分等级，人无良否，一炉而治。优伶利倍，消耗愈多□蒲本牧。诸奴戏玩时，耗费所宜，禁往时，博具，曰纸牌，曰骨牌，曰掷骰子，曰押铜钱，实类皆毕节。③

【注释】稍：逐渐；略微。杀：衰败。蒲：玩儿。宜：适宜，恰当。毕节：使节约的品行完结。往时：过去的时候。博：古代赌输赢的一种游戏。具：工具。

【解读】这是一个关于娱乐活动发展及其内容的记载。衰败逐渐加重，县城风气却大开，戏院终年歌舞娱乐，整日装扮演戏，座位分等级，人不分良好与否一视同仁。优伶盈利加倍，消耗越来越多。众多女子戏玩时，所耗费的恰当。过去禁止的时候，赌博输赢的游戏所用的器具，叫纸牌，叫骨牌，叫掷骰子，叫押铜钱，这些种类实际上的确使节约的风气完结。反映出安乡县当时的民事生活习惯，民事活动。

清末，适麻将论入□者无。城乡男女如蝇逐矣，如蛾趋食轮入。甫二十年县市□，家有其具，即刚正无嗜好者，老年无事亦借此为消遣物。皆俗移入，疾若风草。此牌九摸克跑副等名。但不甚多若谢东山别墅围棋，曾湘乡治军不庆奕，反不习见。④

【注释】适：恰好，正好。甫：最初，刚刚。奕：棋。

【解读】这是一个关于清末麻将进入时安乡县娱乐活动变化的记载。反映出民事行为和习惯随着社会的发展而发展。

---

① 王燨编纂，《安乡县志》，民国二十五年手抄本，载《中国方志丛书》，台北，成文出版社，第312页。
② 王燨编纂，《安乡县志》，民国二十五年手抄本，载《中国方志丛书》，台北，成文出版社，第312页。
③ 王燨编纂，《安乡县志》，民国二十五年手抄本，载《中国方志丛书》，台北，成文出版社，第312页。
④ 王燨编纂，《安乡县志》，民国二十五年手抄本，载《中国方志丛书》，台北，成文出版社，第312页。

乡党

农民居十之八，士二居十之二，土著居四之一，客籍居四之三。焦妇丈皇梅景，土著最多。其他则客籍占大半，而永大长事，则土著岁无容身地。①

【注释】居：居住、位居、占据。岁：年，光阴。

【解读】这是一个关于农村基层社会组织种类的记载。农民占据十分之八，士人占据十分之二，土著占据四分之一，其他地方的籍贯的人占据四分之三。土著最多。其他则是客籍占据大半部分，这个状态持续很久，那么土著每年长久便没有容身之地。反映出安乡县基层农村社会组织团体体现的法人特性。

大抵县东及南多三湘，入县西及北多汉西人。组织复杂，團体涣散。故凡兴大工，众诸巨举，类多肘薛，事长无多。统率垸务、国防、狱讼，兴秦越肥瘠，漠不相关。视亲族，居连材，守望相助，善恶臧否，互相动戒者异。

【注释】抵：相当；值。垸：在中国湖南、湖北两省指在湖泊地带挡水的堤圩，亦指堤所围住的地区。肥瘠：土地的肥沃和硗薄。亲族：由血缘关系发展出血亲，姻缘关系发展出姻亲。守望相助，防守瞭望。为了对付来犯的敌人或意外的灾祸，邻近各村落互相警戒，互相援助。臧否：褒贬、评比、评定、评价、评介、评论等意思。

【解读】这是一个关于基层社会组织的记载。大约县东以及南方多三湘的人，入县西以及以北多汉西的人。组织体系复杂，整体组织系统涣散，因此凡是大兴大型工程，众人都很大程度地开始行动兴起工程，种类多如肘薛，事长无多。统率湖湘的事务、国防、狱讼，大兴秦越两地的土地肥瘠程度，互相没有联系。彼此视为亲族，居连材，互相帮助，善恶褒贬，互相触动戒规的人不同。反映出法人性的基层组织之间的独立性以及其日常管理活动的情况。

死亡

始死，家人聚哭，荧帛装浴尸身。延僧道礼佛，事衣衾□□家厚薄大抵庶民多俭，

---

① 王熛编纂，《安乡县志》，民国二十五年手抄本，载《中国方志丛书》，台北，成文出版社，第306页。

士天多侈。俗云，人死如分家。示宜厚革意也，亲朋闻讣，各随情製，挽幛备酒肉，冥帛，赴丧家□，丧主亦随谊□，孝巾孝衫。平辈则间用尽布。士夫家多于佛事，后延儒□。多人堂奠一日或点日。若遵古礼，不延僧道，不数亲出殡。亲朋借纸扎、金鼓鞭爆，集人数千或数百送葬。所埋之唯葬坟，不求坚固，不用交砂，尽一日力覆土当见一丧□。事用银千馀而葬填草，辈殊为□事□□襌亦延僧道作□或延儒家奠三日至五日预备□术笑扎□鬼偶像如城隍土地等类及千百冥。□逮散期一大而燎于原野□为亲解最消惩万口同声，以为不如是，不足以尽子道。不知天堂无，则己有。则君子登地献无，则己有。则小人入子不能点□。亲善死后反证为有罪，不孝□大马此等恶俗似宜□除。①

【注释】延：延长，扩展，引进，邀请。事：从事。礼：尊敬，以礼相待。示：表示，显示。挽幛：是为悼念死者而送的一种哀悼礼品，也称礼幛。纸扎：狭义的纸扎指的是丧俗纸扎，主要指用于祭祀及丧俗活动中所扎制的纸人纸马、摇钱树、金山银山、牌坊、门楼、宅院、家禽等焚烧的纸品。

【解读】这是一个关于安乡县丧葬风俗的记载。记载了人去世后，家人亲朋好友的备办布置活动、丧葬所用的传统的纸扎、器具、鸣响的鞭炮以及分别代表的寓意。记载了送葬的队伍、送葬的情形，守灵的情况，坟墓的形状以及如何建造。也记载了丧葬风俗所沿用的礼法，佛礼方面的内容。反映出安乡县民间丧葬的民事习惯，礼法结合，各个程序遵循礼法规制，具有一定的法律约束效力。

宗教

我国以神道□教原为□□人心之具足□□律之不及则宗教尚矣。县□□□□林古刹上人高僧绝罕亲素释道者，类皆无□。地瘩□为□□□实□□□□豕冀□□□人有疾病□□□□巫降神名，打十保留福用。十人名申表祈求或求神，蒸□□请人烧吓求子求寿及家境平安。□一不求诸神。若子兴寿不以得修疾病，不以医药者近客籍长益。民众每疾病，则有业师教者。名师公子男装女扮，庭堂跳舞，鸣锣杀猪。众朋食□。神教神言语翻倍，不伦不类，令人喷饭。光绪间，外教轮入，天主福音□□，皆

---

① 王爔编纂，《安乡县志》，民国二十五年手抄本，载《中国方志丛书》，台北，成文出版社，第310页。

有假□。教名光复，教徒实则无多信仰。①

【注释】释道：佛教和道教的并称，也指僧人和道士。

【解读】这是一个关于宗教情况的记载。记载了宗教在安乡的发展，人们的信仰情况以及如何信仰，所做的程序。反映了安乡民间除民事行为习惯之外，宗教信仰习惯也占据着较为主要的位置。

四、清泉县

社会

风俗之见于记载者，人多纯朴，士少宦情。俗尚农桑，民知教化。好学慕义，出乎天性。数百年来，相仍未改也。咸丰同治间，宣力戒行，以死勤事，及轮赀助煦。不可胜纪，比岁袄教，公行士大夫，独不为所惑。②

【注释】赀：罚钱，通"资"资料、钱财、计算、估量。煦：温暖。胜：胜利、制服、胜过、优美、风景优美的地方、禁得起、尽、完。纪：丝的头绪。纲领；根本、纲纪；准则、纲纪；准则、记载；记述：史书体裁之一种、十二年为一纪、世代；世、世代；世、通"基"，基址、通"改"，改易，变易。比岁：连年、近年。袄教：一般指琐罗亚斯德教。公行：是清朝中期在广州成立的行商组织，在约百年期间垄断当时中国与西方主要商业往来的广州贸易。遗泽：留下的德泽、遗墨、遗物。

【解读】这是一个关于清泉县民间风俗民性的记载，风俗表现在记载中的人，大多纯朴，士人少官僚主义作风。风俗习惯崇尚农桑，乡民都知教化礼仪。爱好学习，崇尚敬慕道义，出乎天性。数百年来没有改变。咸丰同治年间，都大力宣传戒规律行，以死勤奋得处事，以及轮赀助煦。不可以胜过纲纪，近年有宗教，广州行商组织的士大夫，唯独不被诱惑。反映出清泉县民事习惯中所体现出的民性，是当地古代民事习惯的精神基础，具有持久性。

朱张诸先贤之遗泽，还矣惟人情□。而华日甚一日或一燕会，糜数金。不仅如书

---

① 王熛编纂，《安乡县志》，民国二十五年手抄本，载《中国方志丛书》，台北，成文出版社，第311页。
② 王开运等修，张修府等纂，《清泉县志》，清同治八年刊本，载《中国方志丛书》，台北，成文出版社，第124页。

志所云屋宇翚飞衣裳蜉蝣楚也。国奢示俭，讵可责之细民乎①

【注释】燕：通"宴"。糜：碎烂、败坏、耗费、浪费。衣裳蜉楚：出自"蜉蝣之羽，衣裳楚楚"。蜉蝣之羽，以蜉蝣之羽形容衣服薄而有光泽。楚楚：鲜明貌。一说整齐干净。翚飞：形容宫室的高峻壮丽。讵：表示反问，难道，哪里；假如。细民：平民。

【解读】这是一个关于清泉县民风转变情况的记载。朱张诸位先贤的遗泽，还矣惟人情。但是，奢华的日子日甚一日，宴会甚嚣尘上。耗费大量金钱。不仅像书志里面说的屋宇堂皇，衣料奢华，绫罗绸缎。国奢示俭，难道要追究平民的责任吗□这反映出民风随着时间财富的增加发生着变化，民事行为习惯的变化。

宗教

俗有当革者数端。日信巫鬼，疾病辄延巫，祈祷幸无天札。则大召巫，击鼓杀牲祀神。巫有放阴间仙诸术，荒诞不可究诘也。淫祀如五通七郎，铜铃庙之属。香火极盛，尤崇佛教，雁□寺有所谓万人缘者，数年一举。布施金钱，诵经演剧，僧徒恃为利数其他称是。②

【注释】辄：反复多次、总是、表示后面的行为是在前一行为之后紧接着发生的，根据文意可译为"马上"、"于是"、"就"。延：延长；延续；蔓延；扩展；引进；迎接，邀请。诘：责问、追问、追究。淫祀：不合礼制的祭祀。五通：原是精怪，源出于恶鬼魍魉，原型是喜淫人妻女的狒狒、猿猴之类，故在元、明、清时期主要以淫鬼面目出现于世。后因人们难于治他，反而对他崇奉祭祀，尊其为神，并为他修了庙宇。七郎：北宋"杨家将"，有位英勇威猛的杨七郎，生来性如烈火，暴躁如雷。因打死潘豹，被潘豹之父潘仁美在洗尘宴上灌醉，然后绑在柱子上，用乱箭射死。七郎死后化鬼，在阴界专管孤魂野鬼之人。恃：依靠；依仗；凭借。

【解读】这是一个关于清泉县祭祀与巫鬼民乡风俗文化的记载。疾病总是邀请巫师，祈祷幸亏没有夭折因瘟疫而死。则大召，巫师击鼓杀牲口祭祀神灵。巫师有放阴间的各种仙术，荒诞得不可以追究其责任。不合理过分多的祭祀就像古代恶鬼五通七郎一样，铜铃庙之属。香火极盛，尤其崇尚佛教。雁□寺有所谓的万人缘者，数年一

---

① 王开运等修，张修府等纂，《清泉县志》，清同治八年刊本，载《中国方志丛书》，台北，成文出版社，第124页。
② 王开运等修，张修府等纂，《清泉县志》，清同治八年刊本，载《中国方志丛书》，台北，成文出版社，第124页。

次举行兴起。广施金钱，诵经演剧，僧徒依靠凭借其为利。这反映出民间信奉鬼神，注重祭祀的民事行为习惯，随着社会发展出现淫祀，盲目信仰，僧徒从中得利，奢侈浪费等现象，也是民事行为习惯转变的表现。

争讼

俗本愿厚，讼棍唆之幸准而畏审。有田土钱债细故，延□至数年者。①

【注释】俗：世俗、一般的人、民间、习俗。审：审问。细：详细、仔细、琐碎。本：依照、本来的、原来的。愿：心愿、愿意、希望、仰慕。厚：多。

【解读】这是一个关于民间诉讼的记载。民间一直希望多的诉讼案子有免除棍唆的幸运，而有害怕审问有关土地田地债务之详细故漫长延续□至数年的人。这反映出清泉县民间诉讼的特点，多有债务拖欠诉讼为解决而延续数年的案子，也反映出当时社会法律意义上债的普及以及对债的诉讼时效规定时间较长或者根本没有明确的具有法律约束力的债的诉讼时效，法律也没有强制性的具有法律约束力的违约法律责任。也体现出清泉县民乡中人情社会对债的影响，人们大多没有明确强制的欠债还钱的法律意识也没有违约追责的法律意识。

社会

开场聚赌处处有之，乡村赛社时尤甚。②

【注释】赛社：我国古代的遗俗之一，源于周代十二月的蜡祭。人们在农事结束后，陈列酒食祭祀田神，并相互饮酒作乐，称为"赛社"。

【解读】这是一个关于民间赌博娱乐的记载。聚众赌博处处都有，乡村集市聚会活动的时候更加多。这反映出清泉县当时赌博风气盛行，也是其民事行为之一。

社会

城乡肆味薄，而值贱农夫贾竖入市多酒。往往醉归争□诸案率由此起。③

---

① 王开运等修，张修府等纂，《清泉县志》，清同治八年刊本，载《中国方志丛书》，台北，成文出版社，第124页。
② 王开运等修，张修府等纂，《清泉县志》，清同治八年刊本，载《中国方志丛书》，台北，成文出版社，第215页。
③ 王开运等修，张修府等纂，《清泉县志》，清同治八年刊本，载《中国方志丛书》，台北，成文出版社，第218页。

【注释】肆：商店、店铺。

【解读】这是一个关于清泉县民间饮酒习惯的记载。城乡店铺酒多清酒，但是值贱农夫商贾入市多浓郁之酒。往往酒醉起争端。多数案件都由此产生。反映出饮酒的民事习惯以及很多民事案件产生的源头为醉酒。

死亡

浴尸 请水于浴 大殓 以生时服附身焚其卧荐 三日成服 始设□□县像 卦告开堂 戚里咸吊主人以缣布贻 出殡 鼓吹前导明器备马弁柩者多至三十六人少或十六人 安葬或数日或□□三五月不等

民间丧事最重道场有开路 初丧诵经应七亦七至七七止

大荐百日三年周年皆然

诸名目，甚有出殡之前，演唱孝前剧者，缙绅家多遵朱子家礼，然款客用盛馔。葬亲拘风水陋习，相沿尚不免也。①

【注释】大殓：又叫"入棺"、"入木"、"落材"，古称"大殓"，指将尸体移入棺木。各地时间不一，有3天、5天或7天入殓，如陕西渭南大荔县是出殡前一天上午入殓。成服，指盛服；旧时丧礼大殓之后，亲属按照与死者关系的亲疏穿上不同的丧服，叫"成服"。与三周年以后的"脱服"、"除服"相对应。语出《礼记·奔丧》："唯父母之丧，见星而行，见星而舍。若未得行，则成服而后行。开堂，指新任命的住持入院时的寺院的重要行事。出殡，指移棺至墓葬地或殡仪馆舍。语出《水浒传》第二六回"若是停丧在家，待 武二 归来出殡，这个便没甚么皂丝麻线。"安葬：埋葬（用于比较郑重的场合带有敬重的感情色彩）。意为人死后埋葬及葬骨骸等仪式。

【解读】这是一个关于民间丧礼的风俗记载。按照丧礼程序遵循礼节，礼法结合，具有一定的法律约束力。体现出清泉县民间丧葬风俗民事行为习惯，也是民事主体丧事民事行为能力的仪式性的表现。

---

① 王开运等修，张修府等纂，《清泉县志》，清同治八年刊本，载《中国方志丛书》，台北，成文出版社，第215页。

宗族

士族多立祠堂，以清明节十月朔祭。庶民奉主于家堂，岁时献酒馔。①

【注释】朔：指每月农历初一，月球恰好运行到与太阳黄经相等的时刻，也指当时的月相。此时地面观测者看不到月面任何明亮的部分。

【解读】这是一个关于民间祭祀的记载。士族多立祠堂，以清明节十月、农历初一祭祀。庶民供奉主于家堂，每岁贡献酒馔。反映出民间祭祀的民事行为习惯，礼法结合，具有法律约束力。

社会

正月元旦祀神、祭祖、拜年、禁酒。扫十五日，上元节迎镫。有龙镫、狮镫。

二月八日无量寺佛诞辰。又传寺佛，返雁书，夜举期春会。迎镫不绝。

二月三日上巳节踏青清明节扫墓。

五月五日端午节馈角黍饮菖蒲雄黄酒，悬艾虎于门竞渡。俗□□龙船近岁废。

六月六日天□节晒衣晒书是月当新谷 赛神祭祖燕亲友每以辰巳日或卯日馈用鱼忌鸡。

七月七日乞巧十五日中元节盂兰盆会 市人演目连观音等剧。

祭祖

多焚冠楮纸衣□

八月十五日中秋节馈月饼送瓜 取互男意

九月九日重阳节登高

四月八日浴佛节馈青精饭佩茱萸饮菊花酒

十月朔日扫墓 如清明仪

十一月冬至节拜冬

十二月八日煮腊八粥二十四日醉司命 俗称送灶

除夕换桃符祀神祭祖迎司命辞岁 子弟长行礼□向家以□岁钱

囤年 合家饮屠苏酒

守岁

---

① 王开运等修，张修府等纂，《清泉县志》，清同治八年刊本，载《中国方志丛书》，台北，成文出版社，第216页。

明烛达旦。①

【注释】送灶：是传统节日民俗和民间宗教活动之一。腊月二十三这天俗称小年，传说这日是"灶王爷上天"之日，因此要祭灶神。小年过后的第七天就到年三十了，传说灶神爷要在廿五日向玉皇大帝汇报主家一年功过，做年终总结。

【解读】这是一个关于节序风俗的记载。通过对各节序的记载，反映出清泉县民间节序时的风俗习惯，也是其民间重要的民事行为习惯。

五、耒阳县

乡党

必有魁奇忠信才德之民生于其间□，耽学尚礼，志向文学。礼崇简易，多循家礼，不事浮屠。缙绅当途，往往弹饮，权贵不阿上官。以气节挂冠后进，多抗志进取。高谈品政，无龌龊拘□态，士少宦情。②

【注释】魁奇：杰出，特异。耽学：特别好学。浮屠：指佛教之类。当途：指掌握政权；也指掌握政权的人。挂冠：辞官。抗志：高尚其志，高尚的志向。

【解读】这是一个关于士习的记载。在民间必有杰出特异的忠信才德，特别好学、崇尚礼节，致力于文学。礼教崇尚简易，多遵循家礼，不事佛教。缙绅执政，往往弹饮，权贵不屈从上官。以气节辞官后进，多高尚其志进取。高谈讨论政治，没有龌龊勾当之态，士少官僚之情。这反映出当时当地士大夫的民事习惯，处事之态，官场之风气。

社会

民丰士间人多纯朴 朴茂殷厚啬私用而饶公轮 元旦以斗储谷插戥秤剪尺于中，供于阶前，以示无欺。诞日不重十而重一。③

【注释】殷：众多、富裕、情意深厚。厚：丰厚、多、优厚。啬：过于俭省、吝

---

① 王开运等修，张修府等纂，《清泉县志》，清同治八年刊本，载《中国方志丛书》，台北，成文出版社，第216页。

② 於学琴等修，宋世煦等纂，《耒阳县志》，清光绪十一年瞰本，载《中国方志丛书》，台北，成文出版社，第1135页。

③ 於学琴等修，宋世煦等纂，《耒阳县志》，清光绪十一年瞰本，载《中国方志丛书》，台北，成文出版社，第1135页。

啬。饶：富裕、多、添加。斗储：极少量的储粮。戥秤：衡量轻重的器具。诞：生。重十而重一：十月十日。

【解读】这是一个关于民间民风的记载。民间人多纯朴，多有朴实之风，勤俭之风盛行，很少私用。元旦以极少量的储粮供于阶前，以表示诚实无欺。诞辰之日不重十而重一。反映出民风的纯朴勤俭。

婚姻家庭

多遵古制。民间定聘，用红绿笺书男女三代年庚，命名于帖，媒氏互致之，各执为信。侑以缣帛、钗钏、鸡豚、果品之属于纳彩、问名，遗意□。①

【注释】定聘：定亲。年庚：旧指用干支表示的人出生的年、月、日、时，现泛指人出生的年、月、日、时。纳彩：古代汉族婚姻风俗。流行于全国许多地区。"六礼"中的第一礼。男方欲与女方结亲，男家遣媒妁往女家提亲，送礼求婚。得到应允后，再请媒妁正式向女家纳"采择之礼"。初议后，若女方有意，则男方派媒人正式向女家求婚，并携带一定礼物，故称。古纳采礼的礼物只用雁。纳采是全部婚姻程序的开始。后世纳采仪式基本循周制，而礼物另有规定。问名：男家行纳采礼后，再托媒人询问女方的名字和出生年月及时辰，以便男家卜问，决定成婚与否，吉凶如何。或以为问名是男方遣使者问女方生母的姓氏，以便分辨嫡庶。后问名范围扩展到议门第、职位、财产以至容貌、健康等多侧面。问名也须携带礼物，一般用雁。

【解读】这是一个关于民间婚礼定亲的记载。多遵守古制，民间定亲用红绿笺写上男女三代的出生年月作成帖，媒氏互换书交给对方，双方拿此物作为信物，以缣帛钗钏鸡豚果品之类作为纳彩礼问名礼。一方发出邀约，一方承诺，这反映出1、当时当地婚约的建立，通过纳吉问名婚约开始建立，纳吉纳征之后婚约完全建立，具有合同之债的法律效力，各执为信后，互负结婚的义务，不能随意违约，违约要负违约责并要赔偿。2、纳采问名纳吉纳徵以及亲迎之前过礼之时，所需要赠送的礼物，建立赠予关系，以结婚为目的赠予。若一方毁约，赠物需要返还。

---

① 於学琴等修，宋世煦等纂，《耒阳县志》，清光绪十一年 瞰本，载《中国方志丛书》，台北，成文出版社，第1137页。

有存马将婚之先，婿家诹吉，倩媒告期名曰报日。①

【注释】诹吉：择日是中国民俗之一，就是图个吉利的心思，例如结婚择日。择日作为一种习俗，其之始也，莫知其涯；择日作为一种数术，至今已逾两千年。倩：旧时称女婿。告期：又称请期，俗称选日子。中国古代婚姻制度六礼中第五礼。是男家派人到女家去通知成亲迎娶的日期。报日，男方择定迎娶日期，用红帖写明，另加金饰物一两件、糖食四色，送至女家。女家备红帖，写上女儿出生的年月日，并大桔、糖食送回男家。

【解读】这是一个关于婚礼程序中告期的记载。婿家定吉日告诉女方并送礼。也是婚约订立过程中的一步。

又以金帛、簪珥、酒果、鸡豚等类献之，名曰过礼，拟诸纳吉纳征之礼，亦吻合亲迎，则设彩兴鼓吹仪。②

【注释】过礼：伏迎新妇至门，坐于帐内，即于是晚以红缘丝系汉族民间迎亲之前还要送一次礼，俗称过礼。过礼是大事，一般嫁娶的主动者（无论男女）要向另一方送一笔重礼。纳吉：中国婚姻礼仪之一。六礼之第三礼。是男方问名、合八字后，将卜婚的吉兆通知女方，并送礼表示要订婚的礼仪。亲迎，古代中国婚姻风俗。流行于全国许多地区。六礼中的第六礼。俗称"迎亲"。新婿亲往女家迎娶新娘的仪式。通常是男家将婚期通知女家后，到成婚日，由新郎亲自到女家迎接新娘，也有由男家派遣迎亲队伍迎娶，新娘在家等候。起源甚古。

【解读】这是关于婚礼六礼中纳吉纳征，以及亲迎之前过礼的记载。纳征之后也是婚约正式成立的标志。不得随意毁约。

双杯斟酒，献婿及妇。彼此交杯谓之合卺饮，毕相礼者，以果撒帐，致祝巳，引婿及妇出堂敬告先祖，以次拜见翁姑及尊长亲属，名曰拜堂。③

---

① 於学琴等修，宋世煦等纂，《耒阳县志》，清光绪十一年 瞰本，载《中国方志丛书》，台北，成文出版社，第1137页。

② 於学琴等修，宋世煦等纂，《耒阳县志》，清光绪十一年 瞰本，载《中国方志丛书》，台北，成文出版社，第1137页。

③ 於学琴等修，宋世煦等纂，《耒阳县志》，清光绪十一年 瞰本，载《中国方志丛书》，台北，成文出版社，第1137页。

【注释】合卺：一种古老的汉族民俗，结婚礼仪的一部分，指新郎、新娘在结婚当天的新房内共饮交杯酒（合欢酒）。拜堂：又称拜天地。中国婚姻习俗，起源约在北宋时期。流行于全国各地。在举行婚礼时，新郎新娘参拜天地后，复拜祖先及男方父母、尊长的仪式。也有将拜天地、拜祖先及父母和夫妻对拜都统称为拜堂。

【解读】这是一个关于亲迎之后婚礼仪式的记载。礼法结合，程序严格，具有一定法律效力，也是重要的民事行为习惯。

其于古庙见礼，不甚相还，至婚论财，乡村亦间有之，或彼此要求，抑或彼此竞胜，皆无当于婚姻之义也。①

【注释】间：不久之前。

【解读】这是一个关于婚礼礼制现状的记载。乡村近来也至婚论财，或彼此要求，抑或彼此竞胜，皆没有适合婚姻之义，反映出婚姻礼节的变化，民事习惯习俗的变迁。

死亡

处亲丧者，多以白纸书其门，曰读礼。未殡之先鸣锣，请水于溪，以洪浴。成服后，具讣闻于□里吊者，具香烛冥帛，以往主人酬以白衣白冠，名曰开堂。接绅士题主，名曰点主。②

【注释】读礼：学习礼节的意思。请水：由巫师装神弄鬼，替病家祈求治病的神水。成服：指盛服；旧时丧礼大殓之后，亲属按照与死者关系的亲疏穿上不同的丧服，叫"成服"。与三周年以后的"脱服"、"除服"相对应。具：具备、备办、准备。吊：对遇有丧事或灾祸的人表示慰问、悼念、祭奠死者。开堂：指新任命的住持入院时的寺院的重要行事。点主：汉字"主"字有多义，其一为"神主"。所谓"神主"，又称木主、牌位，即写有死者姓讳、身份、官职、封谥等供人们祭奠的灵牌。在传统文化的语境里，为故去的长辈制作灵牌的过程称"作主"，而请人用朱笔补上灵牌上"主"字一点的仪式则称为"点主"。"作主"、"点主"之俗流布广、影响大、讲究多、成为

---

① 於学琴等修，宋世煦等纂，《耒阳县志》，清光绪十一年 瞰本，载《中国方志丛书》，台北，成文出版社，第1137页。

② 於学琴等修，宋世煦等纂，《耒阳县志》，清光绪十一年 瞰本，载《中国方志丛书》，台北，成文出版社，第1139页。

国人践行"慎终追远"孝道观的重要载体。

【解读】这是一个关于耒县民间丧礼的记载。是民乡风俗中重要的民事行为习惯。礼法结合,严格按照民事风俗程序,具有一定社会约束力,属纲常伦理礼教之类。

间有遵家礼不作佛事,或撰家礼从宜为简而易行者,弟习俗相沿附身附棺而外,竞尚浮靡。亲友相唁,鼓吹留宴,饮食兴马,勤费多金,识者讥之。盖君子所贵乎,丧者以其有,内心也至于溺堪兴之说,怨期不葬,或葬而改迁,不以奉先为计,而专以利后为虑。光非孝子之用心,诚有如伊川先生所谕者。①

【注释】间:中间、当中,指处于一定的空间和时间里。期间:年间,指时间。近来:不久之前。佛事:凡发扬佛德之事,称为佛事。撰:著述、写作、持拿、具、才能。弟:尽管、只管。唁:古时慰问亡国者,慰问遭遇其他祸事的人。盖:大概。溺:淹没、落水、沉湎而无节制、沉迷不悟。堪:经受得起;能够承受、胜任、可以;能够。堪兴:相地看风水的迷信职业者。怨:过分、违背、过分、过度。诚:真诚、诚心、果真、确实。

【解读】这是一个关于丧礼习俗转变的记载。有遵守家礼不崇尚佛德之事,有的写作家礼从适宜为简而易行的人,尽管习俗相延续附身附棺而外,竞尚浮靡。亲友相互吊唁,鼓吹留宴,饮食兴马,勤费多金,了解的人讥讽他。大概君子所认为贵的,丧者也有之,内心也至于沉迷胜任之说,延期不葬,有的葬而改迁,不以奉先为计,而专以利后所考虑。荣耀非孝子之用心,确实有如伊川先生所比喻的。反映出丧礼风气随着时间的变化而改变,有的有奢侈浮靡的风气,不以奉行先前礼制为考虑的。

社会

女服事乎,内主中馈,勤织坊工,缝纫操作不辍。无谕贫富,太都类然而转车,辛苦惟比乡为最,其布通行,郴桂粤西间为利甚溥足□。半年食用至于匹妇蚕桑间有之。②

【注释】辍:停止、中止、废止、废除。谕:明白、了解、告诉、诏令。惟:只

---

① 於学琴等修,宋世煦等纂,《耒阳县志》,清光绪十一年 瞰本,载《中国方志丛书》,台北,成文出版社,第1139页。

② 於学琴等修,宋世煦等纂,《耒阳县志》,清光绪十一年 瞰本,载《中国方志丛书》,台北,成文出版社,第1137页。

是。比：比起…来、比拟。布：布施、表达、分布。溥：广大、普遍、通"敷"，分布。匹妇：平民妇女。

【解读】这是一个关于耒阳县民间妇女的记载。反映出妇女的勤劳，自给自足，妇女的纺织桑蚕成为社会公认其义务，具有一定的社会约束力。

宗族

姓各有祠，每岁有四时，致祭者，而清明及十月三日合族祭祖，若宗比户皆然先期□。宿人祠，省牲祭日，质明行事，遴长而贤者主祭，毕而饮群□，群穆咸在献酬交错，雍雍一堂，亲送之风酒未还。①

【注释】穆：美好。

【解读】这是一个关于祭礼的记载，反映出行祭礼时的形态风俗习惯，也是重要的民事习惯之一。

小除是日，早除梁□夜，各处祀龟神，老幼欢集，呼为小年。酺小儿鸣金鼓曰，打过年锣。咸友致馈曰年礼。除夕是日，家各设盛馔昌祀祖称□，贴宜春帖子□，春聊亲友相过，曰辞年夜，则合家聚饮□，团年坐有达旦者，曰守岁。②

【注释】小年：小年并非专指一个节日，由于各地风俗，被称为小年的节日也不尽相同。小年期间主要的民俗活动有贴春联，扫尘，祭灶等。北方地区是腊月二十三，南方地区是腊月二十四。酺，聚会饮酒。除夕，也就是辞旧迎新、一元复始、万象更新的节日。守岁：是中国民间在除夕的习俗，又称照虚耗、熬年、熬夜。指在除夕夜一家人团聚，熬夜迎接农历新年的到来。

【解读】这是一个关于节序的记载。各节序有各自的礼仪规制，是重要的民乡风俗，也是民事行为习惯的重要的反映。

---

① 於学琴等修，宋世煦等纂，《耒阳县志》，清光绪十一年 瞰本，载《中国方志丛书》，台北，成文出版社，第1140页。

② 於学琴等修，宋世煦等纂，《耒阳县志》，清光绪十一年 瞰本，载《中国方志丛书》，台北，成文出版社，第1140页。

六、鄜县

社会

汉书地理志，水耕火耨，民食鱼稻，以渔猎伐山为业，果蔬蠃蛤食物常足，故呰
窳偷生亡积

聚饮食□。给不忧冻饿亦亡千金之家，信巫鬼重淫祀。

【注释】水耕火耨：用火烧开一片空地后播种，然后为了除去空地的杂草再引水入田的耕作方式。呰：弱；劣、古同"疵"。窳：粗劣、懒惰、瘦弱。亡：失去。淫：淫。

鄜处万山中，不惟四时晴雨，寒暄每有不□，即一月之内一日至间凉炎顿异如冬时，平地阴雨而高山积雪已深，寒露后暑尽凉生，有时炎威以夏长，蠃届节溽暑方来倏，又凄清候或淋漓浃旬蕴隆不解，遂致气□，为瘴山谷民，多传染成疾，大约瘴起于秋，延于冬至。严寒时始解，故调摄宜慎焉。①

【注释】蠃：获得利润、得到、背；担。届：至、到达。节：竹时节。

【解读】这是一个关于民性民风的记载，民风淳朴自然，诉讼在所难免，气候多样。

社会

元旦，鸡初鸣，咸盥漱服鲜洁之服，择吉时，致门导以爆竹，设香烛酒果祀先祖及常祀之神，礼拜尊长次及□辈，男女老少互相酬答，以吉祥语书红笺，名曰试笔。既明择吉，方出行，戚友邻曲，彼此往来，更相庆贺，是日禁洒扫，占喜东南风，以卜岁稔。②

【注释】稔：庄稼成熟、年、事物酝酿成熟、熟。

【解读】这是关于元旦风俗习惯的记载，是重要的民事行为习惯。

上元，自人口至十五，作龙灯竹马狮戏之类，锣鼓喧闹，歌舞彻宵，轻薄子或因此生非。其间礼法之家，禁约子弟，则不出。此节内屑米粉，作鸡猪牛犬之形，祀天

---

① 唐荣邦修，杨岳方纂，《鄜县志》，清同治十二年刊本，载《中国方志丛书》，台北，成文出版社，第423页。
② 唐荣邦修，杨岳方纂，《鄜县志》，清同治十二年刊本，载《中国方志丛书》，台北，成文出版社，第425页。

官种，曰祈福。①

【注释】轻薄：轻佻浮薄。祈福：指祈求神明降福或设醮还愿之事，是善男信女向神明表达自己的心愿，希望得到神明庇佑的一种祈求赐福方式。

【解读】这是关于上元风俗习惯的记载，是重要的民事行为习惯。

清明祭先祖，备酒馔，扫填墓，挂以纸钱，是日，占晴为吉，谓有清明晴谷雨霖之谚。②

【解读】这是关于清明节风俗习惯的记载，是重要的民事行为习惯。

端午户悬艾蒲，捣蒜汁水，漉地以辟虫毒，研雄黄和酒饮之，并涂儿额，煎百草汤以浴，浴竟灼火，可以却病，先二日传送角黍，谓之探节。③

【解读】这是关于端午风俗习惯的记载，是重要的民事行为习惯。

六月六日晒书曝衣，农则禳田，是日，阴雨则草木不茂，有"六月六日阴，牛粮贵如金"之谣，早稻熟，择龙兔日，设酒馔祀先祖，谓之当新④

【注释】禳田：指祭神祈求灾异不作，庄稼丰收。

【解读】这是关于六月六日的风俗习惯的记载，是重要的民事行为习惯。

中元先于初十，夜迎先祖于庭，设香案牲醴，杯茗供饭五日，封冥衣，楮钱焚之。各宗祠街坊于十五夜，遍化小衣。⑤

【注释】冥衣：祭奠给死人的衣服。小衣：内裤；裤子。

【解读】这是关于中元的风俗习惯的记载，是重要的民事行为习惯。

中秋节前，邻戚以月饼杂他物更相馈遗。是夜飞觞醉月，坐待深更阴晦，则来岁元宵，必雨。⑥

---

① 唐荣邦修，杨岳方纂，《鄮县志》，清同治十二年刊本，载《中国方志丛书》，台北，成文出版社，第425页。
② 唐荣邦修，杨岳方纂，《鄮县志》，清同治十二年刊本，载《中国方志丛书》，台北，成文出版社，第425页。
③ 唐荣邦修，杨岳方纂，《鄮县志》，清同治十二年刊本，载《中国方志丛书》，台北，成文出版社，第425页。
④ 唐荣邦修，杨岳方纂，《鄮县志》，清同治十二年刊本，载《中国方志丛书》，台北，成文出版社，第425页。
⑤ 唐荣邦修，杨岳方纂，《鄮县志》，清同治十二年刊本，载《中国方志丛书》，台北，成文出版社，第425页。
⑥ 唐荣邦修，杨岳方纂，《鄮县志》，清同治十二年刊本，载《中国方志丛书》，台北，成文出版社，第425页。

【解读】这是关于中中秋节的风俗习惯的记载，是重要的民事行为习惯。

重阳饮茱萸菊花酒，导胜登高，是日占喜雨宜晚禾，又主来秋丰稔，忌西北风主来岁歉。①

【解读】这是关于重阳节的风俗习惯的记载，是重要的民事行为习惯。

十月朔祀先，莹如清明。②

【解读】这是关于十月朔的风俗习惯的记载，是重要的民事行为习惯。

冬至俗不甚重，惟各宗祠宰牲祀先祖。扫墓焚纸钱，如清明。居民常以是月，占来岁，上半年米肉价，朔一二望一二念一二俱喜晴主价，贱风雨则贵，有"风打秤，雨打斗"之谚。③

【解读】这是关于冬至的风俗习惯的记载，是重要的民事行为习惯。

十二月二十四日为小除，先夕设酒果、楮衣、云马祀龟神，次日谢神安土扫舍宇尘。是夜，城市金鼓偕作合家欢饮，号"小年节"。④

【解读】这是关于小年的风俗习惯的记载，是重要的民事行为习惯。

除夕帖门神，纸钱换桃符，办羹饭牲酒，谒神庙，祀先祖，大小聚饮，谓之团年或彻夜不寝谓之守岁，爆竹达旦，凡一年称贷俱于此日取，价亦有不能尽拘是限者。⑤

【解读】这是关于除夕的风俗习惯的记载，一年的债权要行使，债务要返还，都在除夕日办妥，也有不能完全还清或者要回的人。反映出债务的债权诉讼时效民俗自然为一年，每年年底为最后期限行使债权，但又不具有法律强制性，也有并未实现的。没有明确的债务无法偿还的法律责任。但也体现出礼法结合，也有一定社会约束力。

---

① 唐荣邦修，杨岳方纂，《鄜县志》，清同治十二年刊本，载《中国方志丛书》，台北，成文出版社，第425页。
② 唐荣邦修，杨岳方纂，《鄜县志》，清同治十二年刊本，载《中国方志丛书》，台北，成文出版社，第425页。
③ 唐荣邦修，杨岳方纂，《鄜县志》，清同治十二年刊本，载《中国方志丛书》，台北，成文出版社，第425页。
④ 唐荣邦修，杨岳方纂，《鄜县志》，清同治十二年刊本，载《中国方志丛书》，台北，成文出版社，第425页。
⑤ 唐荣邦修，杨岳方纂，《鄜县志》，清同治十二年刊本，载《中国方志丛书》，台北，成文出版社，第425页。

身份

鄘邑三加之礼，罕有读者，惟子弟娶妇前一日，具新衣冠，拜见尊长，尊长赐以酒，曰贺新郎。

林志按冠者，所以责成人之道，于其人其礼最重，司马文正公，十五而冠之谕，及朱子家礼所载仪节，皆节易可行，流俗废□殆尽，无由因其明而通其蔽耳，今观将昏之前，冠带见尊长一节遗意犹存，好礼者推而行之。冠礼之后也，其庶岁乎□①

【注释】三加：古代男子行加冠礼，初加缁布冠，次加皮弁，次加爵弁，称为三加。具：置办。节：节制、节约。无由，没有门径，没有办法。耳：兼词，相当于"而已"，译作"罢了"，表示肯定。惟：只是，只。

【解读】这是关于冠礼的记载。这反映出鄘县加冠风俗，代表民事行为能力的完全取得。其程序风俗具有一定法律约束力。

婚姻家庭

择门户相当称家，有无媒妁通言后，仿古纳采问名之意，择吉日，男家先书年庚于笺，媒氏致之妇家，妇家亦如之□用红□，别以乾坤二字，将婚之年，仿古纳采纳征遗意，先期过聘，以布帛冠珥果酒豕羊之属致于女家，次择吉走报女家，诺则以书籍墨砚冠履酬之，婚期，婿家饰綵兴行奠雁礼，导以鼓吹，陈花烛酒醴，亲迎虽废，而遗意犹存，新妇至门，先庙见次，对拜舅姑。②

【注释】见次：体现次序。别：区别。走报：奔走相告。奠雁礼：传统汉族婚姻风俗。流行于全国许多地区。男家在行纳采，问名，纳吉，纳征，请期，亲迎时，必有主持者执雁前导，即为"奠雁"。

【解读】这是一个关于婚礼的民乡习俗。选择门当户对相称的人家，媒妁通言之后，仿照古代纳采问名之意，选择吉日，男家先写年庚在笺上，媒氏把其拿致妇家，妇家也像其一样，区别于乾坤二字，将婚之年，仿照古代纳采纳征的遗意，先定亲，以布帛冠珥果酒豕羊之类到女家，然后再选择吉日走报到女家，承诺以书籍墨砚冠履

---

① 唐荣邦修，杨岳方纂，《鄘县志》，清同治十二年刊本，载《中国方志丛书》，台北，成文出版社，第428页。
② 唐荣邦修，杨岳方纂，《鄘县志》，清同治十二年刊本，载《中国方志丛书》，台北，成文出版社，第429页。

报答他,婚期,婿家装饰以綵舆行奠雁礼,以鼓吹作为先导。陈列花烛酒醴,亲迎之礼虽废,但是遗意犹存,新妇到门,先庙体现次序,对白姑舅及长辈。这反映出1、当时当地婚约的建立,通过纳吉问名婚约开始建立,纳吉纳征之后婚约完全建立,具有合同之债的法律效力。不得随意违约,否则需要负违约责任,并赔偿。2、纳彩问名纳吉纳征请期中要赠送的礼物,是以结婚为目的赠送,具有法律效力,若未结婚,需要返还。3、婚礼程序,礼法结合,具有一定社会约束力。是重要的民事行为习惯。4、亲迎礼虽废,但遗意仍在传扬,礼仪流传下来,体现出民乡风俗以及民事行为习惯的持久性与封闭性。

死亡

亲戚有宰猪□门及巫祝诸土俗或不行焉,丧家燃灯寝门及外户,曰引路。旋鸣锣导孝子于溪泉请水浴死者,以生时冠服装敛,亦有用大敛者,召僧道作科,曰开路。设灵席铭旌置木主,朝夕哭奠,陈生时玩好器物,具讣闻于戚里,告成服之期,主人备蔗布之属,视服之隆杀分致之吊唁,咸至肴馔杂陈。主人亦以酒食相与。接事毕移棺堂侧,延堪舆卜,葬地泥风水者,或停柩一二载,及至葬,先召僧道诵经□,作颁赦完钱等科,趋度之致,素柬亲友,告以发引之期,曰开堂。葬不用明器,凡衣冠舆马,方相及男女侍僮之属,咸以纸笺为之,至于舆易□,咸致哀而止,附身附棺必诚必敬,不惑于僧道,不移于流俗,则存乎当事者,之移风易俗,兴乡先生之敦厚崇礼者,焉俗不读,虞祭以七七日,百日期年,再期致祭典。尽哀服除,则巳祖先生,忌必有祭四时之祭,俱行于家庙若□□香领乡荐拜官焚黄,则兼诣墓所备牲设乐延宾□,相拜献如礼。①

【注释】引路:上路。大敛:指把尸体放入棺内。大敛的时间是在小敛的次日,地点是在堂前的东阶上。入敛的衣服,士三十套,大夫五十套,君百套。大敛时,孝子等要跳起脚来哭,叫踊。等尸体处理停当,还要抱着尸体跳起脚来哭。接着是尸体入棺,棺上加盖,都要这样哭一通。最后在灵座前行祭奠礼后,大敛仪式才算结束。作科:制定法规。开路:一般是指使路途通畅没有障碍。灵席:指设有神主以供奉祀的

---

① 唐荣邦修,杨岳方纂,《鄞县志》,清同治十二年刊本,载《中国方志丛书》,台北,成文出版社,第429页。

台子。铭旌：古代丧俗，人死后，按死者生前等级身份，用绛色帛制一面旗幡，上以白色书写死者官阶、称呼，用与帛同样长短的竹竿挑起，竖在灵前右方，称之为铭旌。大敛后，以竹杠悬之依灵右。葬时取下加于柩上。成服：指盛服；旧时丧礼大殓之后，亲属按照与死者关系的亲疏穿上不同的丧服，叫"成服"。发引：谓执绋。参加出殡礼仪、谓执绋。参加出殡礼仪。读：阅、看。虞：预料、准备、担心、欺骗。期年：一周年，一整月。焚黄：旧时品官新受恩典，祭告家庙祖墓，告文用黄纸书写，祭毕即焚去，谓之焚黄。后亦称祭告祝文为焚黄。诣：到……去；前往、拜访。

【解读】这是一个关于丧礼风俗的记载。反映出丧礼风俗的程序，以及不惑于僧，不流于俗，移风易俗的变化。是民间重要的民乡风俗。重要的民事习惯。

宗族

俗重祖宗崇谱牒，聚族而居，有大宗祠，有支祠，祠必有祭田数十亩至数百亩不等，择公正老成数人，分年经理，于冬至祭之，追还报本其风近古。①

【注释】谱牒：伴随着家族制度而来的记录家族血缘关系的文献。大宗祠：祠堂是中华民族祭祀祖先场所。中国的封建社会以忠孝礼仪为制度基础，宗祠作为家族的象征，自然在人们心目占里有极高的地位。祭田：旧时族田中用于祭祀的土地。分年：区别年岁。

【解读】这是关于民间祭礼的记载。民间重祖宗崇尚谱牒，聚族而居，有大宗祠以及支祠，祠必有祭田数十亩至数百亩不等。选择公正老成的数人，区别年岁，经管管理于冬至祭之追还，报本其风近古。这反映出当时祭礼的风俗习惯，是重要的民事行为习惯。

宴会

冠宫室宴会□安简朴近则曳文□拥轻裘鸟草鏊飞，颇崇轮炙，至于岁时，燕客居然水陆杂陈。即非坐拥厚资，亦必勉为丰腆。妇女当以瓜果刻为花鸟，以蜜渍之颇伤，女红还淳反朴是所望于当事者。②

【注释】腆：丰厚；美好。

---

① 唐荣邦修，杨岳方纂，《鄢县志》，清同治十二年刊本，载《中国方志丛书》，台北，成文出版社，第421页。
② 唐荣邦修，杨岳方纂，《鄢县志》，清同治十二年刊本，载《中国方志丛书》，台北，成文出版社，第421页。

【解读】这是一个关于宴会风俗的记载，反映出宴会的礼仪，是当时具有特色的民事行为习惯。

巫俗

俗信鬼，疾时服药，罔效辄用巫师。设醮，以禳之小儿发痘疹，则祀痘神于家，曰供娘。酒醴之奉，必洁。事后酧神兴马咸备，悉以纸为之。①

【注释】罔：没有。辄：立即，就，则。醮：祭祀，祈祷、道士设祭坛祭祀。禳：古代祭祷鬼神来消除灾祸的迷信活动。酧：同酬。

【解读】这是关于民间鬼神祭祀的记载。民间信鬼，生病时服药，没有效用，就用巫师。设祭坛以消除小儿的疹病，则祀痘神于家，俗称供娘。酒醴之奉，必好。事后，酬神兴马都准备，都以纸为之。这反映出民间对巫神鬼的信仰，是民间精神寄托的体现，是民间重要的民事行为习惯。

民讼

俗喜抱养义子，虽有嗣丁，又畜义男螟蛉，以□服役然因分田产，争钱财，每肇讼端，所当厉禁。②

【注释】螟蛉：比喻义子。肇：引发。讼端：诉讼之事端。畜：养活，赡养。

【解读】这是一个关于民诉争端的记载。民间喜欢抱养义子虽然有嗣丁又养活义男服役，然因分田产争钱财，往往起争端。应当严加禁止。反映出继承规定不完善，继承法律关系的不确定。义子与亲子继承问题突出，是引起诉讼的重要问题之一。

纺织

邑妇女止事□织而不娴于□纺，虽康乐乡间有习者，而一邑需之一乡，供之我知其力，有不瞻也，夫一女不织，辄受其寒，乃休其□，织坐废，女红而不讲，所谓瘠土之民，劳以思者，顾如是乎□③

---

① 唐荣邦修，杨岳方纂，《酃县志》，清同治十二年刊本，载《中国方志丛书》，台北，成文出版社，第432页。
② 唐荣邦修，杨岳方纂，《酃县志》，清同治十二年刊本，载《中国方志丛书》，台北，成文出版社，第432页。
③ 唐荣邦修，杨岳方纂，《酃县志》，清同治十二年刊本，载《中国方志丛书》，台北，成文出版社，第432页。

【注释】顾：不过、只是。辄：总是、往往。

【解读】这是一个关于纺织的记载。反映出纺织风俗习惯的改变，出现妇女不织的情形。反映出民事习惯的改变。

社会

俗好演剧，每岁夏间演唱多日，谓之

林志按演戏一事，其弊有六，首事持簿三五成群，还声敛财，名曰，公分贫家，日食维艰，不得不勉力以应，一也。妇女往观纷纭杂沓，子衿佻达，乘隙目成，伤败风俗，二也。书夜聚观，废时失事，三也。招惹匪人，开场聚赌，无知之辈，堕其术中，往往破家荡产，四也。呼群□饮，醉后角气，饮酿命案，五也。流连往返，家无坐镇之人，奸盗因之，六也。郡伯李公，洞悉前弊，檄示下县，此风颇为一变云。①

【注释】勉：尽力；努力。维艰：只有困难；因为不容易。敛财：以正当或非正当手段获取财富（一般指非正当方式）的意思。子衿：男子的美称。佻达：轻薄放荡。乘隙目成：乘机会通过眉目传情来结成亲好。匪人：行为不端正的人、盗寇。角气：斗气。坐镇：安坐而以德威服人。奸盗：为非作歹、劫盗财物、奸人盗贼。郡伯：知府为郡伯。檄：古代官府用来晓谕、声讨、征召等的公文。

【解读】这是一个关于娱乐情况的记载。民间喜好演剧演戏，每岁夏间演唱多日，有六个弊病，演戏之人还声敛财，名曰公分贫家，饮食艰难但又不得不尽力应对。知府了解弊病指示下县整治，风气有所改变。这反映出娱乐风气盛行，娱乐成为当时必不可少的民事行为习惯。同时体现出民事行为习惯也受政治以及社会风气的影响并随之而改变。

社会

猺俗二种，一曰高山猺，一曰平地猺。高山猺，蓬头跣足，言语侏儒，衣服斑斓，或以环□手耳，以帕覆首。登高陟险，捷若猿猱，婚嫁不用礼仪，女未□髻前，横小竹箭七根，已配则五枝，生子则一枝。平地猺妇女，以帛裹头，前后多缀五□，线小

---

① 唐荣邦修，杨岳方纂，《鄮县志》，清同治十二年刊本，载《中国方志丛书》，台北，成文出版社，第433页。

结如乘珠狱，饮食衣服兴汉民，同其佃种，力作茔生，置产皆然，惟兴猺人言，则猺语，兴汉人言，则汉语。女多赘婿于家，婿丧其姓而从之，生子后乃去。猺俗好跳神，家饶者频赛会，聚集族类，宰牲设祭，男女环跳歌舞，三五日乃散，神之位右偏，云置当中，则不利。①

【注释】猺，旧时对我国瑶族的侮辱性称谓。跣，赤脚。跳神，汉族和许多少数民族民间巫卜风俗。赛会，赛会是一种古老的汉族民俗及民间宗教文化活动。

【解读】这是关于瑶族人种分布及各自特点的记载。分高山瑶族和平地瑶族。高山瑶族，小巧玲珑，赤脚，言语少，衣服色彩斑斓，有的耳环首饰，以手帕遮盖头。登高探险，敏捷如猿猱，婚嫁不用礼仪，横小竹箭七根，已配则五枝，生子则一枝。平地瑶族的妇女，以帛裹头，前后多缀饰品，饮食衣服兴于汉民，同其佃种，致力作茔生，置产皆然，惟兴瑶族人言语，则瑶族语兴，兴汉人言，则汉语兴。女多娶婿，婿失其姓而从之，生子后才舍去。瑶族人喜欢跳神，家境富裕者多举办赛会，聚集族类，宰牲口设祭。男女欢歌跳舞，三五日才散去，神之位右偏，云置当中，则是不利的。反映出瑶族人的民事行为习惯、语言文化的多样以及与汉族的差异。

猺之长曰，猺官，今曰猺管，其他有□盘赵等姓，责成猺管约束，或易置由猺民公同举报赴县，详请给委。猺小争则猺管为之解剖，大争乃讼于官，至置卖田亩亦兴民田，一体立户纳赋。②

【解读】这是一个关于瑶族民事管理的记载。有瑶族管理的官员，猺官进行管理，大诉讼则报至县官。也包括买卖天地，缴纳赋税等。这反映出瑶族民事生活管理的管辖权限的分工情况。

猺自康熙间，奉例兴考，岁科取进文生一名，谓之新籍。故近亦多习诗书，其地有观化社学之设，喁喁然向风慕义。是皆我朝人道化成声，教广被抚绥怀柔使之日新月异以游于熙皞之中也，圣人云，有教无类不信然哉。③

---

① 唐荣邦修，杨岳方纂，《鄮县志》，清同治十二年刊本，载《中国方志丛书》，台北，成文出版社，第437页。
② 唐荣邦修，杨岳方纂，《鄮县志》，清同治十二年刊本，载《中国方志丛书》，台北，成文出版社，第437页。
③ 唐荣邦修，杨岳方纂，《鄮县志》，清同治十二年刊本，载《中国方志丛书》，台北，成文出版社，第437页。

【注释】喁喁：比喻众人敬仰归向的样子。绥：安；安抚。熙皞：和乐；怡然自得。有教无类：不管什么人都可以受到教育。

【解读】这是一个关于瑶族教育文化程度的记载。康熙年间，奉例兴考，每年科取进文生一名，名为新籍。因此近来多学习诗书，其地有观化社学之设，众人仰慕教义。中原汉族道化成声，传播中华文化，使瑶族日新月异，日渐文明，圣人云，有教无类就是这样吧。这反映出瑶族文化的发展，中华文化的渗透，文化的进步带动民事行为习惯的日新月异。

按猺俗性尚贺朴，往者不免健讼，皆汉民教唆侵忧之，或官吏抚绥未善控驭失宜所致。可土者，诚能克己，清心丝粟，不妄取，并严禁，胥役轻，人稽查，汉奸滋事教唆者，心穷其源，侵扰者，务绳以法。其猺官保牌以事至者，即兴宣扬圣朝恩□各□采。今谕以礼福动以身家，又择其子弟之秀者，动□向学母□。自弃俾其既，却所畏又知所感，则猺民风俗必有潜移默化，蒸蒸然，日新月异而不知为之者矣。①

【注释】驭：统治；治理。丝粟，极小或极少。胥役：服役。稽查：官方检查走私、偷税、违禁等的非法活动。

【解读】这是一个关于瑶族民性转变的记载。民风大都纯朴，诉讼多自汉民教唆或者官员扶绥不妥所致，当地人都可以清心克己，反映出汉族文化对其潜移默化的影响，民事行为习惯的潜移默化地随着文化的改变而改变。

七、零陵县

社会

刘禹锡序潇湘间无土山，无浊水，民秉是气，往往清慧而文

寰宇记地有舜之遗风，人多纯朴

唐曹中，永州谢表家，娴礼义而化，易乎地足渔樵，而民乐业

方于胜□俗尚农桑，民知教化

杜氏通典，湘川之奥，人丰土僻

---

① 唐荣邦修，杨岳方纂，《鄢县志》，清同治十二年刊本，载《中国方志丛书》，台北，成文出版社，第437页。

湘中记，人多纯朴，士少宦情

宋书潇湘，有洙泗风

杨万里种爱堂记，山川木后之奇，生其间者，多秀民，其人士行义，文学骏发而焯著，祝中州无所兴逊一统志，教化易孚人民乐业。①

【注释】孚：信用、诚信。焯：明彻；显明。逊：辞让、退、不如，比不上。

【解读】这是一个关于民性的记载。反映出零陵县风俗习性和重要的民事行为习惯。

书志云，零陵水耨火耕，鱼稻自给，上古睢盱，信有然矣。后代垦僻渐饶，纺织娴习，日中为市，毂击肩摩，资生粗足，昔时俗尚质朴，昏丧之礼务，崇简质，今且男厌布帛，女羞荆饰，吴绫越罗，习为故常，旨酒嘉杀佐其馔，酣昏未纳采而先议聘奁。丧未即屯而肆筵高会其尤可憾者，讼未对簿，遍揭仇秽于通衢讯，稍不直即舁神像于道路，间左游闲，扑博成市，恶少椎埋，弱肉堪庾有心者，其能晏然勿问乎□②

【注释】睢盱：浑朴貌；睁眼仰视的样子；亦作聚观、喜悦之貌。毂击肩摩：行人车辆往来拥挤。屯：坟墓。肆：陈列，陈设。秽：罪过。衢：四通八达的道路。舁：携带。扑博：古代的一种博戏。后亦泛指赌博。椎埋：劫杀人而埋之。亦泛指杀人。直：公正。晏然：安适，安闲。

【解读】这是一个关于民风习俗的概述。民风淳朴，人民富裕，生活安定，但如今，世风日下，婚丧举行不遵循礼制，婚礼未纳彩就先议聘礼，丧礼没有下葬就大摆筵席，诉讼没有对簿公堂，质证理论就遍布消息，造谣舆论。稍不正直就污蔑神像。赌博、杀人横行。有心人岂能不管不问呢□这反映出民风转变对民事行为习惯的影响。

社会

春正月初一日元旦，鸡鸣，长幼皆起，正衣冠，礼天地，祖宗遵。宪书吉时，出门外向吉方拜，祝比户，爆竹竞胜，谓之出行，人则少。长以次拜贺，进茶酒，族邻咸友贺年。有丧服者，越三日始出谢，初四夜各焚挂门纸钱，而祭先礼毕。城市择吉日，

---

① 嵇有庆修，刘沛纂，《零陵县志》，清光绪元年修，民国二十年补刊本，载《中国方志丛书》，台北，成文出版社，第329页。

② 嵇有庆修，刘沛纂，《零陵县志》，清光绪元年修，民国二十年补刊本，载《中国方志丛书》，台北，成文出版社，第329页。

开肆半月内，来往宴会，爆声闻轰不绝，乡村男妇亦有拜贺至月尽及二月中者。①

【注释】宪：法令、法律、效法。 比户：家家户户。 出行：正月初一时人们也有出行的风俗，出行的途中，各家各户都会有人燃放鞭炮，爆竹声一旦响起，便绵延不绝，直到出行结束。出行的线路中会有几个特定的祭拜地点。谢：推辞；拒绝、感谢；道谢。 轰：巨大的声响。

【解读】这是一个关于正月初一的记载。反映出这天人们的风俗习惯。是重要的民事行为习惯。

立春日，官迎春礼，胥以盘贮小土牛送乡绅家，谓之送春。②

【注释】胥：古代官府中的小吏。 送春：唱春歌，唱春、颂春，是高淳民间的传统民俗文艺活动的一种表现形式。

【解读】这是一个关于立春节序的记载。是重要的民事行为习惯。

正月十五元宵节，街市多剪采，为灯有龙鱼鳌。山诸戏，鼓吹游亲，午夜不禁。此古俗也。近则又有乡区为田禾人畜，祈祜神庙新，正值天气晴明，龙灯锣鼓，各以百计，诣庙进香不人，人家是谓游灯。其次提灯龙周遍乡村，盘舞喧闹，以取笑乐，或冬腊择子弟教习俗曲。届期随龙灯远涉拜亲戚联家族，演戏留款多至五六十席，则费颇繁矣。③

【注释】鳌：喜欢抬头移动的龟鳖类动物。 祜：福。

【解读】这是关于元宵节的记载。礼法结合，也是当地重要的民事行为习惯。具有社会约束力。

清明节插柳于门，男女具酒肴，上填剪除修砌各标楮钱于墓上拜奠，谓之挂扫新填，或哭泣。以从族大资饶者，备鼓乐猪羊祭奠，清填界查祭田，此虽礼经未载，先

---

① 嵇有庆修，刘沛纂，《零陵县志》，清光绪元年修，民国二十年补刊本，载《中国方志丛书》，台北，成文出版社，，第330页。
② 嵇有庆修，刘沛纂，《零陵县志》，清光绪元年修，民国二十年补刊本，载《中国方志丛书》，台北，成文出版社，第330页。
③ 嵇有庆修，刘沛纂，《零陵县志》，清光绪元年修，民国二十年补刊本，载《中国方志丛书》，台北，成文出版社，第330页。

儒亦取之。①

【注释】祭田：族田中用于祭祀的土地。

【解读】这是关于清明节的记载。反映出民乡风俗的延续，严格按照风俗礼制，礼法结合，此风俗具有社会约束力，民间自觉遵行，是重要的民事行为习惯。

四月八日为浴佛节，造乌饭馔食，即道家青精饭也，零陵总记，採杨桐冬青菜汁渍米炊之色，青而光食之资阳气。杜诗云，岂无青精饭使我颜色好，此事佛道所尚，今沿袭于民间。②

【注释】浴佛节：相传夏历四月初八日为释迦牟尼生日，佛寺常于此日诵经，以各香浸水灌洗释迦之太子诞生像；纪念佛之诞生，称为浴佛节。唐代佛教信仰极盛，长安善男信女多于此日施舍。此风迄宋明依然青精饭，青精饭也叫"乌饭"，主要是为滋补身体，祭祀祖先，相传为道家所创。

【解读】这是关于浴佛节的记载，也是民间重要的民事行为习惯。

五月五日天中节，饮雄黄酒角黍相馈，刻书蒲，结艾为人形虎形并蒜佩之，或悬门户用以辟邪，又是日，小儿佩绡采香囊著新衣，履往拜蒙师上束金师，饷以粽采杂乐煎水，沐浴去毒。③

【解读】这是一个关于端午节的记载。端午节的习俗礼法结合，具有一定社会约束力，也是重要的民事行为习惯。

六月六日谓之半年节，以酒肴祀祖先，肉果遗亲友，亦曰拜年，此惟辛乐洞麻江行之别乡不尔。④

---

① 嵇有庆修，刘沛纂，《零陵县志》，清光绪元年修，民国二十年补刊本，载《中国方志丛书》，台北，成文出版社，第330页。

② 嵇有庆修，刘沛纂，《零陵县志》，清光绪元年修，民国二十年补刊本，载《中国方志丛书》，台北，成文出版社，第330页。

③ 嵇有庆修，刘沛纂，《零陵县志》，清光绪元年修，民国二十年补刊本，载《中国方志丛书》，台北，成文出版社，第330页。

④ 嵇有庆修，刘沛纂，《零陵县志》，清光绪元年修，民国二十年补刊本，载《中国方志丛书》，台北，成文出版社，第330页。

【注释】半年节：中国岁时传统节日。流行于福建、台湾地区。农历六月初一（也有说是六月十五举行）。过节时，家家用红麹，米份做成半年丸，祀神祭祖后全家聚食，以祈求事事如意圆满。

【解读】这是一个关于半年节的记载。此风俗习惯一直延续，礼法结合，具有一定社会约束力。民间自觉遵守。也是重要的民事行为习惯。

七月十五日中元节，俗谓祖先回家，自十二日始设酒馔迎供至十五日，送之包具楮钱纸锭，上署祖孙父子名字至十四夜，焚之亦有十三日，迎十六日送者，俗谓民猺之分。民先一日猺后一日，有新亡者，则哭泣迎送。僧人于是时募檀越作盂兰会，供佛食厉鬼。①

【注释】中元节：俗称鬼节、施孤、七月半，佛教称为盂兰盆节。与除夕、清明节、重阳节三节是中国传统的祭祖大节，也是流行于汉字文化圈诸国的传统文化节日。中元节有放河灯、焚纸锭的习俗。盂兰会，农历七月十五的上元节，是古人祭祀祖先的日子，也是佛教徒追念在天之灵的祭日，称"盂兰盆会"。

【解读】这是一个关于中元节的记载。此风俗习惯一直延续，礼法结合，具有一定社会约束力。民间自觉遵守。也是重要的民事行为习惯。

六月间禾甫熟刈，少许炊尝名曰，试新。奉祖考祭田，神侯尊长尝后少者，方食盛具酒肴。忌用鸡以音类饥也尚鱼□以类馀也，用卯日属兔字义为叶取，吐故纳新也。②

【注释】试新：茶名、吃应时的新鲜食品。

【解读】此风俗习惯一直延续，礼法结合，具有一定社会约束力。民间自觉遵守。也是重要的民事行为习惯。

八月十五日中秋节，率以月饼西瓜相饷入夜，露坐饮酒赏月，占候者以是夕月之

---

① 嵇有庆修，刘沛纂，《零陵县志》，清光绪元年修，民国二十年补刊本，载《中国方志丛书》，台北，成文出版社，第330页。
② 嵇有庆修，刘沛纂，《零陵县志》，清光绪元年修，民国二十年补刊本，载《中国方志丛书》，台北，成文出版社，第330页。

明晦定来岁元宵之阴晴。①

【解读】这是一个关于中秋节的记载。此风俗习惯一直延续，礼法结合，具有一定社会约束力。民间自觉遵守。也是重要的民事行为习惯。

九月九日重阳节，登高饮酒赋诗唱和。文士间为之，又黄溪神以重九日生凡，奉是祠者，率多宰牲设燕，就祠演剧，乡村皆然，在城尤盛。②

【注释】重阳节：又称重九节、晒秋节、"踏秋"，为每年的农历九月初九日，中国传统节日。

【解读】这是一个关于中秋节的记载。此风俗习惯一直延续，礼法结合，具有一定社会约束力。民间自觉遵守。也是重要的民事行为习惯。

十月以后，子弟多散学，其幼者以鞭榴木为戏，俗谓打堆螺，以物形似螺。③

【注释】散学：放学。榴木：古代防守用的圆木。

【解读】此风俗习惯一直延续，礼法结合，具有一定社会约束力。民间自觉遵守。也是重要的民事行为习惯。

十二月初八日，释氏名腊八节。僧多募米作粥，民间造年酒，以是日，人水渍之，谓之腊八酒。城乡儿童，锣鼓相喧，谚云，腊鼓鸣春草生零，俗则谓之，打年鼓矣。④

【注释】腊八节：俗称"腊八"，即农历十二月初八，古人有祭祀祖先和神灵、祈求丰收吉祥的传统，一些地区有喝腊八粥的习俗。相传这一天还是佛祖释迦牟尼成道之日，称为"法宝节"，是佛教盛大的节日之一。

【解读】这是一个关于腊八节的记载。此风俗习惯一直延续，礼法结合，具有一定

---

① 嵇有庆修，刘沛纂，《零陵县志》，清光绪元年修，民国二十年补刊本，载《中国方志丛书》，台北，成文出版社，第330页。
② 嵇有庆修，刘沛纂，《零陵县志》，清光绪元年修，民国二十年补刊本，载《中国方志丛书》，台北，成文出版社，第330页。
③ 嵇有庆修，刘沛纂，《零陵县志》，清光绪元年修，民国二十年补刊本，载《中国方志丛书》，台北，成文出版社，第330页。
④ 嵇有庆修，刘沛纂，《零陵县志》，清光绪元年修，民国二十年补刊本，载《中国方志丛书》，台北，成文出版社，第330页。

社会约束力。民间自觉遵守。也是重要的民事行为习惯。

自九月至腊月民间，多举行婚姻丧葬及祈赛神祇诸事，以农务毕有余间馀财也。

十二月二十三日，军家于是夜，送灶神。翌日朝天，白一岁，善恶事故前期，备茶果香楮马料祷之民家。①

【注释】祈赛：指谢神佑助的祭典。

【解读】送灶神等节序风俗习惯一直延续，礼法结合，具有一定社会约束力。民间自觉遵守。也是重要的民事行为习惯。

二十四日夜，亦谓之小年，长幼聚饮，暑似除夕三十。为除夕各家贴春联于门堂，洁衣冠酒肴敬礼天地祖宗，并各坊庙神。然后男女分席坐饮，谓之团年。以齑肉均赐孙牲，谓之口分。夜深团炉，聚坐不寐，谓之守岁，用红绳编钱挂于小儿女衣带上，谓之压岁钱。是夜灶神归复，迎如前仪，爆竹声终夜不绝，城市较乡村尤盛。②

【注释】小年：小年并非专指一个节日，由于各地风俗，被称为小年的节日也不尽相同。小年期间主要的民俗活动有贴春联，扫尘，祭灶等。团年：全家团聚过年的意思。守岁：守岁是中国民间在除夕的习俗，又称照虚耗、熬年、熬夜。指在除夕夜一家人团聚，熬夜迎接农历新年的到来。压岁钱，民俗文化中寓意辟邪驱鬼，保佑平安。

【解读】这是一个关于腊八节的记载。此风俗习惯一直延续，礼法结合，具有一定社会约束力。民间自觉遵守。也是重要的民事行为习惯。

乡党

永郡之士，质朴胜于文，其循礼畏法，大暑相等。零邑书多经学，今则仅存一二，宿彦其子弟，多致力时艺不甚究心，根柢人材因学术为盛衰非细故也，所望朴茂师儒，压行督课，有志年少，刻厉程功于以敦本懋实，蒸然曰，进于古不难矣。

前代盛时，士大夫敦古尚俭，家居则布素，赴客则深衣，犹有三代遗风。

---

① 嵇有庆修，刘沛纂，《零陵县志》，清光绪元年修，民国二十年补刊本，载《中国方志丛书》，台北，成文出版社，第330页。

② 嵇有庆修，刘沛纂，《零陵县志》，清光绪元年修，民国二十年补刊本，载《中国方志丛书》，台北，成文出版社，第330页。

零陵士风读书自受逊让有馀，进取不足，国家储才，备用禄位，虽不可强求，经□亦吾儒所有事，乃一入胶庠，即无远志贫者，以授徒无事不复□，然斩所蕲所树立，近日娴习，举业获隽，较多安得，人皆有志士，尽向方丈章政治，一以贯之乎。①

【注释】署：略。彦：指有才学的人。懋：勤奋努力、勉励，鼓励，古同"茂"，盛大。胶庠：周代学校名。周时胶为大学，庠为小学，后世通称学校为"胶庠"。蕲：通"祈"。祈求。获隽：会试得中。亦泛指科举考试得中。

【解读】这是关于民性士习的记载。民风淳朴，发愤图强，好学上进，有抱负。这反映出零陵县的民乡风俗以及重要的民事习惯。

婚姻家庭

冠礼久不行矣，零邑于婚前一日，家长以宾礼，礼其子，加冠带兴，女家施褵之制，同先。请族中习礼者，及期此子，冠带出立西阶。族长为把盏，安席如款宾礼。犹有冠礼遗意。零俗婚礼，初议婚行，媒送庚帖至男家，父母将二人年庚开列，请星家评谕。谓之合八字。相合者，允婚，否则还其庚帖于媒氏。其有因亲结昏自原议婚，指腹为婚者，不在此例。②

【注释】褵：亦作"缡"，古代女子出嫁时所系的佩巾。佩之于前，可以蔽膝；蒙之于上，可以盖头。女子嫁前，母亲把佩巾结在女儿身上，称结褵。后成为一种装饰。把盏：指宴席上端着酒壶给人斟酒、敬酒。指腹为婚：我国古代的一种特殊嫁娶形式。所谓"指腹婚"，就是指子女尚在娘肚子里，父母亲就给指定了婚姻。

【解读】这是一个关于婚礼首个程序合八字的记载。媒体送庚帖至男家，父母将二人年庚开列，请星家评谕，谓之合八字，相合的，答应结婚。否则还给媒氏。指腹为婚的以及因亲结婚自原议婚的，不在此例中。这反映出婚礼首个程序，一方发出邀约，一方做出承诺，达成合意，成立婚约合同。因此便赋予了双方各自的义务，不得随意毁约并承担违约责任的规定。

---

① 嵇有庆修，刘沛纂，《零陵县志》，清光绪元年修，民国二十年补刊本，载《中国方志丛书》，台北，成文出版社，第342页。

② 嵇有庆修，刘沛纂，《零陵县志》，清光绪元年修，民国二十年补刊本，载《中国方志丛书》，台北，成文出版社，第343页。

允婚之后，择日具礼，延媒告以某日行聘，谓之启媒。行聘之日，用鸡鱼酒豚及首饰等物媒氏伴送至女家。女家以纸墨冠履等物，答之，谓之回事。此初聘也俗，曰下定。数年后，又具礼启媒如初，以只鸡送媒，谓之开口鸡，择日具鸡鹅（上者六鸡四鹅次者四鸡二鹅）豚，折酒钱 冠饰衣帛等物 用红绳穿钱二连一连六十谓之，连命钱。女家只受一连又有以钱代衣服者，此再申聘，也谓之过礼。

【注释】聘：聘请的意思，如聘任、聘用。还有定亲的意思，如聘礼。行聘：旧俗订婚时，男家向女家下定礼。回事：禀告，向上报告。下定：下聘，也指付出定金。过礼：迎亲之前还要送一次礼，俗称过礼。过礼是大事，一般嫁娶的主动者（无论男女）要向另一方送一笔重礼。

【解读】此风俗是纳彩之后风俗的记载。允诺结婚之后，男方延媒告以某日行聘定亲。女方回事，亲迎之前，还要过礼。这反映出婚约成立后，下定金，赠送礼物等赠予合同关系成立。若违约，赠物要返还，定金需要赔偿。

亲迎之岁具鸡豚酒及钱，谓之送期。前一月戚族里邻，请女家饭，谓之辞嫁饭。先日上头乃具鸡酒豚及钱，谓花烛礼，以备女家。唱歌开脸脂粉等费，是夕，女家宴会，谓之女花烛，择未字者，陪女教以安席把盏，男家亦于是夕设宴，谓之男花烛。择年幼未娶者，陪新郎以香一炷，轮流唱和，女家亦于是日，起歌堂新，嫁女高坐，择未字者，二十馀人团坐唱和。迎娶之日，女家具牲酒，致告于先祖，谓之辞先礼。兴轿往迎，用鸡二只，系轿旁，曰押轿鸡轿。返鼓吹引导谓之送亲。有送亲娘，上轿时，穿青巾。备离娘席开出，亲伞女哭于堂，以斗称置堂中，将女坐于斗上，谓之坐斗。又手握着四十根撒之，用箭三枝镜一枚并米筛一具束之轿上，以避煞星。将行以兄弟□而升轿，轿内择弟侄之幼者，同坐谓之，拦轿门。轿底用火箱煖，轿女哭至半途止声，至婿家。婿家以钱犒从者，始开轿，谓之开轿钱。侍娘扶新妇出轿门，以织布梳授之示，勤织坊也用巫祝一人。读祝文，读毕拜于堂上，礼毕，赞礼生吟诗，引新郎入洞房，用童男二人，执烛导之，新妇立帐内，侍娘扶新妇出帐，行交拜礼。行合卺礼，解带。摘花，巫祝仍吟诗，引出堂上，行合拜礼。 拜毕，请舅姑及送亲客拜。次日女家备帖，请婿谓之，回门。婿家用鸡豚鱼果送至女家，及归，仍退回家。至三日庙见择里中有福者，于是日，将嫁仪检阅，谓之检笼。此其大概也。①

【注释】送亲：送亲是一种婚嫁习俗。女儿出嫁时，娘家邀请两位男性护送女儿到婆家，俗称送亲。合卺礼：古代婚礼中的一个重要仪式。即民间所谓的"喝交杯酒"。回门：指女子出嫁后首次回娘家探亲。新婚夫妇新婚的第三天后回岳父母家，对于新娘来说，则是初为人妇后回到自己的娘家。也有的地方在新婚后第二天去，如湖南大部分地区。

【解读】这是关于婚礼程序的礼仪。亲迎之时以及亲迎之后、回门等的礼仪的规定。反映出零陵县风俗习惯的历史继承性，礼法结合，民间自觉遵循礼制规范，具有一定社会约束力，婚礼进行过程中的民乡风俗也是重要的民事行为习惯。

若贫家妇多童养俟长成，完配诸礼皆省，不在此列。零陵处子，多不肯为继室，他邑亦然。故继室虽土族，皆再醮妇，不以为嫌，又妻妾之分，不讲家族称妾兴妾称家族皆兴妻同此。亦他邑所同也。②

【注释】处子：指未成年的人，旧时把未出嫁的女性称做处子。

【解读】这是关于婚礼风俗之外特例的记载。如果是贫穷的人家妇女多童养长成，完整的诸多礼仪都省了，不在此列，不按此风俗。零陵处子，多不肯做为继室，其他的县也如此。因此，继室虽地位低下，皆再醮妇，不以为嫌，又有妻妾之分，不讲家族称妾，其他县也如此。这反映出不同种类的人所遵循的婚礼礼制也不同，所表现出的民事行为习惯也不同，而且具有普遍性。

死亡

零俗丧礼，未能画一大概。初丧即哭，踊去华饰，被发用麻系之徒跣，讣告亲友。沐浴袭纳银口中　殓毕移尸正室以细□实棺底掩，以纸加褥其上，既入棺加被，更以□包白炭塞左右，今满子孙辈各以贴身衣洗净实四旁。　使不移勤乃尽棺　敛物忌铜器用僧荐亡谓之开路　设布帷，灵位行，朝夕奠　棺和下然一灯，谓引路灯，子孙并宿柩

---

① 嵇有庆修，刘沛纂，《零陵县志》，清光绪元年修，民国二十年补刊本，载《中国方志丛书》，台北，成文出版社，第343页。

② 嵇有庆修，刘沛纂，《零陵县志》，清光绪元年修，民国二十年补刊本，载《中国方志丛书》，台北，成文出版社，第343页。

侧地　三日成服　发无剃　凡来吊者，子孙俯伏于旁，吊毕，出位叩谢，每逢七，设豆饭或作佛事，烧冥镪，七七之日。忌逢月三七日五七逢之尤甚。期年设祭仪，仍哭，大祥，及三年皆然，既择地。诹吉先疏告于戚友，发白　家奠　主　发引　用鼓吹执事，僧巫其神主，用童男乘肩，兴捧之　有香案食案方相　铭旌素幡棺罩金银山等物，扶榇曰，举重　先期穿圹临葬，先行祭，后土礼　用楮钱芝麻梗爆竹焚于圹内，以火酒烧之　乃下棺　下半街棺即用□□炭末掩之，乃加土成填，归始祔庙　三日省墓，俗名，复山。①

【注释】踊：跳跃。系：悬；挂。袭：重叠，重复。荐：祭奠，祭祀。开路：一般是指使路途通畅没有障碍，是一个常用词汇，也有其他引申意义。灵位：牌位、功德牌位、灵牌位，书写逝者姓名、称谓或书写神仙、佛道、祖师、帝王的名号、封号、庙号等内容，为供奉死者而暂设的牌位。引路：起程，上路，前进，带路。成服：指盛服；旧时丧礼大殓之后，亲属按照与死者关系的亲疏穿上不同的丧服，叫"成服"。与三周年以后的"脱服"、"除服"相对应。镪：镪道，银子或银锭。铭旌，古代丧俗，人死后，按死者生前等级身份，用绛色帛制一面旗幡，上以白色书写死者官阶、称呼，用与帛同样长短的竹竿挑起，竖在灵前右方，称之为铭旌。大殓后，以竹杠悬之依灵右。葬时取下加于柩上。扶榇：扶柩。祔庙：是升入祖庙附祭于先祖的意思。省墓：祭扫坟墓。复山：是中国西南地区祭奠仪式中的一种。

【解读】这是关于丧礼风俗的记载。步骤程序严格遵循礼制，人死则民事行为能力完全丧失。此风俗礼法结合，民间自觉遵守礼制，具有一定的社会约束力。也是重要的民事行为习惯。

宗族

零俗祭礼，多不讲春秋释奠，亦甚简署，散居之户，多无宗祠，巨族有宗祠者，行春祖礼。清明日有墓祭，同之。祖诞日，亦有祭。其祭外，神则有交武等祭。土地祭　灶祭　社祭　零俗妇女不知祀先惟敬，所谓，娘娘者尽古之高禖实子母神也。移

---

① 稽有庆修，刘沛纂，《零陵县志》，清光绪元年修，民国二十年补刊本，载《中国方志丛书》，台北，成文出版社，第347页。

其私敬，以尽子妇豆□之职，则本末正矣。①

【注释】释奠：是古代在学校设置酒食以奠祭先圣先师的一种典礼。灶祭：是一种古老的汉族民俗及民间宗教文化活动。最早的社祭就是通过固定的仪式向神灵致以敬意，并且用丰厚的祭品供奉它，请求神灵帮助人们实现靠人力难以达成的愿望。社祭的对象就是神灵。从本质上说，祭祀是对神灵的讨好与收买。娘娘：指妇女。高禖：在上巳节活动中，最主要的活动是祭祀高禖，即管理婚姻和生育之神。

【解读】这是零陵县关于祭礼的记载。反映出零陵县对祭祀风俗习惯的继承。此风俗礼法结合，民间自觉遵守礼制，具有一定的社会约束力。也是重要的民事行为习惯。

社会

荆州诸乡多杂蛮左人，其兴夏人杂居者，兴诸华，不别。僻处山居者，则言语不通，嗜好居处全异。诸蛮所出，承槃瓠之后，故服章，多以斑布为饰，相呼以蛮，则为深忌。②

【注释】左人：中古时散居江汉一带少数民族之一。后凡占卜相命之术亦统名为"左"，因称擅此术者为左人。僻处，僻静的地方。槃瓠：因戎吴将军作乱，高辛答应谁能斩下吴将军之首级，就能封邑赏金，把公主嫁给他。槃瓠咬下吴将军首级而归。后"帝不得已，乃以女配槃瓠"。槃瓠死后，"其后滋蔓，号曰蛮夷"，成为中族，大家都尊奉他们共同的祖先。这个故事在我国南方瑶、苗、黎族民族中也广为流传，据说那时原人民都非常虔诚地祭祠盘王。后"槃瓠"音转为"盘古"，成为中华民族的祖先。服章：指古代表示官阶身份的服饰，也泛指服饰，衣冠。

【解读】这是一个关于瑶俗文化内部的区别及服饰语言的概述。荆州众多乡邻多杂蛮左人，这些人与汉人杂居，兴华夏文明，没有什么区别。居住在僻静山居的，则言语不通，爱好居处都不同。蛮夷多视为槃瓠的后代，在祖先之后出现，因此服饰衣冠多以斑布为饰，相呼以蛮，则为严厉所忌讳的。

---

① 嵇有庆修，刘沛纂，《零陵县志》，清光绪元年修，民国二十年补刊本，载《中国方志丛书》，台北，成文出版社，第349页。

② 嵇有庆修，刘沛纂，《零陵县志》，清光绪元年修，民国二十年补刊本，载《中国方志丛书》，台北，成文出版社，第350页。

第二章　民乡风俗史料

死丧之纪，虽无被发袒踊，亦知号叫哭泣。始死，即出尸于中庭，不留室内，殓毕，送至山中，以十三年为限，先择吉日，改入小棺，谓之舍骨。舍骨必须女婿，蛮重女婿，故以委之。舍肉者除肉取骨□小取大当葬之夕，女婿三数十人，集于宗辰之宅，著芒心接离，名曰茅绥。各执竹竿长一许，上三四尺许，犹带枝叶其行伍前，却皆有节奏，歌吟叫，亦有章曲。傅云槃瓠初死置之于树，乃以竹木刺而下之。故□承以为风俗隐□其事谓之，刺北斗。既葬设祭，则亲疏咸哭，哭毕，家人至但欢，饮而归无后祭哭也。其左人则又不同，无衰服不复魄，始死，置尸馆。舍邻里少年，各持弓箭，绕尸而歌，以箭扣弓为节，其歌词说，平生乐事以至终卒。大抵亦犹，今之挽歌，歌数十阕，乃衣食棺殓，送至山林，别为庐舍安置棺柩。亦有于村处，瘗之待二三十丧。总葬后窟。长沙郡又杂曰，夷蜑，名曰莫猺。①

【注释】叫：叫。复魄：古丧礼，将始死者之衣升屋，北面三呼，以冀还魂复苏，也用作死的婉辞。总：全，都。瘗：掩埋，埋葬。

【解读】这是关于丧礼风俗的记载，反映出瑶族内部各族类习俗的不同。丧礼是人民事行为能力丧失的一个仪式性的表现。此风俗礼法结合，民间自觉遵守礼制，具有一定的社会约束力。也是重要的民事行为习惯。

长沙郡又杂曰，夷蜑，名曰莫猺。自云其先祖有功，常免猺役，故以为名其男子，但著白布襌衫，更无巾袴，其女子青布衫斑布裙，通无鞋履，婚嫁用铁钴为聘。武陵、巴陵、零陵、桂阳、澧阳、衡山，皆同焉。其丧葬之节，颇同于诸左云。②

【注释】襌：指单衣、单层或薄、轻。蜑，中国古代南方少数民族、蜑民的船。

【解读】这是一个关于长沙郡当地夷蛮风俗的记载。常免猺役，男子女子服饰、穿着不同。并且通常没有鞋履。婚嫁用铁钴作为聘礼，作为婚约成立的标志。武陵巴陵零陵桂阳澧阳衡山此风俗皆相同。这些丧葬的礼节，一定程度上与另一类瑶族，"左人"习俗。此风俗礼法结合，民间自觉遵守礼制，具有一定的社会约束力。也是重要的民事行为习惯。

---

① 嵇有庆修，刘沛纂，《零陵县志》，清光绪元年修，民国二十年补刊本，载《中国方志丛书》，台北，成文出版社，第350页。
② 嵇有庆修，刘沛纂，《零陵县志》，清光绪元年修，民国二十年补刊本，载《中国方志丛书》，台北，成文出版社，第350页。

俗刻木为符契，长短大小不等，穴其旁多至十数。各志其事持，以出验，名木契。蛮女织带束发，名不阑者，斑也，尽反切语，俚俗谓，国为突栾，孔为窟笼，亦此意也。山猺无鱼具，上下断其流，揉蓼叶困鱼，鱼以辣出名，瘵鱼。山猺穴居野处，虽有屋庇风雨，不过剪茅叉木而巳，名打寮。①

【注释】符契：道符，又叫神符或天符。符所具有的这些内容和形式特点在汉代时期被巫师、方士和道士借用到鬼神世界创作形成。在对符的体式的认识上，道符除了借用如前所述的现实社会中朝廷作为信物的符契、符节、符命、符传等文体外，还使用"策"作为对"符"的称呼。木契，是木制的符信或凭证。窟笼：洞，孔。 打寮：基本意思为民对小屋之称。

【解读】这是一个关于瑶族日常生活的记载。对瑶族工具，木契、蛮女的饰品、山猺日常打鱼的猎具以及山猺穴居之处猺洞和小屋--打寮进行记载。反映出山猺日常行为习惯及特点，礼法结合，民间自觉遵守此习惯，具有一定的社会约束力。也是重要的民事行为习惯。

山猺婚娶，聘物以铜兴□，至端午约于山上相□而归，名扡亲。扡亲之后，年生子引妻携酒，归儿妇家，名出。而胎发不剃除，长大而无枙篦，不裹巾，蓬垢挚鬠，自古已然，莫可化也。②

【注释】扡亲：拖亲。枙：梳子和篦子的总称，比喻像梳齿那样密集排列着。篦：一种密齿梳，亦称篦枙、篦子、篦梳。篦是古时一种篦污去痒的理发工具。挚鬠：毛发蓬乱。

【解读】这是关于山猺婚娶等日常风俗的记载。山猺婚娶，以铜作为聘物，到了端午相约于山上，名拖亲。拖亲之后，生子引妻带着酒，到妇家，俗称出。胎儿头发不剔除，长大却又不梳理，不裹头巾，蓬头垢面，自古就这样。不可教化了。这反映出山猺婚娶之简略，日常生活不注意仪表礼仪的特点，也是山猺重要的民事行为习惯。

---

① 嵇有庆修，刘沛纂，《零陵县志》，清光绪元年修，民国二十年补刊本，载《中国方志丛书》，台北，成文出版社，第350页。

② 嵇有庆修，刘沛纂，《零陵县志》，清光绪元年修，民国二十年补刊本，载《中国方志丛书》，台北，成文出版社，第350页。

明嘉定七年，臣僚言，熟户山瑶洞丁有田，不许擅鬻顷亩，多寨山，畲阔狭，各有界至任其耕种。但丁名系籍，每丁量纳，课米三升，悉无他科，彼既乐其有田之可耕，边界有警，机力为卫，今州郡漫不加恩，悉听其兴民交易。但利税所得，又省民得田轮税，在版籍常赋之外，可以资郡帑泛用而猺洞之米，挂籍自如，催督严峻，奔入生界，往往好勇疾贫，铤而走险，或邀徒伴，或为乡导引，愿出没为害，甚大宣明，勒，湖广监禁从之。①

【注释】鬻：卖。畲：火耕地，指粗放耕种的田地。阔狭：宽与狭；距离的远近、犹疏密。系籍：编入名籍。帑：古时收藏钱财的府库。愿：恶人，坏人。

【解读】这是关于山猺种田缴税的记载。也是民性的反映。

国朝雍正三年，准永属猺童岁科考试增取三名，十年改猺童，曰新童。②

【解读】这是关于山猺教育考试的记载。反映山猺也有读书好学的民风，国家给其上学机遇。好学读书也是民事行为习惯的反映。

八、祁阳县

社会

古者，太史采诗，一南马正风由其俗习于敦□也，自助以下而风变矣□□思治，故以幽风终之，欲其变而之正焉。汉时□劲作风俗，通为一时钜典，谕者谓，得辨风正俗之本。祁境四达，地僻民聚，人务本业，俗少侈靡，义礼之化易孚。昌黎谓，俗兴化移，惟临民者，树之风声，可耳志风俗。

正南曰，荆州其民，一男二女，其畜宜鸟，歌其谷□相

志曰，是俗，火耕水耨，民食鱼稻，以渔猎山伐为业。果蔬蛤食物常足，故呰窳□生而□□聚饮食还给不忧□□□□亦无千金之家，信巫鬼重淫祀。

地有舜之遗风，人多纯朴

---

① 嵇有庆修，刘沛纂，《零陵县志》，清光绪元年修，民国二十年补刊本，载《中国方志丛书》，台北，成文出版社，第350页。

② 嵇有庆修，刘沛纂，《零陵县志》，清光绪元年修，民国二十年补刊本，载《中国方志丛书》，台北，成文出版社，第350页。

曰，俗尚农桑，人知教化

江内有火，沸水□食鱼兴稻，以渔猎为业，虽无蓄积亦无饥□。其俗信巫好鬼，君子善居室小人善□□

湘川之奥，人丰土僻

地机三湘俗参百奥，又曰惟是南楚风浮俗鬼

潇湘间无土山无浊水，民秉是气，往往清慧而文

家闲礼义，而化易孚，地足渔樵，而人乐业

潇湘有洙泗风

俗尚弦歌

地僻民聚四达之术，视零陵，尤为聚剧，山水灵秀，代有后民

书邑志云，祁邑□衡四达之衢岳四达之术枕岭带湘山川奥区风气不□春或多雨而至夏则□夏或过炎而至秋未杀。端午后，衣葛。重阳后，衣棉。四时之气，未必如其候客于此者，所宜节，宜然以□岭表蛮烟□两苦雾炎蒸，则有间矣。①

【注释】钜典：朝廷大法。葛：厚实并有明显横菱纹的丝织物。

【解读】这是关于祁阳县民性气候的概述。祁阳县人民家庭殷实，安居乐业，砍柴大鱼，四时气候分明，溽暑特点突出。这些决定了祁阳县的其他重要的风俗礼仪，决定并表现了祁阳县的重要民事行为习惯。

身份

记曰，冠者礼之，始也。冠礼筮日筮宾，敬冠事以重礼，三加弥尊，加有成也，第冠礼不讲。由来已久，不独祁邑为然。司马温公曰，冠者成人之道也。成人者，将责为人子为人弟为人臣为人少者，之礼行焉。将责四者之行于其礼，可不重兴，钦奉功令，颁行帽顶，照依品级名位。秩然庠序之内，缙绅之家，冠佩楚楚无僭踰者。②

【注释】筮日：古人举行礼仪选择吉日的占卜方式。用蓍草占卦为筮，用龟壳占卦为卜。庠序，是指古代的地方学校，后也泛称学校或教育事业。

---

① 陈玉祥等修，刘希关等纂，《祁阳县志》，清同治九年刊本，载《中国方志丛书》，台北，成文出版社，第1985页。

② 陈玉祥等修，刘希关等纂，《祁阳县志》，清同治九年刊本，载《中国方志丛书》，台北，成文出版社，第1985页。

【解读】这是关于冠礼的记载。冠礼及成人礼，是民事行为能力完全具备的仪式性体现。既加冠，即成为完全民事行为能力人。冠礼的程序及风俗习惯也是重要的民事行为习惯。

婚姻家庭

祈俗结婚，每订于男女幼□时，大约多在近地，罕还至百里外者，问名纳彩诸仪。①

【解读】这是关于婚姻习俗最初程序的记载。祁阳县结婚，在男女幼时订婚，一方发出要约，一方作出承诺。婚约成立，随之赋予双方权利义务，不得随意毁约，否则要承担违约责任。

富家于襦币外，盛具敛钏及鸡□之属，以多为数。女家尤尚厚奁，贫者亦称贷求备。②

【注释】襦：指彩色的丝织品；细密的丝织品等。奁：古代汉族女子存放梳妆用品的镜箱。称贷：举债。

【解读】富家除有丝织品及金钱外，盛具敛钏及鸡之类，以多为数。女家也很崇尚厚奁，贫者也多举债以准备。这反映出，贫者也要准备丰盛因此需要举借外债。婚姻合同之外产生了债务合同。求结婚之人为债务人负有还款的义务。不得违约否则承担责任。婚姻关系成立之后，由各自所有变成具有共同关系的共有。

吉期既定，媒妁将女家三党客数红笺，送至男家，即依数具红笺交媒妁，付女家分致，谓之，攀。送亲迨亲迎日，女家送亲，男妇多至二三十人，少亦不下十馀人，舆马纷沓赴男家，筵宴竟日，亦有信宿始返者，谓之宿。三习俗久沿，虽非典礼。然焉父母者，不忍径离其女，邀三党至戚，往送之门，其意未可厚非也。③

【注释】三党：指父族、母族、妻族。迨：到达。信宿：表示连住两夜，也表示两夜。竟日：是指终日；从早到晚。

---

① 陈玉祥等修，刘希关等纂，《祁阳县志》，清同治九年刊本，载《中国方志丛书》，台北，成文出版社，第1985页。
② 陈玉祥等修，刘希关等纂，《祁阳县志》，清同治九年刊本，载《中国方志丛书》，台北，成文出版社，第1985页。
③ 陈玉祥等修，刘希关等纂，《祁阳县志》，清同治九年刊本，载《中国方志丛书》，台北，成文出版社，第1985页。

【解读】这是关于婚礼进行中风俗习惯的记载。吉期定之后，媒妁将女家的父族、母族、妻族，客数红笺，送到男家，即依数具备红笺交媒妁，付女家。谓之，攀。送亲到了亲迎日，女家送亲，男妇多至二三十人，少也不下十余人，兴马纷纷至男家，宴请终日。也有连住两夜的，谓之宿。这些习俗久沿，虽然不是典礼。作为父母，不忍与女儿分别，邀请亲族，往送之门，其意不应过分责难，只是女家须厚重礼盒。赠予关系也成立了，若婚约不能完成，需要返还。这反映出此风俗习惯具有历史继承性，礼法结合，民间自觉遵守风俗程序，具有一定的社会约束力。也是重要的民事行为习惯。

是女须厚奁，贫者无能制辨，生多淹溺，或掷送人家，以图了事。男家先富后贫，过索□币，致毁盟，兴讼伤生□理莫此焉，甚近二十年来，此风少减。①

【解读】这是关于婚姻风气变化的记载。贫者无法置办厚奁，于是女儿出生便多将其演溺，或者掷送人家，以了婚姻后事。这说明婚姻风俗不够人性，中国民间多好"面子"，贫者无力索性遗弃女儿，这一犯罪行为其实根源在风俗习惯的愚昧并且根深蒂固，以及人们不信法却一味遵循习惯所致。这也反映出民间法律意识淡薄以及风俗习惯对乡土社会的巨大影响。

男家先富后贫，过索□币，致毁盟，兴讼伤生□理莫此焉，甚近二十年来，此风少减。②

【解读】男家最初富裕，后面贫穷，过分索□金钱。导致毁盟约，产生诉讼。这些风气二十年来，有所减少。这反映出男家贫富变化礼金太重，导致易毁约，产生违约诉讼。婚约成立后，不得随意违约。动机多为男家贫困之后，礼金太多。但是无论动机是什么，只要违约之后，仍然要承担违约责任，赔偿责任。

两家从简，亦返本澄源之意也。至贫户娶童媳，或初生或数月翻索女家重资甚至骗钱度日，既□乳哺又不顾恤夭殇者，多不知亲系□媳殚，数年辛勤□后日岁多□书

---

① 陈玉祥等修，刘希关等纂，《祁阳县志》，清同治九年刊本，载《中国方志丛书》，台北，成文出版社，第1985 页。

② 陈玉祥等修，刘希关等纂，《祁阳县志》，清同治九年刊本，载《中国方志丛书》，台北，成文出版社，第1985 页。

且幼时抚养长大，相亲无异母女，□竟不□思欤。①

【注释】殀：同'夭'，杀死。殇：指幼年夭折或为国战死者。殚：用尽、竭尽。

【解读】这反映出乡土社会，贫户娶童媳，有的出生，有的成倍索要女家重资，甚至骗钱度日。但童媳与抚养其长大的贫户家人无异母女。这也是民乡风俗之一，也是重要的民事行为习惯。

死亡

祁俗丧事，惟上大夫之家，始遵家礼，而乡俗相沿，或用□□，或唱挽歌。戚至有丧，群相邀集，列坐达旦，声金击鼓，谓之伴夜。有伴至两三夜者，三朝外多设酒食款客，谓之□吊。□客賵赠之钱，丧家多辞不受，无谕亲族邻友各分□□□一片，谓之散孝。其费甚繁，近闻父老倡为规约，凡□□□祭，必丧家先亲送，有讣帖者□，往若至亲密友往奠送柩□，镪祭馔紬轴之类，亦有折色，得古人麦□助之意云。②

【注释】賵：不拘形式或不限定财物种类的资助（一切视对方的具体需要而定）。谕：告诉、帝王直接通告人民。镪：镪道；银子或银锭。折色：银子的成色。亦以指银子成色不足。古代田地所征赋税用征银布帛等代替，官员俸禄亦以折发钱钞。

【解读】这是关于丧礼风俗记载。人死民事行为能力便丧失，丧礼便是其民事行为能力丧失的仪式性表现。此风俗礼法结合，乡土社会自觉遵守，具有一定社会约束力，也是重要的民事行为习惯。

□正叔曰，卜其宅，兆卜其地之美恶也，地之美恶，土色之光，润草木之茂盛，乃其验也。而拘忌者，或以□地之方位□日之吉凶，不亦泥乎甚者，不以奉先为计，而以利后为□，尤非孝子之用心。祁俗亲没，则归土未有，日久不葬其亲者，然有后嗣式。微归谷先垅不吉数十年，幽宅□遭迁徙使夜□不安不孝之罪，何以能逃至地师，贪得蛊惑，愚人或乎，碍同族祖茔，或侵及他人兆域，往往□讼此又法所必□而不容少贷者也。□□□□不一文武二帝祀典昭，垂真武岳，望□亦神，火神□佛声□赫濯

---

① 陈玉祥等修，刘希关等纂，《祁阳县志》，清同治九年刊本，载《中国方志丛书》，台北，成文出版社，第1985页。

② 陈玉祥等修，刘希关等纂，《祁阳县志》，清同治九年刊本，载《中国方志丛书》，台北，成文出版社，第1990页。

所在。多有公会每岁诞辰，建醮演剧为费，滋多向惟，城市为然。然或遇祈雨□灾乡间酹应醮谢转胜城市。①

【注释】兆：开始。赫濯：是威严显赫貌。建醮：为道士设法坛做法事。酹：酬。

【解读】这是关于丧葬迷信之记载。反映出丧葬迷信很是普遍，也是乡土社会重要的风俗习性，也反映出人们在丧葬祭礼上的民事行为习惯。

宗族

凡姓之繁衍者，多建有祠堂，每岁清明十月朔，合族公祭祖宗。又为馂馀之饮，敦本睦族，颇仿家礼。至元旦中□节及新亲忌日□诞，果核鸡黍之奠，各祭于寝，亦殷殷有追还之意焉。②

【注释】十月一与清明节，七月十五中元节，并称为一年之中的三大"鬼节"，是上坟的日子。敦：厚，厚道、勉力，勉强。家礼：南宋朱熹最有影响的礼学著作，通礼、冠、昏、丧、祭五部分，都是根据当时社会习俗参考古今家礼而成，体现出朱熹因革损益、博采众家的礼学思想特点。寝：睡觉的地方。殷殷：有忧伤、忧郁；漫盛、炽盛；情意深厚的样子等含义。

【解读】这是关于祭的风俗习惯。此风俗礼法结合，乡土社会自觉遵守，具有一定社会约束力，也是重要的民事行为习惯。

社会

祁俗素敦俭朴，即殷实之家，服饰器用，鲜华侈者，士大夫家居亦安，布素如诸生。特少兴马之饰，妇女从无冶游之习，城国人家□□亦不□。行街市，乡村少妇不馌田间，而女红中馈，虽大家，亦亲操作□，绮玉之物，尽鲜有。见者惟婚丧之事，每多浮费，且一有吉凶之事，鼓吹甚盛，声震比邻。岁于奢则不几，于奢则不逊，此则制节谨度之道□人士所当讲也。③

---

① 陈玉祥等修，刘希关等纂，《祁阳县志》，清同治九年刊本，载《中国方志丛书》，台北，成文出版社，第1992页。

② 陈玉祥等修，刘希关等纂，《祁阳县志》，清同治九年刊本，载《中国方志丛书》，台北，成文出版社，第1991页。

③ 陈玉祥等修，刘希关等纂，《祁阳县志》，清同治九年刊本，载《中国方志丛书》，台北，成文出版社，第1996页。

第二章 民乡风俗史料

【解读】这是关于乡土社会日常风俗习惯的记载。民性多淳朴，服饰鲜有华贵，很少兴马之饰。妇女遵守妇道安分守己从无冶游之习性。华丽饰品尽鲜有。婚丧等风俗习惯或者吉凶之事，多花费较多，仪式盛大。这些淳朴民风也决定了乡土社会人们的行为习惯及其所崇尚的准则。

祁邑俗尚茶食，除干果饼糕之类，购自市肆外园□时□用监□之者，俗谓之□□或用糖蜜浸之，或用锡□煮之者，俗谓蜜饯。妇女宴会酒□未□先设□食，婚礼□女家瓣送男家丰者至十数担。妇女终岁，勤大半为此其者，预半数年，始足。供嫁女之需者，大为女红之累。①

【解读】这是关于祁阳县食品特色的记载。该地崇尚果饼糕点之类的食品。各家也会制作蜜饯。婚礼或者宴会多设糕点款待客人。妇女为置办此物勤劳大半生，才足够。婚礼对糕点需求很多。说明糕点在民俗中居于重要地位，民间对这些传统食品的喜爱，制作和设宴婚礼对其的需求，这也是乡土社会重要的民事行为习惯。

十一月辰至日，士大夫相称贺其仪，亚于元日，俗以是月，朔一二旬一二廿一二占来年正月至六月米价。晴明则贱风雨则贵，谚云"风打秤，雨打斗"。

十二月八日杂□果煮粥，谓之腊八粥。

二十四日为小除，是夜，祀灶甚谨，俗传神朝天申一岁，善恶事。祭用素品，男子主之

岁除。是日，扫除中庭，换桃符门神，粘春联，向夕酬天神祀祖先。毕家人宴饮，曰团年或围炉达旦，谓之守岁。杜诗云，守岁阿戎家，椒般巳颂花。欧诗云，隋宫守夜仅沉香火，楚俗福神爆竹声。②

【解读】这是关于四时节序的记载。各个节序有各自的风俗习惯。多为祭祀。说明乡土社会对节序祭祀的崇尚。这些风俗习惯，礼法结合，民间自觉遵守，具有社会约束力。是乡土社会重要的民事行为习惯。

---

① 陈玉祥等修，刘希关等纂，《祁阳县志》，清同治九年刊本，载《中国方志丛书》，台北，成文出版社，第1996页。

② 陈玉祥等修，刘希关等纂，《祁阳县志》，清同治九年刊本，载《中国方志丛书》，台北，成文出版社，第1999页。

九、长沙县

社会

重九以茱萸泛酒，蒸麦为糕，或登高剧酒为乐，效桓景之避灾也。

十月朔，祭扫先墓如清明礼。

腊月八日，灌佛为浴佛会。

自十月至腊月，多举行婚姻丧礼葬及祈谢神祇之类。腊月二十四夜，祀灶神，谓之小年节。

除夕家人宴会，谓之团年。有择取食品者，如试新，则不用鸡以音类饥也，团年则必用鱼以音类馀也，又有用芋及鱼者，谓之裕馀酒。是夕，鸣金鼓盛爆竹。少者为长者行辞年礼，仍祀灶神，及家神，祖先。合家再饮，更桃符，儿童聚坐圆爐达旦，且谓之守蕨。①

【解读】这是关于四时节序的记载。各个节序有各自的风俗习惯。多为祭祀，有祭祖、祭神。说明乡土社会对节序祭祀的崇尚。这些风俗习惯，礼法结合，民间自觉遵守，具有社会约束力。是乡土社会重要的民事行为习惯。

社会

荆俗淳朴，自古志之耕读之馀，游间甚少。金玉纂组，雕文刻镂，里老相传。数十年前，皆不数数儿，而繁会之区区耳目。渐暄衣必绮罗，出必兴马，宴客必珍味，居处必雕。几故近市镇而拥素封者，间亦有之此习，兴时移，亦有不尽古若者也。②

【注释】雕文刻镂：指在器物上刻镂花纹图案，以为文饰。

【解读】这是关于习尚的记载。反映出当地生活崇尚，是民事行为习惯的主观反映。

---

① 赵文在等修，易文基等纂，《长沙县志》，清嘉庆十五年刊，二十二年增补本，载《中国方志丛书》，台北，成文出版社，第1261页。

② 赵文在等修，易文基等纂，《长沙县志》，清嘉庆十五年刊，二十二年增补本，载《中国方志丛书》，台北，成文出版社，第1267页。

婚姻家庭

冠礼之废，久矣。惟亲迎奠雁，则士大夫家有行之者，民间订聘用红绿笺，男女书年庚于帖，媒氏互致之，各执为信。①

【注释】奠雁：古代婚礼，新郎到女家迎亲，献雁为贽礼，称"奠雁"。诹吉：择日是中国民俗之一，就是图个吉利的心思。

【解读】这是关于婚姻习俗中纳彩问名的记载。冠礼废除很久了，民间定亲用红绿笺，男女生辰年庚记于上，媒人交换交给对方。各自持有为婚约正式成立的凭证。纳彩是全部婚姻程序的开始，标志着合约开始成立，纳征则是婚约正式成立。婚约成立后，各自所有变为共同共有，并且双方各自便有了权利和义务，不得随意毁约，否则要承担赔偿等违约责任。

或侑以缣帛钗钏果品之属，符婚之先婿家，诹吉倩媒，告期，亦以缣帛簪饵酒果鸡豚之属。

佐荐亲迎，则设采舆鼓吹迎新妇至门，出于帷，行合卺礼，然后拜见翁姑，以次及尊长亲属。其粧送赆贿，视家之有无，以为丰啬。②

【注释】倩：古代男子的美称。告期：请期，俗称选日子。中国古代婚姻制度六礼中第五礼。赆贿：财物。合卺：一种古老的传统民俗，结婚礼仪的一部分，指新郎、新娘在结婚当天的新房内共饮交杯酒。侑：佐助。诹：挑选。

【解读】这是关于婚约成立后完成过程中习俗的记载。有的助以缣帛钗钏果品之类，符婚之先婿家，挑选吉日，告期也用缣帛簪饵酒果鸡豚之类。亲迎则设綵舆鼓吹迎新妇到门。出于帷。行合卺礼，后拜见公婆，按次序拜见尊长，亲属。梳妆打扮送的礼物，看家里有无来作为丰盛或贫乏的标准。这反映出婚姻进行过程中的风俗习惯。赠予的礼物都以结婚为目的，若毁约，则与要归还。这些习俗，礼法结合，融入乡土

---

① 赵文在等修，易文基等纂，《长沙县志》，清嘉庆十五年刊，二十二年增补本，载《中国方志丛书》，台北，成文出版社，第1268页。

② 赵文在等修，易文基等纂，《长沙县志》，清嘉庆十五年刊，二十二年增补本，载《中国方志丛书》，台北，成文出版社，第1268页。

社会，民间自觉遵守，具有一定的社会约束力，因此也是重要的民事行为习惯。

死亡

好礼之士，有遵朱子家礼，不作佛事者，亦有同。志撰家礼，徒宜为简而易行者，初丧成服，亲友相唁，谓之设奠。将葬致客，谓之开吊。酒食布帛于马之。费多，则数千金，少亦不下数百金。力不及者，必称贷，变产以行之，不如是，则群以为俭，其亲矣。居城市者，则街邻各有馈遗，置酒馔，輀车将行，则鼓乐在前，继以号泣。至于作佛事，建道场，伶道罗列剖狱□亡，每以七日为度，其自一七设祭，焚楮以至七七者，谓之应七。虽巨族，亦有不能免者。①

【注释】志撰：编撰、记载。成服：盛服；旧时丧礼大殓之后，亲属按照与死者关系的亲疏穿上不同的丧服，叫"成服"。开吊：丧家出殡前选定日期接受亲友吊唁叫开吊。輀：古丧车。应七：烧七，就是从死者去世之日算起，每七天为一个祭日，称为"头七"、"二七"、"三七"、"四七"、"五七"、"六七"、"末七"，共计 49 天。

【解读】这是关于丧礼的记载。崇尚酒食布帛，数千金。贫者，借债变产来满足风俗需要。民间也有作佛事、烧七等风俗习惯。这反映出乡土社会对死去亲人祭奠的重视，反映出民间仍崇尚"鬼神"的思想。丧葬仪式性的程序根深蒂固，宁可变卖产业也要遵循，也说明此风俗礼法结合，具有一定的社会约束力，是乡土社会重要的民俗，因此也成为重要的民事行为习惯。

社会

士大夫家，见客必衣冠。虽盛暑，不去礼也。至于川农野老负锄被□，或一冠数十年，或澣濯，然后揖客，则古朴犹存焉。湖湘间，宾客宴集，供鱼清羹，则众皆退。用五簋者，皆数十年。前事士大夫宴客，珍错交罗，竞为丰腆，有一食至费数金者，而婚葬为尤甚。②

---

① 赵文在等修，易文基等纂，《长沙县志》，清嘉庆十五年刊，二十二年增补本，载《中国方志丛书》，台北，成文出版社，第 1269 页。

② 赵文在等修，易文基等纂，《长沙县志》，清嘉庆十五年刊，二十二年增补本，载《中国方志丛书》，台北，成文出版社，第 1270 页。

【注释】瀚濯：浣濯，洗涤。簋：古代盛食物器具，圆口，双耳。

【解读】这是关于民间宴请风俗的记载。士大夫家，见客必穿好衣冠。即使盛暑，也不去礼节。接见客人讲礼仪，宴请宾客，珍错交罗，婚葬习俗尤其隆重。这反映出民间宴会的风气，以及长沙县好客讲究的习惯。也是重要的民事行为习惯。

社会

省会之区，妇女工刺绣者，多事纺织者，少大家巨族。率以细饰相侈尚，乡间妇女钗钏裙布，勤纺织，主中馈躬，操井臼犹，俗之近于古处者，于且生女。命名多以贞为子，字曰，某贞某贞，顾名而思其义，可以观志矣。长之风其不淫乎。①

【注释】率：大概；大致。

【解读】这是关于妇女习性的记载。省会妇女多勤劳朴实，崇尚贞洁。这反映出长沙县乡土社会妇女遵守妇道安分守己的习性，也体现出旧时妇女被压制失去自主创造生活、追求自我价值的能力和思想。妇女习尚也成为当地妇女重要的民事行为习惯。

社会

湘川之奥，人丰土僻

人多，纯朴士少宦情

无土山浊水，人乘是气，往往清慧而文。

潇湘有洙泗风，其土宜谷稻，赋人稍多深耕溉种，率致富饶

渐被胡文定春秋之学，而士习尚文，向慕谭世勋忠节之风，而乡俗尚义学者，勤于礼耕者，勤于力，故虽无甚富，亦无甚贫。

其民朴而醇，其性决烈而劲直，火耕水耨，渔猎山伐，人多高年，士无奔竞，退恬于势利，有张司空之遗风焉。

土人多散处一山之阿，多不满三户，宫室质朴，虽□橡不加彩衣，多布帛器用陶□。②

【解读】这是关于长沙县民性的记载。民风淳朴，勤劳好学，无官僚势利，清廉刚

---

① 赵文在等修，易文基等纂，《长沙县志》，清嘉庆十五年刊，二十二年增补本，载《中国方志丛书》，台北，成文出版社，第1271页。

② 赵文在等修，易文基等纂，《长沙县志》，清嘉庆十五年刊，二十二年增补本，载《中国方志丛书》，台北，成文出版社，第1257页。

正。日常生活火耕水耨，渔猎山伐。这反映出当地乡土社会人们的崇尚与风气，决定当地民乡习俗，也决定了人们日常会做出的民事行为习惯，是其主观反映。

十、汝城县

婚姻家庭

订婚办法 订婚先由媒妁说合男女两家父母，如双方同意相愿结婚时，其订期有二种，一注重礼让，女家不索男家聘金，男家不责女家妆奁。一注重金钱，女家先索男家礼银，若干礼肉，若干至妆奁，妆奁则无一定标准。然风尚后□，百物昂贵，女家所得礼银礼肉仍足置办妆奁费用，得不偿失，然全县普通订婚注重礼让者为多。①

【解读】这是关于旧时订婚方法的概述，反映出乡土社会注重媒妁之言，订婚方法多种，但仍注重礼让，对礼金礼肉妆奁的要求不高。这是一个民风问题。

婚约形式 订婚习惯无所谓婚约，但结采之日，婿家分期先备礼银若干礼肉若干，女家即以一笺书女子生年月日时，授婿家。附□冠履香囊枕簟等礼物，名传庚帖□，名送八字，又有庚帖至行聘时，始传送，或至亲迎日，始由女子亲身带来者，其不行传庚帖式者，婿家先纳□□女家即以一笺闻女子□□□□客□一纸附带礼物，如薄庚帖式，稍从杀省俗名，送日子□寓文安之意此即是婚约形式。②

【注释】纳彩：即男方家请媒人去女方家提亲，女方家答应议婚后，男方家备礼前六礼去求婚。问名：即男方家请媒人问女方的名字和出生年月日。纳吉：男方问名、合八字后，将卜婚的吉兆通知女方，并送礼表示要订婚的礼仪，也是"送八字"。

【解读】这是关于旧时纳彩问名纳吉婚礼前三礼的记载。纳彩即，一方发出要约，一方接受并作出承诺，两家因此达成合意，纳彩之后，婚约合同开始成立。纳征即送聘礼之后，婚约正式成立。合同成立便赋予双方各自的权利义务。双方不得随意毁约，否则要承担违约责任。纳彩与纳吉过程中所赠送的礼金，若婚约解除则要归还。

---

① 陈必闻修，范大浤等纂，《汝城县志》，民国二十一年刊本，载《中国方志丛书》，台北，成文出版社，第995页。
② 陈必闻修，范大浤等纂，《汝城县志》，民国二十一年刊本，载《中国方志丛书》，台北，成文出版社，第995页。第995页。

聘礼种类 聘礼种类重而且多，首以礼肉礼银为最，其文则头簪耳环手钏戒指采缕衫袖□雁□□□物，并以监茶表海誓山盟之意。①

【注释】聘礼：订婚之礼，亦指订婚时所备的财礼。

【解读】这是一个关于纳征及订婚时聘礼的记载，多以礼金礼肉，次则首饰绸缎。纳征之后婚约便正式成立，婚约成立之时赠予合同也即成立，此风俗礼法结合，具有一定社会约束力，民间自觉尊崇，也成为重要的民事行为习惯。

男女结婚平均年龄 结婚早则十六，还迟则二十四，平均为二十岁，男女皆同。②

【解读】从结婚年龄偏小反映出旧时社会婚姻仍未上升到由法律来约束管制，风俗习惯落后。

选期手续 选期由婿家敦请阳家□择吉，课以兴夫妇相合，不妨翁姑，不妨父母为吉□□后于亲迎前一年，行聘时，附带送达名为，预报佳期，征求女家同意两无异议，即照履行。③

【解读】这是关于汝城告期的记载。选定吉日告诉女方并附礼金，礼金仍以结婚为目的。此风俗礼法结合，具有社会继承性，成为乡土社会的惯性，因此是民间重要的民事行为习惯。

迎娶仪式 迎娶前一日，婿家纳足所聘礼肉附以高冠衫裙花朵豚元监茶诸物。女家即于是日负女赴祠堂，昭告宗先，加笄于首名为冠笄。亲朋错礼致贺，设筵款待，是女父母醮女诸姑伯姊赠言。至婿家，备采兴设鼓乐具仪仗附鸡雁酒品相礼，生引婿至祠堂□拜□礼父醮子俗名，告轿。并敦请婚者之兄弟或亲朋，盛服随采兴赴女家亲迎，

---

① 陈必闻修，范大湛等纂，《汝城县志》，民国二十一年刊本，载《中国方志丛书》，台北，成文出版社，第995页。第995页。

② 陈必闻修，范大湛等纂，《汝城县志》，民国二十一年刊本，载《中国方志丛书》，台北，成文出版社，第995页。第995页。

③ 陈必闻修，范大湛等纂，《汝城县志》，民国二十一年刊本，载《中国方志丛书》，台北，成文出版社，第995页。第995页。

俗名押采。①

【注释】亲迎：新婿亲往女家迎娶新娘的仪式。通常是男家将婚期通知女家后，到成婚日，由新郎亲自到女家迎接新娘，也有由男家派遣迎亲队伍迎娶，新郎在家等候。

【解读】这是一个关于亲迎的记载。此风俗礼法结合，具有社会继承性，成为乡土社会的惯性，因此是民间重要的民事行为习惯。

结婚仪式　结婚仪式颇简，女至中庭，敦请礼生□讲由尊属主告，率领庙见宗先，嗣即夫妇交拜，行合卺礼。是日，盛筵速客。古时女之宗亲戚属皆至，近期仅来二人，俗名送嫁。待以上宾之礼。②

【注释】合卺礼：是古代婚礼中的一个重要仪式。即民间所谓的"喝交杯酒"。送嫁：犹送亲。

【解读】旧时婚礼注重礼仪叩拜祖先尊长，行合卺礼。女方家属来送亲人数的变化以及婚礼仪式的简化简朴说明乡土社会根深蒂固的礼仪风俗以及旧时结婚程序繁琐隆重的风气随着时代的变化而改变，具有历史继承性。此风俗礼法结合，具有社会继承性，成为乡土社会的惯性，因此是民间重要的民事行为习惯。

妆奁种类　衣服、冠履、被帐、绳线、金银首饰、日用器具、装饰品物，初甚古朴，后因富者相夸，浸入奢华，一切器用备机精好，稍从简略□相诮责。中人之家至破产，以资妆奁不胜苦累。③

【注释】诮责：责备。

【解读】这是关于女子出嫁妆奁嫁妆的记载。初甚是简单古朴，但由于随着社会生产力的发展，家庭环境改善，富人嫁女相互夸耀妆奁奢华，贫者嫁妆则被讥笑责备。于是中产等不甚富裕人家不惜变卖家产至破产置办妆奁。这种风气使多数家庭遭受了难以承受之苦。这反映出婚礼妆奁礼金的古朴向奢华的转变，一方面反映社会生产水

---

① 陈必闻修，范大淀等纂，《汝城县志》，民国二十一年刊本，载《中国方志丛书》，台北，成文出版社，第995页。第995页。

② 陈必闻修，范大淀等纂，《汝城县志》，民国二十一年刊本，载《中国方志丛书》，台北，成文出版社，第995页。第995页。

③ 陈必闻修，范大淀等纂，《汝城县志》，民国二十一年刊本，载《中国方志丛书》，台北，成文出版社，第995页。第995页。

平提高富人增多，另一方面也反映出社会贫富差距的扩大，贫者变卖家产更加贫困。人们不惜变卖家产来满足风俗礼仪的需要也反映出婚礼糟粕的风俗习惯根深蒂固，成为民乡社会的惯性，礼法结合，具有一定社会约束力。风气也决定了当时的民事行为习惯。

　　成婚之夜各种礼节　成婚之后，次日妇见舅姑，馈以巾履三朝。女家备礼遗人致贺，婿家敦请女客俭出妆奁，逐一遍视。女家之为妆奁，累最惧此难关。来春，正婿见外舅外姑，款待新婿，情意浓厚，多请陪客备机欢燕时节，馈遗互竞丰。厚富者每节措备礼物自七八挑以至十馀挑不等。民国初年，贫由县议会议决，咨请县公署出示禁止，而习尚日久，禁亦无效。①

　　【注释】咨请：具文呈请。

　　【解读】这是一个关于成婚后礼节的记载。成婚次日，新妇拜见舅姑。婿家请新妇拣出妆奁逐一审视。女家需要准备嫁妆奁产，这最困难的事。来年春。女婿见岳父母，款待女婿，情意浓厚，请陪客人欢宴，小心谨慎地赠送礼物。富者每节准备礼物自七八挑到十馀挑不等。民国初年，贫者由县议会议决，出具文书呈请县公署出示禁止令，但是习尚已久，禁止也没有效用。这反映出1、风俗习惯根深蒂固，成为乡土社会之惯性，礼法结合，具有社会约束力，人们自觉遵守，成为重要的民事行为习惯。2、贫富差距大贫者无法满足风俗需要。

　　童养媳习惯　童养媳有二种，一种女子数岁迎归自养，谓之过门。一种婴儿出生，抱归乳哺，谓之养媳。昔时贫宴之家，事出权宜，往往籍以婚配。近则风尚侈靡，礼节难备，欲事从杀省中人之家，亦当出此。②

　　【解读】童养媳的风俗习惯为糟粕习俗，根深蒂固并礼法结合，具有社会约束力，民间一味遵循礼教。这一习惯可以解决贫者嫁女厚重妆奁无从备办的问题，虽为糟粕但仍是当时社会重要的民事行为习惯，法律也未禁止。也说明法律对女性保护不重视，对婚姻的规定不完善。

---

　　① 陈必闻修，范大淇等纂，《汝城县志》，民国二十一年刊本，载《中国方志丛书》，台北，成文出版社，第995页。第995页。

　　② 陈必闻修，范大淇等纂，《汝城县志》，民国二十一年刊本，载《中国方志丛书》，台北，成文出版社，第995页。第995页。

长沙县

婚姻家庭

再醮恒有二因，一因贫，而无以自养。一因苦，而难以持久。然以守节为荣，无谕贫富，矢志靡他，从一而终者，亦多。①

【注释】再醮：妇女再嫁。

【解读】这是关于旧时妇女再嫁的记载。再嫁有两个愿因，一个是贫穷，无法自己养活自己。另一个是孤独痛苦，难以持久。但是当时社会仍以守节为荣，不了解关于贫富，立下誓愿和志向，无二心，从一而终的妇女仍然是多的。这反映出当时乡土社会以妇女从一而终为荣，以贞节烈妇为榜样，另一方面这也压制了人性，妇女没有婚姻自主权。对改嫁的现象，法律并不承认但也不反动改嫁，也说明法律对婚姻方面的问题不完善。这种改嫁习俗与风气根深蒂固，成为民乡社会的惯性，礼法结合，具有一定社会约束力。风气也决定了当时的民事行为习惯。

溺女皆惯，因哺养妆奁种种之关系，昔时数见不鲜。民国光复后，此风稍杀。近则童养媳盛行，且有育婴，所以资救济此事尤寡。②

【解读】这是关于汝城县旧时的溺女陋习的记载。溺女的习惯，因为哺养妆奁种种关系。过去屡次出现并不新鲜。民国光复后，此风逐渐消灭。近年，童养媳盛行并且有养育婴儿，所以资助救济此事更少了。这反映出汝城县乡土社会对女儿出嫁由重视变为轻视女儿地位的心里转变。转变原因则是民俗中婚姻妆奁习惯根深蒂固，人们为了满足风俗程序的需要，置办厚重妆奁，不惜变卖家产至破产。贫者无力承受只能授以他人为童养媳或者溺女。此习惯虽为糟粕但也是当时社会的民风习性，也成为人们的民事行为习惯。

卖休之事，皆因夫难自活，妇不安贫，夫妻反目，而不相容所致。为□婚之变相，

---

① 赵文在等修，易文基等纂，《长沙县志》，清嘉庆十五年刊，二十二年增补本，载《中国方志丛书》，台北，成文出版社，第997页。

② 赵文在等修，易文基等纂，《长沙县志》，清嘉庆十五年刊，二十二年增补本，载《中国方志丛书》，台北，成文出版社，第998页。

世家巨族禁止，尤照此甚寡然，亦为社会之所难免。①

【解读】卖休即离婚，这是关于旧时离婚的记载。卖休皆因夫家难以自活，妇家不安于贫穷，夫妻反目成仇，不相容因此离婚。世家巨族以为耻并禁止，但禁止得很少，社会也在所难免。这反映出卖休习惯在旧时渐趋普遍，乡土社会对离婚的没有明确完善的法律规定。但法律也未禁止离婚。此习惯也是当时重要的民事行为习惯。

身份

衣服质朴，不好华靡，礼服、马褂、长衣，用布者多以□缎纱罗呢□□□者，间亦有之。开学生则遵着学生装，军警则遵着军警装，西装虽有而亦不多，常服以布为普通，夏葛冬装锦□自豪千百中之一二，女子首饰富者以金，贫者以□。惟人较肄业，学生颇简朴，不以首饰相夸耀。②

【注释】肄业：修习课业。

【解读】这是关于汝城县服饰习惯的记载。服饰习惯多简朴，也间有绫罗绸缎。各行各业严格遵守各自着装。西装虽有但不普及。富贵人家女子多有金首饰。学生简朴，互相并不攀比炫耀。这反映出汝城县乡土社会对服饰习惯的传承与严谨。质朴为主流。服饰习惯也成为重要的民事行为习惯。

社会

喜欢本地所□□□俗名，木酒。惟燕客则有用，外来女□人□酒虎□酒等类者，食则米及番藉玉蜀黍等离。量菜除肉类及蔬类外，以豆腐为最多。□日饮食□□□乡里燕会止有数豆。城市丰厚家，闻或□列□□今□□□多肆筵召客，城市地方筵席馆林立，山珍海味□□相□□不尽古若嗜好，喜吸本地烟草，次则□烟□□在□禁之列然亦有私政者。③

---

① 赵文在等修，易文基等纂，《长沙县志》，清嘉庆十五年刊，二十二年增补本，载《中国方志丛书》，台北，成文出版社，第1002页。

② 赵文在等修，易文基等纂，《长沙县志》，清嘉庆十五年刊，二十二年增补本，载《中国方志丛书》，台北，成文出版社，第1002页。

③ 赵文在等修，易文基等纂，《长沙县志》，清嘉庆十五年刊，二十二年增补本，载《中国方志丛书》，台北，成文出版社，第1013页。

【解读】这是关于日常饮食习惯的记载。多米制食品，豆腐为特色。乡里燕会较城市冷清，城市楼馆林立，山珍海味，人们喜欢吸烟草等。这些风俗根深蒂固于乡土社会，随着社会生产力的发展，人们的饮食风尚随之改变。但仍是重要的民乡风俗也是重要的民事行为习惯。

朱伯潜社坛记，俗愿朴而劲通志，士农务本俗朴易治。桂阳郡志，淳朴近古畏法少讼，其批评汝邑民风深中切要，至民闲起居，兴必黎明寝则黄昏。此社会曾通志习惯。女子闺门甚严肃，见客远避，非至戚难一面。昔时普通□足，作新月状，大背卫生原理，近则提倡天足以不缠，为文明。全县解放，有裨女界不浅云。①

【解读】民风质朴，日出而作日落而息，典型的小农生活状态。敬畏法律，少诉讼。女子安分守己，却也在近年来得到诸如不缠足的文明的解放。反映出民事行为习惯的改变。

社会

社会交际，每年春清明夏端阳秋中秋冬除夕，此□节，凡亲故多以礼物相馈送。尤以父母馈遗其女为机盛行。本地食品多者，十馀担，少亦二三担，至祝寿及冠婚丧事其馈赠，视其家之贫富为等差。昔日风尚简朴，虽富者，犹喜撙节，近则风尚侈靡，无不视其力之所能机其繁华。此外平时往来，亦当携肉蛋糕饼以为人门之仪。②

【注释】撙节：节约。

【解读】亲故往来由最初的简朴，送礼视其家贫富为差等，到日渐奢侈，不分贫富能否负担都极近繁华。平日往来也挟肉蛋糕饼作为礼仪。是汝城重要的民事行为习惯。

社会

汝民向耐劳苦，无他娱乐。为演剧为社会惟一有兴□事。其关于团体者，则□神□□农隙报赛，申乡禁闲春□及清明祭祖，宴谱招龙之属，莫不演剧。累日浃旬远近

---

① 赵文在等修，易文基等纂，《长沙县志》，清嘉庆十五年刊，二十二年增补本，载《中国方志丛书》，台北，成文出版社，第1016页。

② 赵文在等修，易文基等纂，《长沙县志》，清嘉庆十五年刊，二十二年增补本，载《中国方志丛书》，台北，成文出版社，第1016页。

聚观其,关于简人者,或出仕荣旋,或生日宴客,或新屋落成,及一切喜庆事,亦皆假梨园为重,以凑热闹其次,则会饮如丙丁会庙会孔圣会□公会以及观音龙王各神会类,皆集资置产,以充每年酒食宴乐之需,亦有随时酿饮,曰□平或牌毁状胜计轮算为饮资。日赌东道是皆以宴集为乐者也,其他元宵龙灯冬月大傩亦属普通乐事。至宽量洞之舞鬼献技(舞鬼即古乡傩技拳术也)土桥乡之异神赛绝则是民间一特别娱乐也。自民国十八年城内创设中山公园,士民始有公共游玩之所云。①

【注释】浃旬:一旬,十天。箇:个。酿:聚集。

【解读】这是关于娱乐的记载。乡民吃苦耐劳无其他娱乐,喜爱演剧。各种喜庆节日或者个人喜事皆设宴会喝酒庆祝。开设公共公园后有公共娱乐场所。这反映出娱乐也是乡土社会重要的风俗,也是重要的民事行为习惯。开设公园也体现了国家所有公共基础设施建设的发展。

汝猺有高山平地两种。平地猺,自清乾隆二十一年改□新民于民杂处仰沐櫾绥作育深仁,凡耕读赋役冠婚丧祭服食居处,俱兴民同。昔时惟九龙岗南洞,江二处之猺居,崇山峻岭刀耕火种蓬头跣足衣食言语等俗皆相悬殊。今二处亦涵濡日久,兴新民一体,无相□之俗矣。②

【注释】涵濡:滋润;沉浸。

【解读】这是关于汝城县瑶族的记载。平地猺较早与汉人同化,逐渐文明,风俗习性渐趋相同。而高山猺却深处崇山峻岭,荒蛮无道,蓬头垢面,风俗与文明社会相悬殊。但如今二处皆得到滋润教化,渐趋一体。这反映出瑶族习性习俗的渐趋文明,汉文化的渗透,使其民事行为习惯也逐渐发生改变。

死亡

始丧情形 父母当弥留时,凡在家,子妇须守候,不敢远离以送终。尽礼为孝。③

---

① 赵文在等修,易文基等纂,《长沙县志》,清嘉庆十五年刊,二十二年增补本,载《中国方志丛书》,台北,成文出版社,第1022页。

② 赵文在等修,易文基等纂,《长沙县志》,清嘉庆十五年刊,二十二年增补本,载《中国方志丛书》,台北,成文出版社,第1022页。

③ 赵文在等修,易文基等纂,《长沙县志》,清嘉庆十五年刊,二十二年增补本,载《中国方志丛书》,台北,成文出版社,第1003页。

【解读】此礼节为重要的民事行为习惯。

遗嘱情形　垂死之日，所有家事，尚须吩咐者，用遗嘱部置，训示子孙遵守。①

【解读】反映出旧时民乡社会就已经出现遗嘱继承的法律行为，遗嘱一经订立便具有法律效力，若与法律冲突，则按遗嘱内容。但又与今日法律规定遗嘱继承有所不同，旧时遗嘱不但是载明继承事宜还包括大家长对家人子孙的布置训示，都通过遗嘱这个法律形式完成。此风俗在汝城乡土社会根深蒂固，并礼法结合，具有一定社会约束力，民间自觉遵守。是重要的民事行为习惯。

继承关系　继承遗产，继承人及应承受遗产之人，均于二人未死之先，将所有产业请集族戚支配，或立分开，或立遗嘱，视其家之情状面定。②

【解读】继承遗产，继承人要将所有产业交由家族处置，或立分开，或立遗嘱，视家庭情况而定。这是古代财产继承制度的反映。可以继承为个人所有的即为家族中的私产而非祠堂公田等公产。这里的家族支配仅为代为支配，仍为族长个人所有，家族统一管理，要与如今继承后各所有人形成共同关系共同所有的现代法律制度相区分。家族统一管理的情况下内部便会有家族规约，内部个人权责分明，家族财产所有人即族长享有更大支配权及最后决定权。但族长的权利是会受到制约的，不能随意挥霍家产也不会随意挥霍，家国同构，需要将家族财产保值增值，儒家伦理也重视家族利益，保护家族财产。家族管理相当于如今的遗产管理人这个法人的地位。若是分家后，会形成新的家族，实行统一管理。儒家伦理观念浸透乡土社会，使民间重视家族管理，忽视个人利益的实现。继承制度是重要的民乡风俗，此风俗制度礼法结合，民间自觉遵守，具有一定社会约束力。成为民间重要的民事行为习惯。

入殓手续　临终子妇哭送后，急具香烛，散发泣，汲洁净井水或江水，为亡人洗尸。当即具装小敛，衣衾称家贫富，以从速迁尸堂中，为脱苦牀至大□纳棺，须请阴

---

① 赵文在等修，易文基等纂，《长沙县志》，清嘉庆十五年刊，二十二年增补本，载《中国方志丛书》，台北，成文出版社，第1003页。

② 赵文在等修，易文基等纂，《长沙县志》，清嘉庆十五年刊，二十二年增补本，载《中国方志丛书》，台北，成文出版社，第1003页。

阳家□□殓则有棺无守人后，加盖俗忌，用钉厝柩中庭朝夕□莫。①

【注释】小敛：旧时丧礼之一，给死者沐浴，穿衣、覆衾等，称死者入棺而未加盖为小殓。牀：床。厝：停柩，把棺材停放待葬，或浅埋以待改葬。

【解读】这是关于入殓手续的记载。此风俗习惯，在乡土社会根深蒂固，具有一定的社会约束力，民间自觉遵守，是当时当地重要的民事行为习惯。

丧服差等　孝子斩衰服粗麻布为之，不缝下边，承重孙同孙为祖父母节衰，不杖，惟长孙杖。此外在服之人，封尊属各依服制，畧如家礼，五服图。②

【注释】斩衰：是"五服"中最重的丧服。用最粗的生麻布制做，断处外露不缉边，丧服上衣叫"衰"。

【解读】这是五服质地延续的记载。服丧的服饰分等级，长幼尊卑秩序井然。此风俗习惯，在乡土社会根深蒂固，具有一定的社会约束力，民间自觉遵守，是当时当地重要的民事行为习惯。

吊奠礼节　亲友吊奠礼，挽□□樟香□祭□等类，凡有尊仪□给帛酬之殷实之家咸□甚切至安葬时间，有用猪羊盛□者报，亦从厚其帨悼。昔用布，今亦有改用绫缎呢绒者，踵事增华好为观美，相习成风。③

【解读】随着社会生产力的发展，吊唁礼节也在发生改变。亲友吊唁赠送物品日渐奢华贵重，已成为风气。此风俗习惯，在乡土社会根深蒂固，具有一定的社会约束力，民间自觉遵守，是当时当地重要的民事行为习惯。

发引仪式　发引之前，丧家择日讣闻亲友开吊。凡来吊者，厚献之盛，设酒肴以待宾客。及治事者，以不敢慢人为孝。富者必请乡绅官长，点主题旌，苟非甚贫，亦勉强从事□。发引时，敦请礼生傧赞，先行揖旌。仪式嗣即，成服孝子加草冠束草带纳

---

① 赵文在等修，易文基等纂，《长沙县志》，清嘉庆十五年刊，二十二年增补本，载《中国方志丛书》，台北，成文出版社，第1003页。
② 赵文在等修，易文基等纂，《长沙县志》，清嘉庆十五年刊，二十二年增补本，载《中国方志丛书》，台北，成文出版社，第1003页。
③ 赵文在等修，易文基等纂，《长沙县志》，清嘉庆十五年刊，二十二年增补本，载《中国方志丛书》，台北，成文出版社，第1003页。

草履执杖在灵前奠祭，以次客祭，然后辞灵出并，孝子匍匐跪行，亲友或导柩前执□，或随柩相送，妇女亦此服送葬，半途而返，亦有用僧道送葬者，俗曰开路道场。①

【注释】发引：俗称出殡，即将灵棺从家里或庙堂抬到坟地去埋葬。宾赞：相礼；赞礼。开路：指出丧时举幡引路。点主：即请人用朱笔补上灵牌上"主"字一点的仪式。题旌：题书表彰。多用于死者。

【解读】有一细节，富者多请乡绅官人点主题旌，姑且不是很贫穷也勉强这样。这反映出民乡社会重视礼节程序，严格遵守。发引仪式在乡土社会根深蒂固，具有一定的社会约束力，民间自觉遵守，是当时当地重要的民事行你为习惯。

从葬礼物 祭圹用雄鸡，并用纸札开路，神，金童玉女，焚化无谕，贫富皆备，阀阅之家，加札□象麒麟山牛金鸡木罩等□②

【注释】纸札：狭义的纸扎指的是丧俗纸扎，主要指用于祭祀及丧俗活动中所扎制的纸人纸马、摇钱树、金山银山、牌坊、门楼、宅院、家禽等焚烧的纸品。阀阅：是指有功勋的世家、巨室。

【解读】这是关于从葬礼物的记载。可以看出功勋世家与普通人家有着礼物上的区分。但是贫富皆要纸絮。说明乡土社会对此风俗的重视，严格要遵循礼法要求。此风俗在乡土社会根深蒂固，具有一定的社会约束力，民间自觉遵守，是当时当地重要的民事行你为习惯。

安葬仪式 柩舁至圹前，宾赞引大宾行祀，土及□主仪式题毕，墓祭柩落，圹穴由堪兴分，经覆土茔成。③

【注释】圹：墓穴。

【解读】体现出当地人对风水的看重。此风俗在乡土社会根深蒂固，具有一定的社

---

① 赵文在等修，易文基等纂，《长沙县志》，清嘉庆十五年刊，二十二年增补本，载《中国方志丛书》，台北，成文出版社，第1003页。

② 赵文在等修，易文基等纂，《长沙县志》，清嘉庆十五年刊，二十二年增补本，载《中国方志丛书》，台北，成文出版社，第1003页。

③ 赵文在等修，易文基等纂，《长沙县志》，清嘉庆十五年刊，二十二年增补本，载《中国方志丛书》，台北，成文出版社，第1003页。

第二章 民乡风俗史料

会约束力，民间自觉遵守，是当时当地重要的民事行你为习惯。

安灵仪式 纸扎灵屋，安厝回家，宾赞行礼，敬捧神主，安置奉祀，至撤灵，奉新主□祠时焚化。①

【注释】厝：停柩，把棺材停放待葬，或浅埋以待改葬。

【解读】此风俗在乡土社会根深蒂固，具有一定的社会约束力，民间自觉遵守，是当时当地重要的民事行为习惯。

丧服期间 孝子斩衰二年杖，则父丧用竹，母丧用桐。期而小，鲜而大祥。撤灵奉薪主□于祠，再禫服三月出。初丧不计，闰凡二十七月为禫服，蒲承重孙亦然。孙节衰不杖，期姓不杖，期馀在服之人对□□服□各依家礼略如五履□。②

【注释】杖，居丧时所执的丧棒。禫服，禫祭至吉祭之间的丧期。

【解读】服丧的规定反映出乡土社会对孝的看重，百善孝为先的反映。此风俗在乡土社会根深蒂固，具有一定的社会约束力，民间自觉遵守，是当时当地重要的民事行你为习惯。

居丧制度 居丧不饮酒，不姑□寝草苫，枕土□此惟世家克履行之。若普通社会，既饮之后，孝子伴宿柩旁，蓄发不高坐，不赴宴，至七七日满。始剃头，另寝饮食，必设亡人坐位上食。新年春联不□红，父女母黄。③

【解读】通过礼法结合的风俗习惯来表达对失去亲人的痛苦。此风俗在乡土社会根深蒂固，具有一定的社会约束力，民间自觉遵守，是当时当地重要的民事行你为习惯。

女子之地位 妻为夫族服制，从夫出嫁。女在夫家，则为本宗父母降服。在外家，仍为本宗父母斩衰□麻从习惯也。此外，妾为家长，斩衰三年。为正妻，期年。为家

---

① 赵文在等修，易文基等纂，《长沙县志》，清嘉庆十五年刊，二十二年增补本，载《中国方志丛书》，台北，成文出版社，第1003页。

② 赵文在等修，易文基等纂，《长沙县志》，清嘉庆十五年刊，二十二年增补本，载《中国方志丛书》，台北，成文出版社，第1003页。

③ 赵文在等修，易文基等纂，《长沙县志》，清嘉庆十五年刊，二十二年增补本，载《中国方志丛书》，台北，成文出版社，第1003页。

长父母仍斩衰三年,习惯皆然。①

【注释】降服:旧制。丧服降低一等为"降服"(读音 jiàng fú)。如子为父母应服三年之丧,其已出继者,则为本生父母降三年之服为一年之服。斩衰:是"五服"中最重的丧服。用最粗的生麻布制做,断处外露不缉边,丧服上衣叫"衰"。

【解读】这是单一的关于女子服制的记载。看出尊卑等级,妾与正妻的差别。此风俗在乡土社会根深蒂固,具有一定的社会约束力,民间自觉遵守,是当时当地重要的民事行你为习惯。

初丧七祭 初终后,七日一祭,用浮屠祷之至七七而止。②

【解读】此风俗在乡土社会根深蒂固,具有一定的社会约束力,民间自觉遵守,是当时当地重要的民事行为习惯。

风水信仰 凡安葬必先请堪兴家,择地卜吉,无谕贫富皆同。但谋估争端,昔时颇有,近亦甚寡。③

【解读】此风俗在乡土社会根深蒂固,具有一定的社会约束力,民间自觉遵守,是当时当地重要的民事行为习惯。

十一、桂东县

社会

邑小民劳风近唐魏,虽务纤啬,鲜慷慨豪侠。然国课无拖欠之习,乡曲少健讼之风,牌里严期而烟册易稽。地方狭而奸宄难匿,同村共里,缓急相賙,疾患相扶,友助之风今犹可掬,古称易治,其以此欤。④

---

① 赵文在等修,易文基等纂,《长沙县志》,清嘉庆十五年刊,二十二年增补本,载《中国方志丛书》,台北,成文出版社,第1003页。

② 赵文在等修,易文基等纂,《长沙县志》,清嘉庆十五年刊,二十二年增补本,载《中国方志丛书》,台北,成文出版社,第1003页。

③ 赵文在等修,易文基等纂,《长沙县志》,清嘉庆十五年刊,二十二年增补本,载《中国方志丛书》,台北,成文出版社,第1003页。

④ 刘华邦、郭岐勋纂,《桂东县志》,清同治五年修,民国十四年重印本,载《中国方志丛书》,台北,成文出版社,第630页。

【注释】纤啬：吝啬不大气。宄：作乱或盗窃的人。相賙：相互救济。

【解读】这是关于桂东县民风的记载。民风淳朴但不大气，鲜有慷慨豪侠之气。民里和谐互帮互助，少纷争诉讼。民风体现民事行为能力。

社会

闺门严谨，不事脂粉，不入寺烧香，贫者绩麻纺棉为事。①

【解读】礼教甚严，妇女受约束。安分守己的妇女之道在乡土社会被推崇。桂东县妇女严谨，不花俏，恪守妇道。这反映出民间对妇女自由的不重视，妇女也无反抗释放自由与个人价值的精神。妇女所遵循的礼教也成为重要的民事行为习惯。

身份

昔时年近二十者，父兄卜吉，延亲族，依冠仪，加冠礼，颇隆重。近多饮繁就简，不拘年□齿，率于娶妇日，请乡先表字加冠，盖冠兴婚合矣。②

【解读】冠礼从隆重严格程序到简化行事。并逐渐与兴婚合体。这反映出冠礼的演进。冠礼即民事行为能力成就的体现。

婚姻家庭

纳采日，行聘。富者用金银首饰紬缎布疋猪鹅饼果之属，中户具薄仪数金均以盐茶为主，谓之海誓山盟。以一笺合写男女年岁，谓之传庚。③

【注释】纳彩：即定亲。"六礼"中的第一礼。男方欲与女方结亲，男家遣媒妁往女家提亲，送礼求婚。得到应允后，再请媒妁正式向女家纳"采择之礼"。初议后，若女方有意，则男方派媒人正式向女家求婚，并携带一定礼物，故称。

【解读】纳彩行聘即婚约开始成立。双方开始享有权利责任，不得随意毁约否则要

---

① 刘华邦、郭岐勋纂，《桂东县志》，清同治五年修，民国十四年重印本，载《中国方志丛书》，台北，成文出版社，第634页。

② 刘华邦、郭岐勋纂，《桂东县志》，清同治五年修，民国十四年重印本，载《中国方志丛书》，台北，成文出版社，第635页。

③ 刘华邦、郭岐勋纂，《桂东县志》，清同治五年修，民国十四年重印本，载《中国方志丛书》，台北，成文出版社，第635页。

承担违约责任。在如今，婚约不具有法律约束力。由于婚约不具有法律约束力，因此婚约的解除也不需经过法定程序。合写年岁包括问名纳吉，通过占卜告知合婚即订婚。纳征后婚约正式成立。赠予关系成立，以结婚为目的。在当代，若婚约解除，有两种途径解决礼金返还问题。1、按合同法第一百九十二条规定，不履行赠予合同约定的义务，赠予人可以撤销赠予。2、婚姻法解释二：第十条当事人请求返还按照习俗给付的彩礼的，如果查明属于以下情形，人民法院应当予以支持：（一）双方未办理结婚登记手续的；（二）双方办理结婚登记手续但确未共同生活的；（三）婚前给付并导致给付人生活困难的。适用前款第（二）、（三）项的规定，应当以双方离婚为条件。因此，赠予的礼金在双方未办理结婚登记为条件下应当返还。这是当代法律竞合问题。在古代嫁妆属于女方私产，不存在返还问题。男方聘礼在婚约解除后的聘礼返还问题有待研究。

　　请期日，报日纳币，曰过礼。昔惟取门户相当，纳彩纳币随高下为等杀甚得古意。近今间有索取重礼者，有识非之不行。①

　　【注释】 请期：俗称送日头或称提日，中国婚姻礼仪之一，六礼之五。即由男家择定结婚佳期，用红笺书写男女生庚（请期礼书），由媒妁携往女家，和女家主人商量迎娶的日期。过礼：汉族民间迎亲之前还要送一次礼，俗称过礼。

　　【解读】 请期需要送礼。赠予关系成立，以结婚为目的。在当代，若婚约解除，有两种途径解决礼金返还问题。1、按合同法第一百九十二条规定，不履行赠予合同约定的义务，赠予人可以撤销赠予。2、婚姻法解释二：第十条当事人请求返还按照习俗给付的彩礼的，如果查明属于以下情形，人民法院应当予以支持】（一）双方未办理结婚登记手续的；（二）双方办理结婚登记手续但确未共同生活的；（三）婚前给付并导致给付人生活困难的。 适用前款第（二）、（三）项的规定，应当以双方离婚为条件。因此，赠予的礼金在双方未办理结婚登记为条件下应当返还。这是当代法律竞合问题。在古代嫁妆属于女方私产，不存在返还问题。男方聘礼在婚约解除后的聘礼返还问题有待研究。

---

① 刘华邦、郭岐勋纂，《桂东县志》，清同治五年修，民国十四年重印本，载《中国方志丛书》，台北，成文出版社，第635页。

亲迎礼，抵女家，伯叔兄弟往送，婚主人设席会客，陪欢三朝。男家妇女，皆将新妇妆奁评验，以致女家。奢侈是尚绫罗纱缎珠翠金银于前迥异，中人之产不胜苦累。于是有血盆抱养者，谓之童养媳。有数岁即迎归者，谓之过门。以省婚费。①

【注释】过门：多指一对谈恋爱将要结婚的新人，女方第一次去男方家。在一些地方也是指将媳妇娶进门的意思。

【解读】这是关于亲迎的记载。此风俗礼法结合，民间自觉遵守，具有社会约束力，贫者仍严格遵循礼法，尽力满足嫁妆之需。但仍不胜重负，于是乡土社会便衍生出童养媳等风俗劣习。亲迎是民间重要的民事行为习惯，童养媳等劣习虽为糟粕但也是乡土社会的崇尚与风气，也成为必不或缺的民事行为习惯。

死亡

丧具秤家，有无礼也。桂东绅士富屋，亦有大小殓者，馀用时服而已。柩停中堂，卜地择吉，始葬，及期先分，讣亲朋来赙者，随给帛，至有用猪羊盛馔者，报亦从厚。丧主以下，皆不御羞馔，朝夕哭奠仪制一遵朱文公家礼，祭章昔用纸轴，今多用绫紬，踵事增华好为观美。丧家以吊者，众为荣盛，设酒肴堂上门前及柩旁，鼓乐交作，名曰闹丧。富者固不敢吝以俭，其亲即非贫窶之甚亦勉强从丰。延僧道唪经，忏多违乎礼。今士族知为非稍汰减矣，惟题主一节倍加慎重，延乡先生有德望者，为之成主。丧主刺指，血醮笔加点夸事，虽近夸犹为尊敬先灵之意，葬不为圹横穿纳棺，塞以砖石，富有立石刻碑铭，如式多依祖。填论昭穆不论紧步。②

【注释】赙：不拘形式或不限定财物种类的资助（一切视对方的具体需要而定）。闹丧：释义为旧时办丧事所用的鼓乐；人死之后死者亲属找种种理由向丧主搅闹。贫窶：贫穷。唪经：诵经。

【解读】这是关于丧礼的记载。丧礼风俗具有历史继承性。礼法结合，具有一定法律约束力。民间自觉遵守。成为重要的民事行为习惯。

---

① 刘华邦、郭岐勋纂，《桂东县志》，清同治五年修，民国十四年重印本，载《中国方志丛书》，台北，成文出版社，第635页。

② 刘华邦、郭岐勋纂，《桂东县志》，清同治五年修，民国十四年重印本，载《中国方志丛书》，台北，成文出版社，第636页。

史料中的习惯与规则
——湖湘地区方志中民商事习惯史料的整理注释与研究

宗族

春冬皆祭社，及清明鼓吹牲醴，先祭墓，所后祭家祠。以齿序坐饮，福给胙而散。凡士庶均有祀田，新谷蔬果必荐，而后食。嫁娶宦游必告，而后行。宴诞则悬像设筵，族亲盛服助奠忌辰，子孙不敢茹荤，其追远孝思犹笃云。①

【注释】齿序，为按照年龄长幼所定的礼节，年龄的次序。胙，祭祀用的肉。茹荤，本指吃葱韭等辛辣的蔬菜。后指吃鱼肉等。

【解读】这是关于祭礼的记载。祭祀的礼仪有明确的规定。长幼尊卑尤其看重。亲族皆着盛服，子孙不敢随意吃荤菜。体现出乡土社会对祭祀先祖家祠或者其他需设宴祭祀的事情，尤其看重，并附有严格礼仪。成为旧时重要的民乡风俗和民事行为习惯。

乡党

乾隆三十年前，物薄情真，每宴，六人一席，荤五簋。鸡豚鸭鱼素四盘。随时蔬菜果酒不尽醉。以肴具为节。奈习尚日移，珍错罗列，镂切纷纶，厌厌夜饮矣。愿违俭，众从俭之，君子起而挽之。②

【解读】宴会礼仪风俗由物薄情真到注重菜品礼物，日渐奢华。民风崇尚的改变反映出民事行为习惯的改变。

宗族

凡疾病，乡愚妇女延巫祀神，日打锣或虑失魂。深夜使数人持火于外，大声旁招，但得虫便呼应，日回。谚云，捉得蜘蛛便是魂。又有打鸡□卦花盘，上刀山之类延医服乐者，甚少陋俗。相沿最为可哂，史称楚俗信巫，不信医信然。③

【解读】这反映出人们的封建迷信思想仍重。生病便信巫术，打锣或者用还魂之

---

① 刘华邦、郭岐勋纂，《桂东县志》，清同治五年修，民国十四年重印本，载《中国方志丛书》，台北，成文出版社，第638页。
② 刘华邦、郭岐勋纂，《桂东县志》，清同治五年修，民国十四年重印本，载《中国方志丛书》，台北，成文出版社，第638页。
③ 刘华邦、郭岐勋纂，《桂东县志》，清同治五年修，民国十四年重印本，载《中国方志丛书》，台北，成文出版社，第639页。

术。说明医学等科学在桂东县并不完全普及。巫术之用也成为乡土社会医治的特殊民事行为习惯。

社会

元旦五更起，虔置香案花烛牲醴于堂，举家具盛服，遵时宪书，吉时方向开门燃爆竹，焚钱楮，叩拜天地祖宗。毕长幼以序罗拜于庭。晨后，族众共拜于宗祠。次日拜母党。又次日拜妻族。从此亲邻往来，肩摩于道，谓之贺岁。知交内亲，各以春酌相邀叙。①

【解读】元旦风俗礼法结合，具有一定社会约束力，民间自觉遵守。成为重要的民事行为习惯。

自十一起至十五日止，城乡皆剪纸作龙狮鱼蟹花鸟各样灯式，争奇斗巧，或扮演故事，金鼓笙管喧闹往来，元宵之夕，灯火倍繁，歌吹达曙。②

【解读】元宵风俗礼法结合，具有一定社会约束力，民间自觉遵守。成为重要的民事行为习惯。

三都划船，俗宜。三都各村，以纸书为船，今人捧行，以当棹划，谓之划船。正月初旬起，沿家轮递十五日，谓众船。十六日，谓送船。其迎船之家，晨后放爆鸣鼓，接书船于庭右，列香楮鸡豚酒果以祀之，巫通主人姓名于神祀。毕，饮酒数行，每人给糍二枚。归家及暮复至，鼓爆牲醴如初，庭中燃火一炉，巫祷神家，主率众拜，巫歌一曲，众童子手相牵炉角，四童子执□版敲拍围炉跳舞一□，谓之一艄。由此而五而七而九，乃送神。复设席欵。众尽欢而散，其乡不贺岁，随船所至之家，即为会序。相传沿江右书俗三都于龙泉，接壤故也。乡老相传，是岁不行，则疾疫生，官为禁之不能革也。③

【解读】这是关于元宵附带的特殊的习俗。此风俗体现了桂东县乡土社会的特殊之

---

① 刘华邦、郭岐勋纂，《桂东县志》，清同治五年修，民国十四年重印本，载《中国方志丛书》，台北，成文出版社，第639页。

② 刘华邦、郭岐勋纂，《桂东县志》，清同治五年修，民国十四年重印本，载《中国方志丛书》，台北，成文出版社，第639页。

③ 刘华邦、郭岐勋纂，《桂东县志》，清同治五年修，民国十四年重印本，载《中国方志丛书》，台北，成文出版社，第639页。

处。同样礼法结合，具有一定的社会约束力。是重要的民事行为习惯。

是日，整衣冠，备猪羊祭品，鼓吹爆竹，合族请祖坟拜奠，布纸钱先期刈茅草，谓之扫墓。无分远近，无问贫富，无拘先后，必致祭焉。祭毕，扫宗祠，照丁给□，具肴馔，序齿饮宴，按开元礼云，宗子去，在他国庶子，无庙。孔子许望墓，以时祭祀又勒云，

上墓礼，经无文，近代相传，浸以成俗。士庶有不合庙，享有何以表其孝思，宜许上墓，编入五礼，云则知此俗之由来，已久亦追远，报本之一端也。

四月八日　以羊桐叶，浸米造乌饭

五月五日　悬蒲艾于门，饮雄黄酒，以角黍丝织香囊相遗。赠乡塾学童。凌晨具礼于师，谓之敬节。停午采百药煎汤沐浴以解疫。相传天医星于此日临户。桂不通舟楫，故无竞渡之风。

六月六日　是日，割鸭取血，束纸为方幅，插于田园，具酒楮，奠于其所，以祈年，谓之祀田神。且祝阴晴以占丰歉，故有熟不熟且看六月六，六月六日晴犬豕不食粥之谣。

七月十五日　自初十日，晨起，扫家堂，设香案，悬先世画像于上，具肴馔醴蔬以迎祖考。连日致敬，至十四日。治纸衣冠钱楮宰牲奠酒焚化，拜送或有召浮屠羽客诵经咒度，及施食焚楮于野，以赈孤，如释氏盂兰盆供之说者，俗呼为送衣节。

八月十五日　先期各市月饼，长幼皆相授，盖取月团圆之义。是夜，各邀亲友聚，僧侣高歌，剧饮，谓之赏月或候月。华而竟，夜不寐者，童稚拾□□□垒塔高数尺积薪于中，焚之以红为度，呼为塔灯。女孩率姊妹设瓜饼茶食对月，奠于净，所以米筛竹箸为卜，谓之迎月。姊人家，未育子者，亲朋于是夜，采南瓜以锣鼓送其家，谓之送瓜。

九月九日　采菊摘萸，同辈携壶，挈榼蹑山，巅畅饮亦有用鼓吹者，文人赋诗相和，孩童剪纸作鸢，为风筝之戏。

冬至　家长率子孙，具鸡黍酒果，拜奠祖先墓所，扫祭于家庙，为冬至会。

腊月二十四日　各家捆竹笤，扫屋尘夜，备牲醴果物祀灶陉，谓之过小年。

除夕 是日，幼者奉鸡豚黄糍馈尊长，谓之送年汤。长者以果品爆竹答之夜，则放爆鸣金鼓，具牲醴糍果，率长幼祀天地祖先及井灶仓桐，毕男妇内外，各设筵席会食饮酒，守岁谓之团年。①

【解读】这是关于节序的记载。各节序有各自的风俗习惯。这些风俗习惯具有历史继承性。在乡土社会根深蒂固，礼法结合，具有一定社会约束力，民间自觉遵守。这些风俗习惯也成为重要的民事行为习惯。

十二、嘉禾县

身份

婚礼人道之始，冠礼人道之成。古有士冠士昏井载十七篇。今冠礼虽庆，而县属贵，贤乡榜背，山茶窝岭，大屋地诸，雷族□三乡枫梓□萧族有师其意而为之者，凡问数年或十数年一举行之。届期择族，年高德劭者，主之少者，咸会于宗祠，简年满二十者，书于册，按派行名字，义取别号，大书红帖，黏祠壁，以次拜祖位，见父老。就席醋酒，三行或五行，毕退，谓之庆号。盖犹是古人冠，则字之之遗也。曩时村族尝见红纸，书某名某字，佳气溢间，衡问今少见矣。②

【注释】曩：以往，从前，过去的。

【解读】这是关于冠礼的记载。冠礼是成人的标志，有其特殊的习俗。冠礼标志着其具有完全的民事行为能力。

婚姻家庭

婚礼下达，必备于仪。所以正男女之序也。俗谓三书六礼。其宾多未偏而所重者，媒妁之言。县俗媒者，先报女生年月日，时于男家合而后议，婚亦有不送庚帖者，有指腹为婚者。初礼曰，配亲，亦谓之背壶，亦谓之，定庚。旋有起媒礼帖，曰，文定。致鸡肘于女家，当古纳徵矣，次曰，过礼，亦谓之，探亲，又谓之上头帖，曰中聘于

---

① 刘华邦、郭岐勋纂，《桂东县志》，清同治五年修，民国十四年重印本，载《中国方志丛书》，台北，成文出版社，第639页。

② 雷飞鹏等纂修，《嘉禾县图志》，民国二十七年刊本，载《中国方志丛书》，台北，成文出版社，第493页。

婚期前一年半，年行之仪，用银币鸡鹅豕酒，有用牛肉者，女家之眷属骨致视亲疏为丰杀，當古纳币矣。次日，定日仪惟鸡肘，婿自至或有代者，当古请期矣。①

【注释】纳彩：即男方家请媒人去女方家提亲，女方家答应议婚后，男方家备礼前六礼去求婚。问名，即男方家请媒人问女方的名字和出生年月日。纳吉：即男方将女子的名字、八字取回后，在祖庙进行占卜。纳征：亦称纳币，即男方家以聘礼送给女方家。请期：男家择定婚期，备礼告知女方家，求其同意。

【解读】这是关于亲迎前五礼的风俗记载。纳彩行聘即婚约开始成立。双方开始享有权利责任，不得随意毁约否则要承担违约责任。在如今，婚约不具有法律约束力。由于婚约不具有法律约束力，因此婚约的解除也不需经过法定程序。合写年岁包括问名纳吉，通过占卜告知合婚即订婚。纳征后婚约正式成立。赠予关系成立，以结婚为目的。在当代，若婚约解除，有两种途径解决礼金返还问题。1、按合同法第一百九十二条规定，不履行赠予合同约定的义务，赠予人可以撤销赠予。2、婚姻法解释二：第十条当事人请求返还按照习俗给付的彩礼的，如果查明属于以下情形，人民法院应当予以支持：（一）双方未办理结婚登记手续的；（二）双方办理结婚登记手续但确未共同生活的；（三）婚前给付并导致给付人生活困难的。适用前款第（二）、（三）项的规定，应当以双方离婚为条件。因此，赠予的礼金在双方未办理结婚登记为条件下应当返还。这是当代法律竞合问题。在古代嫁妆属于女方私产，不存在返还问题。男方聘礼在婚约解除后的聘礼返还问题有待研究。

迎取光日鼓乐发花轿昧于古婚礼，不用乐之义，仪物视中聘有加，届期女之族眷，长辈或小辈，数人送于门，谓之送亲。间有半途而返者。男家不往迎也，而贵贤乡俗送亲客，谓之新客。新郎肃客谓之接伞客。初至饮以酒，曰把钟客。去送伞客必致红包，乃罢。送新娘未到前，族咸携酒肉爆竹俟于门外，谓之等亲。亦曰等中途。花轿离女家时，洒水散米既至门雄鸡以□，谓之祭轿，或新郎向轿一揖，于是择有福命之妇人为式娘，牵新妇立于中庭，主人先告庙乃行合卺礼，其仪先拜天地，次拜祖先，次夫妇交拜礼。成童男女，分执烛引入洞房，谓之当堂成亲。而上乡平田区花溪数村，

---

① 雷飞鹏等纂修，《嘉禾县图志》，民国二十七年刊本，载《中国方志丛书》，台北，成文出版社，第494页。

常以夜间新郎一人庙见新妇，则次晨乃出，谓之出。①

【注释】亲迎：婚前一两天女方送嫁妆，铺床：隔日新郎亲至女家迎娶。

【解读】这是一个关于亲迎仪式的记载。具有浓厚的嘉禾县地方特色。此风俗礼法结合，具有一定社会约束力，民间自觉遵守并在乡土社会根深蒂固。是当地重要的民事行为习惯。

三朝云婚筵既张女家，有少者，佩查铃席次。主人备钱串，或银饼，请铃。新郎乃着新衣肩红采随父兄出席侑酒，酒三行席徧。乃入夜中闹洞房，无老少环集，名曰，吃鏸茶。新娘送茶。必按年老少亲族称谓之□旦，见客谓之，拜堂。先拜父母，徧见内外亲属见者，或有馈答，谓之红包好弄者，油涂锅煤于布，向新郎妇面揩之，谓之打油巴。亦恶作剧也。凡婚筵先三日之夕起，谓之开□。次日日发轿，亦谓之陪媒人，届日曰，正席。贺客皆先三日至贫家，或先一日起，或本日轿往轿来，其庆喜宴凡男之母家及姊妹行已嫁者，或送全猪谓之抬□猪，族邻往时，致钱百文至四百文今倍之□。属亲者不备贺席尚豕肉丰者，正席必特肘而上乡，贵贤乡俗，肉有馀辄，分割以归凡，送亲客道虽远夜必返，少者留。贵贤乡俗送亲则亦有宿者，或以侍女□无用伴□送亲者，亦无女客。②

【注释】铃：金。侑酒：为饮酒者助兴。徧：遍。

【解读】这是关于新娘迎娶进门之后，各种宴饮娱乐习俗。宴请区分庆贺者，新娘出席宴席要拜客，也有闹洞房、打油巴等传统恶作剧，是嘉禾县乡土社会婚礼习俗的反映。此风俗礼法结合，具有一定社会约束力，民间自觉遵守并在乡土社会根深蒂固。是当地重要的民事行为习惯。

凡嫁女之家，每受男家一次礼，必有馈偿，谓之回事。及迎期查□盛者床柜棹几箱笼盎盆磁器镫槃箸大小毕具。凡器具以十□者先以九数□，往雷其一后致以为取长久之义。云女家为厝制衣冠履带，自其父母，以及幼小，皆备衣鞋。无男家为女制衣物者，凡查尚被褥，谓之铺陈。有多至九者，分为头杠，至若干杠，谓之杠者。铺必以枞荐，捲之二人，以木舁之头杠舁者，必父母俱存之。童子重其为鸳鸯被也，轿前

---

① 雷飞鹏等纂修，《嘉禾县图志》，民国二十七年刊本，载《中国方志丛书》，台北，成文出版社，第494页。
② 雷飞鹏等纂修，《嘉禾县图志》，民国二十七年刊本，载《中国方志丛书》，台北，成文出版社，第494页。

执竿彩者，亦然箱笼大者，亦曰头杠。特重之凡□夋物者，谓之行人。过山过桥送亲者，必犒以红包钱数文。凡族戚为女添箱，谓之妆嫁。率以片糖药叶片糖以备，婿家吃糖茶药叶以备新娘馈客药也。或以米一升钱数百文衣饰，则仅见外母家丰，则致被铺。谓以报婿家中，聘时之□盆凡女家于胮，嫁必答礼，红绳盥巾，女花帕有耗至千数百端者，红绳市购巾帕自织俗因谓，昏易而嫁难，此又溺女之□所胎也。①

【注释】镫：挂在马鞍两旁的铁制脚踏。檠：矫正弓弩的器具。箸：筷子。捲：卷。木舁：木鱼。胮：鱼或肉腐烂。

【解读】这是关于出嫁嫁妆的记载。妆奁太过厚重，各种物品都要备办。出嫁时的嫁妆也是男家行聘时的礼金的报答。反映出婚易嫁难的习俗。溺女习惯以及童养媳的习惯便由此产生。这也成为重男轻女思想产生的原因之一。

凡女将嫁前数月不逾□深雨畏人，谓之宁乐。娘俗语无正字，不知所解也。将嫁旬日见亲人必哭妆嫁者，至哭花轿，至哭声渐，女伴代哭，前夕女伴相聚守，谓之伴嫁。或两两成队，各荂一小□盆封歌雨跳谓之把盏，将旦唱鸡鸣歌乐伶吹唢叭移轿向，谓之轿。故婿家于女家有歌头礼钱焉，平明亲属，负女上轿，女伴相送于途，行极缓示不忍离也。一女郎□木火笼先导逾村门数百步乃返。贵贤乡永□区俗于鸡鸣歌毕，所嫁女踵约请送亲人门而哭，背女上轿者，有背亲礼上轿时，披女身以麻行远乃去麻。披麻必女之父母有物故者。②

【注释】荂：草木的花。

【解读】这是关于嘉禾县结婚时的特殊习俗。哭嫁，以示女儿对父母的不舍，披麻出嫁以示对已故父母的孝敬与缅怀。此风俗礼法结合，具有一定社会约束力，民间自觉遵守并在乡土社会根深蒂固。是当地重要的民事行为习惯。

凡女婿家三朝行汲于井，左担水桶，谓之看水。步女家遣送芋糖果物，谓之送油。是日或约期婿至女家，谓之拜门。女之父母，必有赠谓之开拜。门包设席延婿，女伴往往饰麻丸以泥黏红纸条于杯底，果设缀线双箸夹钉，婿不觉察，则姗笑之燕，毕歌

---

① 雷飞鹏等纂修，《嘉禾县图志》，民国二十七年刊本，载《中国方志丛书》，台北，成文出版社，第494页。
② 雷飞鹏等纂修，《嘉禾县图志》，民国二十七年刊本，载《中国方志丛书》，台北，成文出版社，第494页。

以赞之，其歌曰，新郎生得窈窕陪，到我家，姊好绣鞋拿一变同偕到老语。虽俚而有古义，婿拜岳门女不偕至归宁之期，或三日或满一月，各随所宜。永振区则有返九三朝□诣名色。①

【注释】拜门：婚后，新郎与新娘同去拜望女方父母。次日便拜，称复面拜门。

【解读】这是关于出嫁后已出嫁女儿偕婿回娘家的记载。归宁也有各种风俗习惯。设宴会宴请婿家。载歌载舞，作美好之行为，如黏红纸条于杯底婿便不察觉，从而展现白头偕老之意等。此风俗礼法结合，具有一定社会约束力，民间自觉遵守并在乡土社会根深蒂固。是当地重要的民事行为习惯。

死亡

丧葬易不如咸俗所本也。始死尸于地，白纸□面镫于足烧床□及死者履鸣锣，孝眷披麻随之，楮告于井，汲水以浴，谓之买水。

敛衣三或五或七或九，有多至十三者，皆取奇数。袭用绢必稍富而老终者，含用银衣刀忌铜易以纽□多预制坿身巾扇监茶米四旁□以子孙袭衣，妇人吃芋，具敛，定盖棺，孝眷乃哭，闻之长老，曰百岁以上之人，敛时改服明时宽衣，谓之曰大朝衣。

短发不剃髻之相传于满清，生降比之女，不改旗妆为男，降女不降云，葬择近日，拟古渴葬坿于书填，拟周礼族葬。其年葬其年老多子孙者，或不克葬，枢停于堂不外厝，示不忍弃其亲，不似都会寄枢于殡园也。

而或因形象择地，子孙争吉凶，累年不葬，则又惑矣。凡居丧未葬枢前，为位朝夕哭，馈食如生，夜则藉地卧枢下，同于寝苫枕眉或架榻其侧，名为伴亡。蓄发四十九日，在丧禁赴宴□剧甚至服中生子有议，凡皆以致其哀也。将葬士夫家营窆，略仿朱文公家礼或僧道，诵经名曰，忏亡。发引辞祖迁枢绕歌，孝子皆哭泣以从丧歌三匝，名曰传丧。帛书铭旌，用于窆时，枢面栗主为尸，以享禽祭成主，谓之，题鸿。题者谓之，大宾。孝子有□指血濡笔点者，谓之点血。

主其仪设尸位，设大宾位，设丧次，孝眷凶服出，请宾改吉服，成主毕服如初，礼未尽□也。殡出先日晡祭□神将窆祭后土，皆请宾行之，出殡谓之出丧。凡扶枢出，

---

① 雷飞鹏等纂修，《嘉禾县图志》，民国二十七年刊本，载《中国方志丛书》，台北，成文出版社，第494页。

皆亲邻壮丁。由亲支而疏属赴者，甚勇仪仗，纸马尚简，凡吊，悉以纸烛束肉，甥婿或密亲友家稍裕者，昇盒备五牲以上，主人视賻隆杀给白巾孝衣回盒钱，其有未婚之婿或孙甥婿，白巾盖红布以别之异。时富乐乡广法区里俗初吊，升米壶酒名曰探孝，及出殡夕朋□斗酒纸烛伴丧堂名曰，煖孝。稍近古者，唁助凡吊上祭，谓之堂祭。亦谓之上柴。

以亲疏行辈次或间留一二密亲于次早殡出，改裹綷杠时祭之，凡祭妇女哭于帷内，主人帷次匍谢或聚席唱孝歌，歌词二十四孝，唱一句孝子孝孙必呼亲一声，以答之。已嫁之女，夜分就柩次，号泣述父母生平勤苦，极哀惨。凡妇女送殡，披发失声至□门而止，孝子麻衣戴□扶杖草履随柩行，過桥梁必祭，亲友素巾执綼，悉送道远，则去綼，凡窆先日开穴，谓之打金井。孝子或先施一香临窆，以脂麻楷薰穴杂铺石□焚楮少许，谓之煖穴。洒雄黄喷酒，谓之净穴。若曰，使他日不蚀蝼蚁也，地师割雄鸡半死奔□穴之四隅，谓之跳金井。时至乃綷柩以下或以沙土石□杂拌□之下窆时，孝眷呼亲，号泣。既窆匍匍谢诸送葬，执役者毕葬三日，束稻草为火把送墓前，其客死，归丧者虽父母，不得入里门，凶忌而情违矣。①

【注释】厝：安置、停柩。买水：楚国的旧俗。送别先人的一种方式。昇：共同抬东西、携带。賻：不拘形式或不限定财物种类的资助。堂祭：出殡前的一种礼仪。行堂祭礼时，吊祭者穿孝服，以亲疏尊卑为序。本家先祭，外客后祭，行跪拜礼，拱手三叩拜。綷：五色杂合的丝织品。执綼：送葬时帮助牵引灵车。

【解读】这是关于丧礼的记载。记载了当地丧礼的每一步程序都有严格的风俗礼仪。这些风俗礼仪具有社会继承性。礼法结合，在乡土社会根深蒂固，具有一定的社会约束力，民间自觉遵守。也是当地重要的民事行为习惯。

宗族

祭者所以报也，獭之祭鱼犹不忘其所养，人灵于物，草木知本，祭事之兴，人性之存也。自非淫祠，俗不可革夫，封建时制，阶级太悬，庶人无庙，而祭于寝。郡县之民，宜有以广之□和重民族则尤宜，知所以报矣。县俗祭先之礼，重在祠堂一□，

---

① 雷飞鹏等纂修，《嘉禾县图志》，民国二十七年刊本，载《中国方志丛书》，台北，成文出版社，第500页。

必有一祠，或同族数村合建宗祠于郡邑，或择地特建□祀，不祧之祖有似千给焉。祭有田以赋税粢盛，牺牲唯备，厥风可观也。其祭率以辰至日，谓之冬至。会凡村祠，岁以清明扫墓先祭于祠，上墓归饮，至于祠，谓之吃清明酒。非礼无法而犯革者，不得□也。富乐乡石燕胡家，清明会铜钲三响悉进，长辈列上，少辈成序，钲复一鸣乃行酒，酒不过三行，五行。长者宣祖训饮者，饮歌乃放爆，开门序退，彬彬然有乡饮酒礼之风。其先民横江先生传泰州王心□之学，明性理讲仁，让成教于乡邦，是其效也。凡墓祭，率以春社，清明前后，金鼓旗帜，整道上填，谓之春挂，亦有行之于九十月者，谓之冬挂，然冬挂必较远之祖，数村数房约期而举。有数年一届者，如雷姓，则合桂临蓝嘉之同祖者，岁以丙辛二年九月日，期会于贵贤乡，普满婿寺附近之祖墓而上乡。王族城乡李族合祭，其所同出之祖，其事皆甚盛他姓类，是者不可胜道，独富乐乡之云玉洞大屋地诸李村，祀其先祖，特奇先卜玹于祖像前，某村得卜兆辄鼓乐异祖像，而迎于祠，以为祖降其家也。近乃公建龙泉精舍于玉洞村，左帝王庙，妥祖灵于其，禽少耗异祖游村之费说。详户籍人物诸篇然是。皆有别子为祖继别为宗之遗法者，也县属念先不重子卯之忌，而重生日，谓之庆生。然唯有祭田者，行之至，乃年节，或尝新谷蔬菜初登，盘必祭朝暮，必奉芎。此皆通俗也。有一二奉天主教者，则不事此矣，而里社赛社神文庙，祀圣诞亦间有之。在昔庠序荐绅之士尤重，文会镯金，置田规章，毕具而上乡。暨南区三都文会，自清乾隆间已兴科举时，童子军试□者，文武庠赴乡□者，率有资给近设学校，有津贴各校举业生有奖金。不仅馂馀分惠已也。盖□然见周礼，犹酿孔子，以文会友之意，及鄙倍者为之惟征酒食，怨乾糇弗志于道，纲纪寖以弛他乡，文会犹有存者，其饩羊乎。①

【注释】粢盛：古代盛在祭器内以供祭祀的谷物。醵，大家一起凑钱饮酒。饩羊：祭祀用的羊。

【解读】这是关于祭礼的记载。不同的族姓有不用的祭奠先祖的方式，乡土社会都注重祭祀，祭祖祭田。祭祀每一步程序都具有当地浓厚的特色。当地丧礼的每一步程序都有严格的风俗礼仪。这些风俗礼仪具有社会继承性。礼法结合，在乡土社会根深蒂固，具有一定的社会约束力，民间自觉遵守。也是当地重要的民事行为习惯。

---

① 雷飞鹏等纂修，《嘉禾县图志》，民国二十七年刊本，载《中国方志丛书》，台北，成文出版社，第503页。

史料中的习惯与规则
——湖湘地区方志中民商事习惯史料的整理注释与研究

社会

今行阳历，而阴历岁俗。未能骤革，或曰阳历有日无月，阴历则有日有月也。或曰行阳历，固以同中外也。然海外如土耳其，俄罗斯等国，之历于阳历，又自不同也。神皋均匀习惯于义，和之敬授寝馈于农穑之修和一岁四时。各从其俗夫，通都大市，端午中秋，除夕名为三大节。此中国所同也。中国农国也，黄河以南农俗具四季，黄河以北，讫于幽，并关塞之外，惟夏季以农此。寒暑之分也。县处岭陬，天候较温俗，事介粤桕之間。凡正月元旦，喜放花爆，使人多禁忌，平曙开门，谓之开财门。爇楮烛敬家，先祭中雷及灶，拜天地乃谒祖祠，谓之朝祖。依历定喜神，所向而出，谓之出行，见尊长或平辈，无老少相见辄，曰，拜年。过丧家，谓之烧新香。稍贫户之子女三五成群□门而入，口语曰，新年新岁。万年富贵。各给以米或苞谷一羹具乃去。谓之放大吉利。邻里报燕，谓之请正月饭，少年子弟列队，为鱼龙狮子竿僮角抵诸戏，或杂秧歌，秧歌一谓之花镫，饰童男女相对唱跳，金鼓喇叭□身手相凑类于衡州。马镫矣其风至十五止，谓之耍元宵。是月二十日，小忌农者，戒往田土，或以茅数茎床架而镇以小石门庭，亦禁酒扫，谓之忌风。二月朔，大忌农辍，耕女辍□□先夕磨米粉糍作蚕食，以其馀，缀竹梢插田□名曰，糊鸟口。属稼不蔷，是月惊蛰为蛇生日，先夕箕石□□洒墙屋隅且洒且祝，曰惊蛰惊蛰蛇蝎生日一棍打倒，四脚逼直。春社，亦食糍，社有会鸡楮告社，社有公母以祈年丰，谚曰，春社无雨不耕田，秋社无雨不耕圆。是日，乃申禁山林，修新填之祀，俗谓新土不过社也。三月清明，为上填节，俗往往以清明挂扫众争墓界，或过村落，放爆张声□或酣酒酤事，兴讼狱矣。四月八为浴佛日。释典所通也，县俗或摘杨桐叶作青精饭，或点饭颗于孩童额，谓可驱蝇，谚曰，四月八，糯饭黑。五月五日，角黍竞渡，故楚俗然县无舟戏亦少煮稷者，家家挂蒲艾，妇女或摘艾叶，蒲根簪髻，或煎汤澡浴雄黄人酒，点童额灼艾火以辟邪疫。是月，十三雨，谓之关公雨。六月六日，稻初熟，乃当新，则衡阳客籍人居多，盖荐新衡俗特盛，不忌风土也。七月七日，乞巧节婚嫁定期多用之。是月，十五中元节，先日牲醴饭茶延门，谓之接公婆。及旦复如仪，谓之送公婆。录死者，位次烧纸楮锡泊荐之，谓之烧包。家家肴酒必备，谓之过月半节。比之除夕过年为一年两餐饱。是日雨谓之洗油锅，雨秋社报赛角稷相馈遗，多召已嫁之女归，或所亲者妇来，谓之过社。中秋祭月，亦通俗也，而县俗或设有中秋会，或数人招要食新鸭瓜菜。为长夜饮亦美其名曰，赏月。妇女亦有拜月者，是日乃行请期礼，比之七夕。矣九月重阳，登高作会，士夫游宴之盛盖少见。是日也，乃申林禁乃备，冬防夜乃征集义仓谷乃饬义渡会及其他公约，农功既毕金□藏怠以赡物力。十二月二十四日，小年节，乃休佣工乃祀灶。除夕谓之过年，老少男女合□，吃大块肉间有用海味，或屠狗者，食毕有以草拭小儿口者，谓之净口。年节喜吉祥防其语识也，而新取之妇，辄避席往食于成婚时，式娘家乃清责逋乃相守岁，未旦贴宜春黏门彩门神，传为唐裹鄂二公，购自粤市，家家有之秦尉敬德，可谓万户侯。岁矣而俗之异者，平田区花溪村于油炸头，两村人恒于除夕元旦，爆竹相射如作战然。射毕彼此仍相让为礼，初两村于临武属之东西溪人投石相击，竟以伤人改用爆战。父老议革之，或曰不如此，则族不盛其俗乃相沿至今。他村落亦或于秋谷告成，月明良夜，童子效牛门，猛力相角伤重而旦愈云。①

【注释】神皋：神明所聚之地、引申为神圣的土地、指京畿、肥沃的土地、国土。讫：完结，终了。爇：烧。蚤食：早餐。

【解读】这是关于节序的记载。节序在湖湘地区有历史继承性以及共同之处。节序礼节具有共同性，但当地却有共同之处之外的特殊之处，比如，相邻两村之间在除夕之夜爆竹激战。此风俗礼法结合，具有一定社会约束力，民间自觉遵守并在乡土社会根深蒂固。是当地重要的民事行为习惯。

乡党

上古之世，或老死不相往来，非所以语于今时矣。邻里酬应，社交所通，其流弊所极，□不可究。往时女子甲乙隔邻盟姊妹，既盟而洽，遍召女流茶叶为会，谓之寄芋。绳其髻于后，或发顶□之红绳夹缘，以别之姊妹，乃相矢迁嫁。先嫁者，负此亦粤俗。上乡贵贤乡，近临武者，有之今少儿矣，而妇女相聚吃茶，逐日无度，谈私隐恣笑谑，城市及富乐乡村，相习常此风不可长也。墟市戏赌，屠牛厭□，恶常业不务盗□所滋也，或三五人买肉沽酒，谋醉饱谓之，打平火。五六十年前，宴会用墨鱼已侈，城俗渐用鱼翅，乡人或效之妇女，宴不设酒，今耻不及，男而绮靡有过之者，服

---

① 雷飞鹏等纂修，《嘉禾县图志》，民国二十七年刊本，载《中国方志丛书》，台北，成文出版社，第507页。

饰家衔数人共一布衫，互借为客衣，今盛服相竞，亲友相遗，童孩钱九文至十三文，谓之穿钱。今或致币一二元，丰约俭奢之数可审也。夫今世技巧人受制于物□，迂固者腐而汰淫务朴，或亦致用之道。欸凡县俗，年节往来，清明挂青，中元烧衣，率致束肉或鸡然，必亲眷老辈有已故者，行之挂青，上填烧衣荐冥楮皆祭死之事也。岁将终，亦致鸡肉，谓之团年。亦谓之，送拜年肉，凡拜年必有馈，馈以糍俗，曰糍粑。凡婿为岳父母庆寿曰，做一以届六十一或七十一八十一。皆逢一乃寿也。男家初昏必以新年请岳父母而独于岳母必有馈送，谓之送亲姆。凡定婚未过门女家之每生子必致衣物，谓之煮羹。岳父母于婿，初次拜年有送郎礼，多致谷石，及钱物于女，逢三十一亦有做一礼于分□，有煖火礼于甥，初次拜年有送外甥礼，凡生一人有七次遗，问一将婉催生一婿来报喜时□，文葆及难兼视女一，约期赴汤饼会一，做满月一三个月，坐栏一週岁，弄晬一做三岁，凡死一人，亦有七问一开灵，一安厝，一谢新填，一七七期，一小祥，一大祥，一除灵然，贫户不必备也。①

【注释】衔：全，尽。晬：古代称婴儿满一百天或一周岁。

【解读】这是关于当地亲故往来的记载。亲故往来反映一个社会的日常行为习性。妇女相聚吃茶，逐日无度，嗜酒醉酒，墟市戏赌等风气形成习常，但风气需要遏制。嘉禾县乡土社会的故往来也包括了婚丧祭的某些习俗。并规定富者的赠予物较多，贫者不必备。也说明了风俗习惯的根深蒂固人门自觉严格遵守之风逐渐被理性所动摇。亲故往来也是嘉禾县重要的民事行为习惯。

十三、晃州厅

社会

火耕水耨，民食鱼稻，以渔猎樵伐为业，果蔬蠃蛤食物常足。

衿重名教，孰尚典型。

邑里椎结相先，然后人多善良，以儒称者，未赏不谈经训，知古今事。

辰郡山多田少，民性淳朴，山谷间至有皓首，不识官府者，尔来士大夫家，攻时

---

① 雷飞鹏等纂修，《嘉禾县图志》，民国二十七年刊本，载《中国方志丛书》，台北，成文出版社，第512页。

书，敦行古礼。

沅州男子，勤乎耕学，妇女慎乎闺门，蔼然中土之风。

民多务农，士知向学，且妇女罕事交游，非亲戚不相接，见非丧葬，不频往来。

沅俗敦古重礼，力本务穑，不作无益，妇女非世戚好寡，所识里面，民虽贫困，不鬻男女，弊在酷信堪兴家言，多有停棺迟葬之事。

沅州恢复未久，士风寥落，今幸教养之馀，实能敦行礼义，勤于诵□，非切己事，无故不入公门，亦气化之一变也。

少斗讼，寡盗贼。

地界山溪，刀耕火种，又书俗尚屋宇。

士朴，女愿力耕勤穑，逐末者少，亦不好狱讼，而俗多尚气概。

忧思勤啬，有葛履履霜之风焉，所谓贫不学俭，而自无不俭者。

民气近淳，士渐知礼，按晃郡中书俗诸志备矣。原详略褒贬，或殊焉。各因其所值之时也，楚西南郡邑同者，八九似。不必强为，别若夫风俗兴化移易执前时，以例今日，则强同亦。所不可兹备，采史志□胪，列于前采风者，或一览而得也。①

【解读】这是关于晃州民性的记载。民性多纯朴，少斗讼，寡盗贼。但弊在酷信堪兴家言，多有停棺迟葬之事，说明愚昧迷信，封建思想在乡土社会根深蒂固，不科学。民风民性是一个地方乡土社会民事行为习惯的主观反映，影响了当地民事行为习惯。

身份

近世鲜有能行者，郡邑相沿于婚期。先日，父率其子，告于祖，醮于客位，谓为冠义之遗，其实非也礼。父亲醮子而命之，迎注言父醮酌子，命往迎。是妇是为婚义，俗盖牵附，以成冠礼耳。②

【注释】醮：古冠、婚礼所行的一种简单仪式。尊者对卑者酌酒，卑者接受敬酒后饮尽，不需回敬。笄者行礼后从正宾手中接过醴酒，轻洒于地面表示祭祀天地，然后

---

① 张映蛟等修，俞克振等纂，《晃州厅志》，民国二十五年铅印本，载《中国方志丛书》，台北，成文出版社，第281页。

② 张映蛟等修，俞克振等纂，《晃州厅志》，民国二十五年铅印本，载《中国方志丛书》，台北，成文出版社，第284页。

象征性地抿一点酒。这叫"醮子"。

【解读】这是关于冠礼的记载。冠礼仪式是乡土社会传统习俗，在乡土社会根深蒂固。冠礼也是人具有完全民事行为能力的仪式性反映。此风俗具有社会继承性，礼法结合，具有一定的社会约束力，民间自觉遵守。冠礼仪式也成为重要的民事行为习惯。

婚姻家庭

俗有拜媒求允，即古之纳采问名也。有下定行盘，即古之纳征纳吉也。有报日即古之请期也。至如亲迎侯次率从简略，太抵礼俗相半，其意稍存耳。惟綵舆到门，用巫道唱念，谓之迴神。下于时，新妇抱瓶跨鞍，谓之保平安。俗礼不经甚矣先祖，后配犹合古义，妇家近者或三日九日，远者俟满月。女偕婿省父母谓之同门，即古反马之义。凡此礼略具，而文繁缛俗为之也。婚嫁之费，则婿氏备酒果牲畜于绘帛。杉袙褕裙及条脱步摇金翠□业之属。凡奁具帐，褥巾梳履屐，诸遣嫁物，女氏具之，各视其家，以为丰约，近颇以华赡相高，若夫婚娶，谕财之习，大家富室绝无之惟，农人市儿或有。①

【注释】迴神：从惊诧、恐慌、出神等状态中恢复正常。等他回过神儿来，报信的人早已跑远了。

【解读】纳彩行聘即婚约开始成立。双方开始享有权利责任，不得随意毁约否则要承担违约责任。在如今，婚约不具有法律约束力。由于婚约不具有法律约束力，因此婚约的解除也不需经过法定程序。合写年岁包括问名纳吉，通过占卜告知合婚即订婚。纳征后婚约正式成立。请期需要送礼。赠予关系成立，以结婚为目的。在当代，若婚约解除，有两种途径解决礼金返还问题。1、按合同法第一百九十二条规定，不履行赠予合同约定的义务，赠予人可以撤销赠予。2、婚姻法解释二：第十条当事人请求返还按照习俗给付的彩礼的，如果查明属于以下情形，人民法院应当予以支持：（一）双方未办理结婚登记手续的；（二）双方办理结婚登记手续但确未共同生活的；（三）婚前给付并导致给付人生活困难的。 适用前款第（二）、（三）项的规定，应当以双方离婚为条件。因此，赠予的礼金在双方未办理结婚登记为条件下应当返还。这是当代法律

---

① 张映蛟等修，俞克振等纂，《晃州厅志》，民国二十五年铅印本，载《中国方志丛书》，台北，成文出版社，第284页。

竞合问题。在古代嫁妆属于女方私产，不存在返还问题。男方聘礼在婚约解除后的聘礼返还问题有待研究。

死亡

缙绅礼法家，有依家礼行事者，其他亦有率邀僧道殡敛，且有诵经者，谓之开路道场。每七日一祭，亦延僧道作礼，谓之应七。至四十九日而止。或有延僧道，作道场功德者，亦有百日期年及禅祭时，行之者其作佛事于出殡之前，则谓之上山道场。殡柩在堂，朝夕上食，至葬后罢将葬告期于亲友，树幡旐于门，鼓吹连日，谓之开吊。人之来吊者，香楮烛成礼而去，亲故则制辞成轴书，以绫绵牲牢奠赙酬答，相因至停柩不葬之习，近时无有，倾资厚葬之风，近则渐知称家有无亦返，朴循礼之一变也。①

【注释】道场：借指供佛祭祀或修行学道的处所。

【解读】这是关于晃州葬礼的记载。丧礼是人民事行为能力消失的仪式性的体现。礼法结合，在湖湘各县具有共性，体现区域特色，也是湖湘乡土社会重要的民事行为习惯。

宗族

厅中昔少家庙，今则各族多有宗祠，或族姓众散者，就近各立一庙于冬至，祭祀时俱遵家礼行礼，人皆知水源木本矣。至四仲裁暮合祀，并立春祭祖季秋祭，称之礼不尽如仪，惟春则清明，秋则中元，各私鹢于寝而礼，亦从杀祭墓，则春以社日扫新墓，以寒食扫旧墓，而挂纸其上。盖古人上家之遗至冬，十月又上墓送寒衣，所谓报本追远者此耳。至春祈秋赛，行傩逐疫在在行之此，又古礼之未泯者为。②

【解读】这是关于祭礼的记载。祭祀在湖湘文化中尤为重要，成为当地的精神基础。礼法结合，具有社会约束力。民间自觉遵守并在乡土社会根深蒂固。是当地重要的民事行为习惯。

---

① 张映蛟等修，俞克振等纂，《晃州厅志》，民国二十五年铅印本，载《中国方志丛书》，台北，成文出版社，第285页。

② 张映蛟等修，俞克振等纂，《晃州厅志》，民国二十五年铅印本，载《中国方志丛书》，台北，成文出版社，第285页。

社会

元旦启门，然百子爆出，谒乡邻近祠庙，谓之出。天方悬祖先影像于堂，具香烛茶果，少长肃衣冠拜，拜毕先父母，及尊长，各以次序拜，戚友相过贺，谓之庆节。客至点茶有留饮者，谓之传杯。三日不扫除，市不列肆，初九日为天诞，道观有设醮者，十日以外货灯于市。十三日夜，各家张灯门外，谓之上灯。十四日夜，亦然。

十五日，上元节，早亦有相贺者，和米粉为丸，谓之元宵团，以饷客夜，则綵灯悬照，以巧鹿角胜胜鸣金鼓达旦，谓之市元宵。其灯裁绘剪纸像人物花果禽鱼，童子执之绕街而行，又为百戏，若耍狮走马扮，採茶妇又舞龙灯，沿街盘绕，箫鼓喧闹以为乐，十六日以后，有重相拜者，谓之拜留年。至必饮食款客，尽欢而罢，是月，逢戊日不扫地，不汲水。违者，不祥。五戊皆然，犹古如願婢之说也。

二月二日俗传土地生辰，里人各醵金，具牲醪祀之社日，必喫社饭，其饭用糯米切麦蒿和腊肉片及豕脂蒸之其味，芬烈用以祀社神，荐祖先，然后遍食。家人且为亲邻馈者，比之桑柘。醉饮更增兴趣，昔宋后云，明年社饭，熟当思量，老身亦可以触幽明之感焉。社前以纸钱挂新填行拜扫礼过社，则止。

三月三日上巳节，男妇各采□菜花簪之寒食，男女踏青郊外，童子放纸鸢，人家挈□上冢剪纸作缯，系钱幡胜，系竹枝插墓上。祭毕，藉草而饮。清明祀先祖，屋檐插柳枝，人各摘柳叶簪头，谓可祓除不祥。

四月初八浴佛日，寺刹建龙华会。僧家屑枣柿乾入米，作糜供佛以食徒众。

五月五日端午节，人皆悬蒲艾于门，研朱书灵符贴之作粽相馈馕，妇人缠五色丝缚，茧子艾虎，簪榴花佩香囊，小儿系长命□缕于臂，以雄黄末涂耳鼻，又切菖蒲作菜，入雄黄末于酒。饮之捣菖蒲蒜雄黄，和汁，洒墙壁间，云辟百毒，又採百草剪汤浴之，以治疥，沿河有龙船竞渡之戏，乡间又以十五日为大端午。

夏至日咬生果以防疟疾。

六月六日曝衣物书画，各寺刹晒经，亦有人家入寺，检除梵夹中生虫蠹以祈福者。

七月七日人家妇女多沐发者，是夕，巧间有之十日以后，家祀祖先于寝，日具羹饭至十三日。治酒馔设祭夜焚纸钱楮锭于门，以送之。亦有十四十五日祭送者。

十五日中元节，道书为地，官赦罪之辰，僧俗多举盂兰盆会，又制纸作莲花灯，泛水然之云，可度鬼。

八月十五日中秋节，叠面裹糖，霜果仁为饼，谓之月饼．伴以西瓜石榴栗房豆荚相馈，送夜则祀月，设席燕赏，妇女有连臂出游踏月者，又有摸秋之戏，入人家蔬园中，摘瓜抱归，置之帐幔中，以兆宜男。

九月重阳节，文士有举登高会者，就近郭山椒结伴眺赏酒茗之馀，随意鼓琴对弈，清游竟日，始归，乡间蒸米作瓷睑之亦，古人题糕遗俗，并有酿酒者，谓之重阳酒。

十月朔日为烧衣节，人家剪楮作衣，制竹丝障纸为厢箧，盛之焚于墓前，谓之送寒衣。

十一月冬至，均不相贺，十七日为弥陀生日，寺僧顶礼作佛会十二月八日以糯米酿酒谓之腊八酒。各寺亦以是日浴佛，煮粥，谓之腊八粥。

二十三日人家祀灶团，锡为小饼，供之以盘。盛黑豆寸草为灶神秣马，具合家少长，罗拜。

二十四目，俗谓之小年。夜设灯于井栏床下，谓之照虚耗。连日各家扫屋□尘谓之，除残。二十六日以后，人家具酒脯，荐祖团□合食谓之年饭，作米食若黍资，糍油锤环饼，馓饵之属相遗，谓之馈岁。

三十日为除夕，易门帖，设酒食聚饮，谓之团岁。子弟向家长拜庆，谓之辞年。兼数日之炊谓之宿岁饭。家长分钱兴家人，谓之压下岁。达旦不寝，谓之守岁。①

【解读】这是关于节序的记载。祭祀在湖湘文化中尤为重要，成为当地的精神基础。礼法结合，具有社会约束力。民间自觉遵守并在乡土社会根深蒂固。是当地重要的民事行为习惯。

十四、兴宁县

社会

西楚轻易发怒，南楚大类西楚，但好词巧说少信。

荆强也□也言，其有道先服，无道先强，常警备也。

---

① 张映蛟等修，俞克振等纂，《晃州厅志》，民国二十五年铅印本，载《中国方志丛书》，台北，成文出版社，第286页。

史料中的习惯与规则
——湖湘地区方志中民商事习惯史料的整理注释与研究

荆州风俗颇类扬州,其人率多劲悍决烈,相呼以蛮,则深忌。

醇朴近古谓法少讼,重丧祭,士少宦情。

俗愿朴而劲

地僻民淳,事简易治

柔懦畏法,明官制兴宁号,曰简醇。

其气蜿蜒磅礴,其民魁奇忠信。

士谨农朴,男愁女愿,妇人无闲游盛饰,有唐魏遗风焉。①

【解读】民性是一个地区信仰性格的反映,是当地民事行为习惯的主观反映。兴宁县与湖湘其他地区的民性具有共同特点,民风淳朴,士少宦情。妇女节义。少诉讼。

兴宁壤沃,而水驶滋稼穑侥麻。杲民狎其野,勤生力,稽啬施重徒,士非宾王,民非轮赋,未始一濡足江湖器用,服食无粉华,语言无所谓掉敦朴,崇素十室八九近岁。四方射利者,习间本土,易畜儿父母,携妻子群然沓至杂处,不孙转相唆诱实,繁有徒,日渐月化,民之无守者,靡然效慕,尔来机诈,相习□信地棍,挑唆成讼,甚至服毒。圆赖猾变百出,邑始多事,寖失其初然,尚无聚众械斗,及抗官拒捕之风,又俗好鬼疾病多事,祀间有笃信不惑者,众反鄙其悭财,忍死至以迎医,为第二事,好尚纷异,疾病祷赛,医药无良焉,民俗好布施,凡巷观桥梁,稍有力者,募辄厚,倘偿且勤于建醮,一年一祈禳,三年一大戏,各乡团皆然。戏或小禊,大集城乡绅民,募钱设醮,扮剧礼佛,旬月乃罢,谓之清平醮。亦曰万人缘一举动,费千金岁时,节序及新姻家亲友以物相饷遗,献酬累日,妇女以瓜果刻花卉,结人物状□□暴干,美观而可口,以待宾客,侈馈赠馀无佗职事然。习勤纺织夏则麻,冬则棉,亲操井臼,虽富室不敢庆且贞洁相尚,谨守闺门,不预男,职不见宾客,不施脂粉,不喫蔫,不烧香拜佛,亦无人山樵,採耕田肩挑等事,又八九月间,各乡轮次具蔬酒,纠居民以时修治道涂陂者,平塞者,通名曰,路会。又村民当邀集族□或八人或十馀人不等,醵钱为会遇父母,丧葬会友,各具银钱,薪米酒肉,石灰以助之谊,若兄弟谓之,父母,会又双溪等处,每年或每季,置酒集族,人宣讲,望论卧碑及先正格言,谓之睦

---

① 郭樹馨、刘锡九修,黃榜元纂,《兴宁县志》,清光绪元年刊本,载《中国方志丛书》,台北,成文出版社,第 475 页。

族会。①

【注释】寖,古同"浸",浸渍、古同"寝",睡眠。祷赛,祈神报赛。建醮,为道士设法坛做法事。醵钱,凑钱,集资。

【解读】这是关于习尚的记载。习尚即崇尚。祭祀,巫医治病,宴会风俗等都与湖湘其他地区有着趋同性。这些习尚成为乡土社会根深蒂固的民事行为习惯。

婚姻家庭

谕财者,不齿议婚,惟以门户相当,媒氏通言,议定用金花红笺二函,各书其男女姓字,里居三代年庚,行次交互,收执,谓之定亲。不行聘金富者,或署具首饰布疋,副以豚鹅果饼,女家回以巾履荷苞,纸笔墨砚,宾糍饵脯果之属,中户以下仪物,惟视其家男女,及年完娶,既谂吉媒氏,传期于女氏,谓之启期。②

【注释】布疋:布匹。

【解读】纳彩行聘即婚约开始成立。双方开始享有权利责任,不得随意毁约否则要承担违约责任。在如今,婚约不具有法律约束力。由于婚约不具有法律约束力,因此婚约的解除也不需经过法定程序。合写年岁包括问名纳吉,通过占卜告知合婚即订婚。纳征后婚约正式成立。请期需要送礼。赠予关系成立,以结婚为目的。在当代,若婚约解除,有两种途径解决礼金返还问题。1、按合同法第一百九十二条规定,不履行赠予合同约定的义务,赠予人可以撤销赠予。2、婚姻法解释二:第十条当事人请求返还按照习俗给付的彩礼的,如果查明属于以下情形,人民法院应当予以支持:(一)双方未办理结婚登记手续的;(二)双方办理结婚登记手续但确未共同生活的;(三)婚前给付并导致给付人生活困难的。 适用前款第(二)、(三)项的规定,应当以双方离婚为条件。因此,赠予的礼金在双方未办理结婚登记为条件下应当返还。这是当代法律竞合问题。在古代嫁妆属于女方私产,不存在返还问题。男方聘礼在婚约解除后的聘礼返还问题有待研究。

---

① 郭樹馨、刘锡九修,黄榜元纂,《兴宁县志》,清光绪元年刊本,载《中国方志丛书》,台北,成文出版社,第476页。

② 郭樹馨、刘锡九修,黄榜元纂,《兴宁县志》,清光绪元年刊本,载《中国方志丛书》,台北,成文出版社,第485页。

史料中的习惯与规则
——湖湘地区方志中民商事习惯史料的整理注释与研究

期至冠笄，先日男家具仪物入女家，谓之过礼。厚薄亦视其家质明，女父母告于祠堂，女出阁行冠笄礼拜辞祖先父，醮女设醮席于堂右，召童女四人陪席酒，三行礼。成女返室，诸母及姑姊妹姪相聚哭，大召宾友会燕，名花棚酒。其别嫁仪物至亲有力者，具衣钏衿悦等等，添箱并熟鸡豚饭颗□送于其家，谓之送饭。诸母及素相亲爱者，于前旬日内，或延至家饷，以酒食谓之，别嫁饭。及迎亲先日，男家设席，召会戚族之至亲者，初昏鼓吹灯烛，择福泽妇，坐试彩轿，谓之暖轿。翌早启行，众不亲迎，主人择子弟知礼者，往其仪物，亦各视其家，既至女父见宾行奠雁礼，逐礼宾女家，又择福泽男，坐试彩轿，女就舆，女父兄弟姪或姑舅姨丈，送诣婿门，谓之扶□。宾日□宾将至，主人设香案米盘于门外，敦请文儒，迎向彩轿撒米厌煞执事者，磔□或宰猪谓之接轿。入门仍用福泽，妇为侍娘，启轿导新人入房，梳洗毕，鼓乐烛爆新妇出堂，与婿交拜，行合卺礼，酒三行歌联睢桃夭，麟趾三诗，毕拜天地祖先，鼓乐烛爆，导送新妇归房，□宾初至门，主人备酒果执事者捧爵盘遮道，宾受爵迥身奠酒反爵揖，入门坐定，待合卺礼，成主人礼宾，既婚用花烛壹对，择福泽者，二人执烛，鼓乐镫爆，导婿入房，谓之送洞房。次早□宾谒庙主人陪礼，婿拜宾，出见仪，新妇出堂见舅姑，□以脯栗巾履，舅姑亦出见仪，夫妇齐拜众宾至亲者，亦出见仪，新妇亦赞以巾履，谓之拜见。留宾或二日或三日，有至四月者，宾辞谢主人，布席遮道，酌以酒，或一程或二程三程酒觥以次，加大宾主欢洽，鼓乐导送至里门，宾出别敬于婿，婿乃止步，谓之送程。①

【注释】冠笄：古代汉族成年礼。过礼：汉族民间迎亲之前还要送一次礼，俗称过礼。醮：古冠、婚礼所行的一种简单仪式。磔：古代祭祀时裂牲称为磔。

【解读】这是亲迎及之后婚礼的仪式风俗。各礼俗有各自严格的仪式和程序。婚礼仪式在旧时是重要的礼节，礼法结合，具有一定社会约束力，民间自觉遵守并在乡土社会根深蒂固。是当地重要的民事行为习惯。

郴州总志，近来婚礼因富室相耀，渐次奢华，咸友族里致贺，上宾留至数日，每日数十席不等，筵席必极丰盛，否则以鄙啬相嗤，大杯劝饮，尽兴始撤，早夜亦然，

---

① 郭樹馨、刘锡九修，黄榜元纂，《兴宁县志》，清光绪元年刊本，载《中国方志丛书》，台北，成文出版社，第485页。

未免过耗，后将不继，嫁女者前此奁物，不过日用布帛富有，侍婢奁田，今则中等之家，亦彼此相效为欢，美装郎须寒暑衣服，女更倍之绫缎远求京扬珠翠，争夸新样，一切器具备极精工，除婢女朴尚有奁钱，数十千数百千不等。富者即后费，固绅有馀裕，中户亦欲争夸，遂有□田鬻产，以资奁钱者，于是育女苦于暗累不仁者，遂作溺女之计。娶妇艰于闹□贫寒者，不免旷鳏之虞，至不得已为权宜之计，血盆抱养。谓之□养媳。数岁迎归，谓之过门。虽于婚礼，稍失是亦救时之策也。有□道之责者，宜如何稍为节之以存此人伦大纲于不敝哉。①

【解读】这是反映当时兴宁县乡土社会婚姻风气的记载。婚礼因富室相耀，崇尚奢华，互相攀比。富贵者有嫁女置办大量嫁妆，样式丰富极其精美。中产阶级也要争夸，不惜卖家产及田产，以置办嫁妆。有不能承受嫁妆之重的人，于是便生出溺女之计。娶妇也因风气逐渐艰难，无法供给礼金则便生出童养媳之计。这也是重男轻女思想产生的原因之一。这也反映出婚礼风俗在乡土社会根深蒂固，具有社会约束力，民间自觉严格遵循程序，不惜变卖家产。此风气也由此衍生出溺女习惯及童养媳习惯。这些也成为湖湘地区重要的民事行为习惯。

死亡

初丧，焚楮抱于门外，延巫人诅咒，名曰，解秽。孝子戴白，往井汲水，煖热用铜盆贮水，沐浴衣衾，用绢布绸帛，厚薄仍称家棺，用杉无椑，择时殡殓。姻朋备豆茶蔬酌，共守夜，名曰坐夜。三日奠灵成服，先请巫鸣锣，迎□，名曰起鼓。灵前悬旌，戚友咸以香楮，衣烛，牲醴挽章，喧奠于□内，号泣稽颡，款以酒食，制帛各二三四五尺不等。又延俫诵经，戚友又备豆蔬酒肉等物，来赗名曰，解愁，或即留僧建醮，名做开□至葬，多泥风水，拘时日，其间有贫而无力，及兄弟丰约不齐者，则淹柩在堂。频年不葬，邻当轹罪之及，至葬先期，备交遍讣，临期，设席延宾，名开堂。鼓乐致祭，戚友仍以香楮，祭章等类，致奠。至有用猪羊盛馔者，丧主报亦从厚祭章，昔用紬缎，今多用绫，糊以纸间，或用纸轴，富者或请官，或乡绅题主书旌。发引时，孝子执油炬随僧，环柩周视，名曰绕棺。棺上用竹纸，作盖覆之上，制花卉，

---

① 郭树馨、刘锡九修，黄榜元纂，《兴宁县志》，清光绪元年刊本，载《中国方志丛书》，台北，成文出版社，第485页。

禽兽，故事等样。名曰，丧罩。送葬无执绋礼，惟祖□送于墓所，将窆复请乡绅祀本山土神，烧楮钱，芝麻蒿于坎，名煖圹。窆棺，用石灰周覆封以土，三日复封，名覆三。既葬，扫奉主人祠，复开筵燕宾，俱穿吉服，名福葬。酒后数日，孝子缞绖踵戚友门，叩谢。自后三，于大小祥禫诸礼，不行。墓前间用碑志铭至作佛事，建道场，惑甚于今犹如之。①

【注释】 解秽：解除秽恶，亦指除去秽气。椁：套在棺材外面的大棺材。稽颡：古代的一种礼节，屈膝下跪，双手朝前，以额触地，表示极度的虔诚。赗：不拘形式或不限定财物种类的资助。建醮：为道士设法坛做法事。窆：死者的棺材放进墓穴。又引申为埋葬、墓穴等义。又可通"贬"，表示减损。煖：同"暖"，同"煊"，温暖的意思。圹：墓穴。缞绖：在古代缞和绖是就是丧带和丧服，缞绖和在一起说就指整套丧服，后来渐渐引申出服丧，所以也缞绖也指服丧。

【解读】 这是关于丧礼的记载。兴宁县的此风俗礼法结合，具有一定社会约束力，民间自觉遵守并在乡土社会根深蒂固。是当地重要的民事行为习惯。

身份

往昔衣冠质朴，燕会简署，东西此路日三食，在城日，或二食，惟南路多两粥一饭般实家，亦然宴宾客尚简，物薄情真，不过鸡鸭肉鱼，随时蔬菜。八人一席，酒不尽醉，偶遇喜庆以十肴为准，贺仪亦薄，彼此往来，自易司马温公，所谓食不过数肴，酒不过数巡，尚有此风也。尔来习于时移，山珍海错，红白烧燔，器美品多，父老相传数十年。前未尝当数见，惟尚无演戏之风耳。谚云，富家一席酒，贫家半年粮，乡村犹近古，丧葬筵席，仍书族里吊唁，置酒棺旁，谓之闹丧。婚礼咸友，族里致贺，款留数日，至于服饰，尚惟夏葛，冬棉所衣布芋，告家人，妇女纺织而成，名家机布，冠履不甚□时，即皮服亦稀近，则狐皮灰青，竟相绚耀，视羔皮直粗，服耳绸缎，纱□□□□啰大呢，相习成风，而于妇人，尤甚书惟裙布，敛荆玉，乡皆缠足以尖小为尚，不事脂粉钏饰，今则首饰尽用金银，上刻花卉人物等类。名曰，洋整异样，生新衣服用花边彩绡，镶绾至有一件，女衣缝数十工者馀，亦六七工踵，事增华莫知所底，

---

① 郭树馨、刘锡九修，黄榜元纂，《兴宁县志》，清光绪元年刊本，载《中国方志丛书》，台北，成文出版社，第493页。

有心世道者，起而维持之返朴归真，其庶有□乎，故备录之，以使下知所惩，上知所化焉。①

【注释】熇：燥，即古代的"烤"字。闹丧：为旧时办丧事所用的鼓乐；人死之后死者亲属找种种理由向丧主搅闹。彩縚：彩色丝绳。

【解读】这是关于饮食衣服等日常习俗崇尚的记载。平日里衣冠质朴，宴会简略。宴会好客，不醉不归，偶遇喜庆之时，也崇尚节俭简略之风。近来山珍海味富丽堂皇之风盛行。但无演戏之风。服饰方面，提倡妇女纺织勤劳能干，不事脂粉钏饰。但如今世风亦变，尽用金银首饰，崇尚奢华。说明随着社会生产力的发展，世风及风俗习惯也会随之改变。饮食衣服也是日常生活习惯之一，也成为兴宁县乡土社会日常民事行为习惯。

十五、宁乡县

社会

土瘠民劳，俗尚敦朴，士崇礼节，有陶唐氏遗风。②

【解读】民性是一个地区信仰性格的反映，是当地民事行为习惯的主观反映。民风质朴，崇尚礼节。在湖湘地区具有共性。

婚姻家庭

婚礼问名纳彩亲迎，衣冠世族，犹髣髴前，古市井细民，嫁娶而谕财，近年亦颇波流而下，然金珠锦绣上不至僭拟卿士，下不至破产称贷，固缘土瘠民贫，亦俗尚敦朴，遗风犹未全泯也。③

【注释】髣髴：隐约，依稀、仿照，模仿。僭：奸诈狡猾、篡位。

【解读】请期需要送礼。赠予关系成立，以结婚为目的。在当代，若婚约解除，有

---

① 郭树馨、刘锡九修，黄榜元纂，《兴宁县志》，清光绪元年刊本，载《中国方志丛书》，台北，成文出版社，第499页。
② 吕履恒等撰，《宁乡县志》，清康熙四十一年刊本，载《中国方志丛书》，台北，成文出版社，第44页。
③ 吕履恒等撰，《宁乡县志》，清康熙四十一年刊本，载《中国方志丛书》，台北，成文出版社，第44页。

两种途径解决礼金返还问题。1、按合同法第一百九十二条规定，不履行赠予合同约定的义务，赠予人可以撤销赠予。2、婚姻法解释二：第十条当事人请求返还按照习俗给付的彩礼的，如果查明属于以下情形，人民法院应当予以支持：（一）双方未办理结婚登记手续的；（二）双方办理结婚登记手续但确未共同生活的；（三）婚前给付并导致给付人生活困难的。 适用前款第（二）、（三）项的规定，应当以双方离婚为条件。因此，赠予的礼金在双方未办理结婚登记为条件下应当返还。这是当代法律竞合问题。在古代嫁妆属于女方私产，不存在返还问题。男方聘礼在婚约解除后的聘礼返还问题有待研究。纳彩行聘即婚约开始成立。双方开始享有权利责任，不得随意毁约否则要承担违约责任。在如今，婚约不具有法律约束力。由于婚约不具有法律约束力，因此婚约的解除也不需经过法定程序。合写年岁包括问名纳吉，通过占卜告知合婚即订婚。纳征后婚约正式成立。

死亡

丧礼不饮酒食肉，不听乐，不庆贺，守礼之家，虽未能□。古人之严然，犹不至荡□败□□民俗日□婚姻嫁娶者，有之惑于缁黄超度之说，图为观□多具金银纸□之类，破产厚葬者，比皆是矣。①

【解读】这是关于丧礼的记载。不饮酒、不设宴，婚姻嫁娶尚存在迷信。丧礼婚姻之礼，多为金银之类，破产厚葬者，比比皆是。这是此地与湖湘地区丧礼风俗的不同之处，也是此地的特殊性。此风俗礼法结合，具有一定社会约束力，民间自觉遵守并在乡土社会根深蒂固。是当地重要的民事行为习惯。

死亡

祭墓非古也，今清明七月五，十月初一，皆祭墓不审审，自何时其祔祀蒸赏之遗乎。夫□□□情起子孙，不忘父祖，填墓亦犹行古之道也。大殓迁柩，葬后三日，□日周年，服□各一祭。②

【注释】肇：开始，初始。

---

① 吕履恒等撰，《宁乡县志》，清康熙四十一年刊本，载《中国方志丛书》，台北，成文出版社，第44页。
② 吕履恒等撰，《宁乡县志》，清康熙四十一年刊本，载《中国方志丛书》，台北，成文出版社，第45页。

【解读】这是关于祭礼的记载。宁乡县的祭礼与湖湘地区的祭礼习俗有着明显的共同性。此风俗礼法结合，具有一定社会约束力，民间自觉遵守并在乡土社会根深蒂固。是当地重要的民事行为习惯。

社会

元旦祭天地五祀及祖先，拜亲友。

元宵放灯，二十日小添仓，二十五日大添仓。

寒食祭新墓。

清明祭书，墓添土。

四月初八作佛会

端午用角黍，雄黄酒带艾虎□长命丝。

七月初七乞巧曝衣

十五，祭墓。

中秋赏月

重阳登高

十月初一，送寒衣。

冬至仪加元旦

腊月二十三日送灶神□时令也。而元旦元宵中秋冬至风俗尤重焉。①

【解读】这是宁乡县的节序记载。湖湘地区节序风俗一脉相传，具有共性，此风俗礼法结合，具有一定社会约束力，民间自觉遵守并在乡土社会根深蒂固。是当地重要的民事行为习惯。

元旦正月初一日鸡鸣，长幼盥漱，正衣冠，焚香祝圣，拜祖，开门出行，然后长幼以次拜，庆饮椒柏酒，亲戚邻友往来相贺，谓之叩节。是早观天色明暗，以占一岁之晴雨，明则多晴，阴则多雨，是日禁止扫地，凡元宵前，扫地俱自外向丙，楚俗大概如此。

正月七日，为人日占天阴晴，以验一年之休咎，晴主休，阴主咎。

---

① 吕履恒等撰，《宁乡县志》，清康熙四十一年刊本，载《中国方志丛书》，台北，成文出版社，第45页。

立春先一日，长吏率僚属迎春于东郊之亭，各市户装潢故事，随行。次日按交春时候，鞭土牛，谓之打春。别以小牛綵鞭馈遗。

乡达正月十五日为元宵节，市户各张灯于堂，鼓吹相闻，扬灯于市，童子携镫，歌唱遍诣，人户送喜，半夜不禁。

三月清明节，各家挂扫填墓，大小户族齐费作会，其大族有先祠者，又分亲疏为公祭为私祭.□银至数十两百两不等，祭毕欢饮于祠，其小族无祠者，家下集曾祭饮，盖为春季，追远报本之祀，亦以睦家族，序尊卑也。但愚民酒后滋事，亦所不免。

四月八日为佛诞，占天晴雨以验将来旱溢。故谚语，相传此日晴蒔，茅坪。此日雨，求木主。

五月五日为端阳节，各家插菖蒲艾叶于门户，采杂药煎汤沐浴以禳毒气，又亲邻往来，饮雄黄酒，谓之开聋。又摘聚箬叶，裹粽子，龙舟竞渡，但饮酒竞渡每至覆溺之惨，并滋争讼之端，久奉例禁，乾隆巳卯知县梁栋，严禁乡民恪遵不敢再举。

七月七日为七夕，俗传牛郎织女渡河相会，是夕民间结綵于□置叶酒，妇女穿铖乞巧，他邑多有之，新邑尚简。

七月十五日为中元节，乡俗有先人，归里之说，自初十起，各家迎祀先祖，每日上奠供奉，夜则焚纸钱，云大利，新丧未满服者，则延僧道，焚化皆佛教浸淫相沿至此。秉礼之家，乃杜绝之民亦渐化。

八月十五日为中秋节，治酒果作月饼，各相馈遗，市户以南竹札临□，山上设镫綵，饮酒赏月。

九月九日为重阳节，士民登高，饮菊酒，带茱萸，以糯米作糍相馈遗，各自享祀，以报秋成。

十二月二十四日谓之小年，其夜士民设果酒，以祀灶。各户房下，点镫，谓之照虚耗，三十日，祭拜祖宗邻里邀饮，谓之辞年。家众团饮，谓之团年，聚首不寐，金鼓爆竹，连宵达旦，谓之守岁。①

【解读】这是关于节序的记载。当地人严格遵循礼制，各节气有各自的习惯与礼仪。其中出现有新化县当地的特殊习惯。但饮酒竞渡每至覆溺之惨，并滋争讼之端，久奉例禁，乾隆巳卯知县梁栋，严禁乡民恪遵不敢再举。竞渡产生伤亡等侵权责任事

---

① 吕履恒等撰，《宁乡县志》，清康熙四十一年刊本，载《中国方志丛书》，台北，成文出版社，第804页。

件，引起争讼，要求侵权者赔偿并承担责任。因此，此风气被禁止。这也是民乡风俗随着社会生活的变化而逐渐改变。

身份

古礼不复，惟成童十六七岁，父师兄长取学易名，族邻亲友致贺，亦责成人之遗意也。①

【解读】这是关于冠礼的记载。冠礼即乡土社会童子成年，成为完全民事行为能力人的仪式性体现。

婚姻家庭

必择门户，相当者，男家通媒妁达定启，送钗币于女家，谓之定亲。遇节令有馈仪，谓之送节纳币。②

【解读】纳彩行聘即婚约开始成立。双方开始享有权利责任，不得随意毁约否则要承担违约责任。在如今，婚约不具有法律约束力。由于婚约不具有法律约束力，因此婚约的解除也不需经过法定程序。合写年岁包括问名纳吉，通过占卜告知合婚即订婚。纳征后婚约正式成立。请期需要送礼。赠予关系成立，以结婚为目的。在当代，若婚约解除，有两种途径解决礼金返还问题。1、按合同法第一百九十二条规定，不履行赠予合同约定的义务，赠予人可以撤销赠予。2、婚姻法解释二：第十条当事人请求返还按照习俗给付的彩礼的，如果查明属于以下情形，人民法院应当予以支持：（一）双方未办理结婚登记手续的；（二）双方办理结婚登记手续但确未共同生活的；（三）婚前给付并导致给付人生活困难的。 适用前款第（二）、（三）项的规定，应当以双方离婚为条件。因此，赠予的礼金在双方未办理结婚登记为条件下应当返还。这是当代法律竞合问题。在古代嫁妆属于女方私产，不存在返还问题。男方聘礼在婚约解除后的聘礼返还问题有待研究。

亲迎女家之回查仪节，视家丰俭，楚南风俗不亲迎，惟新邑颇守古礼。一切礼仪

---

① 吕履恒等撰，《宁乡县志》，清康熙四十一年刊本，载《中国方志丛书》，台北，成文出版社，第807页。
② 吕履恒等撰，《宁乡县志》，清康熙四十一年刊本，载《中国方志丛书》，台北，成文出版社，第808页。

以地瘠民贫，概从简略，至家贫自度不能，婚娶多有从三朝半岁，抱养过门为媳，过门后，仍给父母抱回抚养俟长大，再接过门，以致有悔盟结讼。①

【解读】这是关于婚的记载。一、亲迎女家礼金太过厚重，贫家概从简略，但若实在无法自存，则在女子幼时便过门为媳，再送回，至其成人再接过门。以此来减免礼金。童养媳习惯的产生说明1、在旧时乡土社会重视婚礼礼金聘礼习俗，礼法至上，礼法结合，根深蒂固成为民间具有社会约束力的制度风气，人们自觉遵守礼仪，不惜变卖家产。但仍有实在无法满足的，童养媳习惯便由此产生，目的仍然是为遵守礼法，此习惯是不得不催生出来的产物。2、童养媳习惯也与重男轻女的陋习相伴而生，一方面，重男轻女思想催生了童养媳习惯的出现，包办婚姻女人没有爱情自由，完全受礼法束缚。另一方面，此习惯促使了重男轻女思想的加深，童养媳确定，虽仍在自家抚养，但"嫁出去的女儿，泼出去的水"，女儿已成为别人家的媳妇，在旧时乡土社会这种思想的影响下，对女儿的忽视也就在所难免了。二、童养媳在三朝半岁过门，过门后便又送回自家，由自家抚养。至其长大，再接过门。这易导致女方长大后有自己的主张思想，不愿再遵守儿时童养媳之约，毁盟约，引起诉讼。这说明用养媳的约定具有法律效力，法律没有明确禁止这种陋习但也没有明确规范，是民间乡土社会自己发展的礼节风尚，自成体系。礼仪根深蒂固，礼法结合，礼义风尚具有法律性的效力与一定的社会约束力，童养媳之约不能随意毁约，否则引起争讼需要承担违约责任。

情事又夫亡再醮，多有夫家母，互争财礼，即以捆嫁捉掳捏控其贫不能自存，以及夫妇反目不相和谐，即行嫁卖本族，妻亦有呈首借端勒索等事，今惟法禁，甚严化，导以礼自渐渐稀减矣。②

【解读】这是关于再嫁及相关不良风气的记载。互争财礼，夫妇反目，妻勒索财物等。法律已经严禁，此风气渐渐减弱。这说明改嫁等民事行为，易导致争讼，乡土社会自身具有过滤净化作用，根据社会实践的发展，合理立法修改法律等，已遏制民间礼被逐渐破坏的风气。恢复礼制。

---

① 吕履恒等撰，《宁乡县志》，清康熙四十一年刊本，载《中国方志丛书》，台北，成文出版社，第808页。
② 吕履恒等撰，《宁乡县志》，清康熙四十一年刊本，载《中国方志丛书》，台北，成文出版社，第808页。

死亡

书俗竞尚，浮屠城市中，则有闹丧，作丧戏慰唁孝子，亲朋□集，杂遝歌唱，乡村贫朴，其风较少。而来绅士皆稔，知其非遵行家礼者，众风渐近古。①

【注释】杂遝（行人很多，拥挤杂乱）。而，意为距离近，与"遐"反义。

【解读】这是关于丧的记载。新化县丧葬在湖湘地区具有普遍性。此风俗礼法结合，礼义风尚具有法律性的效力与一定的社会约束力，民间自觉遵守并在乡土社会根深蒂固。是当地重要的民事行为习惯。

宗族

每年季春，清明孟秋中元日，行之皆设有祭银祭田以赡其祀，惟绅士家于冬至立春尤加虔敬。②

【注释】祭田：旧时族田中用于祭祀的土地。祭田是中国古代社会中，一个家族的公共田产，用来祭祀祖先、赡族等。

【解读】祭礼风俗延续至今，旧时乡土社会崇尚祭祀。此风俗礼法结合，礼义风尚具有法律性的效力与一定的社会约束力，民间自觉遵守并在乡土社会根深蒂固。是当地重要的民事行为习惯。

死亡

附于祖茔不分昭穆，亦有溺于风水旷年不葬者，更有贫人吉壤，或盗葬，或盗窖，或冒认，古填为祖墓，经年累月，讦控不休者，欲正风俗，惟望绅衿，以身先之。

葬者藏也，化者以得土为安，古之人，所以卜其宅兆者，乃孝子重亲遗体，使他日不为道路，沟渠非藉以求富贵也，近世多信风水，欲求庇于土中，枯骨惑矣，甚至争山□讼，失业破财福未至而□，先随之此，又惑之甚者也。③

【注释】昭穆：宗法制度对宗庙或墓地的辈次排列规则和次序。冒认：轻率认定；

---

① 吕履恒等撰，《宁乡县志》，清康熙四十一年刊本，载《中国方志丛书》，台北，成文出版社，第808页。
② 吕履恒等撰，《宁乡县志》，清康熙四十一年刊本，载《中国方志丛书》，台北，成文出版社，第809页。
③ 吕履恒等撰，《宁乡县志》，清康熙四十一年刊本，载《中国方志丛书》，台北，成文出版社，第809页。

冒名认领；冒名承认。窨：地窨子，地下室。

【解读】这是关于新化县葬的记载。葬礼风气不正，不葬、盗葬等。旧时乡土社会多沉迷风水迷信，争田争山多争讼。这些行为是当地的崇尚和习惯。葬的习俗礼法结合，礼义风尚具有法律性的效力与一定的社会约束力，民间自觉遵守并在乡土社会根深蒂固。是当地重要的民事行为习惯。

十六、新化县

社会

民俗简朴，颇有古风。

火耨水耕，饮食□给，不忧冻馁，亦无千金之家，信鬼巫，尚淫祀。

喜直而恶欺，好高而尚俭。

士崇礼义，而专嗜经籍，民力耕桑而少事，商贾风气渐开，人文益著。

尚气贵信，好武少文，醇而不佻，俭而不侈。

士耽经术，重清议，小民职勤治，生多不治，商贾户口日增，民渐殷富，彼鼠此雀，未免讼狱，繁兴又云，比户□，诵人文蔚兴，虽在单寒，益勤课读科岁应童子试□，兵□之后，犹数千人，张前县际龙，于顺治十五年，以进取额狭，申详院，司道，督学，逵部改陆，上学然茅茹，虽进犹难，空冀北之□云。①

【注释】单寒：衣服单薄，感觉寒冷。玫：古代用以驱鬼避邪的佩物，用金属或玉制成。同"改"。佻：边鄙之人的鄙俗行为，如轻薄，言语举止随便，不庄重。逵：是行走在人工堆垒而成的土岗上。

【解读】这是关于民性的记载。民性是当地人作出民事行为习惯的主观反映。遵循礼制，礼法结合，具有一定社会约束力，民间自觉遵守并在乡土社会根深蒂固。是当地重要的民事行为习惯。

---

① 关培钧等修，刘洪泽等纂，《新化县志》，清同治十一年刊本，载《中国方志丛书》，台北，成文出版社，第802页。

十七、新田县

社会

元旦早起，服新衣，择方向，利者出行，谓之出。方求财，檾酒，拜本家尊长，毕，即向邻里併亲友，彼此贺年。

立春日，结綵支棚，迎春于□郊，农人视士牛颜色，黄白多寡，以占水穀，又视芒神，鞋帽穿戴□否，以卜间，忙各官齐集，鼓吹导至，县堂，谓迎春，崗猺十数辈，击长腰鼓，吹笙鸣，鸣团□，亦随舞跳，次日鞭春如制。

元宵剪纸为灯茎，中或有为龙灯者，乡村庆游，事毕即付之火，名曰送灾。

春社日，各村备牲醴香楮，以祭穀神，俗称牛羊会。

三月三日，祭土神，以祈西成其礼。前清明日，男女折柳枝，插头上，各家备酒肴，祖茔祭扫，谓之掛青。

四月八日，释迦佛诞期，敬者取枫柿桐杨诸业，合舂取水，浸糯米，作乌饭，供佛，献毕馈送亲友。

端阳日用竹笼包角黍相遗，大者谓之枕粽，取菖蒲及雄黄合酒饮，将蒲艾县门，又用之煮，水沐浴名辟邪。

五月十三，关庄缪诞，期营中倩，梨圆演剧以贺，或三五天，其景颇闹，远近群观，大破荒城，岑寂之象，亦仅事也。

六月早稻熟，家家试新，禁宰鸡鸭恐。

七月七日，晨起，儿童散发，以取草露冀发，青长此日，多定婚纳彩。

十五日，中元节，各家用肴酒纸钱，以祭亲族之亡者。

八月社日，祭兴春社，同祀土神也。

十五日，中秋夜或用瓜果酒肴，聚饮谓之赏月。

九月九日，饮茱萸酒古昔，或携僕游山□诗步韵名登高会。

十月西成毕，各村祭社稷诸神，以报田功。

十一月，农功尽毕，地近山猺，恒多雨雪，茅绹乘屋之役□，兢兢云。

十二月八日，寺僧用果品，煮粥供佛，谓之腊八粥，此月女工成多嫁娶。

二十三日夜，家家敬祀，灶神祭毕，饮酒次日名过小年。

三十夜为除夕，是日贴桃符春联，焕然一新至夕，合家聚饮，谓之团年。亦曰守岁。①

【注释】挂青：一座坟头清明是否挂青，成了一个家族是否后继有人、兴旺发达、父慈子孝的标志。一个坟头上"挂青"越多，说明墓主家族人丁越旺。

【解读】这是关于节序的记载。每个节序都有各自的礼节风尚。此风俗礼法结合，礼义风尚具有法律性的效力与一定的社会约束力，民间自觉遵守并在乡土社会根深蒂固。是当地重要的民事行为习惯。

十八、茶陵县

社会

啙窳偷生而亡，积聚饮食，遝给不忧冻馁，信巫鬼重淫祀。

民朴而谆，其性侠烈，而劲直，士无奔竞恬，退于势利。

音声之异州，东类永新西类，安仁南北于城中，多□语，吉□之礼，自昔冠不三加，近世士庶家，均不行之，婚无亲迎，有人赘丧，事尚浮屠，尤泥堪于家，学葬用幡，竹畬以□食吊者至散帛为礼祭，不备物类萃族酿金为之，一姓分建宗祠，有至数西所者。②

【注释】畬：火耕，焚烧田地里的草木，用草木灰做肥料的耕作方法。

【解读】这是关于民性的记载。民性是当地人作出民事行为习惯的主观反映。遵循礼制，礼法结合，礼义风尚具有法律性的效力与一定的社会约束力，民间自觉遵守并在乡土社会根深蒂固。是当地重要的民事行为习惯。

宫室服食

---

① 黄应培等修，乐明绍等纂，《新田县志》，清嘉庆十七年刊本，民国二十九年翻印本，载《中国方志丛书》，台北，成文出版社，第74页。

② 梁葆颐等修，谭锺麟等纂，《茶陵县志》，清同治九年重修本，载《中国方志丛书》，台北，成文出版社，第185页。

国初尚朴三间五架，不黝垩服，不锦绮，妇女簪以骨角，食俭，庆会八簋器具，惟陶□嘉道以来，富者之居，丹刻壮□典，公室埒躬僻之区，罕有茅茨，绮靡之服，金珠之饰，不绝于目，一筵之费，动至数千，其尚奢矣。①

【注释】垩：白色土，可用来粉饰墙壁；作动词时，本义用白色涂料粉刷墙壁。埒：本义矮墙。还有水流、田塍、围墙等含义。茅茨：指简陋的居室。

【解读】这是关于茶陵县民间日常生活的记载。风气日渐由简朴简单转变为日渐奢华，追求华丽，奢靡之风。这反映出乡土社会的日常民事习惯随着社会风气的变化而发生改变，茶陵县民间对宫室衣服的崇尚与行为做法是当地重要的民事行为习惯。

社会

元旦往来，相贺为礼，农出焚香，必择方于时之吉，以冬青一枝，置户外，然之其果，纷裂于爆竹声，相杂元夕，城中作灯，市剪纸为之，不甚费，乡则聚数十百人，入持一灯，绕边村落，名曰祈丰，更□妇人，然灯于釜丙，以祀灶。十六日，绘纸为船，巫师撤而焚之江浒，曰禳炎，又有于是日，宰肉聚饮作社者，州东各里皆然，清明人家，插柳枝，谓之记年华，以牲醴祭先墓，用楮钱标识于塚。端午插柳蒲艾于户，饮雄黄酒，杵蒜，水酒堂室中，曰辟毒作角黍，相馈，曰探节。六月六日曝书及衣，谓可辟虫。七月十五日俗称中元，于前数日悬先人像，或用木主，以酒食朝夕供至十五夜，设瓜果及诸祭品，曰饯。祖焚楮衣纸钱于门外，拜送之。中秋月出，设酒相对饮，曰赏月。重九以茱萸浸酒，饮之，曰辟毒，文人挈伴，登高。十月初一日，祀先茔如清明，祭于家庙，曰钏祭，岁暮延巫师喧舞，竟日，遍门溜井灶，咒而酬之，曰赛冬。或有撰文报祭者，二十四夜，为小年，祀灶馈岁者，以肉一方，及诸果物，贫富皆然，除夕家人聚饮，曰饯岁达旦，不寐曰，守岁。②

【注释】禳：祈祷消除灾殃、去邪除恶之祭。溜：屋檐的流水。

【解读】这是关于节序的记载。各节序风俗习惯各异，在湖湘地区具有共性。此风

---

① 梁葆颐等修，谭锺麟等纂，《茶陵县志》，清同治九年重修本，载《中国方志丛书》，台北，成文出版社，第186页。
② 梁葆颐等修，谭锺麟等纂，《茶陵县志》，清同治九年重修本，载《中国方志丛书》，台北，成文出版社，第187页。

俗礼法结合，礼义风尚具有法律性的效力与一定的社会约束力，民间自觉遵守并在乡土社会根深蒂固。是当地重要的民事行为习惯。

十九、长沙府

婚姻家庭

冠婚丧祭，乡里尽于城市，买瓣积场墟，厂古迄今，无有也。城滨北岸，湘水迅疾，直流遇风浪，无停泊之所，故长善近邑，独造船曰，倒划。虽小而坚致，轻便且可顾可□，随地可泊也，市镇必设牌头，其役至贱，其承□悉好事之徒，而其藏垢纳污，腾口射利也。则深有关于地方之利病，用其方而严察其弊，夫亦杂风之小，而实大者矣。方舛尼庵，少于道观，少于僧刹，他如仆妾，无官媒里巷，无乐户。士敦气节，女尚贞烈，凡皆俗之大概而睢眦小忿，不能自遣，申证邻佑，往往称戚，雀鼠之辞讦，圆鹬蚌之利，其渐亦非，一日云至于荒店为盗薮，丧行吹手，把持取利，今本府吕出示，禁止又照例，豁免绅衿，街更守□釐剔之政宜备载之于册以定章程以维风教焉。

又论婚不亲迎，殡不大殓，惟士大夫家始行之妆奁视家厚薄，又有届节作服饰馈遗女家，名曰调节。此近日家饶而好盛之也，亲丧有即，就茔者，有停柩卜地，历久始葬者，丧家散帛，为礼亲友吊会有赙仪者，有猪羊盛馔者，昔以纸轴书祭章，今则俱用绫缎，并不屑用紬绢，乡俗雅好佛事，作道场，或三日七日，至半月方止，又夜聚丧家于更尽时，一人鸣锣挞鼓，唱孝歌，号为闹丧，其远乡间有演戏件灵者，每奉禁而莫之止。恶习难遽变也，重堪于严选，择不以财啬其亲，贫富皆然。所可虑者，踵事增华，春酒社饭，亦用海味，罗列大簋，否则群相于笑之娶亲，即贫者，亦必盛服饰，俄而已入典铺矣。宫室于马等项皆奢侈无度，其流极败坏，莫可究诘，有心者，深以为忧，所望贤当事晓谕，严禁以速挽此颓风焉。

冠婚丧祭三礼载之慕详文公家礼，斟酌首今，尤为平易可守。今则襁褓巾帽冠礼不复讲矣，婚礼不问男女，而先求门阀，不择德行，而专重资财纳币，则侈陈锦绣，遣嫁则夸饰妆奁，亲迎则宝马香车，高牙大盖，竭半载经营之力博，顷刻市童之怜，何其惑也。丧祭大事，往往舍戚言易，舍敬言仪，軿轴未行，木主在匦，而歌舞终朝，鼓吹彻夜，酒肉竽以招摇。题主勤请上官赞礼，必须多士，苟不如是，则纷纷物议，谓以财帛。俭其亲，每有亡者，之身未寒，而家计萧条，田庐已破者，九泉得母，心恸乎。此风俗之在礼节者也。填墓所以安亲体，非以利生人也，今则惑形家之说，图谋风水有以计取之者，有以势夺之者，有以货利诱之者，有以贪夜盗之者，甚至截他人祖宗之服，而葬其父母，且劈自巳祖宗之塚，而葬其新丧，以亲枢为富贵之资，借葬亲为垄断之策，殃连祸结暴骸，斲棺不亦，忍乎僧道，师巫左道也。今则惑十王之说，贪种福之田，病则宰牲禳□口，称渡厄，消炎死则拜佛齐僧求免，到烧香磨总，扫荒唐大达名教此风俗之在愚惑者也。①

【解读】纳彩行聘即婚约开始成立。法律没有明确婚约习惯的约束力，但在民间乡土社会，这些礼节风尚根深蒂固，自成体系。礼法结合，礼义风尚具有法律性的效力与一定的社会约束力，民间自觉遵守。因此在古代，婚约是具有法律性的效力的，一方发出要约一方接受并作出承诺，双方便开始享有权利责任，不得随意毁约否则要承担违约责任。在如今，婚约不具有法律约束力。由于婚约不具有法律约束力，因此婚约的解除也不需经过法定程序。合写年岁包括问名纳吉，通过占卜告知合婚即订婚。纳征后婚约正式成立。请期需要送礼。赠予关系成立，以结婚为目的。在当代，若婚约解除，有两种途径解决礼金返还问题。1、按合同法第一百九十二条规定，不履行赠予合同约定的义务，赠予人可以撤销赠予。2、婚姻法解释二：第十条当事人请求返还按照习俗给付的彩礼的，如果查明属于以下情形，人民法院应当予以支持：（一）双方未办理结婚登记手续的；（二）双方办理结婚登记手续但确未共同生活的；（三）婚前给付并导致给付人生活困难的。 适用前款第（二）、（三）项的规定，应当以双方离婚为条件。因此，赠予的礼金在双方未办理结婚登记为条件下应当返还。这是当代法律竞合问题。在古代嫁妆属于女方私产，不存在返还问题。男方聘礼在婚约解除后的聘礼返还问题有待研究。

丧礼风俗延续，在湖湘地区具有共性。但风气日益变化。此风俗礼法结合，礼义风尚具有法律性的效力与一定的社会约束力，民间自觉遵守并在乡土社会根深蒂固。是当地重要的民事行为习惯。

---

① 《乾隆长沙府志》，载《中国地方志集成·湖南府县志辑》，南京，江苏古籍出版社，第306页。

葬礼注重风水迷信地形地势。多因此引起争讼。葬的风俗习惯此风俗礼法结合，礼义风尚具有法律性的效力与一定的社会约束力，民间自觉遵守并在乡土社会根深蒂固。是当地重要的民事行为习惯。

旧时乡土社会重视祭祀。相信神名等。祭礼风俗礼法结合，礼义风尚具有法律性的效力与一定的社会约束力，民间自觉遵守并在乡土社会根深蒂固。是当地重要的民事行为习惯。

社会

衣服宫室，饮食于马，酬应交游，士大夫原有分定，今则遍身罗绮，书尽栋雕梁，饮食若流，高车驷马，呼卢喝采，一郑千钱。以轻薄为声援，以拍肩为意气，取债索逋者，在门沽酒，治者，在路，此风俗之在日用者也。男子勤耕，女子勤织分也，今则男不事耕耘，而越贸易，甚则游手好闲坐食荡产，女不勤纺织而饰脂粉，甚则谒庙进香遗簪堕珥，人离本业，逸则思淫。①

【解读】这是关于长沙县旧时乡土社会衣服饮食的日常行为习惯。以前，士大夫有自己的分寸，如今衣着华丽，互相攀比，呼朋喝友，一掷千金。欠债逃亡的喝酒。之前男耕女织，如今男不事耕种，却从事贸易，女不事纺织，却涂脂抹粉，谒庙进香，人离本业，逸则思淫。这反映出长沙县衣服饮食的习惯随着社会的变化而变化，风气逐渐转变。饮食衣服日常行为习惯礼法结合，礼义风尚具有法律性的效力与一定的社会约束力，民间自觉遵守并在乡土社会根深蒂固。是当地重要的民事行为习惯。

社会

巴陵华容，妇人习男事，往往力胜男子。妇人不妆饰，亦不入寺烧香。古来纯朴，地健，妇把犁耕。邑俗贵男而贱女，女鲜华饰，且有插秧荷草者。于妇工惟知纺棉，按岳俗，妇女习于劳苦，四县所同，今岁报节孝所在，多有亦化行南国使然□。②

【解读】这是关于岳州妇女日常习性的记载。反映出妇女力大，勤于耕作纺织，鲜有装饰。也体现出旧时乡土社会重男轻女的思想。妇女的行为习惯也是当时妇女主要

---

① 《乾隆长沙府志》，载《中国地方志集成·湖南府县志辑》，南京，江苏古籍出版社，第306页。
② 《乾隆长沙府志》，载《中国地方志集成·湖南府县志辑》，南京，江苏古籍出版社，第189页。

的民事行为习惯。

婚姻家庭

荆州婚嫁用□钴□为聘巴陵同，马按通钴□温器□同□范成大□□□日钴□熨斗也，今岳无此俗，但婚嫁必视时礼，惟平江嫁女，不受财聘。再□之妇，乃议财于夫家。湖湘间，生男赘，生女反招婿为妇家，承门户。按岳俗，崇伦议婚，止以一笺合书，两家生年时日，谓之庚书。无问名纳采仪节。故易于改悔。有女甫生而过门者，谓之血盆抚养，契买婢女，长成皆以礼嫁，近嫁之期辄□于诸女为伍婢，夫终身执婿礼，往来马然民俗。溺女下户，多垂老无妻近奉□，禁风乃尽变。①

【解读】岳俗的婚姻有自己的特性。1、生男入赘，生女招婿。且没有纳彩问名等复杂的婚约合同成立过程所必备的传统程序，只有双方议婚，一笺合书。婚约即告成立。简便成立的婚约没有很强约束力，易于毁约。但岳俗对毁约并不禁止，当地乡土社会并未对毁约的行为予以禁止或要求承担责任。2、同样有抱养溺女陋习。童养媳风气普遍。童养媳习惯也与重男轻女的陋习相伴而生，一方面，重男轻女思想催生了童养媳习惯的出现，包办婚姻女人没有爱情自由，完全受礼法束缚。另一方面，此习惯促使了重男轻女思想的加深，童养媳确定，虽仍在自家抚养，但"嫁出去的女儿，泼出去的水"，女儿已成为别人家的媳妇，在旧时乡土社会这种思想的影响下，对女儿的忽视也就在所难免了。陋习风气逐渐被禁止。

死亡

好礼之士，多有遵朱子家礼，不作佛事者，而乡俗相□，遇戚里之丧□，相邀集张金击鼓，设饮坐夜，歌唱欢呼，云为丧家解忧，填无禁步一姓之人，共葬一邱，止以昭穆为次。②

【解读】丧葬礼节遵循古礼，多崇尚饮酒歌唱，张金击鼓。为丧家解忧。此风俗礼法结合，礼义风尚具有法律性的效力与一定的社会约束力，民间自觉遵守并在乡土社会根深蒂固。是当地重要的民事行为习惯。

---

① 《乾隆长沙府志》，载《中国地方志集成·湖南府县志辑》，南京，江苏古籍出版社，第190页。
② 《乾隆长沙府志》，载《中国地方志集成·湖南府县志辑》，南京，江苏古籍出版社，第190页。

社会

湖湘间，宾客燕集，供鱼清羹，则众皆退。平俗见客，必衣冠，虽大暑不去，按今岳，谚云，鱼到酒止，犹鱼清羹，遗俗其，拜谒往来，皆自投刺，惟士夫始有童仆侯门，行□尊卑名分颇肃。①

【解读】这是关于宾见相邀的记载。湖湘间，宾客燕集，讲究食物衣冠，尊卑名分。也是当地风俗崇尚的体现，反映对食物的仪式性的崇敬，宴会的严肃以及礼教的影响此风俗礼法结合，礼义风尚具有法律性的效力与一定的社会约束力，民间自觉遵守并在乡土社会根深蒂固。是当地重要的民事行为习惯。

婚姻家庭

岳俗多抱养义男，有亲生之子数人，犹抚异姓，其契买奴仆，亦曰恩养。勤于服役，即以子抚之，娶媳分产，无异然，终义役之身，非本人背义，则兄弟为雠，鲜不滋讼。②

【解读】这是关于抱养习惯的记载。岳俗多抱养，犹抚异性。其契买奴仆，也称为恩养。勤于服役，当作儿子抚养。娶媳妇生子没有不同。不是本人背信弃义，则兄弟为雠，多生诉讼。这说明旧时乡土社会抱养习惯较多，多为奴仆，但仍娶亲，但此是陋习，也是民事诉讼多发的源头之一。

宗族

沅湘之间，其俗信鬼而好祀，其祀必使巫觋作乐饮歌舞，以娱神。每岁元旦后二日，乡人迎傩，歌舞达旦，沿村徧历弥月徧乃止。③

【注释】傩：又称跳傩、傩舞、傩戏，是一种神秘而古老的原始祭礼。指古迎神赛会觋，走街穿巷的巫师。

【解读】这是关于迎傩的记载。是古老习俗，此风俗礼法结合，礼义风尚具有法律

---

① 《乾隆长沙府志》，载《中国地方志集成·湖南府县志辑》，南京，江苏古籍出版社，第190页。
② 《乾隆长沙府志》，载《中国地方志集成·湖南府县志辑》，南京，江苏古籍出版社，第190页。
③ 《乾隆长沙府志》，载《中国地方志集成·湖南府县志辑》，南京，江苏古籍出版社，第191页。

性的效力与一定的社会约束力,民间自觉遵守并在乡土社会根深蒂固。是当地重要的民事行为习惯。

招魂

古者人死,则使人以其上服,三招之荆楚之俗,或以施之生人。沅湘间疾病不医,灼□灯瓦或以鸡卜求祟,使巫治。招魂之俗,始于屈原,今病者,用巫皆以招魂为说。①

【解读】这是关于旧时乡土社会医治疾病的迷信仪式。表明巫术在湖湘地区的地位。是古老习尚。此风俗礼法结合,礼义风尚具有法律性的效力与一定的社会约束力,民间自觉遵守并在乡土社会根深蒂固。是当地重要的民事行为习惯。

二十、平江县

社会

妇女不妆饰,亦不入寺烧香,按平邑,妇女习于劳苦,人务纺织,矢死守节岁报,多人亦劳,则思善之验欤。②

【解读】这是关于岳州妇女日常习性的记载。反映出妇女力大,勤于耕作纺织,鲜有装饰。也体现出旧时乡土社会重男轻女的思想。妇女的行为习惯也是当时妇女主要的民事行为习惯。

婚姻家庭

定亲凭媒,以年庚为约,男用红笺,女用绿笺,过礼。则男备钗钏衣服致于女家,近皆女家自备。且有以厚奁相赛者,迎亲至家婿,妇交拜,次日庙见。③

【解读】1、纳彩行聘即婚约开始成立。法律没有明确婚约习惯的约束力,但在民间乡土社会,这些礼节风尚根深蒂固,自成体系。礼法结合,礼义风尚具有法律性的

---

① 《乾隆长沙府志》,载《中国地方志集成·湖南府县志辑》,南京,江苏古籍出版社,第191页。
② 《乾隆平江县志》,载《中国地方志集成·湖南府县志辑》,南京,江苏古籍出版社,第89页。
③ 《乾隆平江县志》,载《中国地方志集成·湖南府县志辑》,南京,江苏古籍出版社,第89页。

效力与一定的社会约束力，民间自觉遵守。因此在古代，婚约是具有法律性的效力的，一方发出要约一方接受并作出承诺，双方便开始享有权利责任，不得随意毁约否则要承担违约责任。在如今，婚约不具有法律约束力。由于婚约不具有法律约束力，因此婚约的解除也不需经过法定程序。合写年岁包括问名纳吉，通过占卜告知合婚即订婚。纳征后婚约正式成立。请期需要送礼。赠予关系成立，以结婚为目的。在当代，若婚约解除，有两种途径解决礼金返还问题。1、按合同法第一百九十二条规定，不履行赠予合同约定的义务，赠予人可以撤销赠予。2、婚姻法解释二：第十条当事人请求返还按照习俗给付的彩礼的，如果查明属于以下情形，人民法院应当予以支持：（一）双方未办理结婚登记手续的；（二）双方办理结婚登记手续但确未共同生活的；（三）婚前给付并导致给付人生活困难的。 适用前款第（二）、（三）项的规定，应当以双方离婚为条件。因此，赠予的礼金在双方未办理结婚登记为条件下应当返还。这是当代法律竞合问题。在古代嫁妆属于女方私产，不存在返还问题。男方聘礼在婚约解除后的聘礼返还问题有待研究。

按风土记云，湖湘间，生男赘生女反招婿，为妇家承门户。今平俗，亦多赘婿，又有女，甫生而过门者，谓之血盆抚养，契买婢女长成，皆以礼嫁，近嫁之期，辄今于巳，女为伍婢，夫终身执婿礼。往来马然，民俗溺女，下户多垂老无妻，虽奉严禁，风未尽变。①

【解读】1、反映湖湘间，平江同岳州俗，多赘婿。母系社会痕迹明显，为妇家承门户。2、童养媳习惯也与重男轻女的陋习相伴而生，一方面，重男轻女思想催生了童养媳习惯的出现，包办婚姻女人没有爱情自由，完全受礼法束缚。另一方面，此习惯促使了重男轻女思想的加深，童养媳确定，虽仍在自家抚养，但"嫁出去的女儿，泼出去的水"，女儿已成为别人家的媳妇，在旧时乡土社会这种思想的影响下，对女儿的忽视也就在所难免了。

---

① 《乾隆平江县志》，载《中国地方志集成·湖南府县志辑》，南京，江苏古籍出版社，第89页。

二十一、华容县

婚姻家庭

婚娶亲迎古之大礼，华邑无行之者，固知俟堂，俟著不独，齐俗为然，然一切行聘纳彩花烛燕会，均称各家之有无，不过为侈靡，而民间贫者，女子往匕，自幼即过男家，曰，怀抱媳，畏而合卺，曰圆房，更有夫死子幼，略有产业，不昔弃□，则有从而赘入者，不曰别，抱琵琶而曰，招夫。抚子乡愚，恶陋之风，不可救药，至或毁盟，或逼嫁，抢亲，成讼，又岁匕有之所当严禁。①

【解读】这是关于婚娶的记载。华容县有其特有的婚姻习俗，多为陋习。童养媳习惯在民间贫者中较多，夫死子幼，便招婿。并出现毁盟约，逼嫁，抢亲等现象，引起诉讼。毁盟约，要负违约责任，承担法律责任。逼嫁抢亲等违反道德义务的事，在旧时社会仍受法律的约束，这些义务具有法律效力，若违背则仍要引起诉讼，产生纠纷。

死亡

丧祭之礼，民间多延，僧道近士夫家，往匕举行，文公家礼，穆然肃然古风不远。至埋葬，多以石灰土砂三者，合而筑之。务求坚实，然自缙绅，下逮百姓，多惑干风水祸福之说，有停榇中野数年而不葬者，仁人不当，深戒兴至，倚坟占山，或倚基产逼近，吞占山坟，盗葬毁墓，岁所不免，或地已出售，而于买主造葬时，摇称卖阴米，卖阳未卖阴者，结控不休，所当察断。②

【解读】这是关于丧葬的记载。多迷信风水祸福之说，有不葬、盗葬、毁墓地的事件发生。每岁都没有免除。丧葬的风俗礼法结合，礼义风尚具有法律性的效力与一定的社会约束力，民间自觉遵守并在乡土社会根深蒂固。因此出现陋习便严禁，丧葬之礼是当地重要的民事行为习惯。

---

① 《乾隆华容县志》，载《中国地方志集成·湖南府县志辑》，南京，江苏古籍出版社，第19页。
② 《乾隆华容县志》，载《中国地方志集成·湖南府县志辑》，南京，江苏古籍出版社，第19页。

乡党

崇祀一庙，无庙则迭祀，干村中诸姓病，亦延医，巫则以一杯水置神□炎□曰乞符，水其于迎神赛会，俗各曰转案，曰赏。共有主会有社司，金鼓喧闹，兴从杂沓，或所至之家，割牲设筵，或众姓聚资，酒食饕餮，如醉如狂，数日始散。至有□殴成讼者，城中庙尤多，每逢一节，索当例者，三四至应之常苦不给，耗民则亵神威，风俗之靡，莫此为甚，官师禁绝之亦善政也。①

【解读】祭祀在湖湘地区的文化中占据重要的位置，乡土社会崇尚祭祀。每每祭祀，便设宴饮酒聚餐，如醉如狂，数日才散。便逐渐会形成不良风气，耗民力，亵渎神威，便明令禁止。这是善政也。祭祀习惯有其一脉相传的风俗习尚，此风俗礼法结合，礼义风尚具有法律性的效力与一定的社会约束力，民间自觉遵守并在乡土社会根深蒂固。是当地重要的民事行为习惯。

二十二、湘潭县

社会

人多纯朴，古志之矣，然亦为乡曲言之耳。至于附郭万烟，摩肩连袂，衣多绮□，居尚刻雕，乘坚策肥，渐周四野，偶有义举，犹矍然，以古道相期，则固纯朴之遗也。若夫鼠牙雀角无邑，无之明镜，不疲彼健讼者。又安□施其技哉。②

【解读】这是关于湘潭县习尚的记载。生活丰富纯朴，生活殷实。是当地人作出民事行为习惯的主观反映。

社会

无游冶烧香之习，贫民皆身亲操作，惟大家书族有绮罗金玉之饰。③

【解读】这是关于妇女生活习性的记载。妇女纯朴勤劳，无繁饰，无上香之习。惟

---

① 《乾隆华容县志》，载《中国地方志集成·湖南府县志辑》，南京，江苏古籍出版社，第20页。
② 《乾隆湘潭县志》，载《中国地方志集成·湖南府县志辑》，南京，江苏古籍出版社，第176页。
③ 《乾隆湘潭县志》，载《中国地方志集成·湖南府县志辑》，南京，江苏古籍出版社，第176页。

有富有大家妇女有金玉之饰。说明湘潭县妇女尚纯朴自然的习性。妇女的日常生活习惯，是当地重要的民事行为习惯。

婚姻家庭

凭媒定庚，男女两家，分红绿笺各□执之，将亲期，则男备钗钏，衣服致于女家，谓之过礼，富贵之家，多侈厚奁殆亦习俗使然。①

【解读】纳彩行聘即婚约开始成立。法律没有明确婚约习惯的约束力，但在民间乡土社会，这些礼节风尚根深蒂固，自成体系。礼法结合，礼义风尚具有法律性的效力与一定的社会约束力，民间自觉遵守。因此在古代，婚约是具有法律性的效力的，一方发出要约一方接受并作出承诺，双方便开始享有权利责任，不得随意毁约否则要承担违约责任。在如今，婚约不具有法律约束力。由于婚约不具有法律约束力，因此婚约的解除也不需经过法定程序。合写年岁包括问名纳吉，通过占卜告知合婚即订婚。纳征后婚约正式成立。婚姻程序礼仪中大多需要男方的礼金，即需要送礼。赠予关系成立，以结婚为目的。在当代，若婚约解除，有两种途径解决礼金返还问题。1、按合同法第一百九十二条规定，不履行赠予合同约定的义务，赠予人可以撤销赠予。2、婚姻法解释二：第十条当事人请求返还按照习俗给付的彩礼的，如果查明属于以下情形，人民法院应当予以支持：（一）双方未办理结婚登记手续的；（二）双方办理结婚登记手续但确未共同生活的；（三）婚前给付并导致给付人生活困难的。适用前款第（二）、（三）项的规定，应当以双方离婚为条件。因此，赠予的礼金在双方未办理结婚登记为条件下应当返还。这是当代法律竞合问题。在古代嫁妆属于女方私产，不存在返还问题。男方聘礼在婚约解除后的聘礼返还问题有待研究。

死亡

好古之士，多遵家礼，而乡俗相沿，遇戚里之丧，群相邀集，声金击鼓，设饮欢歌，谓之闹夜。其治丧之家，或至鬻产，设奠酒食于马之费，动辄不赀，不如是，则人以为□，其亲噫斯岂复礼意耶。②

---

① 《乾隆湘潭县志》，载《中国地方志集成·湖南府县志辑》，南京，江苏古籍出版社，第176页。
② 《乾隆湘潭县志》，载《中国地方志集成·湖南府县志辑》，南京，江苏古籍出版社，第176页。

【解读】这是关于丧礼的记载。湘潭县丧礼的习俗在湖湘地区具有共性。此风俗礼法结合，礼义风尚具有法律性的效力与一定的社会约束力，民间自觉遵守并在乡土社会根深蒂固。是当地重要的民事行为习惯。

社会

士大夫家见客，必衣冠，虽大暑不去，云湖湘间，宾客燕集，供鱼清羹，则众皆退，今俗务盛设两，谓鱼来酒，止亦成虗语矣。①

【注释】虗：古同"虚"。

【解读】宾见是湘潭县的风俗习俗，在湖湘地区具有共性。湘间，宾客燕集，讲究食物衣冠，尊卑名分。也是当地风俗崇尚的体现，反映对食物的仪式性的崇敬，宴会的严肃以及礼教的影响此风俗礼法结合，礼义风尚具有法律性的效力与一定的社会约束力，民间自觉遵守并在乡土社会根深蒂固。是当地重要的民事行为习惯。

婚姻家庭

俗抱养者，曰义男，非无子抚子也，即有亲生数子犹抚异姓，或契买奴仆，亦曰恩养。即称其主为义父，然背义不少，每滋讼端。②

【解读】这是关于湘潭县特殊习俗抱养的记载。但值得注意的是抱养之恩存在被泯灭，义父被义子背叛的事情发生，由此引发民间民事诉讼。

社会

神会不一，而天符城隍□，盛有上天符庙，大天符庙，每五月迎神，则挂綵张灯，讽经演戏，结台阁排仪仗，旗伞灯亭，皆极华丽两庙，相夸惟恐不若。动费千馀金，城隍会则通城总挨次迎烛献寿。③

【解读】神会风俗类似与祭祀，张灯结彩庆祝迎神，但耗费大量人力物力。神会习俗也是民间重要的民事行为习惯。

---

① 《乾隆湘潭县志》，载《中国地方志集成·湖南府县志辑》，南京，江苏古籍出版社，第177页。
② 《乾隆湘潭县志》，载《中国地方志集成·湖南府县志辑》，南京，江苏古籍出版社，第177页。
③ 《乾隆湘潭县志》，载《中国地方志集成·湖南府县志辑》，南京，江苏古籍出版社，第178页。

二十三、浏阳县

婚姻家庭

讲礼乐，民间婚祭丧葬，陋俗未遽革，或渐即侈靡，案婚礼纳聘请期，迎娶，殆古人六礼之三，其始以红绿笺书男女名氏及生年月日，媒氏互致，而各存之日，聘将婚倩媒氏致期日，报婚期既以礼致媒氏，日启媒，及期婿不亲迎，以綵兴鼓吹迎新妇女，家选亲属送之，成礼日收亲。合卺之夕，宗党集房中欢饮，日闹新房，其通婚书，有女家索金帛，服饰，婿家索查，赠成隙者，其迎娶。有女家要美丽綵兴者，向又有孪生男女，以女他养，长则迎配其男者，有兄亡而弟娶其嫂，弟死而兄妻其妇，谓之转房。案律谕绞乡愚，不知间有蹈此者，近固罕矣。①

【注释】遽：送信的快车或快马。殆：大概。倩：古代男子的美称、含笑的样子、泛指姿容美好。转房：丈夫死后，寡妇改嫁亡夫的亲属。聿，是大的样子。绞：费心思，绞尽脑汁。

【解读】1、纳彩行聘即婚约开始成立。法律没有明确婚约习惯的约束力，但在民间乡土社会，这些礼节风尚根深蒂固，自成体系。礼法结合，礼义风尚具有法律性的效力与一定的社会约束力，民间自觉遵守。因此在古代，婚约是具有法律性的效力的，一方发出要约一方接受并作出承诺，双方便开始享有权利责任，不得随意毁约否则要承担违约责任。在如今，婚约不具有法律约束力。由于婚约不具有法律约束力，因此婚约的解除也不需经过法定程序。合写年岁包括问名纳吉，通过占卜告知合婚即订婚。纳征后婚约正式成立。婚姻程序礼仪中大多需要男方的礼金，即需要送礼。赠予关系成立，以结婚为目的。在当代，若婚约解除，有两种途径解决礼金返还问题。1、按合同法第一百九十二条规定，不履行赠予合同约定的义务，赠予人可以撤销赠予。2、婚姻法解释二：第十条当事人请求返还按照习俗给付的彩礼的，如果查明属于以下情形，人民法院应当予以支持：（一）双方未办理结婚登记手续的；（二）双方办理结婚登记手续但确未共同生活的；（三）婚前给付并导致给付人生活困难的。适用前款第（二）、

---

① 《同治浏阳县志》，载《中国地方志集成·湖南府县志辑》，南京，江苏古籍出版社，第341页。

（三）项的规定，应当以双方离婚为条件。因此，赠予的礼金在双方未办理结婚登记为条件下应当返还。这是当代法律竞合问题。在古代嫁妆属于女方私产，不存在返还问题。男方聘礼在婚约解除后的聘礼返还问题有待研究。

2、浏阳特有民俗也是当时的陋习，有孪生男女的人家，以女生他养，长大后则配于其男家，有兄弟亡的人娶其兄弟之妻，叫做转房。按照，这反映出乡土社会并不是完全遵循旧时礼教，湖湘地区由儒家伦理是违背道德道义之习俗，但是此风俗为浏阳民俗习性，已成为惯例习惯，大家共同遵守，并具有社会约束力于地区差异也有各自不同的生活习性甚至有些会衍生出适合本地区却违背旧时礼教的风俗习性。

死亡

丧礼既殡，戚友具香楮，吊而唁之，丧主款以酒肉裂帛数尺，或素布套挂，曰开吊。将葬致客，设奠日，开堂。有信僧家转轮之说，治佛事，作道场，三五七日，应期化楮，币召僧□，度祥禫忌日，亦然有将葬，邻里夜聚击鼓坐歌达旦，谓之唱夜歌。甚至男女婚嫁有期，遭丧而悄行，婚娶既毕，而后治丧事者，又间有停亲柩不葬，或数年十数年，卜吉兆者，陋习相沿，恬不为怪，今虽未尽，革然亦罕矣。①

【解读】这是关于丧礼的记载。丧礼在湖湘文化中存在共性，但丧礼之俗仍有陋习。礼法结合，礼义风尚具有法律性的效力与一定的社会约束力，民间自觉遵守并在乡土社会根深蒂固。是当地重要的民事行为习惯。

宗族

祭先之礼，每岁春以春分，或清明，冬以立冬或冬至，拜跪奠献，略如礼制。往时民俗，朴城市罕酒家，燕会不设珍肴，衣服亦罕罗绮，今渐不然，以服饰骄人，及以酒食游献征逐者，稍稍染颓风矣，鸦片□，来自西洋酒一名阿芙蓉，近中土亦种之，往亦多效之，破家亡，身为祸最烈。②

【解读】这是关于祭礼的记载。大多同礼制，一脉相传。但风气却逐渐改变，从不事绫罗绸缎到日趋奢华。有颓废之风气。民国时期鸦片进入中国，腐蚀人性，家破人

---

① 《同治浏阳县志》，载《中国地方志集成·湖南府县志辑》，南京，江苏古籍出版社，第341页。
② 《同治浏阳县志》，载《中国地方志集成·湖南府县志辑》，南京，江苏古籍出版社，第341页。

亡。祭礼习惯法结合，在湖湘文化中具有共性。礼义风尚具有法律性的效力与一定的社会约束力，民间自觉遵守并在乡土社会根深蒂固。是当地重要的民事行为习惯。

二十四、醴陵县

身份

民间通用之仪。在昔为冠婚丧祭四礼。今冠礼久废。男子二十日冠而字。请亲友中之望重者为大宾。加冠于其首。致祝词。并由主人率领谒祖。祭毕。冠者乃拜见父母伯叔昆弟诸友。其礼废阙巳久。惟本县耿境萧姓。凡男女年满二十。辄集族戚宴会。相沿至今。亦加冠之意也。①

【解读】这是关于冠礼的记载。年满二十加冠成人。是人由限制民事行为人变为完全民事行为能力人的仪式性标志。

婚姻家庭

婚嫁书凭媒妁择门户合八字。男备聘礼，女备妆奁，富者务为奢靡，即贫者亦必具物。定婚日发八字。定期日报日。致聘日过礼。成礼日拜堂。合卺日交杯。庙见日见祖拜尊长宾客日拜茶。婚姻多在冬季。新正女归宁日会门。男偕往日过门称为新客。②

【解读】纳彩行聘即婚约开始成立。法律没有明确婚约习惯的约束力，但在民间乡土社会，这些礼节风尚根深蒂固，自成体系。礼法结合，礼义风尚具有法律性的效力与一定的社会约束力，民间自觉遵守。因此在古代，婚约是具有法律性的效力的，一方发出要约一方接受并作出承诺，双方便开始享有权利责任，不得随意毁约否则要承担违约责任。在如今，婚约不具有法律约束力。由于婚约不具有法律约束力，因此婚约的解除也不需经过法定程序。合写年岁包括问名纳吉，通过占卜告知合婚即订婚。纳征后婚约正式成立。婚姻程序礼仪中大多需要男方的礼金，即需要送礼。赠予关系成立，以结婚为目的。在当代，若婚约解除，有两种途径解决礼金返还问题。1、按合同法第一百九十二条规定，不履行赠予合同约定的义务，赠予人可以撤销赠予。2、婚

---

① 《民国醴陵县志》，载《中国地方志集成·湖南府县志辑》，南京，江苏古籍出版社，第170页。
② 《民国醴陵县志》，载《中国地方志集成·湖南府县志辑》，南京，江苏古籍出版社，第171页。

姻法解释二：第十条当事人请求返还按照习俗给付的彩礼的，如果查明属于以下情形，人民法院应当予以支持：（一）双方未办理结婚登记手续的；（二）双方办理结婚登记手续但确未共同生活的；（三）婚前给付并导致给付人生活困难的。适用前款第（二）、（三）项的规定，应当以双方离婚为条件。因此，赠予的礼金在双方未办理结婚登记为条件下应当返还。这是当代法律竞合问题。在古代嫁妆属于女方私产，不存在返还问题。男方聘礼在婚约解除后的聘礼返还问题有待研究。

俗重早婚。或预迎幼女作童养媳。①

【解读】童养媳习惯的产生说明1、在旧时乡土社会重视婚礼礼金聘礼习俗，礼法至上，礼法结合，根深蒂固成为民间具有社会约束力的制度风气，人们自觉遵守礼仪，不惜变卖家产。但仍有实在无法满足的，童养媳习惯便由此产生，目的仍然是为遵守礼法，此习惯是不得不催生出来的产物。2、童养媳习惯也与重男轻女的陋习相伴而生，一方面，重男轻女思想催生了童养媳习惯的出现，包办婚姻女人没有爱情自由，完全受礼法束缚。另一方面，此习惯促使了重男轻女思想的加深，童养媳确定，虽仍在自家抚养，但"嫁出去的女儿，泼出去的水"，女儿已成为别人家的媳妇，在旧时乡土社会这种思想的影响下，对女儿的忽视也就在所难免了。二、童养媳在三朝半岁过门，过门后便又送回自家，由自家抚养。至其长大，再接过门。这易导致女方长大后有自己的主张思想，不愿再遵守儿时童养媳之约，毁盟约，引起诉讼。这说明用养媳的约定具有法律效力，法律没有明确禁止这种陋习但也没有明确规范，是民间乡土社会自己发展的礼节风尚，自成体系。礼仪根深蒂固，礼法结合，礼义风尚具有法律性的效力与一定的社会约束力，童养媳之约不能随意毁约，否则引起争讼需要承担违约责任。

或徒贪查聘。不计子女年龄才性之相当于否。以致他日睽离反目。或衔恨终身。此宜改革者也。反之者又或主自由结婚之说。然中道违弃。舍其书而新是图。尤所不免。固不可不慎取也。

【解读】反映出民国时期婚礼陋习的转变与逐渐被淘汰的过程。说明民国时期婚礼

---

① 《民国醴陵县志》，载《中国地方志集成·湖南府县志辑》，南京，江苏古籍出版社，第171页。

在逐步现代化，风俗逐渐现代化。是民事行为习惯逐渐现代化的转型时期。

民国结婚亦有媒妁。但改称介绍人。别推有声望者登婚。父或他尊长则为主婚人。届时饰礼堂植国旗。备婚证。并用䌽轿或汽车迎新妇新妇。至集男女二家主婚二人、证婚一人，或二人介绍二人，侯相四人或二人，及来宾行礼。侯相引新郎新妇相向三鞠躬。交换戒指。给章于婚证。主婚人证婚人介绍人以次给章毕。证婚人宣读婚证。致贺词。主婚人介绍人均致词。男女宾亦客推代表致词。于是新郎新妇向证婚人主婚人介绍来宾分别鞠躬致敬。礼毕宴客。谓之文明结婚。其馀书仪一概免除。民国礼制草案要旨在矫正奢侈。消弥诈伪破除迷信。提倡质朴。并酌采可以保存之书制婚礼。兼参民法结婚仪式公开之规定。士大夫家多有遵行者。书俗赠赔奁之物。以华赡相高。素封之家。异者动以千百计。而男家亦必多致聘钱。自政治革新。人皆知女子。非有知识技能。无以自立。在未嫁以前。即以其赔奁之资。移作求学之用。结褵之日。崇朴黜华。富者亦力避铺张。或径割田宅为赠一扫从前奢靡之习。女子得继承财产，为民法所规定。女家无子，间有赘婿于家者，然尚不多观。而乡间争继争产之风。则自是稍戢矣。①

【注释】戢：收敛，收藏。

【解读】这是关于民国近代婚礼的记载。1、民事行为逐渐现代化，婚礼风俗及其程序逐渐现代化、文明化。旧时乡土社会婚姻陋习、迷信之说逐渐被剔除，提倡文明结婚。旧时繁杂礼俗礼教被剔除，提倡简约之风。2、民事行为习惯变得有法可依。民国礼制草案制定旨在消除奢侈，消除迷信等不良风气，质朴风气被法律推行。富者也自觉避免奢侈。民法规定结婚仪式，说明结婚礼仪逐渐法律化、程序化、规则化、合法化，成为正式法律规范具有强制力。3、民国女子自立意识觉醒，自由追求科学与知识的风气盛行，这使得女子的知识水平成为当时社会人们结婚所要求的女方需具备的技能条件。这种风气的转变也使得女子在未嫁前便赔奁资以备求学之用。4、民国时期的醴陵县，女子可以继承财产，遗产的规定也被法制化，打破了旧时社会重男轻女的思想束缚，一视同仁，都可以成为法定继承人，在遗产未分割以前与其他遗产继承人如兄弟一起共同享有财产所有权。民风转变且民法规定遗产继承规则后，便具有法的

---

① 《民国醴陵县志》，载《中国地方志集成·湖南府县志辑》，南京，江苏古籍出版社，第171页。

强制力，民间争继争产之风便收敛了。5、当然，若女子无子，也会出现入赘的现象，这是旧时乡土社会的产物，但在民国社会，也与当时民力民思相适应，虽有违背常理，但也不应过分苛责。

死亡

丧葬俗重饰终.棺衾从厚年老必预为备。惟不殓以珍贵之物。初丧往唁。谓之探生。将葬往吊。谓之喫烂肉。中元化衣楮。谓之送新衣。新正往拜。谓之拜新灵。孝子之礼既殓而祭谓之成服。将葬而祭。谓之告葬捧主告庙谓之朝祖。祭于服略如朱子家礼惟亦有因宗教信仰而异其制者。佛教徒多有于临终时。邀集同道同声念佛。谓之助念往生禁止家人哭泣。七七或百日内。延僧诵经礼忏。而火居道士专营是业所诵之经。释道混杂。引吭高唱。金鼓喧闹。丧家喜热闹者多用之。耶教徒仪式较简单。殡时孝子绕棺三匝。牧师祷告祈生天堂。其为灵魂求解脱也。亦兴佛教相类似。普通丧葬之费。酒肉面外。以烧纸为大宗。纸钱之作。至魏晋始有之。创自巫觋。唐书王玙传云。汉以来丧葬皆有瘗钱。后世以瓦钱为鬼事。瓦钱云者。寓形于钱也。初由瘗钱而万以纸。名曰楮币。后乃踵事增华。凡衣服于马庐宇用具之属。莫不以纸象其形而用之。通称明器凡人初死。无谕贫富。必立焚纸钱九斤四两。谓之烧倒头纸。继之以焚轿及冥屋。至中元节。则剪纸为衣为物为金银山乡党族戚亦咸以此相馈遗。谓之烧新衣。富者扎屋务为闳麓。高可容人。花木犬马毕具。谓纸见火即变化如生人意。鬼乃有所享。动耗巨金。弗稍顾惜。又葬必择地。信堪于日者之言。每致越葬争山。酿成讼祸。或因时日拘忌。久留不葬。此皆陋俗宜革者。民国丧礼。无明文规定。于初终殡殓。赴告予唁茔葬虞祭之礼。大抵沿书惟无丁忧起复之制。居官给假治丧。一月为限。兵役法凡道系亲属或配偶死亡未满一月者。得以延期征集。此则于古大异者也。古礼成服后。亲朋应各以其服吊。俗于亲友之以赙来吊者。通常赠以白布缠首。以当袒免。至亲男女长幼。皆发白衣一。拖头一。妇女并给以裙。无自服其服之事。富家或不发白。则群指为俭其亲。迩来布值道奇昂或倡议庆除。迄少应者。孝子在丧期中。亦有效泰西俗。以青布一条缠于右臂者。于古墨经之意颇似。棺木以阴沉楠柏为上。杉木次之。形式不一。有所谓判官团金匣子一封书平头瓦版诸名目。城乡业此种者曰寿枋。清末邑人举办同德树德诸堂。置成大小棺木。减价售于贫民。富室则估本平价。

吾醴之创举也。亦有自行购木为之者。抗战军兴。各地被敌机轰炸死者甚众。至于无棺以殓。会有人著谕报端。主张火葬。卒未实行。醴陵渝陷时。日寇常于近郊。自焚其将士尸体。三十年。县参议会开第五次大会。议决请同德堂设置火葬场。贫苦者免费。普通民众愿火葬者。酌收燃料费。凡有功德于社会国家者。则多集众举行公祭。中央规定礼节如次一、祭祀开始。二、全体肃立。三、奏哀乐。四、主祭者就位。五、陪祭者就位。六、于祭者全体就位。七、上香。八、献花。九、恭读祭文。十、行祭礼。三鞠躬。十一、主祭报告致祭意义。十二、演讲。十三、奏哀乐。十四、礼成。①

【解读】这反映出丧礼从旧时乡土社会的传统风俗习惯到民国新式丧礼风俗习惯的转变。记载了不同阶层，不同信仰的人们不同的丧礼程序和风俗。丧礼风气也随着社会的发展而变为以节俭、简约为主旨。民国军阀混战，多有伤亡，新式丧礼形式如火葬便发展起来。民国时期也出现了公祭的形式并被中央所规定，成为国家层面的制度性法律规范。这些记载，也反映出民事行为的转变与逐渐现代化的现象。丧礼旧俗是在乡土社会自然形成的礼法规范，并在乡土社会根深蒂固。礼法结合，被民间自觉遵守。而民国丧礼风俗程序却逐渐现代化，并真正归入中央立法规定，成为正式的法律，真正具有法律约束力而不仅仅是被自觉遵守的礼。

二十五、攸县

社会

昔在先民，市无群饮筵，鲜盛馔即吉礼燕宾生辰介雅，莫不摄以。威仪节而有制，后乃稍从其腴，于是孝廉陈泰，初切崇俭，约以示诚意，良深也。今则一岁所费，倍蓰畴曩，下至水族细之产，咸登于俎，昔尉迟枢，南楚新闻纪抱竿之羹，以今方之庸，足异乎。夫毋食口腹而恣宰杀，格言三致意焉。是又不独崇俭，非迂谈矣。戒食牛犬，攸邑士子，奉行最笃，迩来乡间亦时倡议，禁止屠牛，然实力禁止卒鲜。每当秋成报赛，里社演剧，尤易乘便，其他四乡接壤，邻邑僻处，亦多难禁，须各都善士，公同

---

① 《民国醴陵县志》，载《中国地方志集成·湖南府县志辑》，南京，江苏古籍出版社，南京，江苏古籍出版社，第172页。

严禁，至于约定俗成，庶可历久不渝。①

【注释】蓰：数倍。畴曩：往日；旧时。俎：古代祭祀时放祭品的器物。

【解读】这是关于攸县饮食习惯的记载。此饮食习惯，多约定俗成，其中若有陋习旧习，则难以禁止。这些饮食习惯，在湖湘地区具有共性。礼义风尚具有法律性的效力与一定的社会约束力，民间自觉遵守并在乡土社会根深蒂固。是当地重要的民事行为习惯。

身份

服以章身，君子耻服，其服而无其容，然奢之弊，乃弥甚。攸界衡山之阳，昔时士大夫家居非严寒不御裘，今关中裘商来攸，岁可得银万馀两，其他锦绣之运，自苏杭及岭南者，则又倍之计，一岁中所费数万金，而布帛不兴焉，究之布帛之安吉，终莫能易也。知而慎之者，当有说以处此。②

【注释】这是衣服服饰习尚的记载。非严寒不御裘，随着社会发展，有裘商贸易，裘在攸县兴起，因此布帛便衰落。这反映出社会经的发展，使得衣服等民乡风俗也逐渐发生变化，由原来的非严寒不穿裘转变为貂裘的普及与流行。风俗习尚具有法律性的效力与一定的社会约束力，民间自觉遵守并在乡土社会根深蒂固。是当地重要的民事行为习惯。

仪礼首士冠古者，士之子恒为士十五入小学，十八入大学。二十而冠，冠者非美其容也，责之成焉。攸人士，薰陶礼教，沐浴儒风，娴以少仪，三加弗泥于古，最尔成德四行务责，诸躬或发藻于英龄，韦弦自饬，惟正容今元服觿□，何讥是以，俎豆华冠裳济济恪循。

功令固品秩之攸区，化洽缙绅，羌威仪之是，摄凡兹弱冠礼，此灌兴。③

【解读】这是关于冠礼的记载。冠礼是一个人具有完全民事行为能力的仪式性标志。

---

① 《同治攸县志》，载《中国地方志集成·湖南府县志辑》，南京，江苏古籍出版社，第140页。
② 《同治攸县志》，载《中国地方志集成·湖南府县志辑》，南京，江苏古籍出版社，第140页。
③ 《同治攸县志》，载《中国地方志集成·湖南府县志辑》，南京，江苏古籍出版社，第140页。

婚姻家庭

汉儒之言曰，昏姻之礼，正然后品物遂而天命，全攸于婚礼，为得其中，他处纳征，有过侈者，不合周礼。纯帛无过，五两之义，攸俗从简，稍丰者，俱无浪费。他处女氏选女者，兴从纷杳款，接不赟不合仪礼享，送者一献之义，攸俗先期具东敦请，亲迎后乃至至者，丈夫而妇人不越境。他处合卺，多用释道不合仪礼，用赞之义，攸俗择尊辈首妻，全具者，二人相礼，此数者撰之礼。①

【解读】攸县婚礼与湖湘地区婚礼文化的区别。其他地区婚礼的程序，纳征等礼仪，太过于奢侈，并不合周礼。纯帛无过，五两之义，攸县从简，有稍微浪费的人家，也都不浪费。其他礼仪都与湖湘地区的礼仪仪式有所不同。但大致套路仍遵循儒家仪礼。纳彩行聘即婚约开始成立。法律没有明确婚约习惯的约束力，但在民间乡土社会，这些礼节风尚根深蒂固，自成体系。礼法结合，礼义风尚具有法律性的效力与一定的社会约束力，民间自觉遵守。因此在古代，婚约是具有法律性的效力的，一方发出要约一方接受并作出承诺，双方便开始享有权利责任，不得随意毁约否则要承担违约责任。在如今，婚约不具有法律约束力。由于婚约不具有法律约束力，因此婚约的解除也不需经过法定程序。合写年岁包括问名纳吉，通过占卜告知合婚即订婚。纳征后婚约正式成立。婚姻程序礼仪中大多需要男方的礼金，即需要送礼。赠予关系成立，以结婚为目的。在当代，若婚约解除，有两种途径解决礼金返还问题。1、按合同法第一百九十二条规定，不履行赠予合同约定的义务，赠予人可以撤销赠予。2、婚姻法解释二：第十条当事人请求返还按照习俗给付的彩礼的，如果查明属于以下情形，人民法院应当予以支持：（一）双方未办理结婚登记手续的；（二）双方办理结婚登记手续但确未共同生活的；（三）婚前给付并导致给付人生活困难的。适用前款第（二）、（三）项的规定，应当以双方离婚为条件。因此，赠予的礼金在双方未办理结婚登记为条件下应当返还。这是当代法律竞合问题。在古代嫁妆属于女方私产，不存在返还问题。男方聘礼在婚约解除后的聘礼返还问题有待研究。

---

① 《同治攸县志》，载《中国地方志集成·湖南府县志辑》，南京，江苏古籍出版社，第141页。

经皆拹其他抱养童媳仪于费俱省，则贫窭之家，各从其便。①

【注释】拹：摧折。

【解读】攸县抱养童媳费用也从简甚至俱省。这与湖湘其他地区的童养媳习惯有所差别。

中外之亲，近于同姓，攸俗有舅姑之子为昏，或疑其不知礼，考之朱子语类，周尧卿会以是为问朱子曰，从古已然，则亦有不必过泥者。同姓不婚远别也，攸俗有以族望各著而为昏，考之于古如朱孔氏为子姓卫孔氏为姞姓，晋乐氏为姬姓，齐李氏为姜姓，氏同而实非一姓，斯无可疑。若今则姓氏久混宜慎，其所可知者而已。②

【解读】攸俗也出现近亲结婚的现象。氏同而实非一姓，这种习俗本为陋习。与当时的生产力水平以及思想状态相一致。因此无可厚非。

家贫子壮出赘，世固有之，攸俗有以赘婿为嗣，考之于史魏陈矫本刘姓出嗣，舅氏吴朱然本施姓以姊子为朱，后皆缘姻为嗣，而非赘婿，惟范致明，岳阳风土记云，湖湘之民，生男多作赘，生女反招婿男子为妇家承门户。无怨悔，则楚南之俗，似早有类此者。要之乏嗣者，其情艰或无可奈何，而偶出乎此，则礼经所无事容有之。③

【解读】攸县家贫子壮出赘，世固有之。攸俗也有以赘婿为子嗣的风俗。岳阳风俗也有湖湘之民，生男多作赘，生女反招婿男子为妇家承门户。这其实为陋习陋俗。这也是当地特有的风俗习惯，与当时的生产力水平以及思想状态相一致。因此无可厚非。礼法结合，礼义风尚具有法律性的效力与一定的社会约束力，民间自觉遵守并在乡土社会根深蒂固。是当地重要的民事行为习惯。

死亡

慎终大事也，士丧礼详矣，而习俗各殊，他处初丧或群聚刘，坐鼓吹达旦，谓之伴夜。攸则惟孝子恪居，丧次苦块不离。他处或期闭，吊张谶群饮，攸则惟计告亲友

---

① 《同治攸县志》，载《中国地方志集成·湖南府县志辑》，南京，江苏古籍出版社，第141页。
② 《同治攸县志》，载《中国地方志集成·湖南府县志辑》，南京，江苏古籍出版社，第141页。
③ 《同治攸县志》，载《中国地方志集成·湖南府县志辑》，南京，江苏古籍出版社，第141页。

来奠，备餐而已。不设盛馔，弟笃信，浮屠一节，士大夫不免，往往用僧道持齐，谓经云，为死者减罪，虽不若他处，孝子沿街，随僧迎经，或作人物戏，具无端侈费而积习，已以天堂地狱之说，牢不可破，不其惑欺。君子所贵乎，丧者以其内心是故交在焉。母杖期女子嫁焉，父母期所杀者，三年之文，而三年心丧之实，则如故也。攸士服制，最谨凡属，大功小功俱不敢，华靡厌躬，则三年之丧，其自致可知箴宅，详于仪礼，家人掌之，周官无有后，艰无有近悔，未当不谨重焉。乃后世溺于形家者言，百方莹求，以国吉壤越月踰时，而不克窆，则攸俗亦往往不免，宋谦父曰，世人尽知，穴在山岂，知穴在方寸间，好山好水，世不欠苟非其人□，不见我，见富贵人家，填往往葬时，皆贫贱迨至富贵，力可求人事，尽时天理，变为人子者，可以省矣。攸俗于填茔，有三善世族，墓地最严，砍伐松柏成林，望之蔚然，此一善也。清明祭扫，瞻拜维虔，应时修筑，免致倒塌，此二善也。志石墓碑，不在禁例，生庚殁葬，年月坐山，朝向四至，刊刻垂远，此三善也。①

【注释】弟：古同"第"。

【解读】这是关于丧礼的记载。此风俗礼法结合，在湖湘文化中具有共性。礼义风尚具有法律性的效力与一定的社会约束力，民间自觉遵守并在乡土社会根深蒂固。是当地重要的民事行为习惯。

宗族

朱子家礼时，祭用仲月前旬卜日，或丁或亥，孟诜家仪，用二分二至，文公谓于事亦，便攸俗，则春用清明，秋用中元，届期洒扫，祠宇虔诚，备牲醴，周有不恪，共家礼，以清明中元为俗，节有时，食之荐。今既沿为定期，自可不须卜日。攸俗有花朝祭，考唐代洛阳，以二月二日为花朝，宋时东京，以二月十二日为花朝，今以二月十五日为花朝。惟是祭不欲黩，倘清明中气，亦在仲春，将旬日间雨，举祀事数，则黩矣。弟相沿已久，于追远之义，要亦不悖。攸俗冬至，祭最盛，此礼创自伊川，程子所以祭初祖也。朱子则曰，始基之祖，只存得墓祭，盖朱子当疑其僭，而未敢行也。今既易墓祭，为祠祭，虽阳至专祀，非有加于士庶。常仪弟循分，以伸其仁，孝

---

① 《同治攸县志》，载《中国地方志集成·湖南府县志辑》，南京，江苏古籍出版社，第141页。

子忱，则亦礼之可通行于上下者，其他生辰忌日，墓祭各从其便。总之无薄于追远者，皆俗之厚也。①

【解读】这是关于祭礼的记载。有攸县的特性，也有攸县的共性。此风俗礼法结合，在湖湘文化中具有共性。礼义风尚具有法律性的效力与一定的社会约束力，民间自觉遵守并在乡土社会根深蒂固。是当地重要的民事行为习惯。

二十六、湘乡县

宗族

湘邑民居虽无数十家为一村，要多聚族。而处不轻，去其乡里，建宗祠修谱，系立家督，其祭祀，或以春秋，或以冬盖少长咸□云。②

【解读】这是关于宗族家谱的记载。反映出宗族祭祀观念在乡土社会的普遍存在。祭祀风俗在乡土社会被广泛重视。此风俗礼法结合，在湖湘文化中具有共性。礼义风尚具有法律性的效力与一定的社会约束力，民间自觉遵守并在乡土社会根深蒂固。是当地重要的民事行为习惯。

婚姻家庭

定聘用红绿帖书男女生庚，媒氏互致之，亲迎必设，綵舁其簪环衣裳，各视其力能具者。③

【解读】纳彩行聘即婚约开始成立。法律没有明确婚约习惯的约束力，但在民间乡土社会，这些礼节风尚根深蒂固，自成体系。礼法结合，礼义风尚具有法律性的效力与一定的社会约束力，民间自觉遵守。因此在古代，婚约是具有法律性的效力的，一方发出要约一方接受并作出承诺，双方便开始享有权利责任，不得随意毁约否则要承担违约责任。在如今，婚约不具有法律约束力。由于婚约不具有法律约束力，因此婚约的解除也不需经过法定程序。合写年岁包括问名纳吉，通过占卜告知合婚即订婚。

---

① 《同治攸县志》，载《中国地方志集成·湖南府县志辑》，南京，江苏古籍出版社，第142页。
② 《同治湘乡县志》，载《中国地方志集成·湖南府县志辑》，南京，江苏古籍出版社，第271页。
③ 《同治湘乡县志》，载《中国地方志集成·湖南府县志辑》，南京，江苏古籍出版社，第271页。

纳征后婚约正式成立。婚姻程序礼仪中大多需要男方的礼金,即需要送礼。赠予关系成立,以结婚为目的。在当代,若婚约解除,有两种途径解决礼金返还问题。1、按合同法第一百九十二条规定,不履行赠予合同约定的义务,赠予人可以撤销赠予。2、婚姻法解释二:第十条当事人请求返还按照习俗给付的彩礼的,如果查明属于以下情形,人民法院应当予以支持:(一)双方未办理结婚登记手续的;(二)双方办理结婚登记手续但确未共同生活的;(三)婚前给付并导致给付人生活困难的。适用前款第(二)、(三)项的规定,应当以双方离婚为条件。因此,赠予的礼金在双方未办理结婚登记为条件下应当返还。这是当代法律竞合问题。在古代嫁妆属于女方私产,不存在返还问题。男方聘礼在婚约解除后的聘礼返还问题有待研究。

死亡

始死招魂三日,成服附身附棺必求无悔,不徙侈,吊客盈门也。祭奠用朱子家礼,亦有延僧道者,至茔葬修墓,尤为邑俗所重。①

【解读】这是关于丧葬的记载。此风俗礼法结合,在湖湘文化中具有共性。礼义风尚具有法律性的效力与一定的社会约束力,民间自觉遵守并在乡土社会根深蒂固。是当地重要的民事行为习惯。

社会

家以游观为戒,亦不以锦绣,纂组为工,惟木棉布缕,专课女红,其勤纺织,以供衣服者,无贫富一也。②

【解读】这是关于妇女习惯的记载。此风俗礼法结合,在湖湘文化中具有共性。礼义风尚具有法律性的效力与一定的社会约束力,民间自觉遵守并在乡土社会根深蒂固。是当地重要的民事行为习惯。

---

① 《同治湘乡县志》,载《中国地方志集成·湖南府县志辑》,南京,江苏古籍出版社,第271页。
② 《同治湘乡县志》,载《中国地方志集成·湖南府县志辑》,南京,江苏古籍出版社,第271页。

二十七、郴州直隶州、

社会

好尚粉异，疾病祷赛，医药无良焉。郴俗朴实无纷□，靡丽以啬，其真务继嗇，私货力鲜，慷慨豪侠之风，夙信鬼神，疾病多用祷赛，近知医药，多信浮屠，丧葬尤甚。乡间以务农为业，耕由种植，安土重迁，日用率敦俭朴。城市则渐□于华盖地，当粤东孔道，摈榔焉酒，间染其习，向柔懦，畏法，迩来机诈相习，颇多雀角。□信地棍挑唆成讼，甚至服毒圆顿，猾□百，自出州始，多事寝失，其初然尚无聚众械□。及抗官拒捕之风，虽西邻，平阳虑染，习悍幸于接壤，不兴同俗。所赖乡有君子，明礼让敦信义，维持而化导之庶，可久乎。①

【解读】这是关于习尚的记载。多简朴，且注重鬼神之说，注重祭祀之礼。此风俗礼法结合，在湖湘文化中具有共性。礼义风尚具有法律性的效力与一定的社会约束力，民间自觉遵守并在乡土社会根深蒂固。是当地重要的民事行为习惯。

婚姻家庭

谕财者，不齿以纳采，为行聘富者，用金银首饰绸缎布足，猪羊鸡鹅饼菓之属，费数十金，以监茶为主云，海誓山盟，中户但具数金或薄仪，以一笺合写男女年月日时为传庚，请期云报日，具仪仍视其家为过礼。外祖伯叔姑舅等皆备物，谓之卓席，惟取门户相当。近因富户相耀，渐饮奢华，即纳彩于迎娶仪物，无异，女家回礼，亦约相等，前此奁物。不过日用布帛富者，用仆婢奁田，今则中等之家，亦彼此相效为观美。装郎须寒暑衣服，女更倍之。绫缎远求京扬，珠翠争夸新奇，一切器具备，极精工除婢女外尚有奁钱，数十数百千不等富者，即侈费固绰有馀裕，中户亦欲争夸，遂有典田鬻产，以资奁仪者，于是育女苦于赔累，有血盆抱养谓之□养媳，数岁即迎归者，谓之过门，以省婚费矣。②

【解读】1、纳彩行聘即婚约开始成立。法律没有明确婚约习惯的约束力，但在民

---

① 《嘉庆郴州总志》，载《中国地方志集成·湖南府县志辑》，南京，江苏古籍出版社，第603页。
② 《嘉庆郴州总志》，载《中国地方志集成·湖南府县志辑》，南京，江苏古籍出版社，第605页。

间乡土社会，这些礼节风尚根深蒂固，自成体系。礼法结合，礼义风尚具有法律性的效力与一定的社会约束力，民间自觉遵守。因此在古代，婚约是具有法律性的效力的，一方发出要约一方接受并作出承诺，双方便开始享有权利责任，不得随意毁约否则要承担违约责任。在如今，婚约不具有法律约束力。由于婚约不具有法律约束力，因此婚约的解除也不需经过法定程序。合写年岁包括问名纳吉，通过占卜告知合婚即订婚。纳征后婚约正式成立。婚姻程序礼仪中大多需要男方的礼金，即需要送礼。赠予关系成立，以结婚为目的。在当代，若婚约解除，有两种途径解决礼金返还问题。1、按合同法第一百九十二条规定，不履行赠予合同约定的义务，赠予人可以撤销赠予。2、婚姻法解释二：第十条当事人请求返还按照习俗给付的彩礼的，如果查明属于以下情形，人民法院应当予以支持：（一）双方未办理结婚登记手续的；（二）双方办理结婚登记手续但确未共同生活的；（三）婚前给付并导致给付人生活困难的。适用前款第（二）、（三）项的规定，应当以双方离婚为条件。因此，赠予的礼金在双方未办理结婚登记为条件下应当返还。这是当代法律竞合问题。在古代嫁妆属于女方私产，不存在返还问题。男方聘礼在婚约解除后的聘礼返还问题有待研究。2、女家奁财太过厚重，若实在无法自存，则在女子幼时便过门为媳，以此来减免婚费。童养媳习惯的产生说明在旧时乡土社会重视婚礼礼金聘礼习俗，礼法至上，礼法结合，根深蒂固成为民间具有社会约束力的制度风气，人们自觉遵守礼仪，不惜变卖家产。但仍有实在无法满足的，童养媳习惯便由此产生，目的仍然是为遵守礼法，此习惯是不得不催生出来的产物。

艰嗣者，不拘同异姓，有先抚异子图力者，亦为之娶，或薄分产业，或照子均分，然后多至争讼，要当慎之于始也。①

【解读】抱养风俗中，异子有先抚异子图力者，亦为之娶，或者薄分产业，或者照子均分。然后多有争讼，要当慎之于始也。这反映出抱养风俗的具体仪式性程序亦引发争讼。抱养中继承关系在民间自然生成，礼与法结合，具有一定社会约束力，但是并未计入法律，义子与亲子均分，均为遗产继承人，共同享有遗产所有权。但是并未计入法律，抱养风俗也是民乡社会重要的民事行为习惯。此风俗礼法结合，在湖湘文化中具有共性。礼义风尚具有法律性的效力与一定的社会约束力，民间自觉遵守并在乡

---

① 《嘉庆郴州总志》，载《中国地方志集成·湖南府县志辑》，南京，江苏古籍出版社，第605页。

土社会根深蒂固。是当地重要的民事行为习惯。

身份

昔时年近二十者，父兄卜吉延亲族，依冠仪加冠礼，颇隆重，近多敛繁就简，不拘年齿，率于娶妇日，请乡先生表字加冠，盖冠典婚合矣。①

【解读】冠礼仪式删繁就简，逐渐简约化。反映出冠礼的特点是与婚礼相结合，娶妇日，加冠，盖冠典婚合矣。冠礼是人具有完全民事行为习惯的仪式性标志。

死亡

有棺无椁，衣衾称家，多信释道，亲没请之日，解秽。成服又用之日，开灵。夜云做开路，近惟知礼者，遵朱文公家礼，柩停中堂卜地择吉，发引之先期，亲朋来赙者，随给帛至有用，猪羊盛馔者，丧主报亦，从厚祭章，昔用纸轴，今多用绸缎踵事，增华好为，亲美富者，或请官题主书旌，既葬鲜用碑铭墓志，扦葬多依祖填但谕昭穆无禁，步县惟宜章，多以重赀卜购新山者。②

【注释】椁：套在棺材外面的大棺材。解秽：解除秽恶，亦指除去秽气。扦：用金属或竹、木制成的一种针状器具，有的带有底座。

【解读】这是关于丧葬的记载。丧葬的风俗程序与法结合，谓之礼法结合。在湖湘文化中具有共性。礼义风尚具有法律性的效力与一定的社会约束力，民间自觉遵守并在乡土社会根深蒂固。是当地重要的民事行为习惯。

身份

地瘠民贫，城野无罗绮之服食。用俭尚但嗜饮成俗，日多酣饮，按前此宾客尚简，物薄情真。不过鸡鸭肉鱼随时蔬菜，八人一席，酒不尽醉。偶遇喜庆，略加数肴，贺仪亦薄，彼此往来。自易司马温公所谓，食不过数肴，酒不过数巡。尚有此风也。迩来习于时移山珍海错红白烧□，父老相传数十年，前未当数见，惟尚无演剧之风耳，乡村犹近古丧葬筵席，仍书族里吊唁，置酒棺旁，谓之闹丧，婚礼咸友，族里致贺，

---

① 《嘉庆郴州总志》，载《中国地方志集成·湖南府县志辑》，南京，江苏古籍出版社，第605页。
② 《嘉庆郴州总志》，载《中国地方志集成·湖南府县志辑》，南京，江苏古籍出版社，第606页。

上宾留三日，每日数十席不等。筵席必极，丰盛否，则以吝啬相嗤，大杯勤饮，尽兴始撤，早夜亦然，未免耗费过奢。后将不继，兴马服饰，向惟夏葛冬棉，即皮服亦稀，近则狐皮□脊竞相绚耀，视羔皮直粗，服耳细缎纱，罗哗叽哆啰，相习成风，司牧者起。而维持之还，淳返朴其庶有瘳乎，余故採其醇，不敢□其疵，取其俭不敢讳其奢，以使下知所惩，上知所化焉。①

【解读】这是关于郴州的日常饮食习惯的记载。与湖湘其他地区大抵相同。也是当地的民俗民性的体现。多礼法结合，此风俗在湖湘文化中具有共性。礼义风尚具有法律性的效力与一定的社会约束力，民间自觉遵守并在乡土社会根深蒂固。是当地重要的民事行为习惯。

二十八、安仁县

身份

邑自宋以来，秉礼者多奉行朱子家礼。万历间，李斗野刻四礼简仪，以训衡民，一时翕，从久亦浸亡，迄今冠礼少有讲者，间有士夫家，或略仿遗意，于婚礼先期，行之。②

【注释】翕：闭合，收拢，可表示合、聚、和顺的意思。

【解读】这是关于冠礼的记载。冠礼是古代中国汉族男性的成年礼。冠礼表示男青年至一定年龄，性已经成熟，可以婚嫁，并从此作为氏族的一个成年人，参加各项活动。成年礼（也称成丁礼）由氏族长辈依据传统为青年人举行一定的仪式，才能获得承认。冠礼也是人具有完全民事行为能力的仪式性表现。有时，冠礼与婚礼结合，在婚期之前，举行加冠礼。

婚姻家庭③

婚嫁用俗礼，婿不亲迎，如聘妇之初，婿家先书男子年庚于红笺，谓之鸾书。媒

---

① 《嘉庆郴州总志》，载《中国地方志集成·湖南府县志辑》，南京，江苏古籍出版社，第606页。
② 《嘉庆安仁县志》，载《中国地方志集成·湖南府县志辑》，南京，江苏古籍出版社，第79页。
③ 《嘉庆安仁县志》，载《中国地方志集成·湖南府县志辑》，南京，江苏古籍出版社，第79页。

氏致之女家，副以鹅酒豚果钗镯近或行猪羊聘金数十两，女家亦书女子年庚于绿笺，复于婿家。回以冠履布疋纸笔墨砚，是谓定亲。

【注释】鸾书：指男女定亲的婚帖。布疋：布以匹计，故统称布为布匹。定亲是中国很多地方的婚俗。定亲通常是男到女家。去时需带上定亲礼物、礼金等等。

【解读】纳彩行聘即婚约开始成立。法律没有明确婚约习惯的约束力，但在民间乡土社会，这些礼节风尚根深蒂固，自成体系。礼法结合，礼义风尚具有法律性的效力与一定的社会约束力，民间自觉遵守。因此在古代，婚约是具有法律性的效力的，一方发出要约一方接受并作出承诺，双方便开始享有权利责任，不得随意毁约否则要承担违约责任。在如今，婚约不具有法律约束力。由于婚约不具有法律约束力，因此婚约的解除也不需经过法定程序。合写年岁包括问名纳吉，通过占卜告知合婚即订婚。纳征后婚约正式成立。婚姻程序礼仪中大多需要男方的礼金，即需要送礼。赠予关系成立，以结婚为目的。在当代，若婚约解除，有两种途径解决礼金返还问题。1、按合同法第一百九十二条规定，不履行赠予合同约定的义务，赠予人可以撤销赠予。2、婚姻法解释二：第十条当事人请求返还按照习俗给付的彩礼的，如果查明属于以下情形，人民法院应当予以支持：（一）双方未办理结婚登记手续的；（二）双方办理结婚登记手续但确未共同生活的；（三）婚前给付并导致给付人生活困难的。适用前款第（二）、（三）项的规定，应当以双方离婚为条件。因此，赠予的礼金在双方未办理结婚登记为条件下应当返还。这是当代法律竞合问题。在古代嫁妆属于女方私产，不存在返还问题。男方聘礼在婚约解除后的聘礼返还问题有待研究。

将婚之先，婿家择吉倩媒氏通之女家，名曰报日。继以服饰鸡豚之属，献之名曰过礼。近或议帮奁赀数十两，女家允报回书。①

【解读】婚姻程序礼仪中大多需要男方的礼金，即需要送礼。赠予关系成立，以结婚为目的。在当代，若婚约解除，有两种途径解决礼金返还问题。1、按合同法第一百九十二条规定，不履行赠予合同约定的义务，赠予人可以撤销赠予。2、婚姻法解释二：第十条当事人请求返还按照习俗给付的彩礼的，如果查明属于以下情形，人民法院应当予以支持：（一）双方未办理结婚登记手续的；（二）双方办理结婚登记手续

---

① 《嘉庆安仁县志》，载《中国地方志集成·湖南府县志辑》，南京，江苏古籍出版社，第79页。

但确未共同生活的；（三）婚前给付并导致给付人生活困难的。适用前款第（二）、（三）项的规定，应当以双方离婚为条件。因此，赠予的礼金在双方未办理结婚登记为条件下应当返还。这是当代法律竞合问题。在古代嫁妆属于女方私产，不存在返还问题。男方聘礼在婚约解除后的聘礼返还问题有待研究。

婚之日，婿家饰綵轿，设香案，米盘，轿行撒米厭煞名，起轿。鼓吹至女家，亦撒米厭煞名，接轿。女家治席宴宾客，名歌堂酒择时，扶女入轿，鼓吹盈路，戚里相送，中道而返，惟女父伯叔兄弟送请婿门，婿家接轿如初仪，择福泽妪为侍娘，啟轿扶新妇入室。梳洗赞礼，二人引婿至花烛处，侍娘导新妇兴婿交拜，饮交杯酒，两杯用红绳相繫，各合卺，赞礼以果，撒帐，致祝婿，同新妇入帷，名曰坐帐。亦有为时日，有忌用巫者，厭勝若诗书家，往往恶之。则止。今赞礼唱导一如家礼式，古有庙见礼，今士庶无庙，即于是日，翁姑伯叔立于堂上，新妇随婿拜之，然后众宾以次拜见，各出见仪，名拜堂，设酒宴宾戚，或款饮二三日不等。晚宴撒席，宾戚鼓吹喧嚷到房，名间洞房。新妇陈茶果相延，士夫家嫌于无别，近时稍革此风。大抵婚嫁多在三冬，非必仲春，会男女也。

【解读】这是关于婚礼进行过程中风俗程序的记载。礼法结合，婚礼的风俗习惯在湖湘文化中具有共性。礼义风尚具有法律性的效力与一定的社会约束力，民间自觉遵守并在乡土社会根深蒂固。是当地重要的民事行为习惯。

向来食物酒席，尚質朴，近趋奢华，贫家艰于措办，多有抱怀养媳者，亦损费从俭之道云。①

【解读】食物酒席多尚简朴，近则渐趋奢华，贫家无从备办，便多有抱童养媳的风俗，节省婚费。童养媳习惯的产生说明1、在旧时乡土社会重视婚礼礼金聘礼习俗，礼法至上，礼法结合，根深蒂固成为民间具有社会约束力的制度风气，人们自觉遵守礼仪，不惜变卖家产。但仍有实在无法满足的，童养媳习惯便由此产生，目的仍然是为遵守礼法，此习惯是不得不催生出来的产物。2、童养媳习惯也与重男轻女的陋习相伴而生，一方面，重男轻女思想催生了童养媳习惯的出现，包办婚姻女人没有爱情自由，

---

① 《嘉庆安仁县志》，载《中国地方志集成·湖南府县志辑》，南京，江苏古籍出版社，第79页。

完全受礼法束缚。另一方面，此习惯促使了重男轻女思想的加深，童养媳确定，虽仍在自家抚养，但"嫁出去的女儿，泼出去的水"，女儿已成为别人家的媳妇，在旧时乡土社会这种思想的影响下，对女儿的忽视也就在所难免了。

附：司马温公曰世俗之贪鄙者，将娶妇必先问资妆之厚薄，将嫁女必先问聘财之多少，婚娶谕财，是以生男则喜，生女则戚至有不举其女者，用此故也。然则议婚姻有及于财者，皆勿兴为婚姻可也。①

【解读】世俗贪鄙之人，多重视财礼，嫁娶先问礼金奁物多少，这说明安仁县婚礼风气的日益浮躁，生男则喜，生女则戚至有不举其女者，用此故也。这些陋习无可厚非，是与当时的社会生产力与思想行为习惯相一致的。

死亡

邑之处，亲丧者，多以白纸书门曰，读礼。始丧，则鸣锣请水于溪，以供浴焚，其卧蔫殓殡衣衾，用绢布绸帛，棺用杉，召浮屠作科曰，开路。三朝设纸灵，始供水饮，成服具讣，于姻里，来吊者，以香楮烛帛唁，孝子于□内，号泣稽□，款以酒食，裂帛各二三尺，有诵经而设齐厨者，以没之首，七数至七七，延疏黄诵经，礼忏焚冥钱，而五七尤重，其奢者，作三日或五日道场。召亡交赦，破狱诸科，又或百日而大蒿，或周年而大蒿，或三年焚灵，而大蒿，俱用僧道，殆积习使然也。其为诗书之家，尽哀于含敛，一遵家礼者，亦未当无人焉，葬日延宾名开堂。鼓设祭姻里，以挽章牲醴，致奠，俱给白冠于其，至亲者，给以白服开筵燕饮，至二三日，四五日不等。或请大绅，题主然亦称家之有无，发丧前夕，孝子具羞酌，撰家祭文，今一人宣读于侧，稽颡致奠，举哀擗踊，车发题丹，旒于前，长且八九尺，又以纸作幡幢，导于前，鼓吹送灵异者，至十有六人作邪，许声姻里，皆送于墓，听将窆烧楮钱，芝麻膏于坎，名煖圹窆棺，用石灰周覆以土染，填高三四尺许，葬后，三虞大小祥禫，期诸礼皆不行，间有信堪于家术，遍觅佳城，致停棺数载，不葬者，亦惑于风水之说也。

---

① 《嘉庆安仁县志》，载《中国地方志集成·湖南府县志辑》，南京，江苏古籍出版社，第79页。

附：司马温公曰，先王制礼葬，期不过七月又礼未葬不变，服食粥倚，庐哀亲之未有所归也。人之贵贱贫富□天系于命贤愚系于人于葬无兴也。即使果如葬师之言，为人子者方当哀痛之际，何忍不顾其亲之暴露，乃欲自求福利。耶程伊川先生曰，卜其宅，兆卜，其他之美恶也，地之美者，土色之光，润草木之茂盛，乃其验也。而拘忌者，惑于择地之方位，决日之吉凶，不亦泥乎甚者，不以奉先为计而专以利后为虑，尤非孝子之用心。①

【注释】挽章：挽词。稽颡：古代的一种礼节。擗踊：极度悲哀。舥：方国舰队。窆：把死者的棺材放进墓穴，又引申为埋葬、墓穴。祥禫：是指丧祭名。

【解读】这是关于丧葬礼仪的记载。除了大同小异的风俗程序之外，还反映出当地人对迷信风水的信仰，不葬等有悖伦理道德之事多有出现。人们信奉风水之说，而宁不葬棺木，此所谓不以奉先为计而专以利后为慮，尤非孝子之用心。

宗族

礼有五经，莫重于祭，祭之义大矣哉。有一岁之专祭，有四时之分，祭均于祠寝中，合族人祀之安仁□姓，最繁俱各建祠寝，以祭奠远祖，春则于春分清明，秋则于中元秋分霜降，冬则于十月朔冬至，具牲醴馔品，展拜于祠寝，相沿为例。姓各不同，及清明十月朔，挂扫中元烧衣楮，皆有祭田银两以供，交给报本追远礼，在则然此亦俗之厚也。②

【解读】祭礼在乡土社会中被高度重视。祭礼是家族的习尚，不同姓氏族人祭祀礼仪规矩各不同，也反映出乡土社会士族大家庭的观念深厚。多礼法结合，此风俗在湖湘文化中具有共性。礼义风尚具有法律性的效力与一定的社会约束力，民间自觉遵守并在乡土社会根深蒂固。是当地重要的民事行为习惯。

---

① 《嘉庆安仁县志》，载《中国地方志集成·湖南府县志辑》，南京，江苏古籍出版社，第80页。
② 《嘉庆安仁县志》，载《中国地方志集成·湖南府县志辑》，南京，江苏古籍出版社，第80页。

二十九、嘉禾县

社会

亲井白勤纺绩，无绮罗金玉之饰，亦无游冶烧香之风。①

【解读】这是关于妇女习尚的记载。嘉禾县妇女勤劳能干，不事粉黛，不奢华，安分守己。妇女的行为反映出封建礼教对其的束缚，妇女的行为习惯也是旧时社会妇普遍存在的民事行为习惯。

婚姻家庭

纳采礼，婿家书年庚于笺，侑以银币，属媒致女家，谓之代羊猪。女家如其礼，以衣巾履袜酬之。请期礼，婿家属媒又致银币于女家，名曰纳笄。然后诹吉倩媒，道之俗名，报日。亲迎礼，婿不亲行，但备于以家鸡代雁属媒往迎，女家乃备縑帛钗钏之属，送之，又嘉俗订庚后，婿远出无妇女多依父母，终老贫者，苦女累，故育女不过三举，又或夫死再适，索财物至三四十金及七八十金者，岂习俗使然欤，士君子以礼意正之此其先务。②

【解读】纳彩行聘即婚约开始成立。法律没有明确婚约习惯的约束力，但在民间乡土社会，这些礼节风尚根深蒂固，自成体系。礼法结合，礼义风尚具有法律性的效力与一定的社会约束力，民间自觉遵守。因此在古代，婚约是具有法律性的效力的，一方发出要约一方接受并作出承诺，双方便开始享有权利责任，不得随意毁约否则要承担违约责任。在如今，婚约不具有法律约束力。由于婚约不具有法律约束力，因此婚约的解除也不需经过法定程序。合写年岁包括问名纳吉，通过占卜告知合婚即订婚。纳征后婚约正式成立。婚姻程序礼仪中大多需要男方的礼金，即需要送礼。赠予关系成立，以结婚为目的。在当代，若婚约解除，有两种途径解决礼金返还问题。1、按合同法第一百九十二条规定，不履行赠予合同约定的义务，赠予人可以撤销赠予。2、婚姻法解释二：第十条当事人请求返还按照习俗给付的彩礼的，如果查明属于以下情形，

---

① 《同治嘉禾县志》，载《中国地方志集成·湖南府县志辑》，南京，江苏古籍出版社，第425页。
② 《同治嘉禾县志》，载《中国地方志集成·湖南府县志辑》，南京，江苏古籍出版社，第425页

人民法院应当予以支持：（一）双方未办理结婚登记手续的；（二）双方办理结婚登记手续但确未共同生活的；（三）婚前给付并导致给付人生活困难的。适用前款第（二）、（三）项的规定，应当以双方离婚为条件。因此，赠予的礼金在双方未办理结婚登记为条件下应当返还。这是当代法律竞合问题。在古代嫁妆属于女方私产，不存在返还问题。男方聘礼在婚约解除后的聘礼返还问题有待研究。嘉禾县有老贫者，苦于女儿拖累，因此育女不过三举。也有夫死索要财物的，此风气在现代，归于遗产继承类问题加以解决。但在旧时并无明确规定，夫死，寡妇如何维权，索要财物便成为当时有违背固有习俗的事情。

死亡

士人处亲丧间有遵用家礼，不作佛事者，亦有遵家礼，简易之条，杂用佛事者，俗则专召浮屠，诵经咒度，名为应七。葬期前数日，设祭，谓之开吊，亲友有以烛帛来者，有以牲醴来者，有以紬缎布帐，书祭章来者，主人酬以酒馔肴帛，祝其家之丰，俭以为礼，夜则亲族咸聚，名曰守丧。发引之日，必请一绅士书主，谓之题主。

宾见士庶，家见客，必具衣冠，宾朋燕集，亦无盛馔饮，则如量乃止。①

【解读】这是关于丧葬的记载。多礼法结合，此风俗在湖湘文化中具有共性。礼义风尚具有法律性的效力与一定的社会约束力，民间自觉遵守并在乡土社会根深蒂固。是当地重要的民事行为习惯。

社会

他邑风俗，每日二食者，俱多。惟州俗独，三嘉邑亦然，农家春夏间，犹多一食，名曰下午饭。郎□亦不用□而以铛于他俗异。②

【注释】饔飧：做饭、早饭和晚饭；饭食。

【解读】这是关于饭食的记载。礼义风尚具有法律性的效力与一定的社会约束力，民间自觉遵守并在乡土社会根深蒂固。是当地重要的民事行为习惯。

---

① 《同治嘉禾县志》，载《中国地方志集成·湖南府县志辑》，南京，江苏古籍出版社，第425页。
② 《同治嘉禾县志》，载《中国地方志集成·湖南府县志辑》，南京，江苏古籍出版社，第426页。

三十、永兴县

社会

民俗朴野，务农力耕，房宅宴会，服食器用，止取备物而止，即绅士大户，亦鲜华美之饎风颇近古。①

【解读】服舍的记载反映出永兴县民性质朴，鲜有华丽之物。

永民家，堂中多奉天地君亲，师神位祀之，不知天地非天子不得祀，亡国之社，则屋之天地，其可屋之乎。君则必九重宫阙，然后可居，非间所可渎亵。至于师固，当敬然，兴本家中考妣，宗亲合食一堂，亦无此礼，此亦书俗，使然习矣，不察故也。更有崇信二氏于家龛中，设点道名，位及塑观音三元等像者，抑何惑之甚乎。②

【注释】间：里门。考妣：古代称已死的父母。龛：为供奉神佛或神主的石室或小阁子。

【解读】这是关于俗祀的记载。反映出旧时社会对祭祀的重视。多礼法结合，此风俗在湖湘文化中具有共性。礼义风尚具有法律性的效力与一定的社会约束力，民间自觉遵守并在乡土社会根深蒂固。是当地重要的民事行为习惯。

身份

永俗久旷，其仪凡未成童者，夏不戴帽，冬戴儿帽，以御寒，其好礼之家，或为子娶妇之前，数日于子加冠，于冠之仪节，概置不讲，至于女子将嫁，亦择前数日之吉期，向祖先告拜，乃笄。

在婚嫁之时，行冠笄于情事，甚便，但只须请一亲宾，受训命字即是矣。不然仍是婚礼中醮子醮女之事，兴冠笄礼无涉。③

【解读】冠礼是人们具有完全民事行为能力的仪式性标志。冠礼也可与婚礼结合，

---

① 《乾隆永兴县志》，载《中国地方志集成·湖南府县志辑》，南京，江苏古籍出版社，第88页。
② 《乾隆永兴县志》，载《中国地方志集成·湖南府县志辑》，南京，江苏古籍出版社，第89页。
③ 《乾隆永兴县志》，载《中国地方志集成·湖南府县志辑》，南京，江苏古籍出版社，第91页。

在男取＝娶妇前几日，加冠拜祖，成人。在女子嫁男之前几日，行笄礼，具有完全民事行为能力。在婚嫁之时，也可同时行冠礼，但只需要请一宾客，受训命字即是。这是冠礼的风俗习惯，多礼法结合，此风俗在湖湘文化中具有共性。礼义风尚具有法律性的效力与一定的社会约束力，民间自觉遵守并在乡土社会根深蒂固。是当地重要的民事行为习惯。

婚姻家庭

永俗衣冠世族家议婚，男家使媒通于女家，女家许之，乃授以女子年庚，今男家合婚既吉用红全柬二套，谓之庚书。男女家各一套，各清载世系，年庚命名于□请媒传送。男执女柬，女执男柬，谓之传庚。继用聘金首饰布帛之类，多寡不定，请媒送往女家，谓之行礼。[①]

【解读】纳彩行聘即婚约开始成立。法律没有明确婚约习惯的约束力，但在民间乡土社会，这些礼节风尚根深蒂固，自成体系。礼法结合，礼义风尚具有法律性的效力与一定的社会约束力，民间自觉遵守。因此在古代，婚约是具有法律性的效力的，一方发出要约一方接受并作出承诺，双方便开始享有权利责任，不得随意毁约否则要承担违约责任。在如今，婚约不具有法律约束力。由于婚约不具有法律约束力，因此婚约的解除也不需经过法定程序。合写年岁包括问名纳吉，通过占卜告知合婚即订婚。纳征后婚约正式成立。婚姻程序礼仪中大多需要男方的礼金，即需要送礼。赠予关系成立，以结婚为目的。在当代，若婚约解除，有两种途径解决礼金返还问题。1、按合同法第一百九十二条规定，不履行赠予合同约定的义务，赠予人可以撤销赠予。2、婚姻法解释二：第十条当事人请求返还按照习俗给付的彩礼的，如果查明属于以下情形，人民法院应当予以支持：（一）双方未办理结婚登记手续的；（二）双方办理结婚登记手续但确未共同生活的；（三）婚前给付并导致给付人生活困难的。适用前款第（二）、（三）项的规定，应当以双方离婚为条件。因此，赠予的礼金在双方未办理结婚登记为条件下应当返还。这是当代法律竞合问题。在古代嫁妆属于女方私产，不存在返还问题。男方聘礼在婚约解除后的聘礼返还问题有待研究。

[①]《乾隆永兴县志》，载《中国地方志集成·湖南府县志辑》，南京，江苏古籍出版社，第91页。

史料中的习惯与规则
——湖湘地区方志中民商事习惯史料的整理注释与研究

将娶则先择亲迎吉期,报于女家,谓之报日。其亲迎之前,一日或本日,用告庙红启一套,以猪羊牲醴鸡鹅之类,请媒往女家,告庙谓之奠雁礼。礼毕,遂迎亲,其女家陪嫁装奁,多从厚,前辈尤多给奁田,此永俗之大凡也。①

【解读】这是关于婚礼程序中请期亲迎的记载。多礼法结合,此风俗在湖湘文化中具有共性。礼义风尚具有法律性的效力与一定的社会约束力,民间自觉遵守并在乡土社会根深蒂固。是当地重要的民事行为习惯。

至谷市井编民,则嫁娶谕财者,多又有女甫生而过门者,谓之血盆抱养。②

【解读】童养媳习惯的产生说明1、在旧时乡土社会重视婚礼礼金聘礼习俗,礼法至上,礼法结合,根深蒂固成为民间具有社会约束力的制度风气,人们自觉遵守礼仪,不惜变卖家产。但仍有实在无法满足的,童养媳习惯便由此产生,目的仍然是为遵守礼法,此习惯是不得不催生出来的产物。

又有同姓为昏者,又有收兄弟未婚之妻者,谓之转配。③

【解读】按照儒家伦理是违背道德道义之习俗,但是此风俗为永兴县民俗习性,已成为惯例习惯,大家共同遵守,并具有社会约束力,这反映出乡土社会并不是完全遵循旧时礼教,湖湘地区由于地区差异也有各自不同的生活习性甚至有些会衍生出适合本地区却违背旧时礼教的风俗习性。在现代,这种情况不被法律禁止,但是被道德所约束,是违背公序良俗的。

又有因贫困不和而生离者,又有捆嫁孀婦,反族恶习索户规者,近奉严禁风乃稍变。④

【解读】反映出永兴县在旧时乡土社会也多有离婚案件发生。有因贫困不和的,有因寡妇改嫁或逼嫁,与族人反目索要礼金的。这些事件在现代都是通过法律程序解决离婚财产、权利的分配与分割,是正常的离婚案件。但是,离婚在旧时乡土社会不被伦理接受,若离婚后仍要求权益财产等则被列为应禁之不良风气。说明,旧时乡土社

---

① 《乾隆永兴县志》,载《中国地方志集成·湖南府县志辑》,南京,江苏古籍出版社,第91页。
② 《乾隆永兴县志》,载《中国地方志集成·湖南府县志辑》,南京,江苏古籍出版社,第91页。
③ 《乾隆永兴县志》,载《中国地方志集成·湖南府县志辑》,南京,江苏古籍出版社,第91页。
④ 《乾隆永兴县志》,载《中国地方志集成·湖南府县志辑》,南京,江苏古籍出版社,第91页。

会，礼法结合，有关婚姻的礼教观念和法律规定不完备，且乡土社会对婚姻破裂的不认可观念根深蒂固，法律也不可能对这些事情进行保护与规范，相反会禁止，离婚或者离婚索要财物的事情发生。

死亡

永俗好礼之士，多不用佛事，其不饮酒，不食肉，不听乐，不庆贺，虽未能如古人之严然，犹不至荡闲败度。公然肆行，忘哀者，若编民之家，多惑于二氏超度之说。相沿成风，牢不可破。且遇邻里之丧，至夜群相邀集于丧次，饮酒坐夜，击鼓歌唱。名曰闹丧。此恶习也。亟宜革之至于卜葬，多听形家言择风水之区兼信阴阳避忌如空，亡地官符之类，有祀不祥者，辄停棺数载不窆，不知无鬼荫无煞犯之说也。抑何惑之甚也。填茔多用族葬，但不拘世代行次，合葬者，亦甚寡。①

【解读】这是关于丧礼的记载。闹桑为恶习，要加以禁止。多听信迷信风水之说，而做出有违背伦理道德之事，棺木数年不葬。葬茔多族葬，反映出永兴县乡土社会家族观念浓厚，变为公产，受族人祭拜。丧葬的礼节风俗，多礼法结合，此风俗在湖湘文化中具有共性。礼义风尚具有法律性的效力与一定的社会约束力，民间自觉遵守并在乡土社会根深蒂固。是当地重要的民事行为习惯。

宗族

永俗祭墓，每岁二举于清明，立冬日皆具牲醴，展墓覆土，除草，挂纸钱，归复致祭于祠堂，因以种惠之馀，燕会族人，至于四时，祭四代，冬至祭始祖，春祭先祖，季秋祭祢前辈。士大夫家，间有举行，而共后亦渐次旷废他如，上元四月八，端阳中元中秋重阳等节。各献以时，食永俗类然，惟六月内，当新节，最重，各家具盛馔于新米饭，一同陈设先向门外，祭拜谓之祭五谷神，后向祖先堂祭拜，先人谓之，荐新祭，毕，乃聚家人共食于新年不异。②

【解读】这是关于祭礼的记载。祭祀是乡土社会重要的民事行为习惯。族人一同祭祀先祖。这种风俗习惯在湖湘地区大同小异，具有共性。多礼法结合，礼义风尚具有

---

① 《乾隆永兴县志》，载《中国地方志集成·湖南府县志辑》，南京，江苏古籍出版社，第92页。
② 《乾隆永兴县志》，载《中国地方志集成·湖南府县志辑》，南京，江苏古籍出版社，第92页。

法律性的效力与一定的社会约束力,民间自觉遵守并在乡土社会根深蒂固。是当地重要的民事行为习惯。

社会

尚布素,冬棉夏苎,敝不敢弃,所衣之布,成自家人手,谓之家机布。冠履不甚,趋时妇女不吃蔫,不事脂粉,近渐趋华,靡然尚少兴马之饰,州志称永为近古。①

【解读】衣服风俗反映出浓重的小农社会的勤于耕织,以布为主要衣料的特点,自给自足的小农社会的特点。近来渐趋奢华,说明社会生产力的发展,衣服风尚也在改变。是乡土社会重要的民事行为习惯。

身份

编民多不讲好礼,家于将娶前,数日于子加冠,于冠之仪节,不尽合女子将嫁亦择前数日向祖拜乃笄。②

【解读】冠礼是人们具有完全民事行为能力的仪式性标志。冠礼也可与婚礼结合,在男取娶妇前几日,加冠拜祖,成人。在女子嫁男之前几日,行笄礼,具有完全民事行为能力。这是冠礼的风俗习惯,多礼法结合,此风俗在湖湘文化中具有共性。礼义风尚具有法律性的效力与一定的社会约束力,民间自觉遵守并在乡土社会根深蒂固。是当地重要的民事行为习惯。

婚姻家庭

议婚男家,使媒通于女家,许之乃授,以女年庚,今男家合婚,既吉用红全柬二套,男女家各清载世系年庚命名于柬,请媒传送,谓之传庚。继用聘金首饰布帛之类,请媒送往女家,谓之过礼。③

【解读】纳彩行聘即婚约开始成立。法律没有明确婚约习惯的约束力,但在民间乡土社会,这些礼节风尚根深蒂固,自成体系。礼法结合,礼义风尚具有法律性的效力

---

① 《光绪永兴县志》,载《中国地方志集成·湖南府县志辑》,南京,江苏古籍出版社,第447页。
② 《光绪永兴县志》,载《中国地方志集成·湖南府县志辑》,南京,江苏古籍出版社,第448页。
③ 《光绪永兴县志》,载《中国地方志集成·湖南府县志辑》,南京,江苏古籍出版社,第448页。

与一定的社会约束力,民间自觉遵守。因此在古代,婚约是具有法律性的效力的,一方发出要约一方接受并作出承诺,双方便开始享有权利责任,不得随意毁约否则要承担违约责任。在如今,婚约不具有法律约束力。由于婚约不具有法律约束力,因此婚约的解除也不需经过法定程序。合写年岁包括问名纳吉,通过占卜告知合婚即订婚。纳征后婚约正式成立。婚姻程序礼仪中大多需要男方的礼金,即需要送礼。赠予关系成立,以结婚为目的。在当代,若婚约解除,有两种途径解决礼金返还问题。1、按合同法第一百九十二条规定,不履行赠予合同约定的义务,赠予人可以撤销赠予。2、婚姻法解释二:第十条当事人请求返还按照习俗给付的彩礼的,如果查明属于以下情形,人民法院应当予以支持:(一)双方未办理结婚登记手续的;(二)双方办理结婚登记手续但确未共同生活的;(三)婚前给付并导致给付人生活困难的。适用前款第(二)、(三)项的规定,应当以双方离婚为条件。因此,赠予的礼金在双方未办理结婚登记为条件下应当返还。这是当代法律竞合问题。在古代嫁妆属于女方私产,不存在返还问题。男方聘礼在婚约解除后的聘礼返还问题有待研究。

  将娶则先择吉其报于女家,谓之报日。其亲迎之前一日或本日,用告庙红啟一套,以猪羊牲醴鸡鹅之类,请媒往女家,告庙,谓之奠者。

  【解读】这是关于婚礼程序中请期亲迎的记载。多礼法结合,此风俗在湖湘文化中具有共性。礼义风尚具有法律性的效力与一定的社会约束力,民间自觉遵守并在乡土社会根深蒂固。是当地重要的民事行为习惯。

  贫则但用被帐布衣,未有以男家财人己者,其甫生而过门者,其谓之血盆抱养,亦数岁即二姓往来者。[1]

  【解读】童养媳习惯的产生说明1、在旧时乡土社会重视婚礼礼金聘礼习俗,礼法至上,礼法结合,根深蒂固成为民间具有社会约束力的制度风气,人们自觉遵守礼仪,不惜变卖家产。但仍有实在无法满足的,童养媳习惯便由此产生,目的仍然是为遵守礼法,此习惯是不得不催生出来的产物。

---

[1] 《光绪永兴县志》,载《中国地方志集成·湖南府县志辑》,南京,江苏古籍出版社,第448页。

再醮者，议财于夫家，男以招赘为辱，女无为人婢妾者。①

【解读】 这是永兴县婚姻风气中与湖湘地区的不同。男以招为赘婿为耻，女也无女婢妾。再嫁的，可以与夫家争论财产问题。这是权利意识加强的体现。风气也渐趋现代化。

死亡

有棺无椁，衣衾称家礼者，遵用文公家礼，编民多惑于二，民殁时，请之解秽，又请之做开路，其邻里夜群相邀，集于丧次，击鼓歌唱名曰闹丧。发引先期，亲友送赙仪于丧家，富者发讣开吊，亦有请官题主书旌者，卜葬多惑形家言，葬多依祖茔合葬者寡。②

【解读】 这是关于丧葬的记载。多迷信风水之说。多有闹丧习俗。葬多依附于祖茔，合葬的不多。丧葬的风俗习惯是民间乡土社会自己发展的礼节风尚，自成体系。此风俗在湖湘文化中具有共性。礼法结合，礼义风尚具有法律性的效力与一定的社会约束力，民间自觉遵守并在乡土社会根深蒂固。是当地重要的民事行为习惯。

宗族

祭墓岁二举，清明四乡，皆然。立冬间，有行者，具牲醴展墓归复祭于祠堂，因以神惠之馀，燕会族人至四时，祭四代，冬至祭始祖，春祭先祖，季秋祭尔士大夫家间有行者，同族各有祭会，祭田，上元四月八，端阳中元重阳等节，各献以时，食惟六月当新最重，各家具盛馔兴新米饭，先向门外祭拜，谓祭五谷神，后向祖先祭拜，谓之荐新。家龛中多奉天地君亲师位，更有设释道，名位，及塑观音三元等像者，惟守礼者则不然。③

【解读】 这是关于祭礼的记载。祭祀是乡土社会重要的民事行为习惯。族人一同祭祀先祖。这种风俗习惯在湖湘地区大同小异，具有共性。多礼法结合，礼义风尚具有法律性的效力与一定的社会约束力，民间自觉遵守并在乡土社会根深蒂固。是当地重

---

① 《光绪永兴县志》，载《中国地方志集成·湖南府县志辑》，南京，江苏古籍出版社，第448页。
② 《光绪永兴县志》，载《中国地方志集成·湖南府县志辑》，南京，江苏古籍出版社，第448页。
③ 《光绪永兴县志》，载《中国地方志集成·湖南府县志辑》，南京，江苏古籍出版社，第449页。

要的民事行为习惯。

三十一、桂阳县

社会

桂无大富豪，在昔日，用饮食俱机俭约，即乡里燕会，止有数豆，城市丰厚，家间或罗列杯盘，今则乡市多肆筵，召客率用海。物亦有不尽古若者。[①]

【解读】饮食的记载反映出桂阳县生产力的发展以及人们对待日常饮食风气的转变。由简朴转为多肆筵杯盘。乡土社会的民俗习惯，是重要的行为习惯。在乡土社会礼法结合，这些风俗习惯约定俗成，具有一定的社会约束力，民间视其为"法"，在当今社会，从这些民俗中保留下来的风俗习惯，并不是民事行为，或者法律行为，只是与法律行为并列的事实行为，且不具备法律约束力。

身份

□乡里衣服，冬用棉，夏用苎麻，见衣服锦绣者，顾而□胎，附郭家，乃有夏葛冬裘之服，今渐次增华，士庶绣衣綵履，童子率衣裳帛。甚至厮卒贱役，亦毡裘自豪。[②]

【解读】服饰的记载反映出桂阳县生产力的发展以及人们对待日常服饰品质风气的转变。由质朴转为奢华，甚在乡土社会礼法结合，这些风俗习惯约定俗成，具有一定的社会约束力，民间视其为"法"，在当今社会，从这些民俗中保留下来的风俗习惯，并不是民事行为，或者法律行为，只是与法律行为并列的事实行为，且不具备法律约束至厮卒贱婢亦有毛毡，且引以为豪。日常的衣服风气行为等也是乡土社会重要的行为习惯。

嗜好不同，未足怪也。又云颠倒，好丑良可怪也。桂阳士民嗜好幸未颠倒，但尚鬼好祀，亦不免耳。[③]

【解读】这反映出桂阳民间嗜好鬼神祭祀，迷信之说盛行。这是桂阳县重要的民俗

[①] 《同治桂阳县志》，载《中国地方志集成·湖南府县志辑》，南京，江苏古籍出版社，第281页。
[②] 《同治桂阳县志》，载《中国地方志集成·湖南府县志辑》，南京，江苏古籍出版社，第281页。
[③] 《同治桂阳县志》，载《中国地方志集成·湖南府县志辑》，南京，江苏古籍出版社，第281页。

特点。在乡土社会礼法结合，这些风俗习惯约定俗成，具有一定的社会约束力，民间视其为"法"，在当今社会，从这些民俗中保留下来的风俗习惯，并不是民事行为，或者法律行为，只是与法律行为并列的事实行为，且不具备法律约束。

身份

古重冠礼，所以为国本也。乃通考云，自东迁后，礼乐废□，以致人自为礼，家自为俗。即缙绅大夫亦□□□卜冠礼之制，故通志制冠礼久废□邑亦然。①

【解读】冠礼是人们具有完全民事行为能力的仪式性标志。这是冠礼的风俗习惯，多礼法结合，此风俗在湖湘文化中具有共性。礼义风尚具有法律性的效力与一定的社会约束力，民间自觉遵守并在乡土社会根深蒂固。是当地重要的民事行为习惯。

婚姻家庭

亲迎惟士庶富厚家，行之馀，多用俗礼，嫁娶最最有十五六岁，生子者，书不谕财多宴，甚得古意。后女家以奢相尚衣服易棉布，而绫缎首饰易铜角，而金银□□珠翠，时节馈遗，竞丰好盛，稍从简署。男家间相诮让中人之产，不胜苦累，致成溺女之□□□近来无力婚嫁者，或血盆抱养，或数岁过门，礼物颇为简易。溺女之风渐息，至门再醮者，议财于夫家，则无一定之数。②

【解读】1、纳彩行聘即婚约开始成立。法律没有明确婚约习惯的约束力，但在民间乡土社会，这些礼节风尚根深蒂固，自成体系。礼法结合，礼义风尚具有法律性的效力与一定的社会约束力，民间自觉遵守。因此在古代，婚约是具有法律性的效力的，一方发出要约一方接受并作出承诺，双方便开始享有权利责任，不得随意毁约否则要承担违约责任。在如今，婚约不具有法律约束力。由于婚约不具有法律约束力，因此婚约的解除也不需经过法定程序。合写年岁包括问名纳吉，通过占卜告知合婚即订婚。纳征后婚约正式成立。婚姻程序礼仪中大多需要男方的礼金，即需要送礼。赠予关系成立，以结婚为目的。在当代，若婚约解除，有两种途径解决礼金返还问题。1、按合同法第一百九十二条规定，不履行赠予合同约定的义务，赠予人可以撤销赠予。2、婚

---

① 《同治桂阳县志》，载《中国地方志集成·湖南府县志辑》，南京，江苏古籍出版社，第281页。
② 《同治桂阳县志》，载《中国地方志集成·湖南府县志辑》，南京，江苏古籍出版社，第281页。

姻法解释二：第十条当事人请求返还按照习俗给付的彩礼的，如果查明属于以下情形，人民法院应当予以支持：（一）双方未办理结婚登记手续的；（二）双方办理结婚登记手续但确未共同生活的；（三）婚前给付并导致给付人生活困难的。适用前款第（二）、（三）项的规定，应当以双方离婚为条件。因此，赠予的礼金在双方未办理结婚登记为条件下应当返还。这是当代法律竞合问题。在古代嫁妆属于女方私产，不存在返还问题。男方聘礼在婚约解除后的聘礼返还问题有待研究。2、童养媳习惯、溺女习惯或数岁过门，目的都为了省婚费，这些习惯的产生说明1、在旧时乡土社会重视婚礼礼金聘礼习俗，礼法至上，礼法结合，根深蒂固成为民间具有社会约束力的制度风气，人们自觉遵守礼仪，不惜变卖家产。但仍有实在无法满足的，童养媳习惯便由此产生，目的仍然是为遵守礼法，此习惯是不得不催生出来的产物。3、再醮者，议财于夫家。这说明1、再嫁情况的出现，反映出妇女思想得到一定程度的解放，不再永久性得屈从于伦理。根据自己的意愿自由追求爱情。2、但是，再嫁在旧时乡土社会不被伦理接受，并不符合大众良家妇女应安分守己遵循礼教约束观念的认知。因此旧时人治社会，法律与民间礼相结合，民间约定俗成自成体系的礼法规范约束着人们的行为，民礼法对于再嫁并无明确的约定俗成，人们自觉遵守的规范，因而也不会对再嫁之后财产的分配有明确的规定，也不可能出现再嫁的规范，相反会被列为应当平息之风加以约束。在现代，再嫁是个人自由，法律不能加以干涉，更不能加以禁止。3、"议财于夫家"，反映出旧时社会，法律或者礼教并未对夫妻财产的支配分配加以规定，反而夫家成为夫妻财产的主导，妻子对财产的权利并无体现。这也说明旧时社会夫权观念浓厚，妇女家庭社会地位均较低，妇女对于家庭财产的权利并无明确规定。在当今社会，婚姻关系成立后，夫妻财产共有。

死亡

有遵朱子家礼，不作佛事者，亦有同志□，家礼从宜，为简而易行者，有棺无椁，衣衾称家。在昔葬自设酒肴，以待宾客治事或请至数百人亲友，吊莫有用，猪羊盛馔祭章，或用绫缎者，报亦从厚丧家，不胜困矣，今此风梢变至，备酒肴至丧次，兴孝子同宴，咸知非礼，弗为□□兴严选择贫富皆同。①

---

① 《同治桂阳县志》，载《中国地方志集成·湖南府县志辑》，南京，江苏古籍出版社，第281页。

【解读】这是关于丧礼的记载。乡土社会的民俗习惯，是重要的行为习惯。民间乡土社会自己发展的礼节风尚，约定俗称，自成体系。此风俗在湖湘文化中具有共性。民间视其为"法"，礼法结合，礼义风尚具有法律性的效力与一定的社会约束力，民间自觉遵守并在乡土社会根深蒂固。在当今社会，从这些民俗中保留下来的风俗习惯，并不是民事行为，或者法律行为，只是与法律行为并列的事实行为，且不具备法律约束力。

宗族

祭必有用不独，士大夫家，庶民亦有之清明□，后祭于墓，中元节作楮衣靴帽等物，化寄□□□历代祖先冥日，忌辰皆备祭，亲朋多往如初礼。①

【解读】祭礼反映出乡土社会非常重视祭祀礼仪。乡土社会的民俗习惯，是重要的行为习惯。民间乡土社会自己发展的礼节风尚，约定俗称，自成体系。此风俗在湖湘文化中具有共性。民间视其为"法"，礼法结合，礼义风尚具有法律性的效力与一定的社会约束力，民间自觉遵守并在乡土社会根深蒂固。在当今社会，从这些民俗中保留下来的风俗习惯，并不是民事行为，或者法律行为，只是与法律行为并列的事实行为，且不具备法律约束力。

社会

按桂猺，高山平地两种。平地猺自□□国朝乾隆二十一年，改称新民。兴民杂处，仰沐 绥作育深仁，凡耕读赋役，冠婚丧祭服食居处，俱兴民，司惟九龙□南洞江二处，山猺居崇山峻岭，刀耕火种，蓬头跣足，衣食言语等俗，皆相□殊。②

【解读】苗俗与汉文化的结合。苗俗风俗也是桂阳县的特色。乡土社会的民俗习惯，是重要的行为习惯。民间乡土社会自己发展的礼节风尚，约定俗称，自成体系。此风俗在湖湘文化中具有共性。民间视其为"法"，礼法结合，礼义风尚具有法律性的效力与一定的社会约束力，民间自觉遵守并在乡土社会根深蒂固。在当今社会，从这些民俗中保留下来的风俗习惯，并不是民事行为，或者法律行为，只是与法律行为并

---

① 《同治桂阳县志》，载《中国地方志集成·湖南府县志辑》，南京，江苏古籍出版社，第281页。
② 《同治桂阳县志》，载《中国地方志集成·湖南府县志辑》，南京，江苏古籍出版社，第282页。

列的事实行为，且不具备法律约束力。

三十二、临武县

婚姻家庭

临俗必先甄别门祖，有结□非偶者，辄耻焉，重媒妁以亲戚，有力者，为之先卜。吉献赘再卜，吉设筵饮毕，以兴骑送至女家，凡纳采纳币随高下，为等杀，娶不亲迎，惟兄弟送之，大都礼数尚繁，故有育女无过于三举。①

【注释】赘：古时初次求见人时所送的礼物，见面礼。

【解读】这是关于婚礼的记载。婚礼仪式繁琐，故有育女无过三举。乡土社会的民俗习惯，是重要的行为习惯。民间乡土社会自己发展的礼节风尚，约定俗称，自成体系。此风俗在湖湘文化中具有共性。民间视其为"法"，礼法结合，礼义风尚具有法律性的效力与一定的社会约束力，民间自觉遵守并在乡土社会根深蒂固。在当今社会，从这些民俗中保留下来的风俗习惯，并不是民事行为，或者法律行为，只是与法律行为并列的事实行为，且不具备法律约束力。

死亡

丧具秤家，之有无礼也。临俗富室，亦有大小殓者，馀用时服而已。丧停中堂，务卜地择吉，临葬先二三日，县素幡于门，受亲朋吊儿女亲暨，内亲则备物奠焉，丧主以下，皆不御羞馔，朝夕哭奠，凡仪制，一遵文公家礼，但书俗相传，自丧主以暨，所亲皆以黄孙代麻为缠头，越三月始，仍易麻匪，是则反为不敬，然士族中知为非礼，渐次汰革矣。至题主一节，倍加隆重，必以乡先达有声望者，主其事丧，主刺指血加点于王字上，以成主附近诸属，并不习闻此礼。惟临有焉，其先贤之遗风，犹未泯欤。②

【解读】这是关于丧礼的记载。乡土社会的丧礼风俗，是重要的行为习惯。民间乡土社会自己发展的礼节风尚，约定俗称，自成体系。此风俗在湖湘文化中具有共性。民间视其为"法"，礼法结合，礼义风尚具有法律性的效力与一定的社会约束力，民间

---

① 《同治临武县志》，载《中国地方志集成·湖南府县志辑》，南京，江苏古籍出版社，第141页。
② 《同治临武县志》，载《中国地方志集成·湖南府县志辑》，南京，江苏古籍出版社，第141页。

自觉遵守并在乡土社会根深蒂固。在当今社会，从这些民俗中保留下来的风俗习惯，并不是民事行为，或者法律行为，只是与法律行为并列的事实行为，且不具备法律约束力。

宗族

春秋合祭，春用二月，秋用八月，新谷时，物必荐而后食。吉礼嫁娶，必告而后行，祖宗冥寿，则悬象设筵，宗党咸盛服助祭俨，如生之日至忌辰，虽久子孙，于是日不茹荤，但建祠堂者，不过数家馀惟就祭中堂而已。①

【注释】冥寿：也叫"阴寿"，即亡人的生辰。俨：恭敬，庄重。茹荤：本指吃葱韭等辛辣的蔬菜。后指吃鱼肉等。

【解读】这是祭礼的记载。乡土社会的民俗习惯，是重要的行为习惯。民间乡土社会自己发展的礼节风尚，约定俗称，自成体系。此风俗在湖湘文化中具有共性。民间视其为"法"，礼法结合，礼义风尚具有法律性的效力与一定的社会约束力，民间自觉遵守并在乡土社会根深蒂固。在当今社会，从这些民俗中保留下来的风俗习惯，并不是民事行为，或者法律行为，只是与法律行为并列的事实行为，且不具备法律约束力。

身份

为嘉礼至重者，往时临俗，年踰总角者，择吉日命冠，如冠仪颇以为隆至。②

【解读】冠礼是人们具有完全民事行为能力的仪式性标志。这是冠礼的风俗习惯，多礼法结合，此风俗在湖湘文化中具有共性。礼义风尚具有法律性的效力与一定的社会约束力，民间自觉遵守并在乡土社会根深蒂固。是当地重要的民事行为习惯。

三十三、耒阳县

身份

士大夫家，父亲醮子而妻于堂，重冠事也。始加缁布冠，再加皮弁，三加爵弁，

---

① 《同治临武县志》，载《中国地方志集成·湖南府县志辑》，南京，江苏古籍出版社，第142页。
② 《同治临武县志》，载《中国地方志集成·湖南府县志辑》，南京，江苏古籍出版社，第141页。

冠之次日，见于乡大夫，乡先生，俱以成人礼。见之今，虽不用古礼，而朱文公家礼，併亦不讲。夏则戴絺，棕冬则戴氊，即士夫□覆如是 嫁□多，遵古粮六礼，惟纳吉纳征不讲，人各有偶。缔从异类，迩年来稍尚繁□，资奁亦尚侈靡。山僻愚民，竟有不辨同姓而为婚者，至于夫亡改嫁，或数日或一月，或不终年，大家细户恬不知怪。①

【解读】这是关于冠礼的记载。冠礼多遵循古制、古礼，行成人礼。迷信之风盛行，导致误期不葬等违背伦理道德之事。侧面说明在发展中也会出现与礼制之基础伦理道德相违背的陋习，违背了被民间视为"法"的，在乡土社会根深蒂固的礼仪风尚，社会约束力减弱。这些陋习是随着社会生产力的发展而出现的，并不是刻意"犯法触法"，因此并不需要担惩罚之责。但是礼制是封建社会的治理之基础，违背礼制，则会动摇当朝统治者的统治，因此会严加禁止。也是公法干预民间社会生活的反映。夫亡改嫁，数日或一月或不终年。这说明乡土社会出现改嫁现象再嫁情况的出现，反映出妇女思想得到一定程度的解放，不再永久性得屈从于伦理。根据自己的意愿自由追求爱情。但是，再嫁在旧时乡土社会不被伦理接受，并不符合大众良家妇女应安分守己遵循礼教约束观念的认知。因此旧时人治社会，法律与民间礼相结合，民间约定俗成自成体系的礼法规范约束着人们的行为，民礼法对于再嫁并无明确的约定俗成，人们自觉遵守的规范，因而也不会对再嫁之后财产的分配有明确的规定，也不可能出现再嫁的规范，相反会被列为应当平息之风加以约束。在现代，再嫁是个人自由，法律不能加以干涩，更不能加以禁止。

死亡

哀戚服制，吊奠颇近古，但酷尚佛事，贵贱皆然，书志戴不事浮屠甚谬，或今昔不同，间有一二家，秉礼不用者，反□笑之，且鼓乐治具，尤为恶习，溺于形家，愆期不葬，或葬而迁，合邑愚惑，牢不可破。②

【注释】愆期：意为失约，误期。

【解读】这是关于丧礼的记载。吊奠颇近古，但是酷尚佛事，贵贱都如此。偶尔会有几家秉礼不用者，反而讥笑它。且鼓乐治具，尤其有恶习，溺于形家，误期不葬，

---

① 《康熙耒阳县志》，载《中国地方志集成·湖南府县志辑》，南京，江苏古籍出版社，第49页。
② 《康熙耒阳县志》，载《中国地方志集成·湖南府县志辑》，南京，江苏古籍出版社，第49页。

有的葬而迁走,整个县邑,迷信之风,牢不可破。迷信之风盛行,导致误期不葬等违背伦理道德之事。侧面说明在发展中也会出现与礼制之基础伦理道德相违背的陋习,违背了被民间视为"法"的,在乡土社会根深蒂固的礼仪风尚,社会约束力减弱。这些陋习是随着社会生产力的发展而出现的,并不是刻意"犯法触法",因此并不需要担惩罚之责。但是礼制是封建社会的治理之基础,违背礼制,则会动摇当朝统治者的统治,因此会严加禁止。也是公法干预民间社会生活的反映。

三十四、衡山县

婚姻家庭

女家妆奁丰俭随人,然富室娶妇,亦间有计较厚奁者,每为知礼者所讥。①

【解读】女家妆奁厚寡随人。但是富室娶亲也计较妆奁的厚寡,则会被知礼者讥笑。这反映出,妆奁虽重要但是不能一味的追求多,要按照礼法的规矩,随人。反映出礼制的变化,由追求厚奁,贫者为此溺女或者把女儿卖作童养媳的行为和风气转变到越来越人性化。这也说明礼制虽为旧时乡土社会的具有社约束力的,根深蒂固的"法",但不是千百年来一成不变的,或者各地都要遵循的,它也是会逐渐向合理性,可行性方向发展的。演化出的新礼,规矩,又逐渐根深蒂固起来,融入乡土社会中。

宗族

衡民一姓,一公祠。始祖也,岁一祭之。其祠多城邑,其期多在冬至前后。其礼先日,宰羊豕,次日质明行事,鼓乐既作,族众毕至酒三,献肴十俎,一孙主祭,居中,二孙分祭,居左右,祭毕,阖族以次拜公祠,而外有支祠,有家祠,支祠一姓,或数所,或十馀所,皆在乡不在邑,其祭止及一支之祖,岁再祭之。本支之子孙,咸至焉。家祠即家之祖堂,祭止及其祖,称岁,元旦以后,逢节序,则祭,遇喜庆则祭酒,三樽饭,三簋豚,一蹄,鸡鱼,惟所有蔬菽,惟其时礼,虽薄而不为衺。②

【解读】这是关于祭礼程序的记载。一姓一祠堂。始祖,每岁都祭祀。始祖之祠堂

---

① 《光绪衡山县志》,载《中国地方志集成·湖南府县志辑》,南京,江苏古籍出版社,第31页。
② 《光绪衡山县志》,载《中国地方志集成·湖南府县志辑》,南京,江苏古籍出版社,第31页。

多在城邑，在冬至前后祭拜。公祠，是家族共有财产，不继承给下一任族长。公祠外还有支祠，有家祠。支祠和家祠都是家族这一姓的共同财产，为共同共有关系。祭祀的风俗习惯是乡土社会的民俗习惯，是重要的行为习惯。民间乡土社会自己发展的礼节风尚，约定俗称，自成体系。此风俗在湖湘文化中具有共性。民间视其为"法"，礼法结合，礼义风尚具有法律性的效力与一定的社会约束力，民间自觉遵守并在乡土社会根深蒂固。在当今社会，从这些民俗中保留下来的风俗习惯，并不是民事行为，或者法律行为，只是与法律行为并列的事实行为，且不具备法律约束力。

三十五、祁阳县

婚姻家庭

习俗久沿，虽非典礼，然为父母者，不忍径离其女，邀三党至戚，往送之门，其意未可厚非也。惟是人数过多，男家欸接之费不赀，且恐情文难周，或致亵慢之嫌。近来士夫之家，嫁娶议归俭约于从俗之中，稍存节制之意，识者题之至，穷檐小户，多于襁褓时抱养童媳，媳姑相依，无殊毛裏，迨男女长成，竹筒布被即可完配，尤为省便。①

【注释】赀：价格计量。穷檐：茅舍，破屋。

【解读】婚礼习俗由来已久，女之父母多邀请三党至亲戚，往送之门，这无可厚非也。但是人数过多，男家接之费很多，且难以让女方家得以周全或者有亵慢之嫌疑。近来士大夫家，嫁娶议归俭约于从俗之中，稍存有节制之意味。贫穷之户，多于襁褓时便抱养童媳，媳姑相依，等到男女长成，竹筒布被便可以完成婚姻。尤为节省婚费。

婚姻风气的转变。旧时婚礼多崇尚厚礼，置办奢侈仪式等，女方家亲戚等客人的接送便由男家负责，但是这种风气习尚逐渐在消淡。反映出礼制的变化，由追求厚奁奢靡，到节俭从简之习，省去繁文缛节等旧俗，转变得越来越人性化。这也说明礼制虽为旧时乡土社会的具有社约束力的，根深蒂固的"法"，但不是千百年来一成不变的，或者各地都要遵循的，它也是会逐渐向合理性，可行性方向发展的。演化出的新礼，规矩，又逐渐根深蒂固起来，融入乡土社会中。

---

① 《乾隆祁阳县志》，载《中国地方志集成·湖南府县志辑》，南京，江苏古籍出版社，第167页。

贫者多童养媳，简单且省婚费，这反映出深层次问题。亲迎女家礼金太过厚重，贫家概从简略，但若实在无法自存，则在女子幼时便过门为媳，再送回，至其成人再接过门。以此来减免礼金。童养媳习惯的产生说明1、在旧时乡土社会重视婚礼礼金聘礼习俗，礼法至上，礼法结合，根深蒂固成为民间具有社会约束力的制度风气，人们自觉遵守礼仪，不惜变卖家产。但仍有实在无法满足的，童养媳习惯便由此产生，目的仍然是为遵守礼法，此习惯是不得不催生出来的产物。2、童养媳习惯也与重男轻女的陋习相伴而生，一方面，重男轻女思想催生了童养媳习惯的出现，包办婚姻女人没有爱情自由，完全受礼法束缚。另一方面，此习惯促使了重男轻女思想的加深，童养媳确定，虽仍在自家抚养，但"嫁出去的女儿，泼出去的水"，女儿已成为别人家的媳妇，在旧时乡土社会这种思想的影响下，对女儿的忽视也就在所难免了。

死亡

凡孝帛酒食，于马之费，勤辄不赀，不如是。则以为俭。其亲迤经恺切示禁又时于，诸绅士勤恳谙诫，务俾宁戚毋易以式间里浮夸之事，亦渐杜矣。①

【注释】悌：快乐，和乐。恺悌：和颜悦色，易于接近。勤恳：诚挚恳切貌、勤勉不懈貌。间里：邻居。

【解读】丧礼也逐渐从简。1、反映出礼制的变化，由追求奢靡，到节俭从简之习，省去繁文缛节等旧俗，转变得越来越人性化。这也说明礼制虽为旧时乡土社会的具有社约束力的，根深蒂固的"法"，但不是千百年来一成不变的，或者各地都要遵循的，它也是会逐渐向合理性，可行性方向发展的。演化出的新礼，规矩，又逐渐根深蒂固起来，融入乡土社会中。

祁俗亲没，则归土未有日久不葬，其亲者，惟是风水之说，恒为形家所惑，或干碍同族，先茔，或侵及他人兆域，往往滋讼，迤经惩其最狡横者，而于地师，亦不少宽假。此风近亦渐息。②

【解读】祁俗亲人去世，则归土，没有日久不葬其亲者，惟有风水之说，恒为形家

---

① 《乾隆祁阳县志》，载《中国地方志集成·湖南府县志辑》，南京，江苏古籍出版社，第167页。
② 《乾隆祁阳县志》，载《中国地方志集成·湖南府县志辑》，南京，江苏古籍出版社，第167页。

所惑，或干碍于同族先茔，或者侵及他人的领地。往往出现滋讼，迩来经惩其最狡横者。此风渐息。

迷信之风盛行。信风水之说，便会出现日久不葬者。这在民间是少有的。迷信之风盛行，导致误期不葬等违背伦理道德之事。侧面说明在发展中也会出现与礼制之基础伦理道德相违背的陋习，违背了被民间视为"法"的，在乡土社会根深蒂固的礼仪风尚，社会约束力减弱。这些陋习是随着社会生产力的发展而出现的，并不是刻意"犯法触法"，因此并不需要担惩罚之责。但是礼制是封建社会的治理之基础，违背礼制，则会动摇当朝统治者的统治，因此会严加禁止。也是公法干预民间社会生活的反映。

有干碍同族，先茔，或侵及他人兆域，往往滋生诉讼。便惩罚最狡横者。这说明葬礼的陋习也是诉讼产生原因之一。反映出丧礼的礼制规定已经纳入法律，若违背便要承担法律责任，这也是民间礼制逐渐法律化的体现。具有法律的强制效力而不单是旧时社会自觉遵守的社会约束力。

三十六、兴宁县

婚姻家庭

或于所请期内，一有父母及祖父母之丧，则赴于亲家，俟服阕后，另诹吉日成礼。亦有因父母病笃，草草迎配，两图节省资费，俗谓之借亲。此则有伤风化。①

【解读】这是关于婚礼与丧事冲突时如何解决的问题。在请期内，有父母或者祖父母之丧，则奔赴于亲家，等待服阕后，另诹吉日成婚礼。也有因为父母病重，草草迎娶。节省资费。俗称借亲。这个习惯有伤风化。婚姻本应遵循礼制章法，厚衾厚礼，重视礼金。但丧礼之事冲喜，对待长辈之尊敬之态度应该先行办葬礼。这就符合丧礼的礼法章程。1、出现有伤风化的事情，侧面说明在发展中也会出现与礼制之基础伦理道德相违背的陋习，违背了被民间视为"法"的，在乡土社会根深蒂固的礼仪风尚，社会约束力减弱。这些陋习是随着社会生产力的发展而出现的，并不是刻意"犯法触法"，因此并不需要担惩罚之责。但是礼制是封建社会的治理之基础，违背礼制，则会

---

① 《光绪兴宁县志》，载《中国地方志集成·湖南府县志辑》，南京，江苏古籍出版社，第413页。

动摇当朝统治者的统治，因此会严加禁止。也是公法干预民间社会生活的反映。2、在旧时乡土社会重视婚礼礼金聘礼习俗，礼法至上，礼法结合，根深蒂固成为民间具有社会约束力的制度风气，人们自觉遵守礼仪，但仍有实在无法满足的，不惜违背礼法，借亲。此习惯便由此产生，目的仍然是为遵守礼法，此陋习是不得不催生出来的产物。

宗族

亦有合族建立公祠，各送匰宝，或祖诞致祭，及冬至祭始祖，捐祭银，祭田，以赡其事。①

【注释】匰：古代宗庙里安放神主的器具。宝：古代宗庙藏神主的石函

【解读】祭礼多族葬，反映出乡土社会家族观念浓厚，受族人祭拜。合族建立公祠，是公产。等到冬至，祭始祖，捐献祭银，祭田。族群观念深厚，族群祭祀是乡土社会的民俗习惯，是重要的行为习惯。民间乡土社会自己发展的礼节风尚，约定俗称，自成体系。此风俗在湖湘文化中具有共性。民间视其为"法"，礼法结合，礼义风尚具有法律性的效力与一定的社会约束力，民间自觉遵守并在乡土社会根深蒂固。在当今社会，从这些民俗中保留下来的风俗习惯，并不是民事行为，或者法律行为，只是与法律行为并列的事实行为，且不具备法律约束力。

三十七、永州府

婚姻家庭

男女配偶，率不问年殊，乖婚姻以时之义，且不行亲迎礼，称奠雁，何为哉，甚至女流戏婿，新妇供宾，其俗于道州等。②

【解读】这是道州特殊习俗。不问年殊，不行亲迎礼。闹婚，女客戏婿，新娘供宾。这实则为陋习之一。但也是乡土社会的民俗习惯，是重要的行为习惯。民间乡土社会自己发展的礼节风尚，约定俗称，自成体系。此风俗在湖湘文化中具有共性。民间视其为"法"，礼法结合，礼义风尚具有法律性的效力与一定的社会约束力，民间自觉遵

---

① 《光绪兴宁县志》，载《中国地方志集成·湖南府县志辑》，南京，江苏古籍出版社，第414页。
② 《康熙永州府志》，载《中国地方志集成·湖南府县志辑》，南京，江苏古籍出版社，第139页。

守并在乡土社会根深蒂固。在当今社会，从这些民俗中保留下来的风俗习惯，并不是民事行为，或者法律行为，只是与法律行为并列的事实行为，且不具备法律约束力。

死亡

葬先王制，礼葬期远不过七月，又礼未葬，不变服，食粥□庐哀亲之，未有所归也。①

【解读】这是出现了葬礼的陋习。误期不葬等违背伦理道德之事。侧面说明在发展中也会出现与礼制之基础伦理道德相违背的陋习，违背了被民间视为"法"的，在乡土社会根深蒂固的礼仪风尚，社会约束力减弱。这些陋习是随着社会生产力的发展而出现的，并不是刻意"犯法触法"，因此并不需要担惩罚之责。但是礼制是封建社会的治理之基础，违背礼制，则会动摇当朝统治者的统治，因此会严加禁止。也是公法干预民间社会生活的反映。

三十八、永明县

婚姻家庭

永俗俭而不奢，但婚姻谕财，当其许婚之时。止以包蛋为定，迨女年及笄，或持厚聘唊之。逐悔其前盟，有虽速我讼，亦不汝从之意。至于寡妇再醮，夫家母家争为纳聘，各不相闻。故以一妇而许字两家，因而构讼者，又比比更可□者，女生长夫不嫁，盖楚俗男女习劳愚□欲□，女力作不顾婚期之已过，其于桃夭及时之化稍衰矣。②

【注释】唊：拿利益引诱人。

【解读】一、这是婚姻各种纠纷事件的记载。纳彩行聘即婚约开始成立。法律没有明确婚约习惯的约束力，但在民间乡土社会，这些礼节风尚根深蒂固，自成体系。礼法结合，礼义风尚具有法律性的效力与一定的社会约束力，民间自觉遵守。因此在古代，婚约是具有法律性的效力的，一方发出要约一方接受并作出承诺，双方便开始享有权利责任，不得随意毁约否则要承担违约责任。在如今，婚约不具有法律约束力。由于婚约不具有法律约束力，因此婚约的解除也不需经过法定程序。合写年岁包括问

---

① 《康熙永州府志》，载《中国地方志集成·湖南府县志辑》，南京，江苏古籍出版社，第140页。
② 《康熙永明县志》，载《中国地方志集成·湖南府县志辑》，南京，江苏古籍出版社，第26页。

名纳吉，通过占卜告知合婚即订婚。纳征后婚约正式成立。婚姻程序礼仪中大多需要男方的礼金，即需要送礼。赠予关系成立，以结婚为目的。在当代，若婚约解除，有两种途径解决礼金返还问题。1、按合同法第一百九十二条规定，不履行赠予合同约定的义务，赠予人可以撤销赠予。2、婚姻法解释二：第十条当事人请求返还按照习俗给付的彩礼的，如果查明属于以下情形，人民法院应当予以支持：（一）双方未办理结婚登记手续的；（二）双方办理结婚登记手续但确未共同生活的；（三）婚前给付并导致给付人生活困难的。 适用前款第（二）、（三）项的规定，应当以双方离婚为条件。因此，赠予的礼金在双方未办理结婚登记为条件下应当返还。这是当代法律竞合问题。在古代嫁妆属于女方私产，不存在返还问题。男方聘礼在婚约解除后的聘礼返还问题有待研究。二、寡妇再嫁，夫家母家争为纳聘，各不相闻。这说明1、再嫁情况的出现，反映出妇女思想得到一定程度的解放，不再永久性得屈从于伦理。根据自己的意愿自由追求爱情。2、旧时人治社会，法律与民间礼相结合，民间约定俗成自成体系的礼法规范约束着人们的行为。再嫁在旧时乡土社会不被伦理接受，并不符合大众良家妇女应安分守己遵循礼教约束观念的认知。因此民间礼法不可能对于再嫁有明确的约定俗成，产生纠纷也没有也不可能会有详细具体的解决纠纷的程序性或实体性规定，即对再嫁之后财产的分配有明确的规定，也不可能出现再嫁的规范。相反会被列为应当平息之风加以约束。在现代，再嫁是个人自由，法律不能加以干涩，更不能加以禁止。3、"议财于夫家"，反映出旧时社会，法律或者礼教并未对夫妻财产的支配分配加以规定，反而夫家成为夫妻财产的主导，妻子对财产的权利并无体现。这也说明旧时社会夫权观念浓厚，妇女家庭社会地位均较低，妇女对于家庭财产的权利并无明确规定。在当今社会，婚姻关系成立后，夫妻财产共有。三、一妇许两家的婚姻之请求，两家引起争讼的纠纷比比皆是。这又是女方婚姻合同违约的事件。

三十九、武冈州

社会

乃兵荒，履见至不保其妻孥，乳则相弃。平则相争，甚至兴讼。射利辄称奸淫。且田产久出□动云侵占。奴仆多背恩养，尤肆友噬，沿习不已，诅诈成风，倘非畏志格心，何自植谷蘖莠。①

【注释】射利：谋取财利。

【解读】到了兵荒时期，不保妻儿，初生的则抛弃。和平时期，互相争讼。谋取财利，则称奸淫。田产有时久被侵占，奴仆多背信弃义，忘恩负义。诅诈成风。这记载了武冈州志引起纠纷的起因事件。涉及到田产田产被侵占的财产关系的诉讼，另外奴仆背信弃义，忘恩负义等行为引起的争讼，揭示出旧时社会涉及到背信弃义的事件不仅仅是违背道德义务，更是一种违约行为，即违背恩养等的合约。奴仆与主人即使没有明确主仆合同，但是合约精神却在这种关系中并在旧时乡土社自成体系逐渐发展。因此，背信弃义引起争讼在旧时大多为因财产债务关系提起的诉讼。在现代社会，公序良俗的精神是不确定的法律概念，要将其确定化，给了法官很大的自由裁量权。并且只有在个案的程序当中才能将其确定化。公序良俗原则的确立也是乡土社会礼法结合中将道德礼法融入法律这种中国本土特有的法律文化在现代法律中的体现，也有别与西方法律文化。

四十、新化县

婚姻家庭

夫妇反目不相和谐，即行嫁卖本族、妻族。亦有呈首借端，勒索等事，今惟法禁甚严，化导以礼，自渐渐稀减矣。②

【注释】行嫁：完婚。

【解读】完婚后有卖妻族，也有呈首借端，勒索等事发生。今法令严禁，用礼化导，也渐渐稀减了。这些法令严禁之事，是违背礼法道德的事情同时也侵犯到被卖妻族的权利。应加以严禁，用礼化导，或者受害人通过诉讼解决纠纷。

死亡

近世多信风水，欲求庇于土中，枯骨惑矣，甚至争山构讼，失业破财，福未至而

---

① 《康熙武冈州志》，载《中国地方志集成·湖南府县志辑》，南京，江苏古籍出版社，第21页。
② 《道光新化县志》，载《中国地方志集成·湖南府县志辑》，南京，江苏古籍出版社，第156页。

祸先随之，此又惑之甚者也。①

【注释】祸：祸事；灾难（跟'福'相对）。

【解读】近世多信风水，争山构讼，失业破财，福为至而祸先随之，此又惑之甚者。陋习引起诉讼，失业破财。

桂谨按新化风俗，严禁条别流品，每村路旁皆有奉禁差役，乘马坐轿碑。有严禁窝窃私宰强牵私放牛马羊豕鸡鸭践食禾谷碑，有严禁强乞恶丐容留生面无火夜行碑，有倡首捐建石桥木桥□亭桥碑，有倡首捐修石路坡路碑，有公立交义路日左往某处右往某处碑，有自建茶亭公建茶亭以便行旅以禁宵行碑，有公禁墓山进葬，公禁墓山伐树碑，有公设义渡私赡义渡碑，有公禁贫嫁生妻碑，有公禁男卖为奴女卖为婢，凡有关于风俗者一一申明约束，此则风俗之尤为近古者也。

【解读】有严禁窝窃私宰强牵私放牛马羊豕碑，碑文便是具有法律效力的行为规范，在乡土社会便是具有强制力的解决个人牛马羊等私产引起的财产纠纷的法律规范。反映旧时社会也重视保护个人享有的对私产的财产权。也有具有公法性质的碑文，如，修石桥木桥等，修建石路破路等，在岔口设立指示牌，修建公共茶亭以便旅行等。这些是公产，是公共设施，由公法人进行管理。也有自建的茶亭，以及被号召而捐献建造的石桥木桥等，这些则是私产，是民营资本进入公益事业的体现，公私结合，说明旧时社会，政府也在促进社会的经济的发展与"市场"自主的调节。禁止墓山进葬，墓山伐树碑以及禁止贫嫁生妻，男卖为奴女卖为婢碑，这些都是民间陋习，违背乡土社会礼法规范自当禁止。关于民事方面的陋习，受害人也可以用公力救济来保护权利。

四十一、辰州府

婚姻家庭

索重奁而酿成溺女之风，贪厚聘而致标梅之叹。知礼者所不为，亦法所必争也。②

---

① 《道光新化县志》，载《中国地方志集成·湖南府县志辑》，南京，江苏古籍出版社，第157页。
② 《乾隆辰州府志》，载《中国地方志集成·湖南府县志辑》，南京，江苏古籍出版社，第270页。

【注释】标梅：女子已到结婚年龄。

【解读】索要厚奁，酿成溺女的陋习，贪图聘礼，而致该嫁而不能嫁。知礼的人，不会做这样的事，这些不正之风也是法律所必争的。

1、知礼者所不为，法律必争，说明懂礼法的人不会这样做，因为礼法禁止这种事件发生，是被法所不准的，并且产生的类似纠纷自然可以用公力救济来解决。

2、诉讼反映出旧时社会礼与法所保护的权利义务，被控诉的自然是违背礼法规定，触犯自成体系的权利义务之事。这些违背礼法所规定的权利与义务的事在此处便是追求厚奁或聘礼的贪财之风和溺女等陋习。

无子者亦娶妾，然不解分嫡庶也。①

【解读】没有子嗣的，可以娶妾，不止区分嫡庶。这涉及到嫡庶的财产划分以及遗产继承。

富厚之家，见他苗有女美者，令子牵其臂各曰抢亲，女家亦利其有不更许人，既亦通媒妁议财礼。②

【解读】这也是苗婚的礼仪习俗。乡土社会的民俗习惯，是重要的行为习惯。民间乡土社会自己发展的礼节风尚，约定俗称，自成体系。此风俗在湖湘文化中具有共性。民间视其为"法"，礼法结合，礼义风尚具有法律性的效力与一定的社会约束力，民间自觉遵守并在乡土社会根深蒂固。因此，这些民事崇尚与行为习惯，在旧时社会是会产生法律关系，受法律调整的具有法律效力及社会约束力的法律行为。在当今社会，从这些民俗中保留下来的风俗习惯，并不是法律行为，只是与法律行为并列的事实行为，且不具备法律约束力。

其处女于人通者，父母知而不禁，返以为人爱其美。若犯其妻妾，则举刃相向。必得钱折赎而后已。夫妇不相得，则夫弃其妻而别娶，妻弃其夫而别通。至上下奸淫书亦仅见，近则渐知重偷纪矣。③

---

① 《乾隆辰州府志》，载《中国地方志集成·湖南府县志辑》，南京，江苏古籍出版社，第277页。
② 《乾隆辰州府志》，载《中国地方志集成·湖南府县志辑》，南京，江苏古籍出版社，第277页。
③ 《乾隆辰州府志》，载《中国地方志集成·湖南府县志辑》，南京，江苏古籍出版社，第277页。

【解读】苗婚也有特殊习俗。

处女与人通的，父母不以为耻反以为荣。文化的差异习俗的差异导致长期延续形成的道德礼法规定的不同。

若侵犯他人妻妾，便用武力应对，这也是苗俗与汉俗的不同，苗俗对通过诉讼程序解决纠纷并不注重，政府也未对苗俗的礼仪风尚有规制，因为苗族归于汉族政府管辖，政府遵循的礼法是汉族自成体系的礼法规范因此对苗俗可能不能很好适用。

苗俗侵犯他人妻妾，举刀相向，必得钱折赎。这说明，此类纠纷可以通过赔偿救济来解决，私力救济来解决。

夫妇不想得，则夫弃其妻子而另外娶，妻子也可以弃夫，而另觅夫家。如今苗族也重视偷纪纲常。首先说明，夫妇不和，苗人不善用诉讼程序解决，苗族社会也没有对此可以解决纠纷的礼法规范。多用此一直延续的陋习，即夫弃妻，而别娶，妻弃夫而另找情人。这在汉族乡土社会是违背礼法规范，违背纲常伦理之事。应被严加禁止，有时法律人性化，受害人还可以提起诉讼来维权。但在苗俗中则不是，这反而是其社会的重要行为习惯。近则渐知重偷纪，体现出苗俗逐渐文明的趋势。

四十二、黔阳县

婚姻家庭

黔俗富家溺女，贫家溺子，万历三十七年，县令王公讳体道申详。两院立石县前，酌定聘礼，妆奁，称家贫富，以为三等，不许索求。违者治罪。①

【解读】旧时乡土社会在逐渐发展中产生重厚奁，重厚礼的不正之风。这导致富家溺女，贫家溺子的陋习。因此出现法律的约束即酌定聘礼妆奁，称家贫富，以为三等，不准许索求。违者治罪。

1、用法律的形式规定，具有法的强制力。明确了民事主体权利义务以及违法责任。

2、体现出礼法发展中与纲常伦理的矛盾之处。礼制约束社会生活，礼制反映纲常伦理规范。但在礼制逐渐发展中出现一味追求礼制的规定，而逐渐生成的不良风气以

---

① 《雍正黔阳县志》，载《中国地方志集成·湖南府县志辑》，南京，江苏古籍出版社，第28页。

及由此产生的陋习。比如，一味追求遵循礼制注重妆奁及聘礼而发展成为贪财的不正之风。以及因无力支付厚重礼金而出现的溺女陋习。这恰恰又与礼制纲常伦理相违背。

3、体现出礼与法的分离。乡土社会多礼法结合，贯穿始终，自成体系。礼义风尚具有法律性的效力与一定的社会约束力，民间自觉遵守并在乡土社会根深蒂固。但是在这之中不可避免会出现不正之风和陋习。因此这又需要政府制定出来的法律法规加以禁止或者规范。比如用高出"礼"的约束力的"法"来对婚礼妆奁聘礼作出规定，防止不正之风的出现，并规定了违法者责任。

身份

冠礼近世，鲜有能行者，邑中或相沿于婚期先，曰父率其子，告于祖□于客位，亲族贺以綵币，谓为冠义之遗，其实非也。礼父亲□子而命之，知注言父□酹子命，往迎妇，是为昏义俗盖牵附冠礼耳。女行笄礼亦于嫁前，是亦婚义。母叫其女而命之嫁之义，非笄礼也。①

【解读】冠礼与婚礼相结合。亲族贺以綵币，谓为冠义之遗，其实并不是。是婚义牵附冠礼罢了。女行笄礼，亦于嫁前，是亦婚义母叫其女而命之嫁之义，不是真正的笄礼。在婚前，举行加冠礼仪，象征个人具有完全民事行为能力。但是此仪式并非真正的冠礼，而是具有父亲叫子具有娶妇之命的意义，母亲叫女具有嫁作人妇之命的意义，即婚义之前具有此"冠礼"，具有完全民事行为能力，并且具有男娶妇或女嫁人的使命责任。此所谓婚义牵附冠礼罢了。这也反映出冠礼由单一程序变为与婚礼结合，并注重婚礼，使冠礼成为附随仪式的趋势。

婚姻家庭

婚娶谕财，大家富室，无之。惟农人市儿，艰于得妻，或续娶。再醮之妇，则有保有契，所费不赀。且有欺绐负约及数家争聘者，至有亲近在途，结褵在室，而□□□□□。此种恶习，出于指腹割襟，弃信赖，婚之外讼狱繁兴多由乎，此所当历禁而重治之也。②

---

① 《同治黔阳县志》，载《中国地方志集成·湖南府县志辑》，南京，江苏古籍出版社，第284页。
② 《同治黔阳县志》，载《中国地方志集成·湖南府县志辑》，南京，江苏古籍出版社，第284页。

【解读】婚娶谕财，大家富室，没有人。惟有农人市井之徒，很难得到妻子，有的续娶。再嫁之妇，保有契约，所花费的不计其数，并且有欺骗负约及数家争聘者，至有亲近在途中，成婚在室。也有指腹为婚，割襟之盟的，背弃信赖，婚之外诉讼繁多。应当所被禁止。

大家富室不注重婚财，而恰是市井之徒和农人，注重婚财。很难娶亲有的再娶。这说明乡土社会中出现婚礼财礼不同对待的情况。

再嫁之妇，说明再嫁在乡土社会是有契约规定的。

欺骗毁约，争聘者，也有很多。婚约在乡土社会是具有民事法律效力的，不能随意违约，否则要承担责任。

指腹为婚等陋习，在旧时乡土社会也是具有法律效力的约定，双方应当自觉遵守权利与义务，背弃信赖，则引发诉讼争端。说明，指腹为婚等陋习在旧时乡土社会约定是明确的可以通过诉讼程序来解决维权的，法律也会给予保护。但是陋习仍然会被禁止。

乡俗间有丧服未除而完婚者，或以三年终丧，旷日持久，于家事不无碍难，遂乘父母属纩时仓猝合□，此皆恶俗。所当严禁。①

【注释】纩：丝棉。

【解读】民间有丧期未过，便完婚者，有的以三年终丧，旷日持久，对于家事，没有不碍难的，于是乘父母丧期时，结婚，这些是恶习，应当被严禁。乡土社会的民俗习惯，是重要的行为习惯。民间乡土社会自己发展的礼节风尚，约定俗称，自成体系。此风俗在湖湘文化中具有共性。民间视其为"法"，礼法结合，礼义风尚具有法律性的效力与一定的社会约束力，民间自觉遵守并在乡土社会根深蒂固。因此，这些民事崇尚与行为习惯，在旧时社会是会产生法律关系，受法律调整的具有法律效力及社会约束力的法律行为。陋习便是违背此礼法规范的行为，丧礼未过，便行婚礼便为陋习，此是对失去的亲人的大不敬。在旧时应当被严禁。在当今社会，从这些民俗中保留下来的风俗习惯，并不是法律行为，只是与法律行为并列的事实行为，且不具备法律约束力。

---

① 《民国溆浦县志》，载《中国地方志集成·湖南府县志辑》，南京，江苏古籍出版社，第157页。

四十三、桑植县

社会

禁刁民唆讼，查苗猺风俗尚属朴实，不知构讼。后因属隶州县一切户婚田土鼠牙雀角之事，头人理处不结。许某在该管地方官处告理，乃有唆讼。刁民窥知，苗人有隙，从中为之播弄，主使讼控代为作词，暗地扛帮把怂恿，任其所为，欺诈诓骗，不厌不休，苗猺堕其术中，小则此洞彼寨打降仇杀，大则聚众拒官，陷于重法。皆由刁民唆讼而起。此等唆讼刁民，有大害于苗疆，有苗府厅丞当严行查禁。遇有苗猺告案，务先究明，何人所使，何人作词，然后理其所控之事，如究出唆讼之人，立即严拿通详，痛加处治，毋得稍为姑徇，贻害苗疆。①

【解读】禁止刁民教唆引起诉讼争端。

1. 此项禁令，规定了诉讼争端引起的原因。苗猺朴实不知构讼，既然出现构讼，在旧时社会看来便是因为有纷繁琐事无法排解，据此有人在该地告官，才有诉讼。此为教唆乡民引起"是非"，即引起诉讼。这体现了该禁令的目的，即旧时乡土社会地方政府或者中央政府为**维护其统治**，便要求与少数民族和睦相处，使其安分守己，不惹是非争端构讼。也体现出旧时社会观念并不认同苗猺的诉讼权利，即在乡土社会自成体系的礼法规范乃至正规法律规定中并没有苗猺诉讼的具体规定，也没有赋予苗猺应当具备的与汉人同等的诉讼权利。相反地方政府出台了禁止刁民唆讼，即把是刁民教唆起诉的、非刁民教唆起诉的，均一律视为刁民教唆起诉，全部加以禁止。**这无形中抑制了苗猺自身通过公力救济进行维权的权利的行使**。这体现出旧时社会法制的局限性与落后性。

2. 教唆引起诉讼的方法便是知道苗人有嫌隙，便从中拨弄，其诈诓骗，使苗猺陷于其中。这类似于现代的法律概念，即教唆。

3. 教唆诉讼的后果便是苗猺之间互相打斗，甚至聚众拒官，陷于重法。这说明教唆诉讼引起苗猺动荡不得安宁，聚众拒官，更是严重违法，并要治以重罪。这更加反

---

① 《同治桑植县志》，载《中国地方志集成·湖南府县志辑》，南京，江苏古籍出版社，第48页。

映出教唆诉讼引起旧时封建社会统治危机。

4. 整治措施便是，遇到苗猺告案，必先究明引起控诉之人，即唆讼之人，再理其所控之事。说明对苗猺诉讼的重点，便是治理唆讼之人，严加处罚。这是一种本末倒置的做法。仍然体现出**无形中抑制苗猺想要通过公力救济维护正当权益的做法。也易导致冤假错案的发生。**

禁崇尚邪术，苗猺不知礼教，其俗多信鬼神，病不医药，惟知诵咒。书符灾不修省，互相把齐茹素，以致奸邪，得以捏造诡言异说，诱以□银哄骗敛钱种事情，近于邪教。不可不预，为防范杜其滋蔓，扶苗各官时当晓谕洞长猺总，劝谕苗猺各务耕织，毋信邪术，一切书符把□不经之事，概行禁止。如有以邪术诱惑者，即送地方官究治，地方各官，或因公事前诣苗猺洞寨，即传年老苗猺，谕以邪教有干法纪，开导教戒，使之传告众苗猺，遵奉礼法。

一杀牲饮血宜严禁也。查土俗书例，凡遇疾病，死丧，必杀牛祭鬼，抑或互争不明之事，亦杀牛吃血，近奉禁宰耕牛严例。始以羊。今既改流凡一切淫祀，俱宜禁绝，而况于不当祭之鬼乎，且土民穷苦，每因祭祀破坏家产，遂至恣为不善，应一并禁除。①

【解读】这是对苗猺崇尚邪术陋习的整治。地方官晓谕当地自治的洞长、猺总，劝其勤于耕织，不要信邪教等不经之事。

若有邪教违法乱纪，则会用开导劝说的方法劝诫，使之传告众苗猺，尊奉礼法。这里的违法，违反的是政府制定的法。尊奉礼法，既是指政府制定的法律也是指，汉人民间自成体系的礼法规范。

目的是使苗猺逐渐文明化，并与汉人相融合。对待陋习，多用开导劝解而不用严刑峻法，体现出法的人性化。

这也体现出政府制定法对乡土社会本土自成体系的礼法的影响。

---

① 《同治桑植县志》，载《中国地方志集成·湖南府县志辑》，南京，江苏古籍出版社，第48页。

四十四、永绥厅

社会

勒财物赎之，足而后反，非排解得宜，则警仇不已。或强弱势具则植为志，累世必报。①

【解读】这是关于苗族特有世仇的记载。

苗族矛盾的起因之一便是睚眦之隙，即两个部落之间产生的细小的纠纷。

解决的方法而后勒财物，赎之，足够的，则返还人质，

世仇的起因便是若财物不足够或者排解不得当，便就此解下世仇。累世必报。

这是侵权责任的最原始的解决方法，即用世仇来解决侵权与纠纷。在旧时苗族社会，此方法为当地自成体系发展而来的被大众所接受并世代沿袭的规则，具有"法"中责任方式的效力。

谚云，毋苗仇世不休，力势既均，逐酿酒椎牛，邀集亲当执械，穴□名打，冤家亲朋，或数十百偕至告以故，饮食毕即许以指□，谓之帮兵。两兵相望，先放火□苗妇，随后接□注药放□后各舞长□□以进不腾。则更拔刀相接，又不腾。则匕首纽抱相截，官并遇之，婉转调勤，始散。②

【解读】这是关于苗族社会侵权责任形式世仇的表现形式之一，即刀兵相见以及打斗的具体情况。各邀集亲族好友，数十百，谓之帮兵。两兵打斗直到遇到官员等，经过调解，便解散。说明，在旧时苗族社会，调解便也是一种重要的解决矛盾纠纷的方式。

其被伤死者，即行掩埋，不以告官，官知而往验，亦不告以葬所。两家戢□之后，计尸以相抵，除一命一抵外，多尸者为人命，则牵牛马财物以偿，谓之倒骨□其价，则视兜手之贫富，以为差富者，自三百三十两至五十五两止贫者，从四十四两减

---

① 《宣统永绥厅志》，载《中国地方志集成·湖南府县志辑》，南京，江苏古籍出版社，第116页。
② 《宣统永绥厅志》，载《中国地方志集成·湖南府县志辑》，南京，江苏古籍出版社，第116页。

至二十二两止，其中老牛瘦马破衣书物，供俱可抵算尽。①

【解读】1、被伤死者，立即掩埋，不告官，官知而前去检验，也不告以葬所。说明，苗族社会多采取"私了"方式解决矛盾纠纷，也体现出苗族内部自成体系自我发展的"法"具有普遍的约束力。用"法"的方式解决时，其后果及过程，官府的权利不能干涉。**这于汉族礼法在演变过程中，受当朝统治者的法的影响与约束，并随之改变的情况产生鲜明对比。**

2、两家打斗之后，计算尸体来相抵，除一命抵一命外，也可以用财物，并视贫富差距等情况，财物数量也有明确的标准，其中即使是价值不高的财物也可以算进去进行抵算。体现了世仇的另外的解决方式。一命抵一命，是原始的侵权责任承担方式，即"同态复仇"，在旧时苗族社会，这种方式普遍存在，并成为"法"的形式。具有社会约束力。用现代法律思维解读来看，"同态复仇"并不能真正实现对受害人的救济及精神慰藉，反而又增加了对另一个受害人亲属的侵害。用赔偿的方式承担责任，这体现出苗族社会在侵权责任方式上，其实也具有先进性的内容。与现代侵权责任承担方式相契合。

3、制定出不同的赔偿标准并且不考虑财物价值的多少。体现出苗族"法"的人性化。也是现代侵权责任法中公平原则的体现。即考虑当事人的具体情况，公平合理分配赔偿责任。

缘苗人重财物，轻性命，其王盟之人，曰背箭，和处之人，曰牙郎，又曰行人。官斯土者，不依苗俗，必欲抵□，则杀一人，即添一仇，死之者，子若孙植樹墓旁，以记其恨转相仇，杀滋蔓无巳矣。此习近巳革除。

【解读】由于苗人重财物，轻性命。因此世仇弥漫。杀一人添一仇，子孙植树以铭记。这是陋习，在苗族与汉族文化相融合之时，应革除诸如此类与汉族"礼法"相违背的规范，官府对此予以严禁。

婚姻家庭

然择塞旁□□处，男女各以类聚，彼此唱苗歌，或男唱女和，或女唱男和。往来

---

① 《宣统永绥厅志》，载《中国地方志集成·湖南府县志辑》，南京，江苏古籍出版社，第116页。

互答，皆淫亵语，相悦者，男女各有赠送甚至乘夜偕赴林间，为桑中□上之行，亦不较天明乃散，其中女未有家，男未有室者，即相私奔。然后央牙郎通知父母，议牛马酬之。 按今此俗亦多改去。①

【解读】这是苗族订婚的特殊记载。男女自由恋爱并且均未有家室的，可以先私奔定情，再托夫妇议牛马，即定亲说媒。

1.自由恋爱说明苗族社会风气较汉族开放。男女均有结婚自主权，这样的习尚也是经社会自己发展自成体系的规范，具有普遍的社会约束力。也与现代法律解读婚姻的理解一致，即民事主体恋爱是私领域，法律不加以干涉。旧时汉族礼法保守落后，抑制自由恋爱的风气，讲求"父母之命，媒妁之言"，**两者形成鲜明对比**。

2.先私奔定情后请人说媒的习惯也是苗族旧时社会的行为习惯。与汉族婚姻风俗又形成对比。是苗族内部自成体系自我发展的"法"具有普遍的约束力，民间也自觉遵守。

四十五、安福县

宗族

立冬祭祠，有祭田者，收租供给。无祭田者，捐赀同享向乏。家祠多行祭于寝，今近来斜族立祠者，群姓皆是。②

【解读】祭田、祭祠均为家族共有财产，不列入遗产继承领域。也体现了共有财产维持保留的方法，即有祭田的，收租金来供养，没有的捐钱等同享同乏。体现其共有属性。

---

① 《宣统永绥厅志》，载《中国地方志集成·湖南府县志辑》，南京，江苏古籍出版社，第117页。
② 《同治安福县志》，载《中国地方志集成·湖南府县志辑》，南京，江苏古籍出版社，第355页。

第三章 市廛经济史料

一、华容县

经营

华民只知耕与读，不知有工商事。安土重迁，所在皆然，而服贾者间有之。乾隆以前，市中贸易止蔬菜、茶盐、薪布、日用物，毋钱无及百金者。近则外来之□□著之贾列肆持筹，动挟数百千金转移百物，以供□□之用蠹。饱以困农民，若食鱼鳖之利者网罟□□之业亦精于昔。而银工、锡工、木工、石工等之讲求大异从前，又无论矣。①

【注释】华：指华容县。服贾者：从事商业的人。筹：计量的工具。罟：渔网。锡：马背上的金属饰物，泛指金属。

【解读】此段叙述华容原先商业落后，乾隆年后外来商贾进入华容县经商，对农民生活造成较大负面影响，而一定程度上促进手工业发展。体现了生产力发展下小农经济的逐步转型，商业带动手工业发展。

二、醴陵县

经营

石亭濒江商店数十家，旧每年十月大开牛市，今稍替，出产以糯谷、花生为大宗。

---

① 《乾隆华容县志》，载《中国地方志集成·湖南府县志辑》，南京，江苏古籍出版社，第21页。

马家垅一带农家副业以茶油为大宗,香粉次之。木多猴樟,糜为粉,价可倍蓰。

在县西九十里自一总至八总止,有商店千余家。布疋、粮食、屠宰等业在正街。木石棕瓦等业在半边街。瓷器船厂等业在关口上。当明清时设仓以储谷,米竹木桴筏亦麋集于此。有水陆警察及厘金分局。①

【注释】糜:动词,粉碎。蓰:五倍。倍蓰:数倍。麋集:成群聚集。厘金局:负责征收厘金税的部门。

【解读】此段叙述清末民国时,商铺大多设于水道周边和县城繁华地带。不方便运输的货物如瓷器等,大多选址在水道边。厘金局是清末政府为增加财政收入,针对通过国内水陆要道的货物设立关卡征收的厘金税设立的,相当于现在的税务局。厘金税的设立体现清政府"重农抑商"政策,抑制工商业发展,于1931年废除。

醴俗安土重迁,子弟难于耕读,多习工艺及星卜等技。商贾外卖者少,间亦有扬帆外出者,然不久即归。盖当时所谓工艺,皆为登门应雇之日常手工业。扬帆外卖则仅渌口附近之谷米商而已。光绪初红茶叶兴,邑人制茶贩运汉皋者,获利倍蓰。自是来龙门一带,每届春日,制茶拣茶列厂恒数十。汔于光绪末年择优瓷业及夏布、编爆起而代之,尤以姜湾之细瓷为最著,至今业益以隆□溉其利,恃以为生者无虑十万人。然瓷商类多设厂自制,他业亦然。故在醴陵今日,工与商多有不可强分者,大利所在,一时风尚由趋工商。使大局从此□平发展之速,不可以道里计矣。②

【注释】渌口:渡口。倍蓰:数倍。汔:接近。姜湾:地名。

【解读】此段叙述醴陵县在光绪年间工商业获得较快发展,反映清末工商业一体化的发展趋势。由于大部分商业来自于手工业者自产自销,反映在瓷器业、茶业等。由于交通不便和观念限制,这种趋向是中国资本主义萌芽时期的经济发展必然。

买卖

渌口为本县之门户水运出入之孔道。凡属县产货物外来商品,鲜有不从此经过者。自前清咸同光绪年间输出货物,谷米实为大宗。次则瓷器、红茶、猪只,再次则编爆、

---

① 《民国醴陵县志(1)》,载《中国地方志集成·湖南府县志辑》,南京,江苏古籍出版社,第274页。
② 《民国醴陵县志(2)》,载《中国地方志集成·湖南府县志辑》,南京,江苏古籍出版社,第417页。

夏布、煤炭、茶油。自株洲铁路通车后，商业渐不如前。民国初年，谷米、瓷器、猪只出口最多。谷米每年输售武汉数达十六七万石以上。瓷器约计在二十余万石。猪只约计四千余万头。惟红茶一项，因日本、印度茶叶竞争出口锐减。①

【注释】渌口：渡口。

【解读】由于地理条件限制，通过水路运输的货物以粮食为主，其次是手工业产品。铁路通车对货物运输有极其重要的影响。由于民国后外国货物倾销，茶叶丧失同日本、印度产品的竞争力，反映当时国家被迫开放后对间商业造成的后果，而政府无力改变。

三、攸县

经营

攸民鲜逐末，凡列市廛者操其赢，客商客贾十居其九。惟贩运米谷牲来衡湘、下洞庭，多系土著之人。且攸邑银钱所由不匮，亦止恃此米谷流通。倘不外散，则农有宿廪，财用即不济其他，尤麻苎冬茶油，亦皆客商应时贩运而已。②

【注释】攸：攸县。逐末：从事商业。赢：名词，利润。宿廪：多余的粮食。

【解读】此段叙述攸县县民从事商业仅限于农副产品的交易，而外来客商到攸县买卖往往获得很多利润。由于商业稀少且本地人之间交易居多，货币流通性不高且不外流，能够保持物价稳定和粮食储备富余。虽然缺乏政府调控货币的规定，但自然形成了较为稳定的货币流通。但一旦外来资本进入市场，则货币稳定性将遭到较大冲击。

账簿

社长专司出纳，选□后官给执照戳记条规。凡属禀官之事，用戳投衙。今既令社长自行管理，所有戳记应请通饬吊销，仍给执照一张、条规一本，社长遵守有凭。

每年正月开印后，传集各社长，当堂各给印簿二本，印发填报借数。今既令社长自行经管，应听自立簿籍，不必请印，以免经胥勒索滋弊等语。查乾隆四十八年原议

---

① 《民国醴陵县志（2）》，载《中国地方志集成·湖南府县志辑》，南京，江苏古籍出版社，第432页。
② 《同治攸县志》，载《中国地方志集成·湖南府县志辑》，南京，江苏古籍出版社，第142页。

条规，每年开印前后，传集社长给簿皆放，严禁书役需索。

斗斛损坏，重新制办，听各社长赴州县，将司颁斗斛校准。即由州县烙发给出纳，毋庸年年调验，以杜书役藉端需索之弊。

势棍刁徒强借、多借，禀官究惩。借谷应视其耕田及户口多寡，或数斗，或一石。每户多者不过二石。必须有业之人公保，同赴社长处认识，方准借给。如无保人，或用契据物件以多抑押少，亦可通融。倘空手无保，虽系社长戚好，不得滥借。遇有刁棍假冒诡名，恃横挟制及诬陷、阻挠情事，许社长随时禀究地方官，不得膜视推诿，以致社谷无著。

社谷收贮较多，势难分建。倡谷之时□远不便。仅止正副社长二人，势难周理。除正副社长总理其成外，每区设立□寔公正一人，分领就近掌放。放毕，将保借姓名、谷数开给社长核明入簿。秋成仍按出借本谷加一收息。若十催还收贮，出具收字交社长□总。庶区区得资接济，自无偏枯争越之嫌。

社谷还仓，如有未完及完不足者，社长自立滚单催还。如本户力不能完，原保人先行代垫。倘有卧滚不追不行者，许保甲扭禀比追，免致社长赔累。惟滚单应听社长自行设立滚催，毋庸经承□□，以杜需索。

息谷以每一核计内扣除四升，准作开销，修仓盘折风耗及斗级公费。其余六升归公算。该本谷若干、息谷若干，社长于每岁底将出入贮欠数目造册，结报地方官转详请咨。若丰年无人借领谷原不动，社长应于簿内注楚，具结报明。

正副社长经理不善致滋弊端者，地方官查拿。草惩侵蚀者照例治罪，仍令赔还。倘有挟嫌诬告社长侵蚀者，务在地方官妥速办理寔究虚坐，不得延搁拖累以致书差诈扰。

社仓每多官惟经理，以致书差层层勒索。今既令殷实富户自行办理。所有从前究办举报求免具认规礼及盘查满仓缴息结报各种诈钱名色请以嘉庆六年为始，概行革除。倘各属书差再敢藉端复犯，许社长赴州县衙门禀究。该州县不严行约束，经府州访闻，据实办理。①

【注释】胥：小官吏。业：职业。膜：通"漠"。滚单：催缴的单据。寔：通"是"。

---

① 《同治攸县志》，载《中国地方志集成·湖南府县志辑》，南京，江苏古籍出版社，第99页。

【解读】本条为社仓章程，规定社仓运行的各项规则。社仓是旧时储粮备荒的一种社会习俗，形成一定的储备粮食的制度。在丰年通过劝捐或募捐储藏多余的粮食，需要时借贷给百姓，来年连本带息返还。由民间经营，但由官府管理和监督。负责人称为社长，由地方富户产生。在该条规颁布之前，社仓原先由官府直接管理，颁布之后交由社长管理，由官府监督。该条规就以下方面进行规定：（1）规定社长必须就社仓经营使用账册，不由官府统一发放。（2）规定量器管理，由州县官府统一发放，社长在量器损坏时到官府校准，不需要每年到官府检查量器。（3）规定借谷的条件及数量。由借谷人的耕地面积和家庭户口决定，每户借谷不超过两石。借谷人必须提供人保或物保，保人必须与借谷人共同面见社长，质物价值必须高于粮食价值。对于欺诈、强迫借谷的人，社长可以将其交给官府处置。（4）规定社仓在每区设一名公正，分管各区粮食借贷，将借贷情况报给社长记录。（5）规定催缴借谷的规则。对逾期不还的借谷人，社长应自行发给催缴单据。保人对借谷人债务承担补充连带责任。如借谷人无故不还，保甲可以将其交由地方官处置。（6）规定利息用途。利息中40%用作社仓日常开销，60%归社谷公算。本谷及利息必须详细记录，年底报官府审查。如果丰收年份无人借谷，也需在账册中注明。（7）规定当事人的法律责任。社长经营不善、私吞侵蚀等造成社仓损失，由地方官府问责。第三人造成社仓损失，除了赔偿损失，还由地方官治罪。诬陷社长者，由地方官员治罪。（8）规定地方差役若有索贿欺诈等违法行为，社长可向地方官投诉。地方官员管理不严，由上级追究责任。

募集
社仓论 嘉庆四年

社仓原系本地殷实之户好善捐输，以便借给民间之用。进来官为经理大半，借端挪移日久，并不归款。设有存余管理之首，士与胥吏亦得从中盗卖。倘遇歉岁，颗粒全无，以致殷实之户不乐捐输，老成之首士不愿承办。是向来良法徒为官吏侵肥，亦应一律查禁，并著各该督抚等将本省社仓，仍听本地殷实富户择其谨厚者自行办理，不必官吏经手，以杜弊宝而裕民食。该督抚务须董饬所属，实力奉行。如有前项弊端，即行据实参奏。倘仍视为具文，复蹈前辙，一经访闻，或被科道参奏，必将该督抚重治其罪。①

【注释】捐输：捐纳。傥：如果。科道：指监察御史。

【解读】本段记载嘉庆皇帝对社仓经营的观点。从中看出社仓为各地富户为储备粮食、预防灾荒而设立，而后由官府负责管理。但是官府管理容易导致官吏贪污、追缴不及时、偷漏粮食等问题，使得富户不愿捐粮、不愿承接社仓。故而规定各督抚将社仓交还给各地忠厚的富户运营，官府只进行监督，以方便百姓。如果督抚消极对待，将会被监察御史参奏，由朝廷治罪。

社仓章程

积谷实遵前抚军阳湖恽中丞奏定章程办理业户收租。故一石抽捐三升，以百斤一石计者，二百斤抽捐三斤，统归公管，名公积谷，以备饥岁减价济贫。

积谷和团办者，其谷必多至数百石，当择该团适中之村建立公仓，团正外再举仓长一二人，司其出纳若干。分族自办，则谷不多可附储于祠堂公租，亦不必定归团正经管，该族自择人管理可也。

每岁出陈收新，亦自有加二加三息谷，似不宜易钱存店生息，免致倒欠无者及空仓无效等弊。

出陈收新需当年十月将本息谷颗粒归仓。即偶逢歉岁动用，亦须于秋收后，或再抽捐，或尽巢余钱文买填，不可托饰延误。

管理人有侵蚀，既查的确凭团款，族众禀官，除本息如数追缴外，仍须加倍罚惩。

设遇荒歉，即将谷做米减价，粜与团内族内之贫者。其价视市价每升减去十文，以外听管理人酌定。团族之来粜者，不得争论把持。

遇歉，粜米先尽团族之中之极贫者。其期以端阳后酌定何日为始。大口每日一升，小口每日半升，以见新谷为止。如预计米石有多，不妨推及次贫。至于稍能自给之家，义不能遍及。不准经手人徇私市惠。

常年出陈收新，不问是否本团、本族，不论贫与富，总须本息有著，其息加二加三，视该团族情形所宜。

---

① 《光绪永明县志》，载《中国地方志集成·湖南府县志辑》，南京，江苏古籍出版社，第231页。

好善急公之家，除本分照租捐积外，自愿加捐谷石，或捐建仓等费数至百串者，由官禀请上宪，给与匾额，奖励五十串者，由地方官给匾奖励，所捐之数随积谷登载邑志。

此项积谷经恽中丞原奏声明不归官管，官惟综核数目，随时责成团正、族长从实办理，不许丁胥干预，亦不能因别项公事提用。即本团本族有事，亦不许提用，以免散失。

每年十月须开明存谷实数，加结呈官存验。另照开清单，一目了然。①

【注释】息谷：还谷时缴纳的利息粮谷。

【解读】本条为社仓章程，规定社仓运行的各项规则。社仓是旧时储粮备荒的一种社会习俗，形成一定的储备粮食的制度。在丰年通过劝捐或募捐储藏多余的粮食，需要时借贷给百姓，来年连本带息返还。由民间经营，但由官府管理和监督。该条规就以下方面进行规定：（1）规定社仓粮的募集方式，由各户就其所有的粮食按比例缴纳，按计量方式的不同，一石粮食缴纳三升或二百斤粮食缴纳三斤，称为"公积谷"。（2）规定社仓的两种经营方式。由团设立的社仓，需要有数百石谷才能设立，需要在村中合适的位置建立粮仓。除了负责人（团正）外还需设立两名仓长。由各族自行设立的社仓，由各族族人自行管理，不规定严格的管理要求。（3）规定社仓粮谷的管理。每年收新谷时的利息谷一般不兑换成现金，以免发生倒欠或空仓。每年十月需将所借粮谷索回社仓。荒年临时动用社仓粮谷，必须在秋收之后，并及时补足粮谷。（4）规定管理人违规的责任。若管理人侵蚀公款，除了赔偿损失，还将受官府惩罚。（5）规定荒年的救助程序。在荒年将每升谷降价十文以上，卖给团中或族中极其贫困的家庭，时间在端阳之后，由负责人决定。人数多的家庭每日一升，人数少的家庭每日半升。在出新谷时停止发卖。如果粮谷尚有剩余，可以再卖给次贫困家庭。粮食能够自给的家庭不再有社仓接济。经手人不得从中贪污克扣。（6）规定借贷利息。借贷利息视情形定为20%至30%，所有借谷人一律实行同样的利率。（7）规定对多捐粮谷家庭的奖励。自愿多捐粮食、捐钱建设社仓的价值超过一百串的家庭，由官府发给匾额，予以表彰，载入县志。（8）规定官府的管理职责。官府只起监督作用，核对数目，不参与社仓经营管理。社仓粮谷不得挪作他用。负责人须在每年十月将社仓账簿交由官府核对保存，同时开立清单，公示粮谷收支情况。

---

① 《光绪永明县志》，载《中国地方志集成·湖南府县志辑》，南京，江苏古籍出版社，第339页。

四、永兴县

牙行

（永兴）地瘠民贫，无异产可以居奇，故富商大贾多不至。惟地近江右，舟通永郡，间有受廛于此者，如城西关程、江口两会馆是也。土著人肩挑市贩，仅可取谋朝夕。行市俱无经纪税，用其牙帖正额，如茶税、靛税等，经知县陈永图详消。粮食一项本无牙帖，市粜米不粜谷，市戥九分，比库平每两短三分斗升，城乡不一。俗多用桶，城中用小桶抵十升，乡间用大桶抵一斗。内外秤各十六两尺，比钞尺长十分之一。借贷三分，取息亦有一二分不等者。①

【注释】江右：江的西面。永郡：指永兴县。廛：集市中储藏、堆积货物的场所。靛税：靛蓝染料税。牙帖：牙行经营时必须领取的营业执照。戥：一种小型的秤。

【解读】此段反映商行会馆为运输方便，大多将其货仓设置与水道边，小商人获利较难。货物交易中对经纪人（牙商）的征税不以其所得额为计税依据，而以交易额为计税依据，在知县处纳税。关于计量方面各地有各自习俗，用不同的工具计量，城乡计量不统一。民间借贷利息普遍较高。

五、桂阳县

经营

桂不通舟楫，富商大贾不出于具间，而本地于市肆坐售外，或于各墟定期携货交易，晨往晚归已耳。②

【注释】桂：桂阳县。墟：集市。

【解读】此段叙述桂阳县由于水路交通不便，商业不发达的情况。墟是湘赣方言，同"圩"，指集市，分设在县城中的固定位置。商民携带货物在墟中交易，货物大多是自家出产的农副产品。

---

① 《光绪永兴县志》，载《中国地方志集成·湖南府县志辑》，南京，江苏古籍出版社，第448页。
② 《同治桂阳县志》，载《中国地方志集成·湖南府县志辑》，南京，江苏古籍出版社，第283页。

六、衡山县

经营

行商往来贸易，其物则豆麦、棉花。载以舟车者是坐贾，买贱卖贵，权衡子母，其物则绸缎、布帛，藏于铺店者是。至于富商巨贾，居奇货，拥巨资，此衡地之所无也。其细民贩卖小物，有米贩、布贩、炭贩、茶贩、烟贩、菜贩、鱼贩、瓜果贩、鸡鸭贩、竹木贩，皆肩挑背负，自乡间贩至城市，朝去暮还。其事劳，其利微。此外各处墟场贩卖猪牛百物，每月仅有数日，暂而不长。①

【注释】子母：子指利润，母指本金。墟场：同"圩场"，指集市。

【解读】此段叙述衡山县商业状况，商民有贩卖本地土产的小商贩，有通过水路运输，贩运店铺手工业产品的坐商，但没有富商巨贾。小商贩赚取的利润非常微薄。县中设有固定的墟场，类似于现在的集市，有专人负责管理，每月仅开放几次，商民们可在墟场中贩卖货物，反映清末重农抑商、限制商业的状况。

买卖

嘉禾城中列肆，大者无十。廑城居民皆趋乐利墟。墟旧在城北，康熙中，知县陈祥祚迁城中。嘉庆时，知县宋海涵复移南门，建亭二十间为墟集。又南三十里土桥墟亦一墟集也。蓝山与群猺杂居，然猺俗杜力作，无大贫富。又县水陆险阻，舟难行，日不数里。山路曲仄，车□马惊人，夫负荷肩磨踵接，百步九息，商货尤艰。康熙中，知县刘涵令民立墟南门，日中行者皆掉臂而过。涵下令定墟期以一四七日，设百戏、弹丝、吹竽、击鼓，登歌城中。民出观数日，远近辐辏，百物皆集，涵为政可谓能弛张矣，故富民墟传之。至今蓝山居民殷富甲一州，涵之惠也。大桥、毛俊、宁溪皆大墟也。猺人男女出互市，言不二价。凡猺中无高赀，易得小赢。衡、永、宝庆民争趋焉，日得百钱，人力勤即得自给。诸贫民侨居其间，反□于大都会，观其情熙熙如也。诸墟必有廛舍憩息，亦不易与也。②

---

① 《光绪衡山县志》，载《中国地方志集成·湖南府县志辑》，南京，江苏古籍出版社，第32页。
② 《同治桂阳直隶州志》，载《中国地方志集成·湖南府县志辑》，南京，江苏古籍出版社，第428页。

【注释】墟：集市。傜：指瑶族。辐辏：人或物聚集如车轮。赢：利润。衡：指衡阳。永：指永州。熙熙如：兴盛的样子。廛舍：房舍。

【解读】此段叙述桂阳直隶州下属的嘉禾县、蓝山县的集市贸易情况。嘉禾县货物交易大多在乐利墟，曾易址数次。蓝山县知县刘涵在南门设立集市，限定开业时间，方便货物贸易，极大地促进了蓝山县商业发展，成为富裕县。由于管理需要，集市不能每天开张，该处规定每月一、四、七日为开业期。蓝山县汉民与少数民族杂居，互相交易，价格相同。蓝山县集市贸易还带动周边衡阳、永州、宝庆等地的商业发展。反映集市管理的时间限制和买卖中价格平等的民间交易习惯。

七、武冈县

经营

凡市镇数出列肆，多者八九百家，少至数十家。所集之货，多盐米布帛取便日用，无甚居奇罔利者。①

【解读】武冈地区货物贸易大多是粮食和日用物品，几乎没有囤积居奇的大商贾。反映武冈商业落后。

八、遂宁县

经营

地无异产，市无奇货。商贾往来恒少，即盐布多取足于他乡。若肩挑背负贸易者，不过谋赡朝夕而已。②

【解读】绥宁商业不发达，甚至日用品都需从外地购进。往来商贩大多是肩挑的小贩。反映绥宁商业落后。

---

① 《同治武冈州志》，载《中国地方志集成·湖南府县志辑》，南京，江苏古籍出版社，第91页。
② 《同治绥宁县志》，载《中国地方志集成·湖南府县志辑》，南京，江苏古籍出版社，第412页。

九、新化县

经营

外来者少,以地非冲会,故百货不能尽萃。其贩杉贩茶者出外贸易。本地逐末惟盐铺、绸缎、杂货店,至乡村去城地远,则多列小肆以备日用。①

【注释】冲会:交通要道。萃:汇聚。逐末:从事商业。

【解读】此段描述新化县距城较远,在县中仅能购买日用之物。反映交通对县城商业发展有至关重要的影响。

十、辰谿县

经营

邑中无大商贾,列市肆者江右人居多。他省及省属岳、衡、宝等府亦有之本籍。贸易不过土产所出、日用所需。乡民有肩挑步担贩运货物者,市人谓之贩子。②

【注释】江右:江的西面。岳:岳州府。衡:衡州府。宝:宝庆府。

【解读】此段体现辰谿县商业不发达情况。民众对贩运货物的乡民成为"贩子",一定程度上体现对农民从事商业活动的鄙夷态度。

十一、阮凌县

盈利

近市者负贩以逐什一。百货者自下而上,日久费重,故价昂而利微。其挟高资者,乐于行贾油、蜡、生铁、盐鱼之利,往来舟楫相冲,获利者常厚。郡中以浦市为商贩萃积之所。③

---

① 《道光新化县志》,载《中国地方志集成·湖南府县志辑》,南京,江苏古籍出版社,第158页。
② 《道光辰谿县志》,载《中国地方志集成·湖南府县志辑》,南京,江苏古籍出版社,第358页。
③ 《同治沅陵县志》,载《中国地方志集成·湖南府县志辑》,南京,江苏古籍出版社,第432页。

【注释】逐什一：范蠡主张经商应当"逐什一之利"，故用"逐什一"代指经商。冲：交通要道。

【解读】此段体现沅陵县富商大贾乐于从事油、蜡、生铁、盐鱼贸易，获利较为丰厚。而贩卖百货利润微薄。反映当时大宗商品贸易较为发达，而一般百姓很难涉及。

十二、沅州府

牙行

商贩土著甚稀。近市者间逐什一，然率居积营生，少离乡井。所在列肆零星，多属客户亦无高资巨贾。为市日中，惟米谷盐布油铁之类。虽立官牙行店，亦无多矣。①

【注释】逐什一：范蠡主张经商应当"逐什一之利"，故用"逐什一"代指经商。牙行：为买卖双方介绍交易、评定商品质量、价格的居间行商。

【解读】此段记载沅州府从事商业的本地人少，贩卖日常用品，且不外出贸易。习惯上交易时间在白天日中时候。牙行类似于现在的中介商，在当时由官府设立，负责撮合买卖双方促成交易。牙行不多反映贸易不发达的情况。

十三、芷江县

牙行

商贩土著甚稀。近市者间逐什一，然率居积营生，少离乡井。所在列肆零星，多属客户，亦无高资巨贾往来此间。或有私立牙行坐列估价，以蠹乡贩者必禁之。②

【注释】逐什一：范蠡主张经商应当"逐什一之利"，故用"逐什一"代指经商。牙行：为买卖双方介绍交易、评定商品质量、价格的居间行商。蠹：损害。

【解读】此段记载芷江县商业不发达的情况。牙行类似于现在的中介商，大多由官府设立或得到官府批准，发给"牙帖"（经营许可证）。未经批准的牙行时有出现，若损害交易双方利益者会被查禁。反映国家对中介商通过公立或审批设立进行管理。

---

① 《同治沅州府志》，载《中国地方志集成·湖南府县志辑》，南京，江苏古籍出版社，第236页。
② 《同治芷江县志》，载《中国地方志集成·湖南府县志辑》，南京，江苏古籍出版社，第425页。

十四、永顺县

运输

城乡市铺贸易往来，河道险隘，贩运艰难。其货有由常德、辰州来者，有由津市、永定来者，必土人担负数十百里外至本地。出产如桐油、茶油、五棓、碱水、药材等类，或铺户装出境，或装客来市招收，均视时为低昂，莫之或期。①

【注释】五棓：又称五倍子，一种植物或药材。

【解读】此段叙述永顺府贸易进出方式的习惯。土产货物运输方式或是卖方负责装船运出，或是买方来境运输。选择运输方式的依据是当时的市场情形，视市场价格选择相应的运输方式。

囊时土民不善贸易，列市廛通货物者，半属江右之民。近则出口货财，日形发达。交通便易，上至用陕、滇、黔，下至鄂、闽、广，咸有永商踪迹，较从前闭塞时代不啻天□。②

【注释】囊时：从前。江右：江的西面。便易：方便容易。咸：都。

【解读】此段叙述永顺县由于交通便利带来商贸发达。永顺县过去县民不经营商业，而在对外贸易开展之后，由于其便利的交通条件，使得永顺商人遍及陕西、两湖、两广、福建和云贵等地。反映交通与思想观念对于湖湘地区贸易发展的重要意义。

十五、古丈坪厅

经营

商业之在古丈坪者亦微矣哉。然懋迁有无，设为场市以交通民苗，其商贩零星，不成大宗。矿产未出，蚕业未宏，他日应有见商业繁盛之人，在今日不足言，而实不能不志。何则三宝缺乏，则国用贫弱，余粟余布，则饥寒见于有余。此岂可一日不

---

① 《同治永顺县志》，载《中国地方志集成·湖南府县志辑》，南京，江苏古籍出版社，第357页。
② 《民国永顺县志》，载《中国地方志集成·湖南府县志辑》，南京，江苏古籍出版社，第229页。

商？农以生之，工以成之，商不为通，则货弃于地。民苗交困，此岂可一物不商？商业之学，近亦极为讲求矣。

朝廷设商部，行省、府、厅、州县设商业学，广登进之路，开商务之会，明效大验。古丈坪或在他处之后，而推轮大辂有基勿坏，宜志其略。

【注释】懋迁：贸易。交通：沟通。大辂：辂音路，大车。

【解读】此段论述商业发展对于农业、工业的促进作用，反映晚清年间地方官逐渐认识到商业对于经济发展的意义。商部是清朝掌管商务、铁路、矿务的官署。各地区设商学，促进商业发展。古丈坪虽然商业起步较晚，但也有较快发展。

典当

古丈坪厅境无典当之商民。间以田产典押，彼此争讼，轇轕多年不清。今拟设公局，开质当以通有无，尚待异日。

【注释】轇轕：音交格，杂乱。

【解读】此段叙述典当业情况。此处的典当（以田产典押），类似于现今的不动产抵押，在私人之间进行。债务人将田产抵押给债权人作为担保。由于中国古代典、当不分，且民间缺乏对典当的法律规制，故而经常造成纠纷。有鉴于此，地方官将在地方设立典当公局，典当法律关系均在政府规制下进行，可以减少纠纷，但是需要一定时间去设立和实行。

经营

古丈坪厅治城亦无钱商，买卖银钱极不方便，皆零星交易。视下游辰、常一带为价值之高下，常年银在一千五六百文。其商业皆油业所兼。古人所称"三传字号"皆以油著。油商治城，字号以油为大宗，囤卖囤买。罗依溪市较全境为繁盛者，亦以油业所聚耳。碱商即油商收碱，碱以元计，油以支计，合油碱两项。油分桐、茶、计三种，岁出入数万金，占古丈坪商业之十八矣。

【注释】辰：指辰州府。常：指常德府。著：著名。元、支：计量单位。十八：十分之八。

【解读】此段反映古丈坪油商发达，油商同时经营钱币业、碱业，成为古丈坪商业支柱。清末货币不统一，货币经常需要买卖、交换。钱业发展一定程度上体现地区的商业发展程度。

专卖

盐商：亦无专商，即油业所兼。川盐自龙山之隆头入湖南境，过永顺县之王村，十里而至站塘口入厅境，五里至厅之罗依溪市起。按淮盐由辰入境不多，盐贩零售斤约一百文，参和沙灰，贵而不好，失用淮之原质矣。夫计口授食盐法最详，而古无之，亦免文牍之烦矣。

【注释】川盐：四川产的井盐。淮盐：产于广东一带的海盐。辰：指辰州府。参和：同掺和。计口授食盐法：春秋时期管仲提出的食盐管理办法，每人每月配发一定数量食盐，由各基层单位汇集报县府，填发盐票，凭票换取食盐的制度。古：指古丈坪厅。

【解读】此段反映古丈坪盐业状况。古丈坪没有独立的盐商，由油商兼营盐业。食盐分配未采取计口授盐法，至于具体实施办法没有说明。

买卖

油榨商：茶桐之利，古民享之久。故榨油一业，亦为古商业中之较大者。

谷米商：专囤谷米为业者甚少。惟邻境时有伺米价腾涨，贩运来境。余皆民间以田之所入，随时负运交易。治城场只有米卖，平扒河蓬场乃卖谷。

【注释】古：指古丈坪厅。场：平坦的空地。

【解读】此段记载油商和谷米商业状况。在该地谷、米分开。自家种植的粮食，除纳税和自己食用外，剩余的都可在市场上交易，反映小农经济的逐渐解体。

药材商：多江西客民所开店铺，兼行医术。其业次亦稍大。

绸缎商：无专商，岁有行贩来治一二次，所卖皆川产。

杂货商：海采纸张、各种杂货之商，皆无专业，附于油业等商者，时无定价定货。

【注释】业次：谋生的职业。治：处理事情。时：经常。

【解读】此段记载转运出售之商的经营情况。此种商人大都不从事其经营商品的生产，从生产商购进后销售，赚取差价。而清朝大多数商业都是以自产自销的形式出现。

转运商人有来自江西等外省，反映该地对外交流相对方便。

木商：木商多来外境，与山主购定某山，自雇工伐木，趁春水，由山涧放下木至罗依溪编□至辰州，下沅，入洞庭。此商向称巨商，然古厅树木日稀，木商来此亦无大交易，故列于后。本地亦有为木商者，不过一二千金之商，无巨商。木亦非尽出本境。

蜡商：每年立夏后，泸溪、浦市人来此收买蜡子，沿高望界一带最多获利。余地亦有之。

麻商：湖北人来龙鼻嘴一带收麻，而以夏布来贩。

布商：民间织出土布，亦有收贩之商，较丝商颇多。

茶商：民间时有莳茶者，零星贩卖则有之，无商人运此者。

牛商：以贩牛为商，多永顺、保靖人。

猪商：以贩猪来境，多贩牛者兼之。

茶丝两商将来开一大局面，而今日则尚未萌芽。矿产尤商之巨者，亦必征于数年之后，此时固不觉也。

屠商：各场俱有屠案，本城三四家无定此间。猪只较贵，亦需数百金之商始能为之。禁屠宰羊，亦无专为羊肆者。

客店伙铺：古厅僻处边隅，少冠盖往来之盛，故客店伙铺无大者。①

【注释】沅：指沅江。莳茶：一种茶叶。

【解读】木商通过承包山林、雇人砍伐的方式获得木材，借助水道运输。外地人在古丈坪土人处收取麻布，制成夏布再卖给本地人，古丈坪成为外地麻商的原料供应地。古丈坪禁止宰羊，不知为何。

十六、永绥厅

商贾近市者负贩以逐什一。百货者皆自下而上，道长滩险，故价昂而利微。其挟有厚赀者，囤贩花油、粮食，获利颇多。②

---

① 《光绪古丈坪厅志》，载《中国地方志集成·湖南府县志辑》，南京，江苏古籍出版社，第326页。
② 《宣统永绥厅志》，载《中国地方志集成·湖南府县志辑》，南京，江苏古籍出版社，第115页。

【注释】逐十一：指从事商业。自下而上：从下游到上游。

【解读】反映永绥厅小商贩处境艰难，而贩运油、粮食等大宗商品可获益较多。

十七、保靖县

经营

城乡市铺贸易往来，有自下路装运来者，如棉花、布匹、丝扣等类，曰杂货铺；香、纸、烟、茶、糖食等类，曰烟铺。亦有专伺本地货物涨跌以为贸易者，如上下装运盐、米、油、布之类，则曰水客。至于本地出产，如桐油、五棓，有羊棓、角棓二样，碱水、药材各项，则视下路之时价为低昂。①

【注释】下路：下游。五棓：又称五倍子，一种植物或药材。低昂：高低。

【解读】此段记载保靖县日常用品分别在杂货铺和烟铺销售。存在观测价格而不定期销售的临时商贩。商人贸易大多关心货物价格波动。

十八、益阳县

经营

旧称益俗勤于农桑，拙于工商，大约工匠所业，不过木石、陶瓦、皮铁、织染之类。民所常需，工乃常习。此外细巧之技，多取资外方。贸易则谷米、竹木之属。本地所产，外客集焉，故多开充身行，或自行囤贩。次则屠沽小肆。其余诸货，则皆苏、杭、闽、广、豫章诸省客商，营运居奇于此。盖益滨资水，上通宝郡，下达江湘，舟楫流通，百货易集，故有"金湘潭、银益阳"之称。然土著之人重农轻末，安土重迁。间有工商，亦不轻为远买。②

【注释】囤：积聚，聚拢。益：益阳县。资水：资江。宝郡：宝庆府。间：间或。

【解读】此段记载益阳县商业情况，指出清末商业发展大多数基于工业创造民众所需要的产品，在本地区销售。由于益阳县临近资江，水路交通便利，外地商贩也可以来益阳收取本地土产货物，商贸较为发达，而以外地人居多。

---

① 《同治保靖县志》，载《中国地方志集成·湖南府县志辑》，南京，江苏古籍出版社，第63页。
② 《同治益阳县志》，载《中国地方志集成·湖南府县志辑》，南京，江苏古籍出版社，第104页。

由于湘绣所处的时代背景,使它从产到销,在开始成为一个行业的时候,就立即向着资本主义生产关系过渡,而没有像历史上其他手工业那样,在商品生产的低级阶段——小商品生产阶段,有一个缓慢的、较长时期的发展过程。我们从最早经营湘绣业的吴彩霞、锦云二户的发家经过,就可以清楚地看到这一点。吴彩霞绣馆的胡莲仙与锦云绣馆的袁魏氏最初都是独立的小商品生产者,但由于她们的技艺较高,收入丰裕,积资渐多,她们的儿子才能开设绣庄,成为企业主。如袁魏氏绣出一堆"黼黻"售银洋一元,可买谷子一石;胡莲仙绣一幅七寸高、一尺宽的插屏卖到五十两银子。但自绣庄开设之后,绝大部分产品,都由它发出原料交外间的绣工代绣。这种方式,以后一直为一般湘绣庄所采用,很少由门市收购绣工自备原料所绣成的现成产品。绣庄老板既是企业主,又是包买主,他们不但把刺绣手工业者同制成品市场的联系割断,而且把这些手工业者同原料市场的联系也割断了。在这里,绣庄老板的资本,已经不是纯粹的商业资本,它实际上已经具有工业资本的性质,因为它不同于一般的商业资本,只买进成品和卖出成品,而是利用自己的资本直接渗入和控制了绣品的生产,使人数众多的、分散的、表面上独立的刺绣手工业者的劳动,在性质上已经是属于资本主义的家庭劳动,而一般专业绣工,实际上变成了在自己家中取得一定工资而给资本家生产的雇佣工人。[①]

【解读】本段叙述湘绣工商业的发展历程。从手工业阶段到资本主义工商业阶段,湘绣庄老板割断了绣工与原料的连接和绣工与市场的连接,使得绣工成为纯粹的劳动力。反映民国时期生产关系向资本主义形态演变。

十九、湘阴县

税收

商税:咸丰四年开办厘捐,湘阴城乡商贾交会处设局,凡九准算缗法折征,以千取二十文为率,岁解军需局万余缗……国家经制所入,曰地丁钱粮,曰盐课,曰关课。凡三大宗钱粮取之田亩,盐、关各课取之商贾,而地丁之领于州县者有常额,是为正供。商贾盈虚众散,无定程也。是以盐课总其税于运商,而设关惟于江河要津,其市

[①]《湖南文史资料选辑 第8、9辑》,长沙,湖南人民出版社,第343页。

易敛散，不为限制，悉弛以与民。①

【注释】厘捐：又称厘金、厘金税。晚清实行的一种行商税，在水陆要隘设立关卡，征收过往商品百分之一的捐税，百分之一为厘，故名。课：赋税。关课：在交通口岸对商人征收的税。正供：法定的赋税。

【解读】本段记载湘阴县商税情况。较大的商税税种有粮税、盐税和关税。粮税在州县官府征收，是法定的税种。而盐税和关税的征税地点在江河口岸，对过往运输的商人征收。由于商人贸易具有不确定性和流动性，该项税收往往管理较为松散，许多不通过水路贸易的商人可以逃避商税。其性质类似于今天的流转税。

二十、醴陵县

税收

产销税：民国二十三年，湖南省政府因遵令裁厘财政窘涸，始开办产销税。应征物品分十项：（一）竹木；（二）茶叶；（三）纸张；（四）油蜡、胶漆、钒碱；（五）煤炭、石灰；（六）杂粮曲面；（七）南货水产物；（八）药品；（九）绸缎呢绒布匹；（十）丝、棉、麻、纱、绳带、栏杆、纽扣；（十一）磁器料货；（十二）五金及其制品；（十三）皮毛；（十四）牲畜；（十五）陈设及装饰化装品；（十六）杂品。是为特种物品，无论外省输入或本省输出，及行销本省境内，均照征产销税一道，通行全省。

营业税：民国三年之特种应社会执照税，皆为营业税。民国二十年中央决定裁厘。制指定营业税为地方税，抵补裁厘损失。部颁章程，以营业总收入额为标准者，征收其千分之二至千分之十。以营业资本为标准者，征收其千分之四至千分之二十。以营业纯收益额为标准者，依累进法征收其百分之二至百分之十。其营业总收入不满一千元或资本额不满五百元，或收入额不满百元者，均免税。

利得税：非常时期过分利得税于二十八年开征。凡属于营利事业利得均征税。其税率从百分之十起至百分之五十止。三十二年二月废止原条例。

遗产税：民国初年拟实行不果。二十七年十月乃公布暂行条例，凡遗产总额在

---

① 《光绪湘阴图志》，载《中国地方志集成·湖南府县志辑》，南京，江苏古籍出版社，第337页。

五千元以上者征税百分之一。超过五万元以上者，按级加征超额累进税。由百分之二起累进百分之五十止。醴陵于三十二年开征。由醴陵直接税局查征所办理。三十五年四月修正公布。凡遗产总额值一百万元以上者征税百分之一。超过二百万元者，就其超过额按级加征。超过一万万元者征收百分之六十。

营业牌照税：凡营业为目的者，如屠宰业、旅馆业、酒馆业、牙行业、娱乐场所、典当，均应纳牌照税。税率以资本额定课征等级，每年征收一次。商人以此税重复，多不愿出。

使用牌照税：凡车辆、船只、飞机等交通工具，均每年抽征牌照税一次。最近规定之税率。肩舆及人力行驶车均不得超过五千元。人力行驶船不得超过八千元。若自用者，则照上率减半征收。本县人力车轿现均免抽，以示体恤。惟在渌口征收舟船牌照税。

筵席及娱乐税：即行为取缔税。原系课征富人之税，故税率特高。娱乐捐按照戏院票价征百分之二十，以一月为单位。筵席按酒席价征百分之二十。县城商业萧条，筵席捐不能达到预算。①

【注释】渌口：渡口。

【解读】本段记载醴陵县商税情况。征收税种包括产销税、营业税、利得税、遗产税、营业牌照税、使用牌照税、筵席及娱乐税。产销税从名称及性质看应当类似于增值税，但征税对象只是特定的商品的流转额。营业税以营业总收入、营业资本或营业纯收益为征税对象，为地方税种，实行累进税率。利得税类似于今天的企业所得税，实行累进税率。遗产税免征额为一百万元，实行超额累进税率，醴陵县征收晚于国家统一规定，在税率上进行调整，由税务部门征收。营业牌照税针对登记领照的商人征收，按年度征收，存在重复征收的弊病。使用牌照税类似于今天的车船税，按年度征收。筵席及娱乐税属于行为税，基于限制富人高消费而征收，税率较高。

二十一、新化县

税收

杂税：额销盐六千八百九十引，每引税银二分，共银一百三十七两八钱。历系商

---

① 《民国醴陵县志（1）》，载《中国地方志集成·湖南府县志辑》，南京，江苏古籍出版社，第415页。

人办纳，每年惟□察督销造水程数日而已。

茶引三十道，每引征银一两，共征银三十两。又纸扎银九分九厘。每年引目派发到县，发给茶行分纳。税银起批解交藩库。

田房税银：凡民间置买产业成契后，即赴县粘连司颁契尾，投税过割。每价银一两上税银三分。历系仅征仅解，原无额定。①

【注释】引：清代的取盐（茶）凭证，始于宋代。清代盐为官营，盐商需要在官府领取凭证方可取盐经营。过割：旧时田宅买卖、典当或赠予所办的过户或转移产权手续。

【解读】本段记载新化县盐税、茶税和契税的征收规定。盐税依据盐引数量纳税，每引纳税银两分。茶税也依据茶引数量纳税。税款收归各地财政。契尾由官府发给当事人，粘在买卖合同上，记载交易日期、卖主、引进人、见证人、代书人等事项，在官府纳税后宣告所有权转移，税率为房产价格的30%。

二十二、宁乡县

典当

嘉庆志复议门有典当云按常例出具认保，各结呈线请给帖饬充货物取赎，以二十四个月为满。凡年终奉院司府檄饬示谕：自本年十二月初十起，至次年正月初十，至嘉庆二十一年改从十一月至正月两个月，减息一分取赎。如力微，准停当，俟架货取赎完缴帖，呈县详请，报部开除。永远铺于乾隆元年开设，每年纳税银五两。公振铺于乾隆七年开设，每年纳税银五两。同裕铺改广宁，于嘉庆九年开设，每年纳税银五两。文益铺于嘉庆十九年开设，每年纳税银五两。以上四铺共税银二十两，批解藩司衙门。②

【注释】认保：提供担保。

【解读】本段记载宁乡县当铺经营与纳税习惯。正常情况下典当行接受典物需要债务人提供担保，典当时间不超过二十四个月。政府对典当行有税收优惠。无力经营的典当业可以在政府登记注销，反映典当行受政府登记管理。宁乡县各当铺每年纳税大约五两。

---

① 《道光新化县志》，载《中国地方志集成·湖南府县志辑》，南京，江苏古籍出版社，第147页。
② 《民国宁乡县志》，载《中国地方志集成·湖南府县志辑》，南京，江苏古籍出版社，第273页。

二十三、蓝山县

税收

杂税案 自清季行药酒、印花、屠宰各税，谓之杂税。然虽颁行税则，僻县人民惊为创见，未尽通利。或归商人承办，亦若有若无而已。民国初年沿之。药酒税由财政厅兼摄其事。四年，始设公卖局征收公卖费，画湘各县署为七区，置分局五处，监察所二处。局所之下，复设支栈，即所谓牌照捐者也。袁世凯时，以药、酒、印花三项为直解中央税，五年，部令财政厅，将物品牌照移交公卖局接办。各县有分局者，其物品牌照即归分局经征。未设局者，县知事代征。是年七月撤局，归并财政厅，旋复划出，仍设公卖局。各县局栈仍旧。蓝山亦于是时行药酒税。十年，乃规定比额月一百五十元。印花税清宣统元年始行，听人民自由贴用，无限制。截止至二年底止，仅征获钱八百余串。迨民国二年七月，国税厅筹备处遵财政部令，酌定各州县自八月一日起，为施行税法日期。六年二月设立征收分处，于湘省繁要各埠委员分途劝导。旋又改设分局。于是财政部令，核定湘销比较二十五万元。九年，国会议决，照原列预算数增加二成。又增加婚姻书印花税三万元。十年，省议会议决，以印花税处归并财政厅，饬各县局一律改归县办。十年七月，又以印花与药、酒、屠宰、土硝各税，合设杂税局。计已分设局者为长沙等二十四县。其余二三县合并设立之局。省议会咨行省公署，通令裁并知事公署兼办。蓝山系属县署兼办者。原规定印花税销额每月三百元。屠宰税自清光绪三十四年湘省行屠捐，以充警学经费。省会岁由屠户包缴钱五千六百缗。开办伊始，自长善两县外稍用推行于各县。民国四年，财政部颁行屠宰税简章。六年七□□□将原有之屠捐撤罢，实行屠宰税。暂令各县知事公署兼办。逮七八两年，始于商务较繁盛之长沙、湘潭等县设专局。九年十月，以各知事兼办。税收不旺，财政厅议定就税收较旺之长沙、湘阴、浏阳等四十二县，改设专局。十年一月，省公署准省议会议决按，概行裁撤，统归县署兼办。然税收仍无起色也。复由财政厅呈请省署，咨行省议会，就商务较繁县分置杂税局，征收药、酒、印花、屠宰、土硝各税。亦有就二三县合设一局者，统计三十八处。而省议会复议决裁并二三县合设之局，归县办理。蓝山税收仍归县署，月比规定为一百八十元。今药、酒、印花略如袁氏时制,直接中央办理,而以屠宰为地方税。然综此三税,人民尚未习惯。僻地日用,率由自备,税源稀端,强以足额,盖亦难矣。①

【解读】本段记载清末民国时期征收杂税的政策以及蓝山县征收杂税的情况。药酒税在民国四年由财政厅管理,在各地设立分局,没有设立分局的地区由县官管理,由此蓝山县开始征收药酒税,税额为每月150元。印花税在宣统元年推行,由于征收数额较少,一再提高税额,扩大征税对象,蓝山县税额为每月300元。屠宰税自光绪三十四年开征,目的是提供警学经费,在湖南商业发达的县设立税局,但税收依旧不旺。蓝山县每月税额为180元。药酒、印花税为中央税,屠宰税为地方税。税收常常难以足额征收,因为税源稀缺,民众尚未习惯缴纳杂税,又无法强制征收。反映税制改革背景下各地都有纳税指标,但杂税难以足额征收的情况。

市场

县城:县城商业过去有西、本两帮之分。除红茶、夏布、土瓷、豆腐属本帮外,余如药材、南货、糕饼、豆豉、杂货、银楼、布匹、钱庄、典当各大业均属西帮。惟县城旧日商店因民七大火,几于全部焚毁,西帮势力大受打击,本帮逐渐抬头。至民国二十年后,商务渐盛。抗战期中,瓷业尤称发达。北城及江湾一带新建窑厂及商号百数十家。南城多营染织业、刺绣业、秤业等。西城多营编爆业。东城多营旅馆业。而绸缎、药材、洋货等业则萃于中心市区。阳三石商业之盛衰随交通而转移。②

【注释】几于:几乎。抗战:抗日战争。萃:聚集。

【解读】此段叙述醴陵县民国时期商业发展。民国时形成商帮,有西帮、本帮两大商帮,经营不同种类货物,形成竞争关系。可以看出醴陵在民国时期商业较为发达,经营各项商业。商业发达程度与交通密切相关。

南乡市镇 南乡有水道及陆道通攸县、萍乡,过去并有汽车路通攸县,故与攸县贸易至为频繁。而南乡农产及矿产均甚富足,故市镇、墟场皆及发达。因水运方便而成

---

① 雷飞鹏等纂修,《蓝山县图志》,民国二十二年刊本,载《中国方志丛书》,台北,成文出版社,第1227页。
② 《民国醴陵县志(2)》,载《中国地方志集成·湖南府县志辑》,南京,江苏古籍出版社,第428页。

市者，有船湾、泗汾、清水江、沈潭、豆田、唐家渡等。因陆运方便而成市者，则有美田桥、东富、孙家湾、杉仙、贺家桥。豆田等商业较发达。泗汾出产以谷米为大宗，染织业亦颇发达。①

【注释】墟场：集市。船湾、泗汾、清水江、沈潭、豆田、唐家渡、美田桥、东富、孙家湾、杉仙、贺家桥：集市名称。

【解读】本段记载醴陵县南乡镇集市贸易情况。从中可看出影响商贸发展有两个重要因素：交通与出产。由于湖南农村商品经济普遍不发达，在市场上交易的货物大多是本地土产，因此本地生产力成为商贸发展的基础。另外，便利的交通成为货物运输的必要条件，因此南乡镇商业较为发达。

墟场：醴陵旧无墟场。清季黄獭嘴、新阳、东富、贺家桥，始仿浏阳之普迹，攸县之皇图岭之墟场而为之。久渐推行与各地。抗战期中此风益盛。及县城沦陷，商廛多毁。东乡普口市等处方相继设立，自是墟场遍于全县矣。交易多为土产，度量衡概用墟制。各场皆以期会，人民便之。②

【注释】墟场：集市。黄獭嘴、新阳、东富、贺家桥、普迹、皇图岭、普口市：集市名。期：预定的时间。

【解读】本段记载醴陵县集市情况。货物大多是本地出产，反映商品经济尚不发达。集市贸易在预定时间开启，方便民众。度量衡由各集市自行规定，没有统一度量衡。

二十四、桂阳直隶州

市场

州属皆有墟市，分日为期，一月九集。舍人渡水陆，转运所重也。天鹅坪、泗洲砦通常宁、新田为达道，然皆贩盐往来无违，商旅买卖紧土物也。州北七十里流渡桥通常宁、新田及嘉禾三县，一大墟会也。西二十里方圆墟，东南二十五里正和墟，皆

---

① 《民国醴陵县志（2）》，载《中国地方志集成·湖南府县志辑》，南京，江苏古籍出版社，第438页。
② 《民国醴陵县志（2）》，载《中国地方志集成·湖南府县志辑》，南京，江苏古籍出版社，第452页。

号最盛。交易计月，各至万缗。临武水通连、韶，而水东、牛头二市兴焉。①

【注释】墟市：集市。天鹅坪、泗洲砦、流渡桥、水东、牛头：集市名。

【解读】本段记载桂阳直隶州集市贸易情况。集市定期开放，在该州一个月开放九次。所贸易的货物大多为本地所产，反映商品经济尚不发达。州内各县贸易往来频繁，得益于较为便捷的水路交通。

二十五、麻阳县

市场

江口市在县东南三十里界，近惹都。滨临大江，水路要冲，以县属上下水计之，此为居中。

严门市在县东北五十里，隶二都里，当营哨之冲。旧设巡检司于此。近改设县丞，增置站马、扛夫、邸舍，市廛称繁盛焉。

高村市在县东北七十里，隶三都里，当水路之冲要，为行旅所必经。烟户繁多，商贾辐辏。驻巡检、把总各一员资巡防哉。

滥泥市在县东九十五里，隶一都里。居茅坪、桑林之间，为境中要道。近建行台，并置小站、夫马，一如严门之数。而旅店、村沽无一不具，往来过客食用称便。

石羊哨市在县北六十里，隶二都里，距镇筸城二十里。凡营屯、饷糈、商贾、货物沿西溪而上者，至此雇夫陆运，以达镇城。近市设石羊哨关藉资防卫。②

【注释】惹都：地名。站马：驿站和马匹。资：供给，资助。茅坪、桑林：地名。饷糈：军粮给养。

【解读】本段记载麻阳县各集市地理位置和管理情况。从中可以反映麻阳县在部分集市周边设置哨卡、关隘和官员进行管理，同时配有驿站、马匹、扛夫、旅馆、酒店等服务设施，方便商贾使用，促进本地商贸发展。

---

① 《同治桂阳直隶州志》，载《中国地方志集成·湖南府县志辑》，南京，江苏古籍出版社，第423页。
② 《同治新修麻阳县志》，载《中国地方志集成·湖南府县志辑》，南京，江苏古籍出版社，第247页。

二十六、临武县

货币

乾隆二十七八年间用洋银、花钱，每银一圆重七钱二分，中镂山水、花卉、名铑□钱镂人物，名"鬼头钱"。临之经商者取其轻便，遂因之。近日花银稍通，每圆换制钱七八百文不等。纹银兑换径相抵元。丝作八钱，乡市买卖成数用花银，零数悉用制钱。①

【注释】洋银：外国流入的银元。花银：成色较纯的银子。临：指临武县。因：依靠。成数：整数。

【解读】本段记载临武县货币使用情况。乾隆年间临武县主要使用的货币为洋银、花钱、纹银、花银和制钱。各种货币之间可依照一定汇率自由兑换。一般买卖中遵循方便原则使用货币，整钱用较贵的花银，零钱使用制钱（铜钱）。

二十七、溆浦县

货币

溆浦货币向用制钱，惟其中间有鹅眼铁板通用，出入时烦简剔。光绪初，辰州及贵州、广西两省均用小钱。乡曲奸民因之私毁制钱，铸为漫灭无文小沙板，外贩以趋利。由此县境小钱亦充斥，后经县官察觉，严惩其弊，乃绝。而纸币之用，于时渐起。初但一二殷实商户用之。纸币一票兑钱千文，与官署交通者，得以其票完纳国课。人民乐其携带便，且无束校之烦。利用之商户亦因成本轻、获利厚，用票之家遂日益多。而各家所用之数亦日益增。既而渐有倒闭，有伪造行用为之阻滞票价，因有折扣千钱。票初折兑制钱八九百文，渐减至四五百文，且无钱可兑，止以交换货物，其畸零数仅百文或数百文，无实钱以供周转，则为百钱或二三百钱小票。而乡居小户及城市中无资本，营小商业者咸起效之，倒闭叠出。于是贫民受累者多。民国初，政府欲通行官票，城乡各私票概行禁止，延至六七年间，严刑苛罚，始能禁绝。寻官票价日低落，剧减至千

---

① 《同治临武县志》，载《中国地方志集成·湖南府县志辑》，南京，江苏古籍出版社，第196页。

钱。票兑铜元钱二十文,而官票亦废。现通用当十或当二十铜元钱,即七二银元。①

【注释】鹅眼铁板:古代一种较为劣质的铜钱。漫灭无文小沙板:将铜钱上的字磨掉,变成没有字的铜板。国课:国家税收。寻:不久。

【解读】本段记载溆浦县清末民国初货币使用情况。正常交易用制钱(铜钱),由国家铸造发行。有民众将制钱熔铸,磨去字样,贩运光板铜钱,被官府禁止。民间纸币在光绪年间兴起,由于其便利,从富户渐渐普及到日常使用,并经官府允许,可使用纸币纳税,纸币兑换制钱的汇率日益下降。但纸币行逐渐倒闭,纸币严重贬值,导致部分小商户破产。民国政府统一纸币,禁止私造纸币,但统一货币的推行也不顺利。

二十八、靖州直隶州

货币

钱币之兴,取其流行。靖属地接黔省,黎阳所产木植,多经渠江。远方贾人来此懋迁,故泉流尚称不匮。且民心朴实,城乡交易俱用官板,私贩者不能容至。钱价则随时低昂,商民均不病焉。②

【注释】靖属:指靖州直隶州。懋迁:贸易。官办:官铸的铜钱。低昂:高低。病:担忧。

【解读】本段叙述靖州直隶州货币情况。由于管理得当和民风淳朴,商民均使用官铸铜钱,没有人私自铸钱、贩钱。钱价随商贸状况变动,由于贸易来源单一,故钱价较为稳定。

二十九、保靖县

货币

为均平戥秤、禁使潮银,以一定规,以息争端事。窃照敷宣王政,平民首重平市。潮银害重禁造,尤其禁使,惟兹保邑。卑职到任后,访得城乡、市镇、铺户人等行使

---

① 《民国溆浦县志》,载《中国地方志集成·湖南府县志辑》,南京,江苏古籍出版社,第117页。
② 《光绪靖州直隶州志》,载《中国地方志集成·湖南府县志辑》,南京,江苏古籍出版社,第473页。

戥秤，银色大小高低不一，往往酿成莫解之祸，最为急务。卑职不得不亟为详请均平。查民间所使戥秤，有使汉平者，亦有使土戥者。汉平与法码相等。土戥则较法码轻重不一。至银两成色，向皆七八成为通行。更有奸棍所用戥秤，因无定制，任其出入，大小银两掺使三四成，竟有以铜铅药煮等项，入苗土地方贩卖货物。土苗愚民不识正假，被其欺骗，误接不过十日半月，本色毕露。在土民尚稍隐忍怨，在苗人则伏草捉抵，勒赎消忿，危害莫测。卑职谬议，凡使用戥秤，均以天平准则，银两以九成为通行，以七八成至五成为潮银，五成一下概行禁使。倘有奸棍仍行诱骗民苗，许受害人即持戥秤、潮银到官，将潮银照数于行使之人名下追出，换给纹银并所易货物，俱赏给受害之人。仍将行使之人重惩庶奸。徒知警愚民，普沾宪德，而缪敏交易亦可鲜酿祸之端矣。为此备文通详。①

【注释】戥秤：一种小型的衡量轻重的器具。潮银：成色不足的银子。汉平：一种戥秤。

【解读】本段记载保靖县官员为统一度量衡设立的规章。背景为商民买卖时戥秤与银子成色不统一，有奸商使用戥秤与银两成色不足，掺假严重，造成纠纷，尤其是造成苗族人不满，使用暴力报复。为统一度量，平息纠纷，规定戥秤以天平为准则，通行九成银两，八成至五成为潮银，五成以下的银两禁止流通。如果有欺诈的奸商，受害人可以携带戥秤、潮银到官府，由官府换给纹银，赔偿损失，并严惩奸商。此条规定了较为完善的法律规范的各个要件，具备较强的可操作性。

三十、宁乡县

买卖

买卖米粮，买客凭行掺样，随即登船，上凭眼力，下凭掺筒，看定货色，三而估价，书立行票已妥，包样。下河量米时，买客不得故意复攉样米。如样不符，听其另买另卖，客不得故意潮拌减价。由买行户亦不得扶同。

客商买米，行户与卖客交代验明，必九九七制钱，如毛不用，如少照补。银必布

---

① 《同治保靖县志》，载《中国地方志集成·湖南府县志辑》，南京，江苏古籍出版社，第207页。

平,以九二足色。直行如低毛,概行不用。

卖米一石出行用钱二十五文,永无增减。

交易谷米、豆麦,买卖二比凭行平斛过扬,不许浮鸡窝。其斛十足制斛,每月朔归庙较准火燮称,以法码较定,以昭画一。

行伙或有奇盘夹帐以肥己,这行主查出,立即出发辞退。客商查出,投经行主,照议处罚。

交易后开明清单图记,载明行用厘金数目、实得钱若干,以杜弊端。

买卖米粮货物,银钱当即现兑,行户不得支扯拖延。

船户运米不许装头盖面、泼潮等弊。如违,行户断不劝客买受。

船户卖米不得因货难卸,求货急卸,致私须行伙钱文。

船户代人卖米,不得向行伙私索钱文,欺瞒米客。

运米船户,每石开仓钱二文。

宁邑与靖市捐建水神庙,原为船户及各商往来祀神祈祷并寄存货物之所。看守庙宇人须当心照管。

以上各条宁邑、靖市共同酌议,日后永无更改。如有违者,二比公同分别轻重处罚,决不徇隐。①

【注释】掺筒:一种量器。濯:洗。扶同:伙同。毛:铜钱变质。朔:每年农历初一。法码:砝码。

【解读】本段是宁乡、靖市粮食行共同制定的粮食买卖规定,对以下内容作出规定:买卖粮米时买方凭借样品登船考察,开立票据,登船取米。取米时买方不能用水洗米。样品不符买方可以去别家买。货币必须使用九九七制钱,用银必须九二足色,不能使用变质的钱币。每卖一石米需要捐出二十五文钱给行会。买卖所用的斛每月初一需要到庙中校准。如果行伙中有人贪赃,会被立即辞退,客商可以向行会举报,由行会处罚。交易时全部使用现金交付,不能拖延货款。船户不能遮盖、泼潮粮食、私自加价。船户运米需缴纳开仓钱,每石两文。两县行会共同捐建水神庙。

---

① 《民国宁乡县志》,载《中国地方志集成·湖南府县志辑》,南京,江苏古籍出版社,第223页。

三十一、永顺县

会馆

商务会：清宣统二年开办，无一定地址。始赁旧协著前黄宅，后附设府城隍庙内。又下梛之王村外、白砂之列夕外、颗砂之龙家寨外、塔卧之万民岗等处，均设有商会。

商务为富国之资。外人振兴商业，恒藉国家全力以赴之。凡有经营，皆号为某某公司。盖其资本允，故利息亦距。中华虽尝仿效，每一举手，辄以借款为前题。而经理人员复多中饱之弊，安有发达之时？永顺商务自前清末年设会以来，地方多故，而出入货物时形停滞。偶因军队经过，则议招待若干。倪或失事，则索赔款者若干。及其他重要捐项，咸于商会是筹，国家略无保护之力。故一值风潮，即便闭市。商业腐败职是之由，安得有人焉出而维持之乎。①

【注释】距：通巨，大。举手：指行动。前题：前提。故：事情。倪：假如。

【解读】本段记载永顺县商务会的发展情况。永顺县商会在开办初期没有固定地址，在各村都设有商会。资本主义商业借鉴外国，但由于中国的社会性质，外国时常向中国索要借款。且贪污腐败问题严重。永顺县由于设立商会时社会动荡，导致货物流通不畅，且受战乱影响。政府需要用钱时也从商会中克扣财产。遇到商业风险，商会便无法经营，国家也无力保护。反映在半殖民地半封建时期，局势动荡和政府贪污严重阻碍商会发展。

三十二、长沙

经营

长沙粮食工业开始形成行会，是在十八世纪中叶的乾隆初年。当时，根据长沙一府两县的区域划分（大致以现在五一路分界，路北属长沙县，路南属善化县），两县碓坊都有庙会。长沙碓房设立雷祖殿，善化碓房设立神农殿。这种"殿"实际上已经是

---

① 《民国永顺县志》，载《中国地方志集成·湖南府县志辑》，南京，江苏古籍出版社，第288页。

封建行会组织。它的活动，包括检校量器，解决某些有关共同利益的问题，并于每年三月十五日分别举行一次神会，长沙祀雷祖，善化祀神农。凡两县所在的碓房及后来的粮栈，经两家同业介绍，得申请入会，并按资金多少，规模大小，缴纳一定数目的会金和年费。光绪年间，碓房被规定要向官厅领取营业执照，可以世代承袭。雷祖、神农两殿也从这时起制发牌照。依照惯例，善化的碓房不得在长沙辖境营业，长沙的碓房也不得在善化辖境营业。加入庙会者可以分享皇仓、义仓积谷的赊销权利。辛亥革命以后，皇仓改名储备仓，为官方积谷备荒的仓库；义仓又名社仓，为地方公益事业的积谷仓库。每届农历五月，估计当年无粮荒无需作赈济之用，即由官府或慈善单位将积谷交由庙会经手，赊销入会各户，至新谷登场时，按本息归还。未入会者或零售米贩不得享受此权利。①

【注释】碓坊：舂米作坊。

【解读】本段记载长沙粮食行会的发展情况。长沙粮食行会在乾隆初年形成，一开始是以"殿"的形式形成。其职能有统一度量衡、解决行会及各作坊共同的问题、举行祭祀仪式等。各作坊可以在缴纳会费后申请入会，可以享受各项权利，包括储备仓和社仓的粮食赊销权利。官府通过向各作坊发营业执照的方式，对作坊与行会进行管理。同时地方惯例，作坊只能在本辖区范围内营业。地方粮仓包括由官方设立的储备仓和慈善单位设立的社仓，在荒年时通过行会发给入会作坊，来年新谷收获时归还本息，以行会为中介形成了粮食公益事业。

三十三、湘潭

会馆

湘潭药材行之所以能够延续三百年之久，除有一套封建行规之外，还有一整套适应封建行会的经营管理制度。

有严格的组织规章。不论独资或合资，投资人一定要是临丰籍人。朝奉（业务员）、账房、牌房、信房、店伙、学徒也一律要用临丰人。伙房伙计（行工），也委请

---

① 《湖南文史资料选辑 第17辑》，长沙，湖南人民出版社，第124页。

吉安府的永新、安福、莲花三县人。帮工人员任职以一年为期，每年正月初七日为人员出进日期。行主可辞退帮工。帮工也有权辞工不干。学徒期为三年，期满，视其才能分配适当工作。伙房伙计，散股子，必须服从正股子指挥，由正股子对行主负责。正股子的名额只能增加不能除名。本人死了，由儿子顶替接班。

【解读】规定药材行投资者和工作人员的籍贯必须是本地人；规定帮工的权利义务：任职期为一年，每年正月初七进出，可随时辞职或被解雇；规定学徒的权利义务：学徒期三年，期满后依据才能分配工作；规定组织结构：在行主之下为正股子，正股子之下为散股子，类似于现在的股东、董事长、经理的结构。正股子（类似于股东）名额只能增加，不能减少，儿子自然继承父亲正股子身份。

工作人员必须循规蹈矩，不准挪售客货、挪扯客款和有盗窃行为。倘有违反，轻则开除，重则送崇庆堂公议，在三皇宫当中焚毁其被帐、衣箱等个人生活用品，并通报全行业，永不录用。药材行业内部等级观念之浓厚，对工人封建统治之严酷，在工商各业中是罕见的。

【解读】对工作人员的义务及责任进行规定。工人不得有挪用客户钱物、盗窃等侵害客户权益的行为。如果违反将被开除，情节严重者由众人讨论决定，焚毁其个人生活用品，并且全行业不录用。反映行业对工人侵害客户权益的打击力度之大。

有严格的交易制度。规定药材买卖，不论药材数量多少，一律通过药材行成交。违者，采取一致行动，与买卖双方断绝交易关系。关于佣金，只收取卖方，买方不负担任何手续费。各行保证公买公卖，不瞒秤，不吃价，不短斤少两，也不贴秤、贴价、贴行佣，做到买主卖主在场不在场一个样，"远近无欺"。成交后，一律写粉牌，公诸于众，便于买卖双方洽谈和监督，以使客商满意和信任。

【解读】本段记载药材买卖合同成立的各项规定。规定所有药材买卖合同的订立必须经过药材行，否则所有药材行均与双方断绝交易，有一定的垄断性质。药材行收取手续费，由卖方交纳。药材行不仅起到沟通和促成双方交易的作用，还起到维护交易公平的作用。合同成立后通过粉牌公示，提高公信力。

有严密的财务管理制度。各行都有统一的财务表账,如各项交易的流水账,购销商品的分户账,银钱往来流水账,银钱和财务的总账,行工有招进招出药材明细账。要求做到帐货相符,钱账相符。每届年终,应造出收支平衡表。①

【解读】本段记载药材行财务管理制度。各药材行应有总账和各业务的分账目,要求帐、货、钱相符。年终应制作财务收支报表。反映对药材行的企业化、规范化管理。

随着城市经济的发展,经济活动的组织性和社会性的特点,要求相应的规则和秩序,以保证经济活动的正常进行。如是清代的团行出现有地区性的组合,权限也扩大了,如摊派官差,议定货价,代催税款,以及排解同业间的纠葛,制定相应的规约章程等。以湖南为例,行会组织,名目繁多。有按籍贯组织的会馆,也有按同业或经营关系组织的行帮。

会馆的首领称总管或称值年,职责是掌握会产,主持祭祀,处理和调解同业之间的纠纷。更大的一些会馆,有各帮的首领,称为帮董,大都捐有五品以上顶戴,身着官服,出入官府。会馆受官府保护,为官府支差派捐,在同行业中议定行情市价,约束徒弟伙计,制定行约店规,调解纠纷,同时也组织壁垒,对抗苛政,抵制外来资本,因此,在同行业中有较强的凝聚力。

会馆的经费均来源于商号的捐款,捐款分基金捐款、常年捐助,临时捐派三种。平时新商号入会亦须缴纳一定数量的捐款。

会馆每年举行年会一次,多在祀神之日,如农历三月十五日之财神会,八月十八日之杜康会,八月二十日的赵公会等。也有每月举行一次或两次例会的。会议内容大多是:公议价格,解决同业争端,商讨改善经营,维护同业利益。如益阳各帮在商定价盘后,用告白通知:"自某月某日起,某货定价或加价若干,公议遵行。"发给价单,照单发卖。

违反公议条规要受到处罚,处罚的方式有多种,如罚戏、罚酒席、罚钱或并罚戏和酒席。如湘潭酱园业浙、南、西、本四帮,公议货价违者罚酒席四桌,戏一本,钱五千。最严重的处罚则是革逐出业。②

【解读】本段记载湖南地区行会组织的共同特点。会馆首领大多捐有官职,受官府

---

① 《湖南文史资料选辑 第17辑》,长沙,湖南人民出版社,第188页。
② 《湖南文史 第34辑》,长沙,湖南文史杂志社,第6页。

保护，职责在于管理财产、主持祭祀、处理调解纠纷等。会馆职责有缴纳捐税、议定行情市价、制定行业规范等，也通过聚集商会对抗政府苛政，抵制外来资本，进行自我保护。经费来自商户入会的会费和捐款。会馆每年在祭祀时召开常规年会，也可以召开临时会议，商讨问题。公议条规相当于会馆内的自治法规，违反规定者会受到罚钱、罚戏、罚酒席、逐出行业等处罚。反映湖南会馆的高度自治性。

同业公会是在有关同乡会的基础上，为求生存求发展自愿组建起来、为工商同业公会法所认可的，具有一定法律地位的民间自治性组织。它代表了会员利益，并为会员服务。它在以下方面发挥了作用：

开业：凡新开厂店须先报经公会审查，除经营性质、经营范围、经营方式、资金、人员所必备的条件外，对外开设地址，需根据市场需要进行综合平衡，确定有无开店必要。对在繁华街道开店的规定是：对面左右侧，上隔七家，下隔八家，避免互相争夺。对已歇业，迨后复开，无论本人或亲属，均按新店章程办理，违者票究，新开铺店必须交牌费，如顶贸改牌者，仍按新店出牌费，新开铺店一经同业公会审查报工商部门批准开业者，即具有会员资格，并履行其权利与义务。

歇业：凡因营业不振，无力继续经营的铺店，需歇业者，必须报经公会查明原因，能扶者则发动同业共帮，以利继续经营，否则批准歇业。该行业除文夕大火被毁十七家无力复苏外，在此前后歇业者寥寥，且发展户数有增无减。

【解读】本段记载同业公会关于店铺设立和解散的规范。店铺设立需报同业公会审批，审批内容除经营必备条件之外，还根据市场需要确定是否通过审批。在繁华街道开店需要遵循位置规定，避免同行争夺市场。歇业之后再次开张的需要重新办理开业登记。加入同业公会开业的商户需要交纳会费，享受权利义务。在同业公会登记审批是工商部门批准的前置程序。歇业的店铺首先要报公会，由同业先行帮助。如帮助不成，才能批准歇业。该制度类似于破产重整程序，但由同行帮助其重整。

价格

购进原材料定价：凡购进原材料，在史家坡河西□梨、湘潭等各鲜菜加工原料基地者，均由经纪人负责对口联系，由公会统一议价，各酱园不得自行抬价或压价收购，违者议罚。凡经纪人联系好的产销对口，在价格、质量、数量、时间等方面的协定，双方必须履行。如一方违约，公会出面仲裁解决。但由于双方对经纪人的信赖，很少有不守信的纠纷。经纪人对双方生产进行了可行的安排而得到双方的信赖，因此口头协定胜似成文协定。

销售定价：凡本业产（商）品，均由公会议定统一价格，不定期印发送各店户。各店户必须遵照执行，违者议罚。对各店衡器、量器，每年进行一二次检查，无合格标记者不准使用。

【解读】本段记载同业公会关于购销合同的规定。购进原材料统一交经纪人负责，同业公会统一定价，由经纪人负责订立合同，订立好的合同双方必须遵守。如果违约，由同业公会进行裁决。经纪人威望较高，不需要订立要式合同，口头合同的效力与书面合同相同。销售定价也由公会统一，由各店执行。同业公会也负责监督度量衡，检查度量衡合格标记。

税收

纳税是会员必尽的义务，公会为维护会员合法权益，除督促会员按期缴税外，对确有困难无力纳税的会员户，则与税务部门协商，提出减免意见，以利继续经营。1949年后到公私合营以前，公会专设有公会、工会、税局组成的税评会，对保证国家税收，发展生产，繁荣经济起到了积极作用。

【解读】本段记载同业公会在纳税方面的职能。同业公会承担督促商户纳税的职能。对无力纳税的商户可以与税务部门协商减免，措施较为人性化。

同业公会起着协调会员之间关系和社会各方关系的桥梁作用。解放初期，支前借款，抗美援朝，捐献飞机大炮，第一个五年计划，购买胜利公债等均由公会统筹安排，根据各会员户的不同情况而分配任务。由于公会对各户情况比较了解，分配比较合理，因而都能顺利完成任务，凡有重要问题，通过公会与工会所组成的劳资协商会议解决，如六项措施的落实，分配加工订货，统购包销等，使"五反"后曾一度低沉的企业很快恢复了生机。

行规

行业不成文的规定、规章、制度,自古有之。如跨业经营、无保开店、无证开店,掺杂使假、短斤少两、变相滥价、抬价压价、抢行夺市、聚众赌博、奇装异服、买空卖空、投机倒把、超越比期久拖货款、冒牌顶替等都属违规。合股经营的在职股东或业务人员不得利用职务之便经营与本业(本店)有关的业务。凡有赌博、偷窃行为又累犯不改的,无论在职股东、雇工、学徒,都给以口头通报,全行业不得雇请。招收学徒要有可靠的介绍人作保证,并写师徒字。①

【解读】本段记载同业公会中不成文的商业惯例。禁止的行为包括同一商户经营不同行业、不提供保证的开店、无证经营、销售伪劣次品、缺斤少两、不按规定价格销售、抢占市场等不正当竞争行为。股东或高级管理人员有竞业禁止的义务。严惩赌博、偷窃,违者在全行业不能就职。招收学徒需要介绍人保证并有师徒签名,才可招收。

光绪十八年(1892年)省城绸布庄条规

清嘉庆二十三年(1818年)十二月十六日,遵湖广巡抚大工足断定章程,凡带徒弟者,无论铺户、作坊,准其请客十五人者,年半带徒弟三人。之后,到光绪初,有聚昌厚绸布庄,刘华之经手,购白马巷口、房屋一栋,成立绸布业公会,因此在光绪十八年(1892),省城绸布庄定条规八则:

议:起造庙宇,用费浩繁,同仁等每人捐钱贰千文,内一千捐作宇费,一千文作文质会蓄积,将芳名□石,倘有违抗不出者,庙内招贴姓名,永远不许帮贸,如有各店延请,值年登门拦阻。

【解读】本条规定绸布公会设立时建造庙宇的出资规定。会员需出钱两千文,通过刻石作为出资证明。否则,对不履行出资义务的单位张榜公布,禁止其获得同行帮助,也禁止其在省城进行经营。

议:财神瑞诞定章,演戏三部,酒席三日,文财神寿诞演戏一部,酒席二桌;七星会寿诞定章演戏二部,酒席二桌,其余各会期寿诞、归锦云会办理,外人不得妄参

---

① 《湖南文史 第34辑》,长沙,湖南文史杂志社,第41页。

末议。

【解读】本条规定各神寿辰的庆祝活动的规模和任务分配。反映庆贺财神诞辰在商会中的重要地位。

议：会期寿诞总管、值年先三日齐集庙内，商议一切，书帖分三天轮流，恭请各备衣冠拈香上表，以昭诚敬、其演戏、酒席，归值年经理，毋得推卸不到。

【解读】本条规定庆贺寿辰活动的各项流程和责任分管。

议：会内总管三年一换，值年一年一换，其钱银出入，归总管经理，凡会期寿诞所有一切用费，该总管、值年公同核算，招贴晓单，以示公正。

【解读】本条规定高级管理人员的任期和职权。总管类似于总经理，与值年共同经管财务，财务使用情况需要公开张贴。总管任期三年，值年任期一年。

议：凡我同行人，务须循规蹈矩，各守本分，倘有苟且不法情弊，一经查实，公同议革，永不准本行贸易，毋得徇情隐匿。

【解读】本条规定违反规定的责任。违反上述规定者，一经查实，逐出本行。

议：蒙师学徒，每人上会纹银四两，归锦云内，二两归文质会，做酒之日，由店东派人送交各会值年收讫蓄积，以作公项。

【解读】本条规定学徒入会程序。学徒入会需要交纳纹银六两，并办酒席。

议：外处人来省帮贸，公议如帮会五串文，如无现兑，该引荐人说明其钱归店东承认扣取三月，如数归楚，毋得迟延推卸。

议：以上各条禀请宪示，刊刻石碑，凡我同行务期照规遵行，如有紊乱规章，公同议罚。

【解读】本条规定章程通过刻碑公示，不得违反。

清光绪二十年（1894年）绸布庄条规

1、祀神建庙，为齐集同行，以昭划一，牌名"锦云集庆"，又曰"文质合庆"均具有成例，两班入庙办理祭祀等事，总以锦云为先，文质以后，毋得争端更章，惟岁修庙宇，两班公出用费，商量办理。

【解读】本段规定锦云班和文质班在祭祀和修庙的权力分配。祭祀方面锦云为先，修庙上两班平等出资。

2、州官设尺，原以量物长短，近有射利之徒，名虽加尺，实则欺蒙，我行公议，嗣后用尺，总以官尺为准，每年校准一次，不得擅自增减，有滥成规，公同禀究。

【解读】本条规定度量衡管理问题。规定度量衡以官府设立为准，每年由公会检查一次。

3、我行通商务，必开设门面，悬挂招牌，交易公平，方有信实，近有射利之徒，肩挑夏布、棉布、青绢等项，负贩沿门无非取巧，鱼目混珠之意，此种恶习，准其禁革，倘有不遵，公同禀究。

【解读】本条规定设立商铺的必备条件。设立商铺必须有固定门面并悬挂招牌，准许各商铺打击流动商贩。

4、"锦云""文质"列为两班，每班择一人总理，八人值年，凡更举两班值年，毋得推卸，以每年七月为限，两班总管，以三年为期，其总管、值年期满，皆不得恋充。

【解读】本条规定管理人员任期。总理（总经理）每班一名，任期三年，不得连任；值年（办事员）每班八名，不得连任。总理和值年换届时间为每年七月。

5、两班值年办事，必须商酌，各总管然复施为，毋得擅专称能，即上班值年举荐下班，须老成练达之人，倘下班亏空银钱，上班值年认赔。

【解读】本条规定值年（办事员）义务。值年办事必须商量行事，由总管批准。值年换届时上任值年可以推荐下任值年，但须对下任值年导致的亏损承担连带责任。

6、绸布两行开设门面，行号、新立牌名，议纳牌费十二两，或原牌添记一字，捐纳银五两，归锦云、集庆入公泐石、以期同心共济于公事，实有大赖焉。

【解读】本条规定新开设门面的程序。新开门面需缴纳费用十二两，如原先有牌面则在原牌上标记，缴纳费用五两，由锦云班管理。通过刻石公示。

7、外来帮伙，无论何处人等，照例出备入帮钱五串文，交文质合庆泐石，先提一半归锦云集庆，以作建庙之资，为违不出，归值年向引荐店中是问，倘有徇情隐弊，公同议罚。

【解读】本条规定外来帮工入会程序。外来帮工入会需有引荐人，缴纳钱五串，刻石公示。如果拒不缴纳，由主管值年向引荐人追索。

8、帮伙须凭同行引荐认保，如有抽掣等弊，店东投鸣两班总管、值年理论，出革，并向荐保追赔，自革之后，不准延请，如违公同禀究。

【解读】本条规定帮工违规的责任。帮工需有保证人，若违规则由总管、值年处理，将其开除，并禁止其再次在公会内就业。如果造成损失，保证人承担连带责任。

9、账项帮伙经手，即责成经手归原，如有滥赊、私收、支扯等弊，投鸣总理、值年，向荐保追赔，倘未归清，别家不得延请，若徇私情延请者，准其前项向伊赔完，如违禀究。

【解读】本条规定帮工违反账目规定的责任。帮工违反账目规定造成商店损失，保证人承担连带责任。未足额赔偿损失之前，帮工不得在其他店铺就业。

10、收带生徒，必须凭引荐认保，总以二进二出为常，多则三人为止，每人出入帮备纹银四两，交文质、合庆泐石，先提一半归锦云、集庆，以作建庙之资，该徒倘有抽掣支扯等弊，向荐保追赔，如违禀究。

【解读】本条规定商铺招收学徒的程序规定。学徒必须有保证人，缴纳费用四两。一般每店铺学徒不超过三人。学徒违反商业规定，造成店铺损失，由保证人承担连带责任。

清末宣统元年（1909年）再议花布帮公议条规

1、鹿角办布，宜拣选提庄，开通客路，以期永远销行。

2、客商买布，不论本城外埠，只准拣札，不准拣匹。

3、铺户来我栈买布，及送铺户看者，落价后不得退换，价不翻悔。

4、本城期票，自初一至十四归上比，十五至廿九归下比，经纪一比现清，不得拖延。

5、外埠客商来栈买布者，现买现兑，无论多少尾数，概不计账。

6、卖布价值，听鹿角买价涨跌，不得高台低减。

7、卖布听经纪挨次轮流派卖，任客看布，不得自行搬看，花边、钱票，随市估价，不得任意高下，以上各条务期永远遵行，毋得自误，如有违反，公同议罚。①

【注释】鹿角：明清时期洞庭湖区土特产的大圩场。尾数：结算账目的小数字。台：同"抬"。

【解读】本条记载花布行业条规。规定以下事项：1、在鹿角开店时应尽量提前选

---

① 《湖南文史第34辑》，长沙，湖南文史杂志社，第59页。

定地址，开通道路。2、买布时只准按札买，不能按匹买。3、规定销售货物不退换，价格不能反悔。4、□ 5、规定外地买家购买时必须钱货两清，结账时的零头不计入账簿。6、规定价格按照鹿角的价格上下浮动，不能自行抬价减价。7、规定卖家有让客户看货的义务，不能自行搬看货物。体现民间行会的意思自治与诚信原则。

营业人员对顾客不仅在态度上必须诚恳，而且在可能的范围内还要帮助顾客解决困难，如顾客买错了货要求更换，或者买去的货发现毛病，要求退换，只要顾客提出理由，经营业主任认可，予以解决。为联络顾客感情，对往来大户的婚丧嫁娶，由经手人员前去应酬，送礼费用，由店开支。

大盛对门市营业人员的衣着仪表亦甚注意，如热天不准赤膊、赤脚，不准穿短裤拖鞋并督促勤理发、勤刮胡须，仪表衣着保持整洁，对顾客彬彬有礼，形成了一种具有大盛特色的文明礼貌之风，时人誉之曰"盛派"。①

【解读】本段记载大盛商场对营业人员的管理规范。营业人员除了履行基本职责之外，还要尽可能帮助顾客，与顾客建立良好的关系，在红白喜事时前去应酬，所需费用由商店承担。退换货需要顾客提出理由，并由营业主任认可。对营业人员衣着有严格要求，保持良好的精神风貌。

长沙茶叶公所茶业条规

1、茶厘照章纳税外，凡地方要公应捐输者，公同酌议，照箱额包额摊派，不得隐循推诿、紊乱商规，违者议罚。

【注释】捐输：捐税。

【解读】本段规定捐税的分摊方法。地方政府需要茶业缴纳捐税时，依据各茶行所有的茶箱数额摊派捐税。

2、陋规革禁后，同业人不许钻营，假通声气，私出陋规，至有觊觎茶叶，藉公苛勒者，务须由茶叶公所鸣论斟酌，不许徇隐，私行接受，芈起事端，违者议罚。

【解读】本段规定在本条规颁布后，行业人员不能私自指定违反本条例的规定。对私吞货物者，由茶业公会商议处理，不能徇私舞弊，隐瞒实情。

---

① 《湖南文史 第34辑》，长沙，湖南文史杂志社，第100页。

3、雇经济无论大号、仔庄，不准浮秤、抬盘、戕货，收潮湿毛茶，亦不许沟通帮伙，预支佣金，希图脱卸议赔号中欠秤等弊，违即公同斥革。

【注释】大号：规模较大的商铺。仔庄：规模较小的茶庄。

【解读】本条规定茶庄不得从事的行为：虚报重量、毁坏货物、进不合格的货物、恶意串通损害茶行、第三人利益等。违反规定将被革出行业。

4、收买商户负贩茶叶，兑钱与秤码，仍照向章，不得增减，其钱必须过手足数，免致竞争滋事，违者议罚。

【注释】本条规定茶行收买茶叶时必须依据规定的度量衡，使用规定的货币。交易时货款必须亲自点清，以避免纠纷。

5、各号帮伙百工，如查实舞弊确迹，虽斥革不用，亦须告知公董，倘同业徇私或存别见，雇请者公同加倍议罚。

【注释】本条规定对帮工的管理。帮工如有舞弊情形，需要通知公会管理者，才能将其驱逐。如果是帮工在茶商指使下徇私，损害其他茶商利益，则对该茶商加重处罚。

6、拣茶工人，应遵号规，拣选尽净，不得迨玩作弊，尤不得恃众喧闹，不服稽查，其拣价视茶多少，均照向章，违即公同送惩。

【注释】本条规定拣茶工人的义务。拣茶工人应当遵守茶商规定，服从管理，认真完成工作。不得徇私、扰乱纪律、违抗管理，否则会受到公会制裁。

7、船户装运茶箱，不得疏虞，破损沾潮，以重工事，至装茶包花香，更不得踩烂偷漏，希图渔利，其运价均照向章，违即公同禀究。

【注释】本条规定装运茶箱的船户应当履行的注意义务，明确显示将船户纳入茶行条规的管辖范围。

清光绪三十三年 x 月 x 日 ①

长沙酒业公会行规

新开铺面，无论吊店及内吊，老铺上下对门要距离上家方准开贸。对门开业如已歇业，迨后复开者，无论本人亲属均按新店章程，不得仍唤老店，疫毒弊端，违者重

---

① 《湖南文史第34辑》，长沙，湖南文史杂志社，第15页。

究。新开吊店议出牌费钱四串文，油盐糟坊议出牌费钱二串文，帮伙出备入帮费二串文归公。倘有舞弊支扯，未经清结，同业不得雇佣，非学徒无论子弟亲友，均以三年为满，出备入帮费一串文归公祀神。如有违反，不准帮贸，并公议三年停收。公议派店月捐，每家捐五千文，以助庙内烧香打油，公择总管2人，值年6人，经理牌费公项庆祝事宜，议定三年为满，遇有神庙及同业公事，即需会商议妥，不得擅为处理，以昭公允。

清光绪三十四年正月初八。①

【解读】本段记载长沙酒业公会各店应当遵守的规定。主要有以下几点：（1）规定新店的位置，须离周围的酒店一定的距离，才能准许开张。（2）对于原本歇业但重新开张的店铺，必须重新制定章程，原店章程作废。（3）规定各主体入会的缴费义务。新店开张缴牌面费四串，油盐糟坊铺缴牌面费二串，帮工缴入帮费二串，学徒缴费一串。帮工与学徒不按期缴纳，则三年内不准其在公会内从业。（4）规定捐纳数额，每家每月捐五千文供庙运营。（5）规定管理人员数量及任期。设总管2人，值年6人，任期三年，负责神庙和行业公事。

钱业营业条例（长沙钱业同业公会颁定，1933年8月15日起实行）

申汉汇票收交手续费，每千元至少以一元起码，各埠汇款亦照此类推。

短期拆放，每百元照息金市价收1至3角手续费。

票贴每千元收2角至5角之手续费。

各项货币交易每一元取一厘至三厘之手续费。

铜元交易每一元得取一枚至四枚手续费。

凡商号属同业性质的（指非钱业公会会员而兼营金融交易的外行），如有委托交易，亦应遵照此条例。私相授受，据同业人报告查出者，每千元交易，罚金十元，以半数作本会经费，以半数提奖，并对举报人保守秘密。②

【注释】拆放：钱业之间的短期资金借贷行为。票贴：指商号向钱庄要求出庄票时所须扣付的票费。

---

① 《湖南文史 第34辑》，长沙，湖南文史杂志社，第15页。
② 《湖南文史 第34辑》，长沙，湖南文史杂志社，第15页。

【解读】本段记载钱业公会颁布的营业条例，对钱业交易的以下几个方面进行规定：（1）规定申汉汇票的汇款手续费的最低比率为1%。（2）规定短期拆放的手续费为市价的1%-3%。（3）规定票贴的手续费为0.02%-0.05%。（4）规定货币交易（铜元除外）的手续费为0.1%-0.3%。（5）规定铜元交易的手续费，每一元收取一枚到四枚。（6）规定违规私下交易的责任。同业可向公会举报，一经查实罚款交易数额的1%，罚金一半奖励举报人，一半充公，并为举报人保守秘密。

由于从前并无公所公会，酱园行业各店，多系酿酒制酱综合性经营。至清代咸同年间，因乡间贩酒者充斥城市，城区酒业同仁因维生起见乃组织酒业公会，禁止乡贩进城卖酒，乡贩进城卖酒者，须入酒业公会，方许肩挑贩卖，否则扭送官厅究办。又勒令城区酒业领照纳税。此后，酒业遂成为正式行业。至光绪初年，酒业销售日广，新添之店愈多，抢行夺市，低价滥卖者，时有所闻。为整顿行规计，邀同业开会议决，每家收牌费银洋20元，公举总管2人，值年6人，总管三年一任，值年一年一任。每日酒价行市，由各店上街者按日至酒业公会共同议定，划一价格，不得有私自涨落之弊，违者罚处。至民国初年，警察厅抽收酒业执照费，该业同仁，因税赋日益加重，营业维艰，又召集同业开会决议，将酒业公会名义取消，购置孚嘉巷房屋一栋，改为酒业公所，以公所名义向杂税局统一承包，按月由公所向杂税局缴纳酒税，公所内推举一主任、一文牍、一会计，其费用在所收各户月捐项下开支。1929年公布工商同业公会法，改为长沙市酒酱业同业公会。①

【解读】本段记载长沙市酒业同业公会的发展。因乡间酒贩在城区销售，城区酒商为维护自身利益，组织同业公会，照章纳税，并强制零售商贩加入公会，从而将酒业发展成正式行业。出于维护市场竞争秩序需要，同业公会强制规定销售价格，不得私自抬价或减价。同时选举管理人员，规定任期。民国以后酒业公会改名酒业公所，因税赋加重，酒税由公所统一承包。

湘潭烟业商工两般合编条规

（一）琢工定式。各色烟庄有格多格少之分，有清格不清格之别。每包烟以连纸十

---

① 《湖南文史 第34辑》，长沙，湖南文史杂志社，第39页。

两为则，逐一附列于后，此式既定，如有紊乱，任东改其非。

（二）每日常工。春分以后每日八点钟起作，六点钟休息；秋分以后每日九点钟起作，五点钟休息，以示整齐。如钟点到时，偶有因事因病未曾起作者不拘，倘故意延烟，任东记过。

【注释】东：东家。

【解读】本段规定工人工作时长。工时分夏令时和冬令时，以春分、秋分为界。夏令时自八点钟工作至六点钟，冬令时自九点钟工作至五点钟。如果因事或因病迟延钟点则不追究。如果故意延误钟点，东家可以记过。

（三）早晚有时。早晚工作视阴阳长短，天气炎凉为变通。故夏不作晚工，冬不作早工，三时只作早工。倘店东急需货售，照常息工后，另加工夫三小时以备缓急。每月以四次为率。早工自日出时起，晚工以二更为度。

【注释】三时：指春、夏、秋三季农作之时。

【解读】规定工人早晚班时间，视气候变通。夏天不做晚工，冬天不做早工，农忙时期不做晚工。早工从日出时开始，晚工到二更为止。遇到急需生产的情况，正常息工后可加点三小时，但每月不得超过四次。

（四）按给工资。点包、长年工资每半月一结，东无悭吝，工无长支。惟意外急需，可随时变通商支或因缓急相济。长支不还甚至怂讨停烟及背逃横骗各情，任东投凭工董，扣留行永不在潭佣工，倘若知情故请者，应问该店东垫偿。以杜背骗而防包庇。

【注释】长年：长期雇工。

【解读】规定工人工资结算时间，为半月一借。为周转缓急，工厂可提前为困难工人支给工资。但工人若是不按期归还，甚至消极怠工、背弃逃离等，店东可以将其交给公会处置，禁止其在湘潭做佣工。若有烟店雇佣该名工人，原店可向该店请求赔偿工人造成的损失。

（五）考工优劣。工艺有优劣之分，店东有考察之权。凡工琢之烟，任东与店伙随时考察分别，或另给奖以资劝诫。然奖金不得与工钱相涉，店东不给奖金者听便，为考察失当，难以服众，反滋议论。考察者应当一秉至公，以昭慎重。

【解读】规定店东有权对工作进行考核，可依据考核结果发给奖金，发奖金与否、奖金数额由店东决定。但奖金不得与工资挂钩。

（六）停工旷废。口角是非，主雇在所不免，尽可请凭商工两界董事或街团理论，不得动停工琢，旷时废业，激成事端，违者重罚。

【解读】规定纠纷解决方式。雇主与雇工纠纷，可以由公会或街坊调解，但工人不得以停工相威胁，否则重罚。

（七）暗夺抢请。工经请定，他店不得暗相雇夺，该工亦不得背旧投新，如违均当处罚。

【解读】规定雇主与雇工在履行合同中需遵守忠实义务，其他雇主不得私下再与雇工订立合同，违者处罚。

（八）开请限制。凡请定长年，非点包可比，除有滋事生端，旷工废事等情可以随时开除外，平时无故不得开退。纵生意滞钝，减人必须逢五八节期方可。若节后辞退，陷下家莫找，失业抛工，累害非浅，在工人亦不得乘工夫紧急，故意退避欺卡店东，如有此情，潭城不准雇请，至请零捆，不拘一捆二捆，开退时总以捆完为断。

【解读】规定长期雇工解除劳动的情形。雇主在除了雇工严重违反规章纪律情形下，不得开除雇工。若是在产品滞销时，也必须在特定时间前后裁员，为雇工留下寻找下家的时间。雇工不能在工作紧急时恶意辞职，造成经营困难，否则行业其他雇主不得雇佣该工人。

（九）捆完留滞。凡烟捆未完，无论主雇不洽或逢节期开退，必自脱完，不许留滞。或平时患病及有事请假，任东调人另做，以济销场，又有成捆或油水失宜或沙多难刨，均须自错自整，不得假故规避，即实有事耽搁，须托同事代脱，不得将捆搁延，致限有损伤累亏东本，违者处罚。

（十）银钱照市。凡给工资，钱色照市面退用花边，扣时价加算，毋得高抬以滋议论。

【解读】规定工资支付形式。银钱成色按市面标准，足额支付。

（十一）互相董正。工般旧规甚严，倘有不法等情，一经查获，店东鸣工董事，轻则处罚，重则开退。而店亦贵和平，倘有礼相接，苛刻太甚之举，该烟工可鸣商董处罚，以杜纷争而联主雇。

【注释】董正：监督纠正。

【解读】本条规定纠纷解决方式。店东与雇工都可以通过召集公会董事，按规章处罚，保证双方的权利受到平等保护。

（十二）烟工价目。烟工分长年、点包两色。迩因维持烟业保全市面起见，爰按各色烟包经凭团保从优酌价作为定章。

宣统元年四月十五日公立。①

三十四、永明县

买卖

城中粜米,多谷少米,由乡肩挑而至,日中毕集。升斗皆须见钱,用升不用斗,买卖至一石二石,亦以升数计斗而已。谷则计斤,百斤为一石,可出熟米六斗有奇。百斤谷实有百二十升。然视他处产者,已皮薄糠少矣。青黄不接之时,市粜亦颇难,恃城中富户无储米也。乡中墟粜亦然。墟必逢期,始能有粜,与城市稍异。②

【注释】粜:卖。谷:稻谷,未脱壳的大米。米:大米。见钱:现钱。墟:乡间的集市。

【解读】本段记载永明县城乡粮食买卖习俗。县城中买卖粮食以谷为主,大米较少,由乡间农民挑担贩运,在中午才能运到。谷以斤为度量单位,一百斤为一石谷。米以升为度量单位。买卖需要支付现金。城乡粮食买卖的差别在于乡间必须在固定时间、地点的集市买卖,而县城中不需要。

三十五、巴陵县

利息

上论:据蒋炳奏称,湖南省各州县应买谷约十万石。本年早中晚三禾丰稔,买补甚易,请仍照乾隆二十年以前原定章程,总以见银收买,不得按田按粮先行发价,致有滋扰等语。该省秋成丰稔,谷价平贱,自当及时采买足额,即于应补额谷之外,酌量广为购备数十万石,以裕储蓄,尤属多多益善。但不得因官买数多,转致市价腾涌,有妨民食。该抚宜察看情形,随时随地妥协办理。③

【注释】见银:现银。妥协:妥善。

---

① 《湖南文史 第38辑》,长沙,湖南文史杂志社,第170页。
② 《光绪永明县志》,载《中国地方志集成·湖南府县志辑》,南京,江苏古籍出版社,第302页。
③ 《同治武冈州志》,载《中国地方志集成·湖南府县志辑》,南京,江苏古籍出版社,第171页。

【解读】本段记载中央因湖南省粮食收成情况决定粮食政策。丰收时国家收买粮食，作为官方储备，在饥荒时低价出售。一般政府需以现金收买粮食。但是必须注意收买的数量和价格，防止因政府收买而导致粮价上涨，使百姓受害。

巴陵放谷之俗，实为善事。凡乡邻称贷，视其初年谷目，谓之原头谷嗣。是岁以为常，春放秋还，质以衣物，息止三分。秋收后谷不外流。或更籴如通有谷之家，无虑数十万石。若乾隆中屡逢歉岁，富民好施，又有减息及预还质物者，风俗加厚，人亦不病。①

【注释】病：担忧。

【解读】本段记载巴陵县粮食借贷习俗。放贷一般在春季，利息一般三分，需要用衣物质押。在荒年如果还不起贷，大多善良富户会降低利息或提前归还质物，帮助贫民渡过难关，使得巴陵地区形成了良好的民风。

三十六、华容县

借贷

国朝定鼎以来，令各州县、乡村皆设仓。贮谷在州县者曰常平，在乡村者曰社仓各属。常平仓创自顺治十一年，各属社仓创自雍正元年。其始储积也有官捐、有民捐、有捐监、有罚锾、有归并、有支库采买、有盈余易谷，皆属之于常平。社谷则皆民捐云。其法均春夏出粜，秋冬籴还，平价生息。如遇凶荒，按数给散灾户。其后有每岁存其粜三之例。乾隆七年始令不拘三七之数。寻议者谓各省谷价昂贵，皆由采买过多，因停止粜籴。若有赈贷，必临时奉文办理。惟社仓则借贷如故。②

【解读】本段记载清朝常平仓、社仓的基本情况。常平仓和社仓是国家或地方粮食储备机制。国家规定在州县、乡村都要设仓，在州县设立的为常平仓，在乡村设立的为社仓。常平仓的粮谷来源较多，有官吏捐纳，百姓捐纳，捐官者捐纳，罚款，归并等等方式。社仓的粮谷来源于民间捐纳。平年中在春夏季节借出粮食，在秋冬收回

---

① 《光绪巴陵县志（2）》，载《中国地方志集成·湖南府县志辑》，南京，江苏古籍出版社，第299页。
② 《同治安华县志》，载《中国地方志集成·湖南府县志辑》，南京，江苏古籍出版社，第341页。

粮食。荒年将粮食低价卖给灾民。原先规定卖出时必须保留原有粮食的30%，乾隆年间废除。有人认为常平仓采买过度导致粮价上涨，所以常平仓后来不再承担买卖功能，借贷需要履行严格的手续并审批。买卖和借贷职能主要由乡村的社仓承担。

邑买卖田产，一授一受之外，卖者之异产兄弟伯叔，或上手业主，往往向买者另索金钱，名曰"偿好"，另立偿好文契。又田多系佃种，如系别姓佃种，则给予佃约后，或与田主不合，则田主另招佃人，旧佃即刁健踞庄不去，竟至赴官控理，然后结案。乃有佃者，即系本业出售之人，一有嫌怨，则虽赴官控理，而拖延时日，田主虽胜，私间亦必另出脱业钱，写立脱业字，方得另佃。否则阻耕抢谷、斗殴劫夺之讼起矣。而狼噬狐惑之讼棍、胥役又从而把持、煽插，以希一饱，往往置产之价无几，而讼端一开，资费倍蓰，深可疾恶也。①

【注释】异产：分家的财产。上手：先前的经手人。健：同"健"。狼噬狐惑：比喻奸恶之徒。倍蓰：数倍。

【解读】本段记载华容县土地交易的主要纠纷。买卖土地时，卖方已经分家的兄弟、伯叔等亲戚，或之前的经手人往往会向买主索要金钱，并立下书面文契，这种行为被称之为"偿好"。耕地大多为佃户佃种田主的土地，此时田主与佃农订立合同（佃约）。当佃户与田主发生矛盾时，田主往往会另招其他佃农，则原来的佃农便会盘踞在田主家中，甚至去官府告诉。即便田主胜诉，为了打发原佃农，也需要另外出钱、订立文契，才能将其打发走。否则原佃农便会阻碍耕种、抢夺粮食甚至打劫斗殴。而专门挑拨是非的讼棍和差役也会挑拨离间，诈取田主财物，导致田主损失极大。

三十七、溆浦县

登记

康熙三十八年，萧令兆麟复举行清丈。先分区定界，每里有引道头人，有图正、弓手、算手、写手各里互丈。官给三联印票，一发业户，一存户首，一存官署，惜未

---

① 《乾隆华容县志》，载《中国地方志集成·湖南府县志辑》，南京，江苏古籍出版社，第21页。

史料中的习惯与规则
——湖湘地区方志中民商事习惯史料的整理注释与研究

造册。久而存官之票乌有矣。①

【注释】清丈：仔细丈量土地。里：居民组织。引道头人：带路的人。图正：掌管画图的人。

【解读】本段记载康熙年间溆浦县进行土地清丈的程序。首先划分区域，核定界限。各里有引路人、掌管画图、测量、计算、书写的人协助工作。测量完毕后由官府发给票据三联，一联由官府保存，一联由户首保存，一联由业主自行保存。反映清代土地测量管理制度。

民间买卖田地，正价外有酒水钱、重敷钱、洗业钱，最为轇轕。杨占鳌功成归里，议定一笔三写绝各目。近自税契开办，可省多少争执，取不伤廉之惠政也。

【注释】轇轕：音交格，交错杂乱。杨占鳌：清代湘军将领，湘西古丈人。

【解读】本段记载民间田地买卖除了土地价格外还有酒水钱、重敷钱、洗业钱等各种名目的附加费用。杨占鳌功成回归故乡后，决定各种费用一次写全，避免纠纷。后来税契的开办使得各种费用导致的争执彻底平复。

买卖

又有一种陋俗谓之卖阳不卖阴。田地虽归于人，而阳地葬坟，每以为有碍其阴地，往往争讼，真陋俗也。前政颜连沅请于分巡，勒石大堂，阴随阳转，不得争执，此风少息。然以成讼者，犹多鸿动。持之尤力，以冀卒化此习。

【解读】阳：朝阳的地。阴：朝阴的地。

抵押

田房又有抵、当之别。当则予人。田房能自耕自住抵，则仅以数字指其田房为抵，最多轇轕云。

【注释】轇轕：音交格，交错杂乱。

【解读】本段记载抵、当的区别。不动产担保中，抵为抵押，不移转占有，抵押人自己可以继续使用抵押物。当需要移转占有，类似于质押。如果在订立合同时不指明

---

① 《民国溆浦县志》，载《中国地方志集成·湖南府县志辑》，南京，江苏古籍出版社，第102页。

是抵还是当，则容易产生纠纷。

又有卖根不卖□之别。田已卖矣，犹隔数人之手辗转赎根，甚劳词舌，皆民俗之宜变者矣。①

初期的产权争夺与照证纠纷

洞庭湖淤积起来的洲土，原本没有固定的产权，任各地农民前往垦殖或任好抢占领。初以插标为业。至清末，地方政府的搜刮魔手伸到了这块肥田沃土。湖南布政使首先巧立名目，印发各种执照，让人们向政府交费领照，凭照营业。各地豪强和小业主，争相领取照证，借以确立自己的"合法"权利。被人强夺产权或无力领照的农民则沦为佃农。当时官厅所发照证约有以下几种：

垦照：地势较高、不碍水利的洲土，领照人可凭照挽筑堤垸。

白泥执照：新淤出水面，将来可望成洲的地方，领照人可凭照优先承垦。

待淤执照：毗连洲土的湖面，有续淤之可能，领照人将来可凭照扩大其原有洲土范围，这种照又叫"欠庄藩照""拨补照""投补凭单"。照上写着："照内之业俟淤足时再将欠庄不足。"

芦课执照：准许领照人凭照在洲上砍伐芦柳。

自清末开例发出执照后，每当政局变动一次，统治者即换一个花样，发一次照证，通过发照证，搜刮大批钱财。

一九一二年，湖南都督谭延闿换发"旧照"明年，又加发"垦照"。汤芗铭出任都督后，于一九一四年发行"军屯垦照"；一九一五年又加发"田照"。这时，主管发照业务的水利局长姚宏陶，填发漫无限制，贻害无穷。后来人称"姚照"。一九一六年至一九一八年春，湖南的统治者连续更换了刘人熙、谭延闿、傅良佐，他们统治期间都为时不久，对于湖区洲土垦殖问题，没有来得及插手。一九一八年三月，张敬尧任督军兼省长，即于是年发行"军照"，后来人称"张照"。一九二一年，湖南省长赵恒惕，通令将以前所发各种照证一律撤销，并另发"垦照"、"湖荡执照"、"草山执照"、"民业田照"。

---

① 《光绪古丈坪志》，载《中国地方志集成·湖南府县志辑》，南京，江苏古籍出版社，第386页。

一九二六年夏，唐生智任湖南省政府主席（由冯天桂代行）。时省府经费一场困难，尤以军费浩繁，无法筹措。建设厅长邓寿荃提出从湖田方面开辟财源的办法。他认为滨湖的湖田洲土自清季开局放垦以来，业主虽领有执照，但由于他们隐瞒侵占，实际所管田亩，渊源超过执照所载数量，如认真清理湖田，即可获得巨款。于是，省政府采纳了他的意见，制定溢亩补庄办法，测丈湖田，核对照证，对溢亩分等补缴庄费（平均为二元一亩），没领旧照私自管业的，并补缴照费。当时于省设湖田清理处，于滨湖各县设分处，滨湖人民因把测丈叫做"拖篾"。自当年秋季开始测丈至年底，测出溢亩将近百万亩，获得湖田庄照费光洋百余万元。一九二七年，这项收入仍达数十万元。一九二八年接近尾声，庄费锐减，乃将各个分处分别归并。

一九二九年，何键攫得湖南政权后，以清理湖田好处已经不大，而新淤洲上，却大有可为，于是转移视线，以清理荒洲草山为搜刮手段。他在滨湖设立南华安、常汉澧、湘沅岳临三个湖田草山事务所，分别办理湖田草山给照事宜。地主豪绅们以挽堤筑垸有碍水利，不易获准，不如领取草山执照（每亩五角），所费较少，获利反厚。因而请领草山执照的很多，反动政府也就收入不小。

从清季至何键统治时期，湖南政局变动十余次，湖田洲土照证换发了八次。这些统治者们一上台，对这块肥田沃土竞相榨取，他们的口号无非是"筹军饷，裕国课""循陈规，辟税源"等陈词滥调。名义上是向请领照证的地主要钱（当然有些是自耕农），但地主们一概通过加进庄谷，加租等方法转嫁到农民身上，使农民深受其苦。

由于官厅恣意搜刮，员司又舞弊徇情，往往不加调查，滥发照证，甚至有主观员司大量倒卖照证的。如唐生智主政时期的建设厅长邓寿荃主观湖田洲土业务，他的管庄刘国雄，即盗窃大批照证在滨湖拍卖。查其照证号码簿，计卖出十五万亩。赵恒惕的故旧某，也曾在湘阴双穗垸拍卖垦照。滥发和盗卖官照之外，还有人伪造照证。如益阳李南堂自印照证二十五万亩，以一部分送给何键、曾筱琴等，企图与军阀官僚勾结，霸占天祐垸洲土。其他如阮海清、刘辉、江波平等均伪造照证万亩懂啊几十万亩不等。真假照证既多于湖田洲土的实际数量，加以湖水涨落无常，泥沙淤徙不定，致洲土位置与面积常有变异，甚至多年老垸，又忽溃为湖泊，纵令其所持确为真照，而照上所载也往往与实际情况不符。因此，常有指湖泊为祖业或指新淤为老业者。狡黠之徒，更只要有些许凭证，即企图占为己有。常见的情况是，一块洲土有几张照证，几个人争夺。滨湖人民把这种情况称之为"盖被窝"。如大通湖之天祜垸，估计有真假照证八十万亩，而实际洲土面积仅四十万亩左右。有些领有"代淤执照"的人，常凭证去强管别人地名相似的产业。如照上写的是"新淤洲"，他就要去管人家的"新渔洲"。这种情况叫做"飞占"。有的人在别人的洲上，偷偷移葬一两座祖坟，以碑作证，将照为凭，强要管别人的地方。这种情况叫做"冒占"。反动政府或司法机关处理这些问题是，多简单从事，或令双方和解，或者予以摊分，或竟任意撤销一方的照证。主管员司则往往从中坐收渔利，反正他们上上下下都是要从滨湖这块肥肉上捞一把，没有，也不会真正去解决这些问题，以致几十年争讼不觉。①

【解读】本段记载洞庭湖洲土在清末至民国时期的管理现象。原先洞庭湖洲土归属以农民先占确定。清末官员开始通过颁发执照的方式进行管理，对不同的土地颁发不同的执照，由民众交费领取，方可使用土地。使得政府增加财政收入的同时，土地被豪强业主瓜分。民国时期各军阀为掠夺资源、搜刮钱财，频繁变动土地执照，为害百姓。同时，在实行过程中出现各种违法行为，包括滥发执照、倒卖照证、伪造照证、强管强占等。政府或司法机关为谋私利，也不会认真处理此类纠纷，往往和稀泥了事，导致纠纷加剧。

三十八、醴陵县

税收

征收时间向例分上下两忙，各收半额。上忙自四月一日开征至六月末日止。下忙自十月一日开征至次年一月末止。后改作一次征收。每届征收以次年一月末日为限。按月加收息金谓之滞纳罚金。②

【解读】本段记载醴陵县农业税的征收方式。原先在上下半年农忙时各征收一次，分别在四月一日至六月末和十月一日至次年一月末。后来减少至每年一次征收，在次年一月末之前征收上一年度的税。迟延交纳者，按月加收滞纳罚金。

至于土地增值税规定，凡土地因买卖、继承、赠予等移转所有权，及届满十年无

---

① 《湖南文史 第09辑》，长沙，湖南文史杂志社，第253页。
② 《民国醴陵县志（1）》，载《中国地方志集成·湖南府县志辑》，南京，江苏古籍出版社，第405页。

移转时，概照土地增值实数额实行超额累进征收。（土地增值实数额在原地价数额百分之一百以下者，征收其增值实数额百分之二十。在原地价数额百分之二百以下者，除按照前款规定征收外，就其已超过百分之一百部分，征收百分之四十。在原地价数额百分之三百以下者，除照前二款规定分别征收外，就其超过百分之二百部分，征收百分之六十。超过原地价数额百分之三百以上者，除照前三款规定征收外，就其超过部分，征收百分之八十。）匿报地价及欠缴土地税者，分别罚锾。①

【注释】锾：音环，古代货币单位。罚锾：罚金。

【解读】本段记载醴陵县民国时期征收土地增值税的规定。对于土地通过买卖、赠予等方式移转所有权的，或土地满十年没有移转的，依据土地增加的价值征收土地增值税。采取超额累进税率，实际上是超率累进税率。隐瞒土地价格、欠缴税款将被罚款。

三十九、桂阳县

契税

因奉旨行文钦遵在案是各属实征印册院应收贮大堂以便核对推收。至民间税契用印，亦经前抚远杨奏请，经部议准。嗣后征收税契，俱照征收钱粮设柜之例。另设税契之柜论，令业户亲自赍契，投税务粘司印契尾等。因通行饬遵，亦在案册稽核。买卖田契，随时投税过割清田，即以清粮，自可永除民累。无如南省各属，多有容隐册书，私收舞弊，以致民户粮田尚多飞洒诡寄之弊。而愚民吝惜小费，或不肯即时投税过割，尚有包粮寄户之事。年深月久，推收过割不清，粮累田悬，告奸滋讼皆由于此。如邵令所禀，粮户买卖田地，赴县推收，请托熟识亲友代为引进，辗转过割，不无稽延守候，乃事所必有。惟是售产，必先立契，一经交价清楚，即应于税契时，将粮随同过割，即于实征册内注明户名、粮数，原属遵例循行。今核查各属办理，多有不同。虽因地制宜，原难责以画一。而设柜大堂，令民亲赍卖，其投税粘连司印契尾，即令受买业户推收过割，事尤简便易行。本司议请，嗣后民间买卖田产，悉凭中证，公同卖产之人立明。卖契之时，契内载明田亩、科则、原户、都图、里甲及应纳钱粮数目，

---

① 《民国醴陵县志（1）》，载《中国地方志集成·湖南府县志辑》，南京，江苏古籍出版社，第413页。

一面另立推收票纸，准令买主赍契投税，即粘同推粮票据收入买主之户。如乡民未经立户者，即将新立户名注入实征册内，一推一收，随时过割，完纳粮条，则税契可免隐漏之虞，而推收早为清厘，亦不致田粮诡寄之弊。应如长沙等府所议，令业户将卖主推出过割之粮坐落某都某里，共田若干，纳粮若干，开具手折，连卖契赴县，在税契柜所投递。该县吊册核对相符，即令该书造入印簿，俟年底推收完毕。①

【注释】赍：给予。饬遵：遵照执行。推收、过割：田宅典当买卖时，报请官府办理产权和赋税的过户手续。科则：田地缴纳税赋的规则。

【解读】本段记载官府对于民间契税的调整规则。官府认为交易田地、不动产时，需要先行书写契约，达成共识，到官府大堂办理登记与纳税手续。在文契中需要载明转让不动产面积、卖主、纳税数额与规则、里甲等信息，官府将这些信息登记入簿。在登记时缴纳契税，由官府发给票据，买主保存。将登记与纳税过程统一，保证征税的有效性，减少逃税带来的各项纠纷。体现清代不动产交易的登记与纳税制度较为完善。

四十、桂阳直隶州

契税

州县尚有田房契税无定额。然州中及三县田无数十亩一契者。凡富家率不及十顷田。其买田一二亩至十亩，寸积累而后多交易至无定。故有一亩田岁数易主者，皆不能用印契，州县无税契之利。或有人税一契，明日争田地讼起矣，故断讼往往凭印契，白夺人世业，与奸人真契多白契故也。民狃其习，不知防患奸人，因有伪造契券者，大抵皆不知有税契，欲以发齐之，则大扰矣。牙税者商人领帖开行店。州及蓝山、嘉禾无牙行，临武牙税银一两，其铅砂税具在货殖传。②

【注释】白契：未向官府纳税加盖官印的不动产买卖契约。狃：因袭。

【解读】本段记载桂阳地区征收契税、牙税的状况。不动产买卖缴纳的契税没有固定税额。大户人家买卖地产只有在积累到一定面积时才会办理登记手续，导致州县减少契税收益。民间对交易登记、缴纳契税等手续一般不很了解，但由于处理纠纷时文

---

① 《同治桂阳县志》，载《中国地方志集成·湖南府县志辑》，南京，江苏古籍出版社，第443页。
② 《同治桂阳直隶州志》，载《中国地方志集成·湖南府县志辑》，南京，江苏古籍出版社，第74页。

契是主要断案依据,所以民间白契、伪造文契等现象往往导致较为严重的纠纷。牙行需要领取地方政府执照方能经营,牙行凭借执照缴纳牙税。反映由于民间习惯及意识问题,税契制度在民间的推行往往遭到一定的阻碍。

四十一、古丈坪厅

契税

税契者,民间置买田土房屋,就其交割之契所得之价值三分取税,钤以地方官印,粘以布政使司契尾,以为管业之确。凭此定例,相沿二三百年矣。

朝廷宽大为政,各府厅州县有自治地方者,□以为相沿之陋规,大头小尾减额收税。竟有不用司尾收抵一分数厘者。前后任交替之时互争减跌,以广其来。民间亦筐筐怀里,数十年、数年白契而不税者有之。上下相习,民不以为逃。

国税而有罪,官亦不以为正,亏供而惧考成,又以历久相安。光绪二十六年奏销案内湖南通省契税为银一千数百两。光绪二十七年八国和议既成,偿款甚巨,为期甚迫。湖南并戊戌日本偿款派银百万两,求其数于正赋之中。乃议整顿税契为实征三分之法,改用三联官纸,由厘局经取,不领于藩垣。三联官纸者一纸三开,一开填契之坐落价值,一开缴省局,一开留地方官存案。纸发于厘金总局,而存于官署。缴税者由户吏填发,司印局关防均预盖地方官印,已税而后钤。纸价收银五分,与税均折钱收解,皆有定规。新旧而不税,税而不以实,皆以产充公而治之罪。于是税契陡旺。是年纳税者,准用二分,人尤争输,得银二十六万余两。其中官吏乘旧章新章互混之时,因以为利者,尚不知数。是税契之法日密。①

【注释】广:增加。筐篋:本意为盛东西的器具,此处指藏匿。白契:未向官府纳税加盖官印的不动产买卖契约。藩垣:指藩镇,地方。

【解读】本段是契税制度在古丈坪厅的实行和发展情况。按照原先规定,不动产契税依据合同价值的30%征收,征收时加盖地方官印,粘布政司颁布的契尾,方可生效。但由于实行不严,民间许多地方减额收税,民众逃税现象严重,导致纳税数额大大减

---

① 《光绪古丈坪厅志》,载《中国地方志集成·湖南府县志辑》,南京,江苏古籍出版社,第384页。

少。光绪年间由于赔款数额巨大，为筹措赔款，整顿税契制度，规定由中央专门部门发行三联税纸，由买方、省厘金局和地方官府分别存档。不动产买卖必须纳税，否则追究逃税者与地方官的责任。新制度推行后征税数额明显增多。后来契税制度越加完善。体现民间对契税的意识淡薄，需要官方的强力制度推行。

四十二、宁乡县

契税

嘉庆志：田房契税，尽征尽解，无定额。原由布政司颁行契尾，听民投税。至雍正六年，立契纸、契根，发纸铺，听民买用投税，十三年停止。乾隆元年仍用契尾，价银一两纳税三分，径解布政司云云。宁乡县署设有户税科，专司税契事。光绪中，县官将交代减税价印契。士绅、书吏又往往请其盖印免税。

附录清田房契纸文（看不清）①

【注释】契纸、契根：雍正年间河南总督田文镜创立的二联单据制度，一联为契纸，一联为契根。由于契根不粘连在契纸上，容易作弊，在雍正十三年废止。契尾：官府发给交易当事人的鉴证文书。

【解读】本段记载税契制度在宁乡县的实行情况。原本实行的是二联单据制度，后来废止，实行契尾制度，由官府发给证明文书。宁乡县衙设户税科，负责税契事务。晚清时期县官往往减征税额，而大户人家也会逃税、避税，导致税额进一步减少。

四十三、永顺县

契税

田地房屋之税银，原系仅征仅解之项，无定额。前清时由户房招税书若干人，分管县属及古丈四保契务。每制钱八百文为契一两，钤以官印。每两□官价十一□商税书送至民间，每两或取三五十文不等。间用藩司契尾而解省之款，殊觉寥寥，或大头

---

① 《民国宁乡县志》，载《中国地方志集成·湖南府县志辑》，南京，江苏古籍出版社，第272页。

或小尾减额征收，多有不用契尾者。且旧新任交□时互相减跌，以广招徕，而民间亦度藏深。固多半持白纸以管业。民不以逃国法为有罪，官不以亏正供惧考成。上下相蒙，顿成积习。①

【注释】藩司：指承宣布政使司。契尾：官府发给交易当事人的鉴证文书。正供：法定的赋税。

【解读】本段记载永顺地区税契制度的实行情况。契税没有固定额度，按照交易额的一定比例收税，由官府统一管理。往往由于征税困难，地方疏于管理，许多时候减额征收，民间也经常不用契尾、白契等以逃税避税，形成逃税之风。反映税契制度在民间无法有效推行的情况。

四十四、蓝山县

契税

契纸税案 旧志载田房契税无定额，仅征仅解。凡民间田地房屋契纸，呈官盖印，收纳税钱，谓之印契。或县官卸事时，减价投税，而士绅与官有旧者，或予印免税，略无范围。则官税非国税也。其后乃由藩司颁行官契纸及契尾矣。民国元年以降，视田房契税特重，等之国家正供，订定新章，颁税率，用三联单据，由财政厅印发县署。县得用税契专员。税有定期，契分卖、典二种。卖契税三分四分五分，多寡以时。附加中捐二分。契纸工本每张取三角。典契税二分，契纸工本同卖契，月必有报。自民国元二年全国通行验契税，大事搜括。八年，郴州政府颁行拨粮过户章程。凡民间纳田契税时，每契一张，带缴拨粮过户钱二百文。除提办公费三成外，馀归地方财产保管处。八年，县署改二百文为小洋二角。蓝山田庐，安土重迁，转鬻故少，而颇明于保障产业与输税奉公二义。然以近四年平均计之，亦不过七百元以上云。②

【注释】藩司：指承宣布政使司。正供：法定的赋税。转鬻：转卖。

【解读】本段记载蓝山县契税征收的规定与实行情况。清代买卖田地房屋时，当事人持契纸到官府盖章的同时缴纳税款，但由于管理疏松，常有逃税漏税之弊。民国时

---

① 《光绪永顺县志》，载《中国地方志集成·湖南府县志辑》，南京，江苏古籍出版社，第286页。
② 雷飞鹏等纂修，《蓝山县图志》，民国二十二年刊本，载《中国方志丛书》，台北，成文出版社，第1223页。

期实行新规，规定使用三联单据，固定税率，地方政府设立专员负责。将契分为卖契（买卖契约）和典契（典当契约），规定不同的税率。民国八年规定在缴纳契税时需要缴纳拨粮过户钱。蓝山县民风淳朴，税收风气良好，但由于买卖不频繁，纳税数额仍旧不多。反映税契制度自清代向民国的变迁。

四十五、东安县

家产

李珍先，贾人也。家贫，兄弟皆良懦，坐食益困。珍先有心计，谨笃，为人所信，远行致赀数千金。归置田宅及析产，咸以珍先子宜多取。珍先曰：言富者，固曰家产，不曰私产。今一家乃有厚薄乎？卒均之。①

【注释】贾人：商人。致赀：获得财产。咸：全，都。析产：财产分割。

【解读】本段叙述商人李珍先勤劳致富，团结家庭的事迹。李珍先认为，获得钱财后应当为家族做贡献，且财产应当为家族所有，兄弟之间应当均分财产。

蒋文成，嘉庆时人，居白牙同里。胡氏巨富，田园连蔓，六人分理之，文成居其一。岁旱，饿殍相望，请于主人减价粜、减息贷。以其诚恳，许焉。五人皆迂笑之。及后胡氏析居，五人者各酬之田。文成任事浅实，亦以其行善多所费，故不之与，然文成子孙并为诸生俱饶给。而五人皆贫，无子。又有宋正彩者，当道光十五年，岁旱，以己券贷谢氏，钱数十万贷族邻，而自偿其息。谢庭芳者，亦好义，笑曰：宋翁独为君子邪？尽蠲之。②

【注释】粜：卖出。迂：认为...不切实际。析居：分家。券：契据。

【解读】本段记载东安县蒋文成、宋正彩的善举。蒋文成与其他五人为富户胡氏打工，在荒年请求胡氏减价买米、减息贷钱以救济灾民，被其他五人视为迂腐。自己由于行善开销较大，在胡氏分田时没有分得，但他的子孙和学生都接济他，而其他五人没有子孙，于是陷于贫困。宋正彩在荒年将自己的契据贷给谢氏，将钱数十万贷给本

---

① 《光绪东安县志》，载《中国地方志集成·湖南府县志辑》，南京，江苏古籍出版社，第105页。
② 《光绪东安县志》，载《中国地方志集成·湖南府县志辑》，南京，江苏古籍出版社，第107页。

族邻居以接济他人。

四十六、永顺府

盘剥

禁民苗私相结纳：查苗俗既与民俗异殊，即其产业，民苗各有分解，不相混杂。是民与苗原无事关涉也。进来苗猺向化，乐与民人亲近。而民人亦因其亲近，遂与之交往。或认干亲，或结弟兄，彼此绸缪。及至偶有参差，苗性刚愎，即成仇怨。更有奸民因苗猺愚直，易于笼络，故为恩结，以图有事听其指挥。亦有奸苗，平日恩结民人，遇事异其报效，久之必致构衅。此风断不可长。有苗各厅州县务须严禁，不许与苗私相交结。并令侗寨各总长晓谕各苗猺，不得与民人往来。违者究处。①

【注释】民：汉族百姓。苗猺：苗族人。绸缪：交缠。参差：不一致，矛盾。总长：官名。

【解读】本段记载地方官禁止汉族人与苗族人私自交往的规定。永顺地区汉族人与苗族人较为接近，原先不相混杂。由于苗族人向往开化，所以渐渐与汉族人接触较多，甚至结为弟兄等干亲属。但是在遇到纠纷时，因苗人性格刚愎，所以导致纠纷。甚至有汉族人利用苗族人愚昧，私下笼络苗族人，或苗族人笼络汉族人等。官府规定严惩这些行为，并且规定汉族人和苗族人不得私相往来。

严禁民人盘剥：查苗猺垦山凿石耕种为业，贫窘者多。每有民人知其困乏，或以谷米，或以银钱重利放债。苗猺止顾目前称贷，迨后无力偿还，利上盘利，积少成多，更难清楚，以致受民迫迫凌辱。更有奸民希图附近苗产，先以借贷诱之，辗转盘算，知其力不能还，然后准其产业。苗猺悔悟，岂肯甘心。因此积成仇衅。有苗各官应出示，严禁毋许民人私放苗债。嗣后再有违禁，仍向苗猺放债者，有借无还。如敢索讨，许苗猺告官究处。②

【注释】民：汉族百姓。苗猺：苗族人。每：常常。

---

① 《同治永顺府志》，载《中国地方志集成·湖南府县志辑》，南京，江苏古籍出版社，第376页。
② 《同治永顺府志》，载《中国地方志集成·湖南府县志辑》，南京，江苏古籍出版社，第376页。

【解读】本段记载官府对汉人向苗族人放债的禁止性规定。由于苗人贫困，汉人便引诱苗人对其放债，但苗人无力偿还，导致积累很高的利息。汉人便借此欺凌苗人。也有汉人想占领苗人的土地，用借贷的方法获取土地，导致苗人与汉人的冲突频繁。所以官府规定汉族人不得私自向苗人借贷。如果借贷，则苗人可不还债。如果汉人讨债，苗人可以向官府控告。

禁民买苗产：查民苗交易有干例禁。况其田产大都坐落峒寨，岂容民人买卖，以致民苗混杂。即或当买苗产，而仍给苗耕。其收租取课，谅难免于缠扰滋事。且苗猺生齿日繁，所有峒寨内之薄产，尚不敷耕种养赡，再使民人又占其产，苗猺何以糊口资生？令速照原价赎回，并示令民人不许擅买苗产。以后如有民买苗产者，许苗猺首告，将产断还，不还原价，仍将买产之人惩治。如富苗产多，止许给本峒寨之穷苗耕种，亦不得佃给民人，违者究处。①

【注释】民：汉族百姓。苗猺：苗族人。干：冒犯。生齿日繁：人口一天天多起来。

【解读】本段记载官府禁止汉族人购买苗族人的产业，其原因有：第一，汉族人与苗族人按规定不得交易。第二，苗族的产业位置大多在苗寨中，汉族人购买则导致汉人与苗人混杂。第三，由于苗人人口增速快，土地不够苗人耕种，汉人再买会导致苗人生存困难。官府要求已经卖地的苗人照原价赎回土地，并禁止汉人购买苗人的产业。若汉人还购买苗人产业，苗人可以向官府申告，汉人必须返还产业，但苗人不必返还价钱，且汉人要受官府惩罚。富裕的苗人如果田产过多，可佃给穷困的苗人耕种，不得佃给汉族人耕种。

四十七、乾州厅

经营

戒苗条约

尔苗轻生嗜杀，只是贪利劫掠，以致官兵屡屡搜剿。今我看尔苗地所产，有现成无限之利，不知受用，而贪杀身败家之利，何也。尔山上粟数砍倒可生木耳，每斤在

---

① 《同治永顺府志》，载《中国地方志集成·湖南府县志辑》，南京，江苏古籍出版社，第377页。

外可卖钱三四分不等。山上漆树可以砍漆，每斤在外可卖银四五分不等。黄杨木、楠木铸成板片，砍印斧记，放山下遇水泛涨，可以流至乾州。各认斧记，每块可卖银数钱。再山箐之中多有药材，在外可卖重价。尔苗若不劫杀，则我汉人进寨教尔学做，便是安享无穷之利也。

盐布二项尔苗急需，皆因你们性好劫杀，以致无人进来交易。即有转卖进来的，其价又贵。是以尔苗历来常受寒冷没食之苦，殊属可怜。尔若不劫杀则汉人，进来交易者，多将尔土产以换盐布，岂不两得其利。再若尔果守法，可以到乾州五寨司买，其价更贱。①

【注释】尔苗：你们苗族人。斧记：用斧头做出的记号。山箐：指丛生竹子的山谷。

【解读】本段记载朝廷平定苗地后，官府设立的规范苗人行为的条约。由于苗人好斗、不善农商，所以常常陷于贫困。官府除了禁止其实施抢掠外，还给苗人提供发展经济的建议，以保证地区稳定。官府认为苗地出产木耳、漆木、楠木、药材等土特产，可以获利。官府愿意帮助苗人传授农业技术，将自然资源加以利用。另外，为方便土产交易，汉人愿意与苗人交换盐布等苗人急需的生活用品，苗地官府也向苗人开放生活用品的买卖，价格便宜。

四十八、古丈坪

买卖

每逢场期，准令民苗两相贸易。各卡门务须查明，不准苗人混带枪械进内。民人及勇丁等与苗人买卖，皆须照价持平，各汛员弁亲往弹压。②

【注释】场期：市场交易的日期。民：汉族百姓。苗猺：苗族人。汛：通"泛"，普遍。员弁：低级官员。弹压：控制，镇压。

【解读】本段记载古丈坪厅中汉人与苗人只能在规定的场期进行买卖。进入集市时门卫必须进行安全检查，防止苗人带入枪械。买卖时价格不论民族一律平等。如果出现纠纷，由市场中的负责官吏处理。

---

① 《光绪乾州厅志》，载《中国地方志集成·湖南府县志辑》，南京，江苏古籍出版社，第190页。
② 《光绪古丈坪志》，载《中国地方志集成·湖南府县志辑》，南京，江苏古籍出版社，第317页。

苗务：民苗商交易，亦听政之大者。场期各携货物于宽平之地，辐辏互市，谓之赶场。凌晨荟萃，至日午即散。或有搭盖草棚者，或有□架乱石者。其小贸营生，储货无多者，则星罗棋布，散摊于平地之上，或坐或立。六保中一。清吉场在本城西门外，其附郭而居，夹道贸易者，谓之百日市。逢场则皆开铺陈货，以通有无。其来自四乡者，则在演武厅前草坪及和干沙两处。所谓清吉场，殆指此。

一龙鼻嘴场在离城五十里西英保。

一坪扒场在离城七十五里之外冲正保。

一蓑衣坡场在离城四十五里之内功全保。

一子角山场在离城三十里之外功全保。

一河蓬场在离城四十五里之外功全保。

此五处皆民苗互市之所。每逢墟日，责成苗弁保甲入场稽查。遇有民苗交涉混争，立时弹压解散。此外又设有场首、经纪，皆由公众议举者。逢墟之日梭巡场面无时，或离一场，或一二人，或四五人不等。售货则三分取用，以为场首、经纪之费。其价值之高下，经纪为之详定，以免参差。凡场中贸易，多由经纪之手，然亦不限制。此五场皆系旱道。水码头之罗依溪市，亦有一场谓之百日市。百日市者，盖逢墟固贸，即不逢墟之日，亦可常通有无。其非墟期而贸易者，又谓之冷场，盖即指百日市也。至其赶场货物，则以谷米、畜产为大宗。谷米之属，如豆、麦、杂粮皆有之。畜产之属，如牛、豕、鸡、鸭皆有之外，此布帛器用场期皆随时可售得者。①

【注释】民：汉族百姓。苗：苗族人。宽平：宽阔平坦。郭：城墙。弁：小官员。经纪：买卖双方的中间人。梭巡：指往来如穿梭般巡逻。

【解读】本段记载古丈坪厅汉人和苗人交易的习俗。集市有一定的日期，成为场期，商贩携带货物到集市中贸易，在凌晨聚集，中午结束回家。在集市贸易时，官府会派遣官吏、保长甲长巡查秩序。集市中有集市负责人和中间人，负责促成交易，由公众选举产生。商贩交易获得的利润中有30%需要归公，以给集市负责人、交易中间人支付佣金。商品的价格由中间人负责规定。交易大多也经过中间人，但不强制要求。也有一种不定时的集市叫做百日市，非场期也可以贸易，称为"冷场"，主要交易的是粮食、牲畜和日常用品。

---

① 《光绪古丈坪志》，载《中国地方志集成·湖南府县志辑》，南京，江苏古籍出版社，第339页。

四十九、永绥厅

买卖

苗务：苗民入市与民交易，驱牛马，负土物如杂粮布绢之类，以趋集场。粮以四小碗为一升，布以两手一度为四尺。牛马以拳数多寡定价值，不任老少。其法将竹篾箍牛前肋，定其宽仄，然后以拳量竹篾。水牛至十六拳为大，黄牛至三十拳为大，名曰拳牛。买马亦论老少，以木棍比至放鞍处，从地数起，高至十三拳者为大。齿少拳多价差昂，反是者为劣，统曰比马，届期毕至，易盐、易蚕种、易器具，以通有无。初犹质直，今则操权衡，较锱铢，甚于编氓矣。与亲党权子母，以牛计息，利上加利。岁长一拳至八拳，则成大牛。至数十年即积数十百倍，有终身莫能楚者，往往以此生衅。虽父子兄弟、叔伯甥舅，见利必争。且有爱重贿而相责，争财产而相杀者，惟在司牧者擅导之耳。按重利之风，现亦改易，无前之甚。①

【注释】民：汉族百姓。苗：苗族人。质直：朴实正直。权衡：称量物体的器具。编氓：编入户籍的平民。子母：指本金与利息。贿：财物。司牧：管理者。

【解读】本段记载永绥厅苗人交易习俗。苗人与汉族人交易，有其特定的度量方式，包括称量粮、布和牛马的方式。牛马以大小定价。原先苗人经商较为质朴，如今也锱铢必较，甚至亲戚争夺利益，不讲亲情，近来有所好转。作者认为管理者对这种风气起到了不良的引导作用。

借贷

江右客民住市场者，放之制钱。八百为一挂，月加息五钱，五至三月不完，辄归息作本。计周岁息，凡四转息过本数倍矣。约苞谷、杂粮熟时，折取息钱，或乘其空乏催讨，将田地还算。又有放新谷、放货谷诸名。放新谷则当青黄不接之时，计货钱若干，秋收还谷若干。货谷则除以布盐什物，计货若干，秋收还谷若干。借者必先浼富苗作保，贫不能偿，保人代赔。故苗中有债必完，往往收获肤毕盖无余粒，此债未

---

① 《宣统永绥厅志》，载《中国地方志集成·湖南府县志辑》，南京，江苏古籍出版社，第118页。

清，又欠彼债。盘剥既久，山地罄尽。奸苗石柳邓等声言骗逐客民，夺还田地，而群债响应。善后事宜，将田地仍分归苗管，严谨汉民不许往来苗地，防微杜渐，自可永绝祸端。①

【注释】江右：江的西面。客民：外地寄寓的居民。这算：折算。浼：恳托。苗：苗族人。债：债务人。

【解读】本段记载汉民在苗地放债，盘剥苗民的情况。汉人在苗地放债，若三到五个月无法还债，则利息归入本金计算，不久利息就会高过本金。放债不仅有金钱交易，还有粮食交易，放新谷或货物，以粮食还债。债务人必须由富裕的苗人作保，保人与债务人承担连带责任。这样的后果往往是苗人被盘剥殆尽，导致苗人奋起反抗。于是官府规定汉人不许与苗人往来，通过隔离的方式平息争端。

五十、保靖县

市场

为详请设立苗界市场，以免民苗出入滋事事。窃照保邑四面，北与永顺、龙山二县界址相连，东、西、南三处俱与苗地相接，东通篁子苗，南通红苗，西通四川苗，实为三苗穴口，民苗出入之路甚多。而总路则有二，一曰古铜溪，在保东南；一曰张家坝，在保西南。古铜溪兼通水道，可行小舟，名曰小江，下接保河而上之。其水源直通六里。红苗界内向来贸易，民人常有驾舟装运货物入内。至于张家坝，亦水陆皆通。民苗相接，并连四川之酉阳土司，四方贸易者多聚于此。拟于此二处设立市场，一月六期，于初二、初八、十二、十八、二十二、二十八次六日。令民苗各至其地聚集货物，彼此公平交易，以有易无。于是日辰时交易，申时即散，不许先期而预至，亦不许过市而仍留。但场市既立，必须委员监察约束。查张家坝原设有巡检一员，又有相隔一二里之里耶设有把总一员，至期即以此二员，令其监察。古铜溪设有把总一员，至期再令在城之典吏前往协同巡视。仍于苗人丙着苗长、寨长，于开市之日押苗人以同来，复押以同往，不许于交易之时任听滋事。如民苗抬价、短货、争竞生事等情，立解卑职衙门，严加究处。

---

① 《宣统永绥厅志》，载《中国地方志集成·湖南府县志辑》，南京，江苏古籍出版社，第458页。

使民人不敢擅入苗地，苗人不敢聚集汉地，而变成得以安静矣。①

【注释】民：汉族百姓。苗：苗族人。篁子苗、红苗、四川苗：苗族的各支。保：指保靖县。土司：少数民族地区的官职，授予少数民族头目。

【解读】本段记载保靖县官员设立并规范苗地市场的行为。设立市场要考虑邻接州县多少、自然地理条件和交通便利程度等，选定在古铜溪和张家坝两处设立市场。规定市场开放时间，每月开放六次，在辰时开始，申时结束贸易。市场管理方面，张家坝由当地巡检、把总负责管理；古铜溪由把总和城中典吏负责。苗人商贩由当地首领在开市日期带来市场。如果交易中发生了价格不公、缺斤少两、争抢等纠纷，则交由官府处置。其宗旨在于将汉族人和苗族人区分开来，防止发生纠纷。

五十一、凤凰厅

市场

民苗交涉之地，乾州厅属由二□台起至喜鹊营止。民地归民，苗地归苗，均已划分清楚。其从前民占苗地，皆一律退还。客民全行撤出凤凰厅属。边界二百余里辽远最杂，经同知传□将民苗界址逐一划分。中营暨上前营一带，以乌巢河为界；下前营暨右营一带，以山溪为界。外围苗地，内为民地。以前民人垦买苗地，尽归苗人。其下前营之木里关□坪龙井司门前等处向系民地，在山溪以外乌巢河以内逼近苗寨，不便取回，均给良苗佃租。又乌巢河以内间有民苗地界交错之处，亦将苗田逐细划归苗人。民人向住苗地者陆续招回。及原住内地者，均为修砌屯堡，搭盖房屋，给与农具籽种，各复原业。其无业可归者，或令在附近城关佣工，或佃种均出民田。壮健者，挑为乡勇，给与盐粮，分交防边员弁督领防御，均各得所。惟永绥厅属苗民产业，原无确切界址，零星闲杂。若逐划分，民苗杂处，易起争端。将应给民人二成田地积算成数，整段画出。俾有此疆彼截易于管理见。分得田地，计可收稻谷杂粮八千余运，每运一石二斗等。②

【注释】民：汉族百姓。苗：苗族人。交涉：关连。客民：外地寄寓的居民。员弁：低级官员。

---

① 《同治保靖县志》，载《中国地方志集成·湖南府县志辑》，南京，江苏古籍出版社，第205页。
② 《道光凤凰厅志》，载《中国地方志集成·湖南府县志辑》，南京，江苏古籍出版社，第114页。

【解读】本段记载凤凰厅汉族区域和苗族区域土地划分问题，明确两方土地划分。对于汉族居民占用苗人的土地，需要退还给苗人。汉人土地中靠近苗族的土地，不方便划分的，交给苗人佃租。对于没有土地的居民，由官府帮助从事佣工、佃农等，或作为乡勇进行边界防御。

第四章 坛庙典礼史料

一、长沙府

时日禁忌

乡饮酒礼 明制府州县每岁正月十五日、十月初一日于明伦堂行礼，以正官为主位，东南以知道礼，致仕官员为大，宾位西北择年高有德之人，或三人，或一二人为僎。宾位东北以次长为介，宾位西南以宾之次者为三宾位于宾主介僎之后，以教官为司正，以老成生员赞礼。前一日陈设坐次，司正率执事习礼。次日黎明，宰牲具馔，主人率僚属，司正先至遣人速客至，出迎于库门外，三让三揖，升堂拜讫，就位司正，至堂中北面立，宾主皆立，皆揖。执事者酌酒于觯，以授司正，司正举酒曰恭维朝廷，率由旧章敦崇礼教举行乡饮。非为饮食，凡我长幼，各相劝勉。为臣尽忠，为子尽，孝长幼有序兄友弟恭，内睦宗亲，外和乡里，无或废坠，以忝所生。读毕，司正饮酒毕，以觯授执事。司正揖宾僎以下皆报揖，司正复位，宾僎以下皆坐。执事者举律令案于堂中，宾主皆□立，读书者诣案北面。读曰大诰乡饮酒礼，序长幼，论贤良，别奸顽，异罪人。其坐席高年有德者居于上，高年纯笃者并之，以次序齿而列其。有曾远条犯法之人，不许干与善良之席主者。若不分别，致使鬼剑混淆，察知或发觉，罪以远制，奸顽紊乱正席者，全家移出化外。读毕，复位，执事者举馔案至客前，主人献宾荐脯醢，设折俎，宾酬主人如之，献僎介僎介酬皆如之，讫工人升歌鼓瑟，歌鹿鸣饮酒共汤，工歌四牡饮酒共汤，工歌皇皇者华饮酒共汤，笙入笙奏南陔又奏白华，又奏华黍，诗歌鱼丽笙，奏由庚歌，南有嘉鱼，奏崇邱歌，南山有台，奏由仪，于是合乐，奏关雎鹊巢又奏葛覃采蘩，又奏卷耳，采蘋每诗先歌首章。饮讫，乃彻馔宾主，两拜讫，又宾僎介众宾，拜谒送宾三揖出庠门。国朝制与明同，其扬觯词曰恭惟，朝廷率由旧章，敦崇礼教，举行乡饮。非为饮食，为臣尽忠，为子尽孝，长幼有序，朋友有信，内和亲族，外睦乡里，毋或废坠，以忝所生。律诰词曰，尊德乐道，行已有耻辱宗族，称孝乡党称弟内□宗族外睦邻里，躬修周□式训遐迩，令德寿考，自今伊始。①

【注释】荐：进献。醢：古代的一种酷刑，把人杀死后剁成肉酱。折俎：俎，古代祭祀时放祭品的器物。古代祭祀、宴会时，杀牲肢解而后置于俎上。讫：完毕，终结。

【解读】寓祭祀、扬惩之道于乡间饮食之中，此为我国体现教化，国家普法宣传的一种特殊形式。清朝承袭明朝，此制度一直以来较为稳定。

二、平江县

时日禁忌

讼狱 按平邑讼牒在楚南，尚非甚繁，然地错三省，岁多拐窃之案，而田地开□售，买价增翻赎之风滋，讼尤甚。翻赎者，春则阻耕毁塍，夏秋拔苗强割，或借牵牛马，甚有瘗棺于田，以荒耕作及服毒图赖者，则清理翻赎，殆移风之首务。②

【注释】塍：田间的土埂子，小堤。瘗：掩埋，埋葬。

【解读】此则体现了清代民间我国的土地为私人所有，可以交易买卖。土地价格涨幅大，上涨迅速，并与典当制度密切联系，由此一时引起了诸多诉讼，也产生了各种民间私立救济破坏土地的农业生产的乱象。政府以将清理这种情况为己任，为了公共利益，维护乡间公共秩序的需要介入民事债权和物权关系。

三、安仁县

主事职权

庆贺仪注 万寿、元旦、冬至三大节，先期设香案龙亭，至日黎明，各官朝服齐集，赞礼、生赞排班大小各官以次就位，知县为一班，教谕、训导、巡检、典史另列

---

① 《乾隆长沙府志》，载《中国地方志集成·湖南府县志辑》，南京，江苏古籍出版社，第325页。
② 《乾隆平江县志》，载《中国地方志集成·湖南府县志辑》，南京，江苏古籍出版社，第90页。

史料中的习惯与规则
——湖湘地区方志中民商事习惯史料的整理注释与研究

一班,阴阳医僧道等官俱附班后,外委列于西班与典史齐班,赞跪叩雨,各官行三跪九叩头礼,赞退,各官退出。①

【注释】万寿:一个节日,时间为皇帝的诞辰日,臣民一并为皇帝祝寿。香案:放置香炉烛台及贡品的条桌。教谕:掌文庙祭祀,教育所属生员。训导:辅佐地方知府,为基层官员编制之一,主要功能为负责教育方面的事务。巡检:训练军队,巡逻州邑,归县令管辖。典史:官名,在清朝是不入品阶的,知县下面掌管缉捕、监狱的属官。

【解读】巡检相当于现在的地方军官,典史是属于地方的刑事公安警察。庆贺礼体现了国家的核心价值观。在万寿、元旦、冬至这三个节日为庆贺仪,是一种为庆典而作的礼仪。三个节日关乎最高统治者、纪年、农业节气,是涉及全国范围内的重大事项,需要举国上下人人同庆。在器具、服饰的利益之外,还有一套官员陈列的礼仪,呈现出鲜明而严谨的阶级性。以知县为级别界限,地方下属的官员另排一列。行政法上的职权划分细致明确,在陈列时,医术和思想家一类的官员又另排一列。官僚体系内部分工明晰。

开读仪注 凡恭遇诏敕,颁发到县,是日具龙亭,采兴仪仗鼓乐,各官出郭迎接使者,下马捧诏,置龙亭中南向,使者立于亭东,地方官员具朝服北向行三跪九叩头礼。鼓乐前导使者上马随亭后行至公廨门外,众官先入,文武分东西序立,候龙亭至公庭中,使者立龙亭之东西向,赞排班乐作,行三跪九叩头礼。使者捧诏,授展读官,展读官跪受,诣开读案前宣读。众官皆跪,宣读毕,展读官捧诏授使者,使者捧置龙亭中,众官行三跪九叩头礼,毕,皆退,即行誊黄分颁。②

【注释】诏敕:帝王的命令。公廨:官署,旧时官吏办公处所的通称。展读:阅读,掌管读书方面的官员。誊黄:由礼部用黄纸誊写的皇帝诏书。

【解读】一种宣读帝王昭旨前所作的准备工作,即对于国家最高领导人下达的命令宣告给执行人和行政相对人之前,习惯于作的表示恭敬和营造严肃氛围的活动。

---

① 《同治安仁县志(2)》,载《中国地方志集成·湖南府县志辑》,南京,江苏古籍出版社,第1页。
② 《同治安仁县志(2)》,载《中国地方志集成·湖南府县志辑》,南京,江苏古籍出版社,第1页。

四、嘉禾县

主事职权

庆贺礼 凡元旦、冬至、万寿节，文武大小各官俱遵照会典，设香案朝服望，阙行三跪九叩首礼。①

【注释】望阙：仰望宫阙。喻怀念天子。

【解读】在元旦、冬至、皇帝生日时，百官都要行三跪九叩的庆贺礼。

上任礼 凡新官上任，旧例本衙门预备仪仗，前期出城，迎接至日，照仪行礼。②

【解读】新的官员担任职务之前的行政礼仪。

朔望 行香礼 每月朔望日，旧创有司官皆诣各庙行香③

【注释】朔是指月球与太阳的地心黄经相同的时刻。这时月球处于太阳与地球之间。望是指月球与太阳的地心黄经相差180°的时刻。这时地球处于太阳与月球之间。

朔望，古有"无月为朔，满月为望"一句，表达了生生不息的自然规律和古人对于生命的感慨，寄托着一种希望之情。有司：特指主管某部门的官吏。

【解读】一种纪念自然天文现象的民间仪式。

迎春礼 每岁立春，有司官遵照会典，迎春于东郊，出土牛。④

【注释】会典：记载一个朝代官署职掌制度的相关法条的书，是行政法成文法典。

土牛：立春时造土牛以劝农耕，象征春耕开始。

【解读】象征、激励农业事业开始的官方仪式，掌管农业方面的官员通过牛的土制雕塑来宣告春日耕作的开始。

---

① 《同治嘉禾县志》，载《中国地方志集成·湖南府县志辑》，南京，江苏古籍出版社，第407页。
② 《同治嘉禾县志》，载《中国地方志集成·湖南府县志辑》，南京，江苏古籍出版社，第407页。
③ 《同治嘉禾县志》，载《中国地方志集成·湖南府县志辑》，南京，江苏古籍出版社，第408页。
④ 《同治嘉禾县志》，载《中国地方志集成·湖南府县志辑》，南京，江苏古籍出版社，第408页。

宣讲礼 每月朔望日，文武教职各官遵照会典，聚集公所，宣讲圣谕，晓谕军民生童人等遵行。①

【注释】生童：生员和童生，也泛指学童。

【解读】在朔望这一天文现象来临时，一种官员向百姓宣传中央最高政策、普及法律的习惯活动。官员向普通民众宣传讲授最高统治者的言论和命令，要求并促进他们遵守和执行。

五、永兴县

时日禁忌

求俗祭墓每岁二举于清明立冬日，皆具牲醴，展墓覆土，除草，挂纸钱，归复致祭于祠堂。因以种惠之余，燕会族人至于四时，祭四代。冬至祭始祖，春祭先祖，季秋祭弥前辈，士大夫家间有举行，而其后亦渐次旷废他。如上元四月八、端阳、中元、中秋、重阳等节各献以时食求俗类，然惟六月内赏新节，最重各家具盛馔与新米饭一同陈设，先向门外祭拜，谓之祭五谷神，后向祖先堂祭拜先人，谓之荐新。祭毕，乃聚家人共食，与新年不异。②

【注释】荐新：以时鲜的食品祭献。

【解读】怀念已经死去的亲故的民间习惯，礼仪履行完毕后，全家人团圆吃饭。

主事职权

新任 仪注 是日，新官具公服。典史率各房吏典并合属官人等，导引新官，先诣城隍庙陈牲醴致告。行一跪三叩头礼，献爵、读祝或誓辞毕，仍行一跪三叩头礼，毕，导引至本衙门仪门前，陈牲醴致祭，行一跪三叩头，礼如前仪，毕导引至月台，上设香案，朝服望阙行三跪九叩头礼。易公服，拜印，行一跪三叩头，礼毕，坐公座开印皂隶排衙吏房，呈押公座毕，吏役生员属官各恭见，礼毕，进内属，案设香火灶神，

---

① 《同治嘉禾县志》，载《中国地方志集成·湖南府县志辑》，南京，江苏古籍出版社，第409页。
② 《乾隆永兴县志》，载《中国地方志集成·湖南府县志辑》，南京，江苏古籍出版社，第92页。

三日内行香讲书。①

【注释】诣：前往。吏役：官府中的胥吏和差役。隶：衙役。

【解读】新官上任的行政礼仪，范围仅涉及行政方面的人员，而不涉及平民百姓。

先期塑造春牛，芒神前一日，各官常服，迎至县门外。土牛南向，芒神在东西向，立春日早陈设香烛酒果。各官具朝服訾排班，赞跪叩行，各官行一跪三叩头礼兴。赞跪奠酒，领班官奠酒，三爵赞叩，兴各官行一跪三叩头礼，兴舁土牛芒神，行香亭鼓乐，前导各官朝服后随至东郊各官执采杖环立土牛，三礼毕各退。②

【注释】訾：同"咨"，嗟叹声。

【解读】行迎春礼时官员应当遵循的礼仪。

凡习射先击鼓六下，以齐宾及门弟子当设鹄如制，设司正掌验射，设司射以强弓，设鹄诱，设掌爵以授饮，设侍获以掌矢，设执旗以举应，其射位自三十步至五十步射四矢以二人为耦。③

【解读】乡射是古代射箭饮酒的礼仪"射礼"中的一种类型，是地方官为荐贤举士而举行的射礼。

送学 仪注 先期择日传集新生，至日县官于大堂公座簪挂花红，诸生行庭参礼，县官拱立答礼，禀拜免，由中门鼓乐导出。县官率领新生谒文庙，行三跪九叩头礼，毕，诣明伦堂与儒学官立受两拜，陪受两拜。④

【注释】庭参礼：在相对露天的场所所行的参见对方的非常尊敬的礼节。拱立：肃立，恭敬地站着。答礼：回礼。

【解读】地方官员带领新生去文庙叩拜，去明伦堂向教育人员履行礼仪的民间习惯。

荥祭 凡遇淫潦，为炎祈求晴霁，先行荥祭之礼。伐鼓用少牢，视水来涌集最多之

---

① 《乾隆永兴县志》，载《中国地方志集成·湖南府县志辑》，南京，江苏古籍出版社，第150页。
② 《乾隆永兴县志》，载《中国地方志集成·湖南府县志辑》，南京，江苏古籍出版社，第150页。
③ 《乾隆永兴县志》，载《中国地方志集成·湖南府县志辑》，南京，江苏古籍出版社，第157页。
④ 《乾隆永兴县志》，载《中国地方志集成·湖南府县志辑》，南京，江苏古籍出版社，第158页。

门，而祭神号城门之神。①

仪注　前期一日主祭官备香烛诣城隍庙焚告牒，至日各官补服，齐集于坛上城隍神位前行礼。②

【注释】淫潦：久雨积水成灾。少牢：诸侯、卿大夫祭祀宗庙时所用的牲畜。告牒：文书。

这是一种向神灵祈求消除水灾的礼仪。

【解读】一种求助于神灵的民事习惯，是种消除自然灾害的方法。

庆贺礼　凡遇大庆贺前一日知县率僚属人等具朝服设仪仗前导龙亭于公所至日黎明各官朝服齐集礼生赞排班各官以次就拜位立文东武西文官知县为一班教谕训导巡检典史阴阳医僧道等官以次附班武官把总外委为一班各行三跪九叩礼万寿元旦冬至三大节前后穿朝服七日皇太后圣诞皇后千秋仪节同。③

【注释】千秋：诞辰，生日。

【解读】主体范围扩张，将皇后的生日纳入举国同庆的民间习俗范围之内。

迎春礼　先期塑造春牛、芒神，前一日，各官常服迎至县门外，设香案、土牛南向，芒神在东西向，立春日，早陈设香烛酒果。各官具朝服排班，行一跪三叩礼。领班官跪奠酒三爵，读祝，皆跪，读毕，兴，各官同行一跪三叩礼，兴。异土牛芒神行，以香亭鼓乐前导，游历街衢，各官朝服后，随至东郊春亭。各官执采杖，环立土牛两旁，乐工垒鼓，各官环击土牛，礼毕。④

【注释】芒神：掌管春天农耕和畜牧的神。前一日：成分省略，指的是"立春"的前一天。

酒三爵：爵，酒器名；三杯酒。读祝：祭祀时宣读祝告文。兴：起身。异：抬。香亭：一种烧香的祭祀用品，内置香炉的结彩小亭。外形似亭子，内部可插香，能防止雨淋。街衢：大路，四通八达的道路。

---

① 《乾隆永兴县志》，载《中国地方志集成·湖南府县志辑》，南京，江苏古籍出版社，第224页。
② 《乾隆永兴县志》，载《中国地方志集成·湖南府县志辑》，南京，江苏古籍出版社，第225页。
③ 《乾隆永兴县志》，载《中国地方志集成·湖南府县志辑》，南京，江苏古籍出版社，第232页。
④ 《乾隆永兴县志》，载《中国地方志集成·湖南府县志辑》，南京，江苏古籍出版社，第233页。

第四章 坛庙典礼史料

【解读】本段记载在迎春礼时官员应当遵循的礼仪。

救护礼 凡遇日食，结綵于本衙门仪门及正堂，设香案于月台，设金鼓于仪门内两傍，设乐工于月台下，设各官拜位于月台上，俱向日。阴阳生报日初食，礼生赞排班各官俱素服立，乐作，行三跪九叩礼，与班首官跪，上香，各官俱跪，班首官击鼓三声，众鼓齐鸣，再上香。各官俱暂起立，以后上香礼同。阴阳生报，复圆鼓，声止，礼生赞跪叩，乐作，各官朝服，行三跪九叩礼。月食礼同。①

【注释】仪门：即礼仪之门，官衙大门之内的门，也指官署的旁门。

月台：正房、正殿突出连着前阶的平台。

金鼓：金鼓即四金和六鼓，四金指錞、镯、铙、铎。六鼓指雷鼓、灵鼓、路鼓、鼖鼓、鼛鼓、晋鼓。行军作战时以此作为进退的指示工具。

阴阳生：风水先生。

【解读】在日食月食（在我国古代被视为不吉利的征兆）的天文现象发生时，政府组织的一种应急准备措施。

宣讲礼 每月朔望，恭设圣谕牌于乡约，所设约，正值月，以司讲约，设木铎老人，以宣警于道路。朔望，地方文武教职各官齐集，礼生、赞排班，各官依次就拜位，行三跪九叩礼，兴，分班坐地，率领军民人等敬听。②

【注释】圣谕牌：圣谕，指皇帝训诫臣下的诏令或语言。圣谕牌是关于圣谕告示的板子。乡约：乡中的约规。司：一种官名。木铎老人：木铎，古器乐名，一种铃类乐器。古代执政者常派官员手执木铎摇铃振声，把政府的文告、禁令等晓谕大众。使用木铎的信息传播者被称为"木铎老人"。礼生：司礼者。祭祀时在旁提唱起、跪、叩首之仪者。

【解读】乡约相当于地方性的法规，适用范围限于本乡内部。宣讲的过程是一种普法的过程：乡中设置各种宣传措施，如立宣传牌子，派遣官员专业解读以及在道路上进行口头宣传。官员带动百姓在规定的时间地点一同恭敬地听讲关于法规的内容。

---

① 《乾隆永兴县志》，载《中国地方志集成·湖南府县志辑》，南京，江苏古籍出版社，第234页。
② 《乾隆永兴县志》，载《中国地方志集成·湖南府县志辑》，南京，江苏古籍出版社，第234页。

送学礼 前期择日传集新生，至日县官于大堂工座簪挂花红，诸生行庭参礼，县官拱立，答礼禀拜，免由中门鼓乐导出。县官率领新生谒文庙行三跪九叩礼，毕，诣明伦堂与儒学官交拜，行两拜礼。新生次见儒学官，行四拜礼。儒学官立受两拜，陪受两拜，毕，新生再向县官行四拜礼。①

【注释】交拜：相对而拜的见面礼节。两拜礼：展臂，至面部前，拢手。躬身（45度）。手臂随腰部动，头不动。用于向长上行大礼。一般行一个，叫"拜"。最多行两个，叫"再拜"。

四拜礼：一种见面礼节。

【解读】县官带领新生向教育方面的神和职务人员行李后，新生还需要对县官行礼表示尊敬和感谢。

宾兴礼 先期，儒学官将奉准督学，取录科举文武生员，起具红批送县。七月初旬，县官择日具书柬，延集科举诸生。至日结彩于大堂，官生各具公服，鼓乐设筵，揖拜如仪，与诸生簪挂花红，毕。县官与儒学诸生，以次两傍列坐，酒或五行或十行，诸生起，禀辞，揖拜县官，由中门送出。②

【注释】书柬：请帖。簪挂花红：科举时代为中式者集体举行的一种仪式。禀辞：谒见长官请示辞行。

【解读】本段记载地方官员祝贺科举生员并送其参加乡试的庆贺礼仪。

会试礼 结彩酒席与乡试宾兴，同惟县官与举人行宾主礼，迎送各照常仪。③

【注释】宾兴：谓乡大夫自乡小学荐举贤能而宾礼之，以升入国学。

举人：称乡试中试的人为举人，亦称为大会状、大春元。

【解读】本段记载地方官员与考中的举人行的宾主礼仪。

宾见礼 儒学见知县用晚生帖，由中门进行宾主礼。文移知县用牒，儒学用牒，呈巡检典史。由东角门进，初见用履历手本，穿补服，行庭参礼。知县亲扶免，向上三

---

① 《乾隆永兴县志》，载《中国地方志集成·湖南府县志辑》，南京，江苏古籍出版社，第239页。
② 《乾隆永兴县志》，载《中国地方志集成·湖南府县志辑》，南京，江苏古籍出版社，第240页。
③ 《乾隆永兴县志》，载《中国地方志集成·湖南府县志辑》，南京，江苏古籍出版社，第240页。

第四章 坛庙典礼史料

躬。常见用官衔手本，打三躬，坐次典等官东边，列坐知县西南隅。坐待茶，辞出。向上三躬，知县送至川堂，再三躬，出知县。于次日用名帖看拜，凡典史等官打躬。知县皆答揖。文移知县用牌，典史等之心用申文。①

【注释】晚生帖：一种用于基本平行而地位略低者对地位略高者的清代官场所用名帖之一。

文移：公文。牒呈：下呈上的文书。履历手本：文书名。又称"脚色手本"。履即践履，历者即经历。清代低级官员于手本上叙其践履之地、经历之途，并于手本壳面红方签上写"履历"二字，称为履历手本。打躬：指躬身作长揖。申文：呈文。

【解读】本段记载儒学生参加乡试前面见知县时所行礼仪以及官员的答礼习俗。

冠婚丧祭 朱子家礼已有成书，可百世由之不易也。惟是风土所囿，虽闲不免，欲归画一其道由兹第启其端，使循礼者群奉朱子成书，以臻道一。风同之盛，并著陈耿二公之论，裨有志者，障川过澜，无江河日下之忧云。②

【注释】：陈耿二公：陈云官，字子纪，前清庚子辛丑并科举人，定县知县，易县商会会长。宣统年耿知州讳守恩，字荫庭，清进士，不知何许人。

【解读】关于加冠、婚姻、丧礼、祭礼等礼仪，在《朱子家礼》中已经有明确记载，希望以此为标准执行。

六、兴宁县

主事职权

先农坛 仪注 前期二日斋戒，前一日省牲，扫坛，设幕，检视耕器。至日，各官朝服齐集行礼，礼毕，各官更蟒衣，候吉时，行耕藉礼。③

【注释】先农坛：皇家祭祀先农诸神的场所。省牲：祭祀前，主祭及助祭者须审察祭祀用的牲畜，以示虔诚的活动。蟒衣：蟒袍在清代为吉服之一，广泛用于朝会、庆

---

① 《乾隆永兴县志》，载《中国地方志集成·湖南府县志辑》，南京，江苏古籍出版社，第240页。
② 《乾隆永兴县志》，载《中国地方志集成·湖南府县志辑》，南京，江苏古籍出版社，第240页。
③ 《光绪兴宁县志》，载《中国地方志集成·湖南府县志辑》，南京，江苏古籍出版社，第233页。

典、吉日。耕藉（gēng jiè）礼：每年春耕前，天子、诸侯举行仪式，亲耕藉田，种植供祭祀用的谷物，以示劝农。

【解读】此为皇帝和官员亲自示范春耕以表明对农业的重视的仪式。

上任礼 凡新县官到公馆，先日齐宿，是早具公服，典史率各房典吏并合属官生人等导引新官先诣城隍祠，行一跪三叩礼。献爵、读祝或誓词，读毕仍行一跪三叩礼，毕，祭丁公，毕，导引至本衙门仪门前，陈牲醴致祭，行一跪三叩礼如前仪，毕，导引至月台，上设香案，朝服望阙行三跪九叩礼。易公服，拜印，行一跪三叩礼，毕，坐公座开印，皂隶排衙吏房呈押公座，毕。吏役生员各官参见礼毕，进内署安设香火□神，三日内行香讲书。①

【注释】齐宿：亦作"斋宿"。在祭祀或典礼前，先一日斋戒独宿，表示虔诚。献爵：献酒，敬酒。爵，古饮酒器。读祝：祭祀时宣读祝告文。望阙：仰望宫阙。喻怀念天子。公服：官府，相当于今日公务员所穿制服。开印：开封用印，照常办事。泛指官吏办公。皂隶：指旧时衙门里的差役。排衙：官衙有仪式，典礼，公事，先布置好场面。主要是差吏和衙役站好位。

【解读】新任的官员取得正式任职资格，开始履行职务的一种习惯性要式礼仪。

开印封印礼 每年十二月封印，至次年正月开印，皆遵部行。择定日时，仪注俱与上印拜印同。惟封印止标记，印封不呈押公座。②

【解读】官印是官文书有效性的要式条件，此处体现对于官印的严格管理，展现了政府文书严格的要式性。

开征礼 每岁开征，钱粮致祭库神，于所在设香案、胜醴，穿补服，行一跪三叩礼。

【注释】补服：一种官府。清时于品服之外，缀有随时依景而制的补子的衣服。补子用飞禽代表文官，如一品文官用仙鹤补；用猛兽代表武官，如一品武官用麒麟补。

【解读】年度收税之际，官员穿着官府祭拜库神。此为表现国家财政收入的一种途径。③

---

① 《光绪兴宁县志》，载《中国地方志集成·湖南府县志辑》，南京，江苏古籍出版社，第233页。
② 《光绪兴宁县志》，载《中国地方志集成·湖南府县志辑》，南京，江苏古籍出版社，第233页。
③ 《光绪兴宁县志》，载《中国地方志集成·湖南府县志辑》，南京，江苏古籍出版社，第233页。

七、桂东县

主事职权

每月朔望日，有司官行香讲书毕，诣射圃行习射礼。①

【注释】射圃：习射之场。讲书：解释书的内容，讲课。

【解读】在朔、望日，官员在讲课完毕之后，到习射场所行射礼。

社稷坛仪注 祭期前三日斋戒，前一日扫坛设幕，委员省牲，监视宰牲，委员补服，至坛封帛毕，引至省牲所省牲，接毛血，供香案上，行一跪三叩首礼，毕，退。正祭日黎明，各官俱至坛朝服，承祭官签祝文毕，起鼓，引承祭官诣盥洗所盥手，毕，引至行礼处，立。执事者各执其事，承祭官就位，陪祭官各就位，瘗毛血迎上香，引承祭官于坛右阶上，至香案前立跪上香，叩首，兴，复位。承祭官及陪祭官各官俱行三跪九叩首礼，典莫帛行初献礼，诣社稷神位前立跪，莫帛献爵，叩首。典诣读祝位，承祭官诣读祝位立案前，捧祝版立于案左，跪。承祭官陪祭官俱跪读祝文，读祝毕，捧祝版仍供案上，行三叩首礼。各官俱三叩首，兴，复位行亚献礼，于初献礼同，复位终献礼与亚献礼同，复位饮福受胙诣饮福位，承祭官诣饮福位跪饮福酒受胙，叩首，叩首兴，各官不随叩，复位，彻馔送神跪，承祭官陪祭官俱行三跪九叩首礼，典读祝者、捧祝执帛者各诣瘗所望瘗，引承祭官诣望瘗，引承祭官诣望瘗位立，执事者以祝帛焚于坎中，将毕以土实坎复位，礼毕。②

【注释】彻馔：撤去食物。典：主持，掌管。读祝：祭祀时宣读祝告文。祝帛：帛，用于祭祀的束帛。瘗：祭祀名。祭地。

库神附 县官于开征日，陈设香烛牲醴，穿补服，行一跪三叩首礼。③

【解读】税收征收活动开始的官方行为要件。

---

① 《嘉庆桂东县志 同治桂东县志》，载《中国地方志集成·湖南府县志辑》，南京，江苏古籍出版社，第112页。
② 《嘉庆桂东县志 同治桂东县志》，载《中国地方志集成·湖南府县志辑》，南京，江苏古籍出版社，第118页。
③ 《嘉庆桂东县志 同治桂东县志》，载《中国地方志集成·湖南府县志辑》，南京，江苏古籍出版社，第126页。

八、桂阳县

主事职权

救护礼 仪注 凡遇日月食，文武各官遵照会典，依部颁钦天监推算时刻救护。日食结綵正堂，设香案于月台上，设金鼓于仪门内两旁，设各官拜位于月台上，俱向日阴阳生报日初食，各官□朝服行三跪九叩礼，班首官上香，各官俱跪，班首官击鼓三声，众鼓齐鸣，再上香，各官俱暂起立，上香毕。各官仍跪，以后食甚上香，行礼同阴阳生报，复圆鼓，声止。礼生赞跪，叩乐作，各官朝服，行三跪九叩礼，礼毕，散月食仪同。按今长沙省城所行初亏，穿袖服，食甚穿素服，复园穿蟒服行三跪九叩首礼。班首官不亲击鼓，俱用僧道环诵经，咒嘉庆十八年二月，奉新例初亏、食甚、复园行救护礼，俱穿素服。①

【注释】食甚：指日食或月食过程中，太阳被月亮遮盖最多或月亮被地球阴影遮盖最多时，两者的位置关系。初亏：初亏是发生日食（或月食）的一个阶段，它的出现表明日食（或月食）已经开始。素服：主要指居丧或遭到其他凶事时所穿的白色衣服。

【解读】此为关于日食月食具体需要例行礼仪的阶段的限定。

九、汝城县

主事职权

迎喜神礼 正月上吉日，武官齐集，具礼服仪仗出署迎喜神。②

【解读】人们在被认为吉祥的日子里所为的民事习惯。

祈晴礼 凡遇淫潦为灾，祈求晴霁，先行荣祭之礼，伐鼓用少牢，视水来涌集之门而祭。③

---

① 《同治桂阳县志（2）》，载《中国地方志集成·湖南府县志辑》，南京，江苏古籍出版社，第4页。
② 《民国汝城县志》，载《中国地方志集成·湖南府县志辑》，南京，江苏古籍出版社，第236页。
③ 《民国汝城县志》，载《中国地方志集成·湖南府县志辑》，南京，江苏古籍出版社，第236页。

【注释】淫潦：久雨积水为灾。

【解读】在遇到水灾时举行祈求放晴的礼仪。

十、临武县

主事职权

耕藉仪 知县秉耒佐二执青箱播种，耆老牵牛农夫扶犁，九推九转毕农夫终亩。各官彩衣补服，率耆老农夫望阙行三跪九叩首礼，毕各退。①

【注释】青箱：指古代行藉田礼时装种子的箱子。

【解读】地方官员与农民共同进行耕种开始的仪式。

风云雷雨山川城隍之神共一坛，每岁春秋仲月上戊日合祭。风云雷雨居中，山川居左，城隍居右，祭品仪注及前一日省牲并兴祭，社稷同祝文。维神赞襄天泽，福佑苍黎，佐灵化以流行，生成承赖，乘气机而击鼓，温和肃攸宜，磅礴高深，长保安贞之吉，凭依巩固实宾捍预之功，幸民俗之殷，盈仰神明之庇护，恭修岁祀，正值良辰敬洁豆□祗陈牲帛向飨。②

【注释】苍黎：百姓。灵化：对教化的美称。飨：祭祀。

【解读】本段记载祭祀风神、雷神、山神、城隍神的礼仪，诸神合祭，祈求自然神灵保佑安康。

厉坛 每岁清明日，七月望，十月朔，诣城隍之神出主共祭，榜无祀鬼神，分祀之羊三、豕三，饭来三石，香烛酒纸随用，祭时有告城隍文曰：普天之下，后土之上，无不有人，无不有鬼神，人鬼之道，幽明难殊，其理则一。故制有治人之法，即制有事神之道，念厥冥冥之中，无祀鬼神，昔为生民未知何故而没其间，有遭兵刃而殒伤死者，有死于水火盗贼者，有被人取？而逼死者，有被人强夺妻妾而死者，有遭刑祸而负属死者，有为饥饿冻死者，有因天灾流行而疫死者，有为猛兽毒虫所害而死者，

---

① 《同治临武县志》，载《中国地方志集成·湖南府县志辑》，南京，江苏古籍出版社，第104页。
② 《同治临武县志》，载《中国地方志集成·湖南府县志辑》，南京，江苏古籍出版社，第106页。

有因战□而殒身死者，有因危急而自缢而死者，有因墙屋倾颓而压死者，有死后无子孙者……此等孤魂死无所依最堪怜悯，或依草附木作妖怪徘徊于星月之下，悲号于风雨之中，今迎尊神以至此祭，谨设坛于城北，兹当月日佳节，置备牲醴羹饭专祭，本县阖境无祀鬼神等众灵共不昧来享此祭，军□六毒霜降日，武官致祭，帛一、豕一、羊一，续祀典。①

【注释】邅：难行不进。

【解读】此为清明节民众表达对孤苦惨死的人的告慰的一种民间习惯。

十一、衡州府

主事职权

坛祠 官称守土祀事攸司封内山川旧典式，厘凡而明神敬恭有仪，乃絜粢盛，乃设坛壝，重农贵粟，秋报春祈，亦有遗爱俎豆长垂桐乡有祝畏□有祠治民事神，民和神怡。②

【注释】守土：指地方官。攸司：攸，所。所从事的职责。厘：治理壝：古代祭坛四周的矮墙。

【解读】官府组织的在坛祠举行的礼仪是以祭神为内容的，在这个过程中普通民众也参与进来。此项活动不仅取悦了神灵，也促进了民间个人之间关系的缓和、融洽，使人心旷神怡。这样的氛围有助于顺利解决民事冲突，对于调整民事关系大有裨益。是一种民法之外的，促进民法实施的方法。

清泉县水府庙在江东岸浮桥码头，按水神之祀会典载，龙神江神皆有封号、祭仪。乾隆九年奉文饬，直省举行祀典。本县水神旧虽有庙数处，若三圣三顺杨林丁三之类皆民间私相崇奉，其神号多属不经，非遵会典。龙神江神之庙可比故守土，亦无特祀。③

【注释】文饬：掩饰，遮盖，打扮。不经：不合于常规。

【解读】此处的祭祀对象出现了正统之外的神灵，意味着在官府主导的祭祀体系之

---

① 《同治临武县志》，载《中国地方志集成·湖南府县志辑》，南京，江苏古籍出版社，第124页。
② 《乾隆衡州府志》，载《中国地方志集成·湖南府县志辑》，南京，江苏古籍出版社，第182页。
③ 《乾隆衡州府志》，载《中国地方志集成·湖南府县志辑》，南京，江苏古籍出版社，第185页。

下，还形成了民间的公共信仰，有其异于正统、自成一派的祭祀规则。"不经"一词影射了政府对这种祭祀的不完全认可甚至不认可，故其身份尚不能被视为宗教团体法人。

神祇坛祀风云雷雨山川城隍之神牲社稷坛，非亦陶易所立，羊三、豕三、爵三、帛七、铡铏二、笾四、豆四、簠三、簋三、祭日同社稷。二祭，支银十两，其祭先农耕籍并牲府坛今不载。宋淳熙中刘清之立屿嵝坛以祈水旱，今立常雩祀于社稷坛，以四月礼部择日颁县行礼。若有水旱知县卜日用少牢祭神祇及社稷，祷于城神龙祠，县皆随府及清泉知县同行，事故不具载。①

【注释】铡铏：铡，一种切草或切其他东西的器具；铏：古通"硎"，磨刀石。笾：古代祭祀和宴会时盛果品等的竹器。簠簋：古代祭祀盛稻粱黍稷的器皿。②

【解读】第二次祭祀的时候要拿出十两银子。此为民间金融募集用于祭祀。

厉坛 在城北衡阳地，每岁以清明七月十五日，十月坛上以主□，其祭另用纸，多书无祀鬼神等众牌位，立于坛下，左右坛上城隍位及左右位各并设饭羹香烛纸随用。前期一日，主祭官备香烛诣城隍庙焚告牒，行一跪三叩首礼。至期各官补服，齐集坛上城隍神位前行礼，前后行一跪三叩头礼，中闲三献爵，读告文，礼毕，执事以告文同纸焚之。③

【注释】告牒：告发的文书。

【解读】本段记载厉坛作为祭祀场所的使用情况。

十二、清泉县

主事职权

先农坛 在县西望狱门外，雍正五年诏天下府州县皆立二丈五尺坛下为墠，由墠升坛有陛，陛四出各三级，坛后祠宇六楹正室三配房左右各一正室，中供先农神位。木主赤地金书高二尺四寸，广六寸，座高五寸，广九寸五分，左室储祭器农具，右室储

---

① 《乾隆衡州府志》，载《中国地方志集成·湖南府县志辑》，南京，江苏古籍出版社，第185页。
② 《乾隆衡州府志》，载《中国地方志集成·湖南府县志辑》，南京，江苏古籍出版社，第551页。
③ 《乾隆清泉县志 同治清泉县志》，载《中国地方志集成·湖南府县志辑》，南京，江苏古籍出版社，第56页。

史料中的习惯与规则
——湖湘地区方志中民商事习惯史料的整理注释与研究

借田米谷,左配房为神厨,右配房住看守,农民前为门高广视室有差周以垣墉六十五丈外置,借田四亩九分。同治九年县令郭广飓协邑绅符信等,出公费重修。①

【注释】埠:古代祭祀或会盟用的场地。垣墉:墙。邑绅:地方上的绅士。符信:符节印章等信物的统称。

【解读】本段记载先农坛相关陈设。

先农坛 在县治东栗山坪演舞亭后,坛庙中设先农牌位,祭日质明行礼于社稷坛,同礼毕用吉时行耕藉礼,藉田四亩九分,收其谷以为祭费。零以龙见月行礼于社稷风云雷雨山川城隍先农之坛祭支银五两,荣祭与祭火神同祁无荣祭。②

【注释】质明:天刚亮的时候

【解读】耕藉礼中所耕田产出的谷物用以作为祭祀先农的公共开销,此相当于一种社团组织会费的来源之一。

乾隆壬辰王令楚士督绅重修。嘉庆十四年银令中球倡率绅士重修,增设大成殿。馔案及各香案者,炉烛台庙前堰居民洗濯秽污乃于四□砌砖盖,以石道光中以修。咸丰六年,熊令镇南复修光□初盛令□,修葺十六年,黎知县墉大加修理。中华民国三年,施知事瑶章,观橡栋腐朽,墙围坍塌。集各法团及士绅商准□□,更换大成殿田柱曾药台墓五尺有奇怪两□二祠□呈泮池□□。③

【解读】清朝时,设施由乡绅进行修缮。到了民国,出现了"法团",是一种民间的社团组织。这里的法团拥有自己的财产,可用其进行修缮。

祀典 皇朝崇德报功,礼明乐备,颁行海内,怀柔百神,卓哉,煌煌告民力之普存矣,橘□衡郡凤称奥区,载在祀典者,因时具举有司遵循旧制,岂惟黍稷之荐馨乎哉?④

【注释】奥区:腹地;深处。

黍稷:《诗·王风·黍离》:"彼黍离离,彼稷之苗。"后因以"黍稷"为感叹古今

---

① 《光绪衡山县志(2)》,载《中国地方志集成·湖南府县志辑》,南京,江苏古籍出版社,第1页。
② 《民国祁阳县志》,载《中国地方志集成·湖南府县志辑》,南京,江苏古籍出版社,第407页。
③ 王燺编纂,《安乡县志》,民国二十五年手抄本,载《中国方志丛书》,台北,成文出版社,第115页。
④ 唐荣邦修,杨岳方纂,《酃县志》,清同治十二年刊本,载《中国方志丛书》,台北,成文出版社,第553页。

兴亡之典。

馨：喻长存的英名。

【解读】本段为对祭祀典礼的赞美。

秩祀 礼莫隆于祭祀，成民而不致力于神，非治也。祀典所颁，自坛庙以及祠宇，有功烈于民者祭焉。所谓有其举之，莫敢废也。分符兹邑，荐馨香隆祈报焉，积诚以感格，庶神来歆，而民获福矣。庸可视为居官之具文哉志秩祀。①

【注释】歆：古指祭祀时鬼神享受祭品的香气。

【解读】本段为撰写方志者对祭祀的论述。

十三、长沙县

主事职权

典礼 天叙有典，天秩有礼。惇之庸之，二帝三王不相袭也。我朝定制，饬礼部颁发，则例庆贺朝仪，释奠宾，兴宣讲圣谕及迎春乡饮诸典，俾直省各郡县遵而行之，等威辨民志定，讵非与天地同节哉，志典礼。②

【注释】惇：推崇，尊重。俾：使

【解读】此则阐述典礼对于开朝秩序创建、维护的重要性。

律令 凡乡饮酒礼，序长幼，论贤良，别奸顽。其坐席间，高年有德居上，高年淳笃者并之，以次序齿而列。其有远条犯法者，不许干与良善之席。远者罪以远制，敢有喧哗失礼者，扬觯者以礼责之。③

【注释】扬觯：举起酒器。

【解读】乡饮酒礼中，以行为的道德性与合法性划分坐席，同时体现法的鼓励和惩

---

① 陈玉祥等修，刘希关等纂，《祁阳县志》，清同治九年刊本，载《中国方志丛书》，台北，成文出版社，第1853页。

② 赵文在等修，易文基等纂，《长沙县志》，清嘉庆十五年刊，二十二年增补本，载《中国方志丛书》，台北，成文出版社，第795页。

③ 赵文在等修，易文基等纂，《长沙县志》，清嘉庆十五年刊，二十二年增补本，载《中国方志丛书》，台北，成文出版社，第922页。

戒的作用。

十四、汝城县

时日禁忌

民国奉行各典礼 中华民国成立纪念日一月一日。是日休假一天，全国一律悬旗□采提灯志庆。各地党政、军警各机关、各团体学校分别集会庆祝，并由各该地高级党部召开各界庆祝大会。①

【解读】民国国庆日为一月一日，休假一天，各级机关团体组织庆祝活动。

国庆纪念日十月十日。是日休假一天，全国一律悬旗□采提灯志庆。各地党政、军警、各机关、各团体学校分别集会庆祝，并由各该地高级党部召开各界庆祝大会。

总理逝世纪念日 三月十二日 是日休假一天，全国一律举行追悼纪念，停止娱乐、宴会。各地党政、军警、各机关、各团体学校均分别集会庆祝，并由各该地高级党部召开各界纪念大会。

革命先烈纪念日 三月二十九日。是日休假一天，由各地高级党部召集当地各机关团体学校分别祭奠所有为革命而死之烈士，并举行纪念大会。②

【解读】本段记载民国假日情况。国庆为十月十日，总理逝世纪念日为三月十二日，革命先烈纪念日为三月二十九日。休假一天并举行相关庆祝或纪念活动。

革命政府纪念日 五月五日。是日休假一天，全国一律悬旗庆祝。各地党政、军警、各机关、各团体学校均分别集会纪念，并由各该地高级党部召开各界纪念大会。

国耻纪念日 五月九日。是日全国党政、军警、各机关、各团体学校一律分别集会纪念。停止娱乐、宴会，并由当地高级党部召开民众大会，兼作废除不平等条约运动。不放假。③

【解读】五月五日是革命政府纪念日，休假一天，举行相关纪念活动。五月九日是

---

① 陈必闻修，范大淮等纂，《汝城县志》，民国二十一年刊本，载《中国方志丛书》，台北，成文出版社，第987页。

② 陈必闻修，范大淮等纂，《汝城县志》，民国二十一年刊本，载《中国方志丛书》，台北，成文出版社，第988页。

③ 陈必闻修，范大淮等纂，《汝城县志》，民国二十一年刊本，载《中国方志丛书》，台北，成文出版社，第991页。

国耻纪念日，停止娱乐活动举行纪念，不放假。

国民革命军誓师纪念日 七月九日。是日休假一天，全国一律悬旗庆祝。各地党政、军警、各机关、各团体学校分别集会纪念，并由各该地高级党部召开各界纪念大会。

总理诞辰纪念日 十月十二日。是日休假一天，全国一律悬旗庆祝。各地党政、军警各机关、各团体、学校均分别集会纪念，并由各该地高级党部召开各界纪念大会。①

【解读】七月九日是国民革命军誓师纪念日，十月十二日是总理诞辰纪念日。均休假一天开展纪念活动。

植树节 每年清明日，各机关各团体学校均于该地各植树一株以为纪念。②

【解读】清明日为植树节，各机关团体需要植树一株。

十五、桂东县

主事职权

郡邑有司岁时奉行典礼，致恪，致敬，罔敢懈焉。崇明祀职百神所以洽和神人上下者，礼独隆。杂祀不与焉，崇秩祀亦禁淫祠。③

【注释】甯：同"宁"，安定。淫祠：滥建的祠庙，不在祀典的祠庙

【解读】体现民本思想，统治者应该将人民放在优先于神灵的位置上。强调祭祀礼仪程序的严格性和祭祀对象的法定性，禁止民间自行成立非官方的祠庙。

---

① 陈必闻修，范大湜等纂，《汝城县志》，民国二十一年刊本，载《中国方志丛书》，台北，成文出版社，第993页。
② 陈必闻修，范大湜等纂，《汝城县志》，民国二十一年刊本，载《中国方志丛书》，台北，成文出版社，第994页。
③ 刘华邦、郭岐勋纂，《桂东县志》，清同治五年修，民国十四年重印本，载《中国方志丛书》，台北，成文出版社，第525页。

第五章 学校教化史料

一、教育源流

教育综述

湖南自南宋以来就有重视教育的传统。当时全国有四大书院,湖南就有岳麓和石鼓两处,而岳麓书院又为四大书院之首。戊戌维新时期,谭嗣同等维新志士提出"广学校、培植人才以为自强本计,"时务学堂即于此时举办,戊戌政变发生后,新政中唯有新式学堂保留了下来,1904年,"湖南学堂之多,学生之众,为各省之冠。"1903年由著名教育家胡元倓创办的明德中学,是长沙创办最早的一所近代中学,也是湖南省第一私立中学……清朝末年,长沙地区唯一的官办中学,是长沙府中学。1912年长郡公立中学在原长沙府中学旧址开学……彭国钧校长制定"朴实沉毅"的校训,以培养有益于国家社会的有用人才为长郡教育目标。雅礼中学是美国雅礼会1910年在长沙雅礼大学内办的……于长郡中学同年创办的长沙市一中,是湖南省创办的第一所省立中学。我国中学分初高中首先从该校开始。[①]

【解读】本段记载了湖南历来就有重视教育的传统。湖南有岳麓书院和石鼓书院两处,湖南的学堂之多,学生只众为各省之首。还有长郡中学,雅礼中学等著名中学。表现了湖南省对教育的重视。

---

① 中国人民政治协商会议湖南省委员会文史资料研究委员会编,《湖南文史 第94辑》,长沙,湖南文史杂志社,第71页。

科举考试

清王朝统治中国以后，沿袭历代科举制度，改以考"八股文"为主……每三年在省的范围内举行一次考试，录取举人名曰乡试或大考。乡试的试场称为贡院。①

【注释】乡试：中国古代科举考试之一。唐宋时称"乡试"，"解试"。由各地州、府主持考试本地人，一般在八月举行，故又称"秋闱"。

【解读】本段记载了清王朝沿袭历代科举考试制度，考"八股文"为主，每三年举行一次考试。

考试内容，第一场考八股文，第二场考经义，第三场考对策和诗赋。考取后，成为举人，又称孝廉。取得举人身份才能上京会试，会试获选称进士。进士可参加皇帝亲自主持跪在御前撰写试卷的殿试殿试取后称翰林。小考、大考、会试都可以今科不中、下科再来，唯殿试限只一次。凡参与省考的生员，规定要取得秀才或监生身份，才有资格应考。监生是在京城"国子监"（书院）学习的学生，清末时期，只要捐献清廷二百两纹银，即可取得监生身份。当时南方各省举行的省考，又叫南闱，同时在保定府举行的叫北闱。②

【注释】孝廉：孝廉是汉武帝时设立的察举考试，以任用官员的一种科目，孝廉是"孝顺亲长""廉能正直"的意思。后代，"孝廉"这个称呼，也变成明朝、清朝对举人的雅称。

进士：中国古代科举考试制度中，通过最后一级中央政府考试者，称为进士。翰林：是我国古代的一种官名。

【解读】本段记载了我国科举考试的考试内容，考八股文，考经义，考对策，考诗赋。同时介绍了从举人到进士到翰林的考试流程。反映了科举考试的严谨的流程。

有时誊写人见文字好的试卷内，稍有差错，往往在誊写时代为改正，然后向考生索取报酬。考生如幸选中，对两主考和荐卷的（称房师）须馈赠贽敬，终生执弟子礼。主考虽是无俸禄职，例由藩署致送正主考"程仪"两千两，副主考千六百两。除此之

---

① 中国人民政治协商会议湖南省委员会文史资料研究委员会编，《湖南文史资料选辑 第20辑》，长沙，湖南人民出版社，第4页。

② 中国人民政治协商会议湖南省委员会文史资料研究委员会编，《湖南文史资料选辑 第20辑》，长沙，湖南人民出版社，第6页。

外，正主考还可得考取的门生所送贽敬约三四万两之多。①

【注释】贽敬：为表示敬意所送的礼物。程仪：就是路费、亲友要远门旅行，作为下级或亲友，送给他一笔钱在旅途中花销。

【解读】本段主要记载科举考试中誊写人可在誊写时见文字好的试卷代为改写然后向考生索取报酬，考生对两主考和房师所馈赠的表示敬意的礼物，主考虽是无俸禄职，但是由藩政属致送正主考旅途中的花销。

他们将闹魁烛高价出售，或赠予窗下书生，兆示吉祥……每填写一名，院内勤杂立即抄录，自门隙传出，报子用红纸书写，敲锣打鼓送往新贵寓所报喜，索讨喜银……主考进入行署，即有新贵门生到署请安叩谢恩师，馈赠贽敬。②

【注释】报子：意指报告消息的人，探子。

【解读】本段记载了公布新贵门生的流程，在公布新贵门生后又要有新贵门生到行署请安，馈赠表示敬意的礼物。反映了科举制度的规矩繁多，也体现出人们对科举的重视。

教育机构
岳麓书院

岳麓书院在岳麓山，清时以在籍之翰林有文学者，由巡抚聘为山长，每年束□六百两。设监院，以长沙县学官兼之，由盐巡道下委扎。斋长两人，以院中肄业生充之，管理院中书籍及一切杂事，督饬斋诸役。司杂役者有门斗、司阍。书办掌收发文卷及注籍。斋夫治诸生膳食。院中分斋而居，每斋有房二十间，每间居二人，离斋半月由他生入居。每斋有斋夫一人，司扫洒。每年春二月生徒陆续入院，由巡抚考试。谓之甄别。录取时有正课、副课、额外之分。正课给膏火银四两，副课二两，额外则无，但以后如经取录，乃给膏火。列额外者下一次投考乃列额外，不能正副课。取额外后，下次应课，方能得正副课，领膏火，例甚严也。膏火之支付，公家筹有常费。入院肄业者皆廪生、附生、监生，而童生不与焉。甄别后，巡抚送由长入学，率诸生谒圣、拜师，礼

---

① 中国人民政治协商会议湖南省委员会文史资料研究委员会编，《湖南文史资料选辑 第20辑》，长沙，湖南人民出版社，第8页。

② 中国人民政治协商会议湖南省委员会文史资料研究委员会编，《湖南文史资料选辑 第20辑》，长沙，湖南人民出版社，第9页。

极隆重。旋由巡抚出题开课，案发亦分正副课及额外等若干名，按章给予膏火，前列者巡抚给奖，盐巡道陪奖。巡抚开课后，每月由藩、□、粮、监道及学政、长沙知府各课一次，最后由巡抚再课一次，谓之收课。膏火给奖陪奖皆与开课同。①

【注释】膏火：指供学习用的津贴。生徒：中国唐代的科举制度中，常科的考生一般有两个来源，一个是生徒，一个是乡贡。由京师国子监、弘文馆、崇文馆和各地方州县学馆出身，通过学校的选拔考试合格后，由学校局举荐到尚书省参加各科考试，称作生徒。

【解读】本段记载了岳麓书院在清代的管理人员及招生考试情况。岳麓书院设监院，斋长，杂役等职位。每年将参加考试的学生分为几个级别录取，不同的级别有不同的津贴补给。

西学湘教

1902年，湖广总督张之洞从两湖、经心、江汉三书院选派学生三十多人，赴日本东京弘文学院学速成师范，定期八个月毕业，学成回国后充任学堂的师资。②

【解读】本段反映清政府在20世纪处为了维护统治，跟上世界潮流，向日本派送短期留学生，回国后充当学堂教师的事情。体现中国在近代化过程中学习高等教育制度、开启高等教育改革。

从一九零二、一九零三两年之后，湖北废除科举，兴办了不少学堂。……总计武汉三镇的学生约有一、两万人；从这些学生中派出东西洋留学的先后也不下数百人，自费到日本留学的人数更多。③

【解读】本段记载清末废除科举后兴办学堂并派遣留学生的事情。

一九零四年（清光绪三十年甲辰）阴历正月十八，我随湖南第二批官费留学生由长沙经上海赴日本。二月初到东京，官费留学生田星六等二十余人入弘文学院速成师

---

① 中国人民政治协商会议湖南省委员会文史资料研究委员会编，《湖南文史资料选辑 第20辑》，长沙，湖南人民出版社，第1页。

② 中国人民政治协商会议湖南省委员会文史资料研究委员会编，《湖南文史资料选辑 第1辑》，长沙，湖南人民出版社，第25页。

③ 中国人民政治协商会议湖南省委员会文史资料研究委员会编，《湖南文史资料选辑 第1辑》，长沙，湖南人民出版社，第28页。

范班，我是自费生，进了弘文学院普通班。弘文学院是日本著名教育家嘉纳治五郎专为中国留学生创办的，普通班按地区编班，我被编在胡南班。①

【注释】胡南，指湖南。

【解读】本段记载清末公派留学生去日本留学的情况。日本在当时有为中国留学生专门开办的学校（弘文学院），普通班按地区分班。

辛亥革命以后，湖南当局选送了一批青年到欧美日本留学。这批留学生包括三种人：一，革命先烈后裔及革命元勋子女；二，奔走革命有功者；三，各校品学兼优的高材生。②

【解读】本段记载湖南选派留学生的范围，包括革命先烈和革命元勋后裔、对革命作出卓越贡献的人和各校品学兼优的学生。

五是重视教育，摒弃陋习。蔡锷将军对民众教育恳切务实，尽力对社会封建习俗加以改革……注重民众科学文化教育，重视学生对外国语的学习。在高等学校设立英文法文日文专修科，选拔优等生100余名赴欧美及日本留学。③

【解读】本段记载了蔡锷将军对教育的重视，摒弃陋习。反映了但是对科学文化教育的重视，注重外国语的学习，在高等学校设立英文法文日文日文专修科，选拔优等生赴欧美及日本留学。

二、新旧冲突

湘乡县学款历来全有旧派把持。食盐附加学捐，向由贪官劣绅伙通经收附加盐税的畅远盐行狼狈为奸、化公为私、共同分赃。新派查出这个黑幕，组织清算。④

【解读】本段记载清末守旧派把持部分学堂行贪污受贿之事，被革新派查出。反映

---

① 中国人民政治协商会议湖南省委员会文史资料研究委员会编，《湖南文史资料选辑 第2辑》，长沙，湖南人民出版社，第30页。

② 中国人民政治协商会议湖南省委员会文史资料研究委员会编，《湖南文史资料选辑 第8、9辑》，长沙，湖南人民出版社，第41页。

③ 中国人民政治协商会议湖南省委员会文史资料研究委员会编，《湖南文史 第69辑》，长沙，湖南文史杂志社，第133页。

④ 中国人民政治协商会议湖南省委员会文史资料研究委员会编，《湖南文史资料选辑 第1辑》，长沙，湖南人民出版社，第145页。

清末政治斗争殃及教育领域,并且教育成为守旧派牟利的工具。

当湘籍留学生纷纷回省办学的时候,乡绅中有一群特别顽固的人,以王先谦、叶德辉和孔宪教为首,拼命反对开办学堂;而一般青年志士则认为中国要救亡图存,必须首先多办学堂。于是湖南新旧两派的斗争,突出地表现在教育界。一九零三年纯,胡元倓等开办了私立明德学堂,成了新派的中心。①

【解读】本段记载湖南部分守旧分子反对开办学堂、救亡图存,导致湖南教育界新派、旧派的激烈斗争。

三、教育革新

清县考试制度童生应考要有两个保人,做保人是廪生的职务。第一保人为认保,就是保人与被保人相互认识,保证考生身家清白,遵守试规,无冒名顶替及其他犯禁事项。考生照例向保人缴纳制钱四百文,请盖保戳。富家子弟随意多送,有缴纳一两、一元、一串的不等。这是廪生的可靠收入。那些所谓廪气,尽管法有规定,每年纹银八两,但从不发下,也从来没有人领过,全部在藩库里干没了。第二保人为派保,按各县考生人数,平均分派于各县廪生作为保人。考生照例向派保缴纳制钱一百文。考生进考场时,学台坐堂点名,唱名时呼某某保。廪生立公案旁边,答应某某保,然后发给试卷,进入考棚(试场)。②

【解读】本段记载清朝科举考试相关制度性规定。规定童生考试需要有两人作保,保人由廪生担任,作保需由童生缴纳一定数额费用。进场前需要唱名确认考生与保人姓名,考生才能进入考场。

当时应试要做八股文,规定黎明前进场,即日交卷,不得继烛。③

---

① 中国人民政治协商会议湖南省委员会文史资料研究委员会编,《湖南文史资料选辑 第2辑》,长沙,湖南人民出版社,第1页。
② 中国人民政治协商会议湖南省委员会文史资料研究委员会编,《湖南文史资料选辑 第1辑》,长沙,湖南人民出版社,第143页。
③ 中国人民政治协商会议湖南省委员会文史资料研究委员会编,《湖南文史资料选辑 第1辑》,长沙,湖南人民出版社,第78页。

史料中的习惯与规则
——湖湘地区方志中民商事习惯史料的整理注释与研究

【解读】本段记载清朝科举考试的形式为八股文,限定考试时间为黎明前到当天下午,禁止天黑后继续点烛答题。

又决定从文化教育事业入手,兴学办报,制造舆论,尽情抨击清朝政府的腐朽政治,特别着重揭露它丧权辱国的媚外政策,从而唤起全国人民的爱国革命思想。而且通过兴学办报,得以培养革命青年,作为革命运动的先驱。①

【解读】本段记载革命先驱者通过文化教育事业启迪民智,为革命运动做准备的事情。

所有大、小学校也都要由国家设立,免费供给学生膳宿,学生只要考试及格,即可入校读书,使穷苦人家的子弟也能受到教育,不让有钱子弟占特权。……他认为中国社会受孔教的影响,对女子的压抑太甚,要矫正这个积习,应先让女子和男子受到同等的教育……②

【解读】本段记载清末废除科举后扫除传统习俗影响、主张教育平等的事迹。

四、廪膳补贴

【民俗】委余诰庆为监督,招收家贫不能就读的子弟,半日读书,半日佣生。指拨常年经费□钱四千余串,每所每月约五十串,每学生一人,日给津贴□钱十文,合计每年共津贴□钱二千余串。③

【解读】本段记载了招收家贫的弟子读书,并未他们拨给经费保障每一位想读书的子弟能够获得读书的权利。

每一学堂所费不得超过三百六十串,每堂开办经费不得超过三百串,并将所开半日学堂十二所,一律改为初等小学,合成四十所……每所教习,束修每员月计八千。

---

① 中国人民政治协商会议湖南省委员会文史资料研究委员会编,《湖南文史资料选辑 第1辑》,长沙,湖南人民出版社,第76页。
② 中国人民政治协商会议湖南省委员会文史资料研究委员会编,《湖南文史资料选辑 第1辑》,长沙,湖南人民出版社,第58页。
③ 中国人民政治协商会议湖南省委员会文史资料研究委员会编,《湖南文史资料选辑 第20辑》,长沙,湖南人民出版社,第11页。

第五章　学校教化史料

岁计共一百六十千（分十月摊送，年暑假两个月无给）教习伙食二分。每分月计一千五百，岁计三十千（每天饭三餐，每餐小菜两品，茶水在内）灯油茶叶添菜两分。每分月计千二百，岁计二十四千。（分十月，与月薪同发）每所看厮二名。上食月计五千。岁计六十千（一识字者月三千，一力弱者月两千，因随时要一人到办公处领取需要，故用二名）灯油烧茶煤火一分，每月一千岁计十千（按十月计）每所学生四十人。操衣裤四十套。岁计四十千（每年每人发一套，每套一千）书籍纸笔墨砚四十分，每名月计八十文，岁计三十二千。（以十个月计，每月三千二百文）每所杂用项下：添置厨房器具岁计二千，修理房屋岁计一千。共每所共应额支三百六十串文。①

【解读】本段记载了学堂的开办经费，学员的伙食分配，生活衣物，学习用品等所对应的花销。

全年薪水八十串文，作十个月分送，灯油茶水添菜钱一串二百文，按月领取，每月伙食钱一串五百文，由收支处按月给看厮承办。②

【解读】本段记载了全年薪水的领取方式。

直到一九零一年先长每月薪资二百两，存储到一千四百两，备作开办简易小学堂之用，以为提倡。③

【解读】本段记载了一九零一年涨月薪资的变化，并得到了提倡。

张敬尧摧残教育，当时湖南教育经费根端困难，熊又给筹集办校经费五万元。当时长沙纺织厂，常宁水口山铅矿，为湖南最大利源。张敬尧将其拍卖给邻省商人以充实军费，并已达成协议。熊希龄闻询异常愤怒，经向北京政府控告才被制止。并争回湖南省米盐公股八百万。④

---

① 中国人民政治协商会议湖南省委员会文史资料研究委员会编，《湖南文史资料选辑 第20辑》，长沙，湖南人民出版社，第13页。
② 中国人民政治协商会议湖南省委员会文史资料研究委员会编，《湖南文史资料选辑 第20辑》，长沙，湖南人民出版社，第15页。
③ 中国人民政治协商会议湖南省委员会文史资料研究委员会编，《湖南文史资料选辑 第20辑》，长沙，湖南人民出版社，第23页。
④ 周少连，吴汉祥编：《维新·济世·救亡 凤凰文史资料第三辑》，北京，中国文史出版社，第76页。

【注释】公股：公私合营企业中政府所占的股份。

【解读】本段记载了湖南教育经费的筹措之艰难。熊希龄给筹集五万元，并将张敬尧拍卖给邻省的矿产向北京政府控告，并挣回给湖南八百万。

第一是募捐。明德本来就是靠人捐款办起来的。①

【解读】本段记载了办学堂筹措资金的一种方式，如募捐。

津贴不可靠，募捐时有时无，而明德不能不办，不能不扩充。胡元倓的第三招便是借贷。或是向本地政府借，或是凭学校的抵押、校长的信用向银行借，这种借款有的还了，有的由债权人免了。②

【解读】本段记载了办学堂需要经费，但是津贴不可靠，募捐时有时无，所以学校只能向借贷。反映了办学过程中资金来源的多种方式。

五、中等教育

城南书院

城南书院在南门山外妙高峰下，院规、考课一如岳麓，但不称山长，而曰院长。外间诸书院通称老师。院长束脩略少于岳麓。院长所居曰丽泽堂。肄业者分附生、监生、童生。官课亦同岳麓，童生膏火较监稍低。全院可容四百人。妙高峰、卷云亭内亦可容数十人。尚不敷时，间有争房闹事者。吴大澂抚湘，在大椿桥侧建新斋四，可容百人。斋前设祠，祀湘中名官及前殁院长，名曰"名宦院长祠"。求忠书院长在长沙城北荷花池侧，始于清咸丰年间。院侧有祠，祀塔齐布、李继续宾等。求忠之名，意盖本此。规制与城南书院同，肄业生较少，课额亦少，以院狭小，不足。此谓之三书院与长沙府学、长沙县学、善化县学"三学"相对……此外尚有湘水校经堂……思贤讲堂……③

---

① 中国人民政治协商会议湖南省委员会文史资料研究委员会编，《湖南文史资料选辑 第20辑》，长沙，湖南人民出版社，第139页。

② 中国人民政治协商会议湖南省委员会文史资料研究委员会编，《湖南文史资料选辑 第20辑》，长沙，湖南人民出版社，第140页。

③ 中国人民政治协商会议湖南省委员会文史资料研究委员会编，《湖南文史资料选辑 第20辑》，长沙，湖南人民出版社，第3页。

【注释】束脩：送给教师的报酬。脩：古时称干肉。

【解读】本段记载城南书院的院规、考课及职务设置大致与岳麓书院相当，但略有不同。在书院的设置上有其独特的排列布局，并与长沙府学、长沙县学、善化县学"三学"相对。

雅礼学校

当时的"雅礼"，是美国雅礼学会在湖南主办的教会学校，于普通中学相比，自有其特色，一是读书多为富家子弟，学费昂贵，每期学膳等费近90块光洋，二是每日有早祷或晚祷，星期天做礼拜。三是高中课程有一部分用英文授课，英语教师大多是美国人。四是管理严格，全校学生不论远近，都要求在校寄读。①

【解读】本段记载了雅礼学校与普通学校的不同之处。一是读书多为富家子弟，学费昂贵，二是每日有早祷或晚祷，三是高中课程有一部分用英文授课，四是管理严格。

长郡中学

前任校长彭国均主持校政时，因办学无方，教学无力，学校瓦解，已成废墟，王季范任职后，以兴学自认，锐意恢复校舍校规，集资添置桌椅与教学设备，经过他的全力操持，长郡不久便设高中，拥有学生300余人，为当时长沙较好的中学之一，为提高教学质量，又聘名师执教，当时教员中刘铁珊（柳直荀之父）李少蚺等皆为思想开明、学识渊博的学者……②

【解读】本段记载了王季范校长任职时后恢复校舍校规，集资添置桌椅与教学设备，使长郡成为长沙较好的中学之一。培养了一批学识渊博的学者。

王季范常以大义而有专长（即又红又专）为教育之本，尤其注意学生的思想品德教育，学校每周星期一举行纪念周，纪念孙中山先生——革命先者③

---

① 中国人民政治协商会议湖南省委员会文史资料研究委员会编，《湖南文史资料选辑 第30辑》，长沙，湖南人民出版社，第33页。

② 中国人民政治协商会议湖南省委员会文史资料研究委员会编，《湖南文史 第73辑》，长沙，湖南文史杂志社，第56页。

③ 中国人民政治协商会议湖南省委员会文史资料研究委员会编，《湖南文史 第73辑》，长沙，湖南文史杂志社，第57页。

【解读】本段记载了王季范教育学生注重思想品德教育，每周一举行纪念周，纪念孙中山先生。

岳云中学

岳云中学创办于清朝末年，原名为南路公学。辛亥革命之后改名为岳云中学，由何炳麟先生任校长。于本市经武门建筑校舍数栋，负债累累，以至校长冷天御寒的衣服都被当出。适有郴县巨商陈宜诚先生，解囊相助，把学校亏钱款项，系数偿还，并给予扩充费。①

【解读】本段记载了岳云中学创办之初负债累累，就连校长冷天御寒的衣服都被当出。幸好有巨商陈宜诚先生解囊相助，学校才把亏钱款项偿还并得以开办下去。

六、高等教育

高教概况

高等教育方面，辛亥光复后，原有的优级师范学堂改名为高等师范，迁入岳麓山高等学府旧址；高等实业学堂改为高等工业专门学校，并与省城创办法政专门学校一所，培养政法人材。此外，又陆续选派数百名学生往欧美日本留学，以宏造就。全省教育事业，出现了蓬勃发展的新气象……各校经费都能按月发给，甚至有的预支一两个月；私立学校则按月发给津贴，没有感到什么困难。杨芗铭入湘后，为达到聚敛和镇压革命运动的双重目的，大肆摧残教育。首先，将省城的第四师范并入第一师范，二三两女师并入第一女师；其次，计划新设的十索世凡，一律停止开办，各新委校长所领的筹备经费，限令缴还。他认为湖南民气激昂，是由于私立学校发达，而党人逃亡，大都留学海外，因此对私校津贴或停或减，迫使无法维持；派往东西洋留学学生，凡属烈士后裔、革命元勋和从事革命有功人员，一律停发官费，以为根本铲除之计。各级各类公办学校，除停发临时设置各费外，并将经常费折减发给……使湖南教育事

---

① 中国人民政治协商会议湖南省委员会文史资料研究委员会编，《湖南文史资料选辑 第22辑》，长沙，湖南人民出版社，第166页。

业陷入凋零状态，青年学子多抱向隅之恨。①

【解读】本段记载湖南省教育事业在辛亥革命蓬勃发展之后，在杨芗铭入湘后遭到巨大打击，尤其是私立学校和留学生方面，使得湖南教育事业陷入凋零状态。

就是说要提倡国家办学，群众办学两条腿走路的方针。国家在力所能及的情况下，逐年适当增加一点教育经费的开支，把公办学校办的更好，不断提高教学质量，不断增加学校的招生人数，把更多的青年学生招收到公办的学校里来读书。同时就在国家公办的学校里，在条件允许的地方例如在城市里，我看可以实行二部制。一部分人上午读书，一部分人下午读书，这样也可以解决一部分人读书难的问题。另外，还可以发动群众办学，依靠群众来解决困难。例如在农村可以发动群众集资办学，搞一些民办学校，也可以是群众集资一部分，国家补助一部分，这叫做民办公助。在城市里，尤其是大一点的工矿企业，可以发动他们自己办些子弟学校。②

【解读】本段记载了国家办学，群众办学两条腿走路的方针。具体的办学方法是国家办学是在国家力所能及的情况下把公办学校办的更好，，还可以实行二部制，解决一部分人读书难的问题。还可以依靠群众集资办学，叫民办公助，体现的办学形式的多样。

清季废书院，改为学堂（1913年起改称学校），讲习新学，为了尽快的造就人才，各省多是办专门学堂，很少成立综合性大学 1.二十年代初，湖南公立的高等专门学校：工业专门学校、法政专门学校、商业专门学校、另外还有几个私立的，均名为大学，其实都是专科……到1926年春，将公立的工业法政商业三个专门学校合并，成立省立湖南大学，辖文、理、工三个学院。文学院中有中文、政治经济、教育、商业四系，理学院有化工、数理两系，工学院有矿冶、土木、机械、电机9系。这只能算是初具规模，够不上合格的综合性大学，但这一改革，是湖南高等教育的一大进步。各学科之间已出现相互渗透的现象……可惜当时湖南军阀割据，综合性大学发挥不出任何作

---

① 中国人民政治协商会议湖南省委员会文史资料研究委员会编，《湖南文史资料选辑 第8、9辑》，长沙，湖南人民出版社，第67页。

② 中国人民政治协商会议湖南省委员会文史资料研究委员会编，《湖南文史 第40辑》，长沙，湖南文史杂志社，第22页。

用。1937年湖南大学由省立改为国立……

这个学堂是满清政府创办的,既不收学费,并且对于学生的被帐衣服鞋袜,都有公家发给,入学考试固然严密,每月月终和每期期终都有严密的考试,成绩列前十名者奖金多少有差,我的成绩还不算坏,每期所得奖金,除零用外尚可以供寒暑假回家旅费之用。我十九岁毕业于湖南陆军小学堂,从开学到毕业,差不多四易寒暑,顾名思义,应该侧重军事科学和训练,但在此阶段却注重普通科学。①

【解读】本段记载了周斓学习的基本经历,为了尽快的造就人才各省都设立了专科学校,均名为大学实际上都是专科。周斓十九岁毕业于湖南陆军小学堂,该学校本应该侧重军事科学和训练,但在此阶段却只注重普通科学。

1. 综合教育
船山学社

船山学社前身为思贤讲舍(地址在今省中山图书馆),系郭嵩焘建议、于清光绪年间创设的。后遂主讲其中,聚徒课学,月有膏火,比立王船山先生主祀之,是为湘省祀船山之始。……按思贤讲舍入民国改为船山学社,有社员若干人,初届社长为浏阳刘人熙,历届印有《船山学报》,中间曾设船山中学,后又设船山自修大学,仇鳌为董事长。②

(民国废郡,但昔所创办文化教育团体尚存者有二:一、长沙府学宫;二、长郡中学)创刊湖南丛书,设校刊处于长沙府学宫……抗日军兴,军费拮据,刻书事业遂废。后长沙经一火四战,府学宫遂成灰烬。③

【解读】本段记载湖南省为纪念王夫之先生,在清末创立船山学社,进而发展为船山中学、船山自修大学,招收学生讲学。反映清朝进步思想家在维新变法时期受到重视和尊重。

---

① 中国人民政治协商会议湖南省委员会文史资料研究委员会编,《湖南文史 第46辑》,长沙,湖南文史杂志社,第133页。

② 中国人民政治协商会议湖南省委员会文史资料研究委员会编,《湖南文史资料选辑 第3辑》,长沙,湖南人民出版社,第214页。

③ 中国人民政治协商会议湖南省委员会文史资料研究委员会编,《湖南文史资料选辑 第3辑》,长沙,湖南人民出版社,第215页。

时务学堂

一八九五年，张之洞在湖北开办了两湖书院，陈宝箴在湖南创办了时务学堂。梁启超在时务学堂讲学，传播维新思想，成立南学会，积极宣传变法改制的政治主张……①

【解读】本段记载清末教育家在各地开办学堂，宣传变法，通过教育的途径为清末改革扩大群众基础。

时务学堂设于长沙小东街（今中山西路）刘文恪公旧邸。湖南之有学府，以此最早，丁酉、戊戌（1879—1898）间，有最高学府之称……当时所聘教习，分中文英文授课。中文教习三人：总教习梁启超；分教习韩文举、叶觉迈，皆康有为弟子。英文教习两人：总教习李维格、分教习王史。另聘学堂总理与监督各一名：总理熊希龄；监督杨自超。戊戌春，梁先生因事赴沪，添聘中文分教习欧渠甲（康有为弟子）、唐才常两人（乃梁先生自沪来函约聘者）②

中文教习梁、韩、叶三先生，丁酉夏历十月到湘，遂招致头班学生四十人，先行开课。戊戌春夏间，陆续招收二班到三班学生各十人。凡年龄成长，文字通顺者，皆在考取之列。与外课学生合计，全堂师生两百余人，聚居讲学，意气风发，是时务学堂开学后之极盛时代。时务学堂课程以孟子、公羊为主，兼亦宣讲孔子改制之说，旨在为中国改良政治创造条件。梁先生讲学时，自言吾辈教学法有两面旗帜：一是陆、王派之修养论；一是借公羊、孟子发挥民权之政治论。自今观之，此种教法虽甚幼稚，但在当时对于启发同学之意志，却仍有一定作用……梁先生去湘后，欧、唐两先生担任第二班学生讲席，一面讲演西儒学说，一面阐明中国经世致用之学，使学生皆自期许，有慨然以天下为己任之志。唐才常先生服膺王船山之学说，日以王船山、黄梨洲、顾亭林之言论，启迪后进；又勉励新生，熟读黄书、鱷梦、明夷待访录、日知录等书；时共研习，发挥民主民权之说而引申其绪，以启发思想……时务学堂成立，师生情谊

---

① 中国人民政治协商会议湖南省委员会文史资料研究委员会编，《湖南文史资料选辑 第1辑》，长沙，湖南人民出版社，第75页。

② 中国人民政治协商会议湖南省委员会文史资料研究委员会编，《湖南文史资料选辑 第2辑》，长沙，湖南人民出版社，第55页。

史料中的习惯与规则
——湖湘地区方志中民商事习惯史料的整理注释与研究

融洽无间，诸生有事求教，可往教习室个别谈话，听取训诲，或数人集体会谈，亦无拘束，其获益一也；学堂功课以写札记为常客之一，忆梁先生初至主讲，甚为振奋，每日在讲堂四小时，夜则批答学生札记……诸生阅报听讲，看书自习，遇有心得，可抒意见，教师亦随时批答指导，其获益二也；戊戌春，吾省士夫创设南学会讲学，假孝廉堂为会所，以每星期日为讲期，或谈学术，或论政治，或研讨国内外时事，延揽学者名流，轮流演讲。是年夏历二月初一日为开讲期，官绅士民集者甚盛，时务学堂诸生多往听讲，在学问和思想上得到很大的转变，此为获益之三。①

【解读】本段记载长沙时务学堂的授课情况。戊戌年间，开设中英文课程，中文课程借儒家思想宣传变法学说，在其中糅合民主民权等西方资本主义理论。学堂风气民主，讨论氛围自由，学生获益良多。体现清末改良派将中学的"经世致用"思想与西方文化结合以宣传改革在学校教育方面的体现。

当时时务学堂的教学内容包括经、史、诸子及西方政治法律和自然科学，借以宣传维新变法思想……"湖南之有学校，应推原戊戌春季的时务学堂。时务以短促的寿命，却养成了若干勇敢有为的青年。唐才常汉口一役，时务学生之死难者颇不乏人。此时的学校，大都以鼓吹革命为校风，学生竞研究所谓经世的学问，抵掌讨论的，不外国事如何腐朽，满政府如何推翻，怎样起兵，怎样建设，种种问题。"②

【解读】本段记载了学校当时记载的时务学堂教育学生的目的问题。当时的时务学堂的教学内容是西方政治法律和自然科学，借以宣传变法思想，虽然时间不长，但是却培养了许多勇敢有为的青年。

任寅，其懿任常德府知府，设西路师范讲习所，聘君主其事。癸卯赵尔翼升任湖南巡抚，奏称熊希龄自获以后，闭门思过，德行于学问并进，废弃可惜，恳恩免于严加管束。拟令助理学务，以观以后效。奉旨恩准。委充西路师范学堂监督。又创办常德中学，捐沅州所居宅，设时务学堂。③

---

① 中国人民政治协商会议湖南省委员会文史资料研究委员会编，《湖南文史资料选辑 第2辑》，长沙，湖南人民出版社，第55页。

② 中国人民政治协商会议湖南省委员会文史资料研究委员会编，《湖南文史 第92辑》，长沙，湖南文史杂志社，第16页。

③ 周少连，吴汉祥编：《维新·济世·救亡 凤凰文史资料第三辑》，北京，中国文史出版社，第61页。

【解读】本段记载了常德在发展教育过程中的一些情况。一开始是设立西路师范讲习所，后又创办常德中学，并设立了时务学堂。

弘文学院

弘文学院院长由日本高等师范学院院长嘉纳兼任，教师都是日人，由梁启超的弟子范源濂任翻译。那时，梁启超正在日本横滨创办《新民丛报》，主张君主立宪，留学生中附和者不少，弘文学院学生亦多对梁启超表示崇敬。不久，我们与湖北早先派出的学生戢翼翚、刘成禺、程家柽等接触以后，知道他们曾在孙中山先生居住日本时，同孙先生见过面，听过孙先生讲过排满革命的道理。他们并介绍我们阅读一些书籍，如《嘉定屠城记》、《扬州十日记》及黄梨洲、顾亭林、王夫之等明末清初诸大儒的著作，遂激发起我们的民族热情。

我们觉得清廷是中国复兴的障碍，爱国志士要救亡图存，必须首先推倒清廷，因而都认为孙先生主张排满革命是对的。弘文学院同学每晚都在自习室讨论立宪和革命的问题，最初颇多争论，以后主张排满革命的占了多数。①

【解读】本段反映清末成立的高等教育机构情况。学生受日本影响较大，主张君主立宪者居多，且有政治主张，认为应当推翻清朝政权。体现革命的火种在清末的学堂中已经开始兴起。

明德学堂

黄先生回湖南，同教育家胡子靖办明德学堂，培养革命青年，同时创办华兴会，准备起义。

陆军学校不收自费生，须由清廷驻日公使保送，而驻日公使保送须由清政府或各省府督造送名册。②

【解读】本段记载清末革命领袖黄兴先生创办学堂，利用学堂人才筹备起义的事迹。

---

① 中国人民政治协商会议湖南省委员会文史资料研究委员会编，《湖南文史资料选辑 第1辑》，长沙，湖南人民出版社，第26页。

② 中国人民政治协商会议湖南省委员会文史资料研究委员会编，《湖南文史资料选辑 第1辑》，长沙，湖南人民出版社，第27页。

史料中的习惯与规则
——湖湘地区方志中民商事习惯史料的整理注释与研究

师范班第一期招收学生一百一十八人，分为两班上课，于一九零四年五月毕业。当时明德学堂聘请的教员中，有一些是具有排满革命思想的……先君除担任教务行政工作外，并兼任历史及体操教员；遇其他教员缺课时，文科方面的课程，如国文、地理、图文等科，多由他代课……这件事情发生之后，胡元倓商之于龙湛霖，另赁西园龙宅西侧房屋为校舍，开办经正学堂，招新生两班，以李步青主教务。明德与经正，实际是两块牌子，一套人马。从上述告密事件看出，明德学堂是当时湖南新旧势力相互交锋的场所之一。一方面，有一批革命党人在这里鼓吹革命排满思想，隐为革命中心；另一方面，又是顽固势力的活动地方。①

【解读】本段记载明德学堂师范班的情况。明德学堂一部分教员是新派人士，主张革命，也有一部分旧派人士在此活动。新旧两派在明德学堂交锋非常激烈。

一九零四年春，上海道湘潭袁树勋捐助明德学堂一万元，胡元倓即以此款在上海购置理化仪器及博物标本，聘请日本人堀井觉太郎为师范班理化教员，永江正直为博物教员……当时明德学堂小学部的校舍就在西园周氏花园，教员都是中学教员兼任的。②

【解读】本段记载明德学堂通过接受捐助购置仪器，开设物理、化学、生物等相关自然科学类课程。反映清末对自然科学开始重视。

黄老师教地理，对地图特别注重。上讲堂时，总是带着一个比足球还大的地球仪；一面讲课，一面还拿着教鞭往挂图上指点说明；有时候把学生叫到讲台前面，让他们在地球仪上仔细观看；并强调填暗射图的重要。③

【解读】本段表明清末教育对自然科学的重视，对于破除封建思想有较好的作用。

黄老师所教的博物，在小学是先教动物学的。有一天上博物课，黄老师托着一个大面盆走入讲堂，将面盆搁在讲台上，原来盆里养着一条一斤多重的活鲤鱼……黄老师

---

① 中国人民政治协商会议湖南省委员会文史资料研究委员会编，《湖南文史资料选辑 第2辑》，长沙，湖南人民出版社，第18页。
② 中国人民政治协商会议湖南省委员会文史资料研究委员会编，《湖南文史资料选辑 第2辑》，长沙，湖南人民出版社，第19页。
③ 中国人民政治协商会议湖南省委员会文史资料研究委员会编，《湖南文史资料选辑 第2辑》，长沙，湖南人民出版社，第20页。

将鲤鱼的背鳍提起，对同学们讲述了胸鳍、尾鳍、鳞、鳃等名称和作用；还说下课后就解剖内脏给大家看。①

【解读】本段表明清末教育对自然科学的重视，对于破除封建思想有较好的作用。

留法预备学校

留法预备学校，亦名留法工艺学校，别称法国学堂……学生入学不收学费，每月仅付膳费二元，上课以法文课为主，另有中文及普通史地常识课，还有实习课，在实习工厂进行，教授粗浅的车、钳、锻等工艺技巧。②

【解读】本段记载了留法预备学校的开办情况，学生入学不收学费，每月仅付膳食费，另外还上中文及史地常识课等，反映了我国当时教育方式的多样化。

湖南大学

湖南大学前身——湖南实业学堂创办于前清光绪年间……学制是中等本科五年毕业，高等本科三年毕业。中等本科毕业后如愿意深造，可入高等本科……当时该校共有学生十个班，第一、第三班为采矿冶金科；第二班为土木科；第四班为土木建筑科；第五班的人数较多，按英文程度的高低分为甲乙两组；英文好的入甲组，学采矿冶金，次之入乙组，为应用化学科；第六班为机械科，为便利实习，该班附设于铜元局；第七、第八班为高中程度，并未分科。另外有窑业科，系由醴陵窑业公司迁来③

【解读】本段记载了湖南大学的前身湖南实业学堂的创办的基本情况，学制是中等本科五年毕业，高等本科三年毕业。共有十个班，分别学习采矿冶金科，土木科，土木建筑科、机械科、窑业科等。反映了学校对实业科目开始重视起来。

湖南大学是湖南历史最久的一所综合性大学，是我省高等教育的重心。解放前的几年里，每年毕业的学生都在300人左右，在社会上有较大的影响。解放前后，湖

---

① 中国人民政治协商会议湖南省委员会文史资料研究委员会编，《湖南文史资料选辑 第2辑》，长沙，湖南人民出版社，第27页。

② 中国人民政治协商会议湖南省委员会文史资料研究委员会编，《湖南文史 第79辑》，长沙，湖南文史杂志社，第5页。

③ 中国人民政治协商会议湖南省委员会文史资料研究委员会编，《湖南文史资料选辑 第20辑》，长沙，湖南人民出版社，第26页。

史料中的习惯与规则
——湖湘地区方志中民商事习惯史料的整理注释与研究

大一直是湖南学生运动的中心，推动民主运动甚力。湘雅医学院创办于民国初年，一九三零年始由私立改为国立，抗战时曾迁贵阳，抗战胜利后复员长沙。毕业学生以服务公私医院和医学教育的最多，在中国医务界甚有地位，曾有"北协和，南湘雅"之称。国师是国立师范学院的简称，创立于一九三八年，开始设于蓝田（现属涟源县），一度迁移溆浦，后迁南岳。国民党中央政府原拟把这所学校办成全国性的师范大学，故一直没有冠以地名。国师虽面向全国招生，但一直办在湖南，其历届毕业生绝大多数服务于湖南教育界，为我省中等教育师资的培养起了积极的作用。省立克强学院和省立音乐专科学校，因办学时间不长，基础比较薄弱，特别是音乐专科学校。私立民国大学原设于北京，抗战时搬迁益阳、安化、溆浦、宁乡等地。一九四九年九月于宁乡迁至长沙，租赁圣经学院为校址，行政组织欠健全。学校虽经营了许多生产事业，如机械厂、米厂、锯木厂、轮船、煤矿等项，因负债银洋近二万元及煤炭一万多吨，以至经济困难，无法维持。①

【解读】本段记载湖南大学的创办之初是湖南省高等教育的重心。1949年前在社会有较大的影响，1949年后湖大一直是湖南学生运动的中心，推动民主运动的主力。还有湘雅医学院、国立师范学院，省立克强学院、省立音乐专科学院，私立民国大学等都对湖南教育事业有一定影响。

解放以后，省委和省政府为了适应当时大学教育的需要，以及集中力量在湖南办好一所大学，经申报中原人民政府批准将省立克强学院、音乐专科学校以及国立师范大学与私立民国大学都合并到湖南大学，设七院（文艺、社会科学、自然科学、财经、工程、农学、教育），分为26个系。当时有学生3439人，教职员676人，工人314人，规模比原湖大扩大一倍以上。②

【解读】本段记载了1949年以后，省委和省政府为了适应当时大学教育的需要将克强学院、音乐专科学校、国立师范大学与私立民国大学都合并到湖南大学，扩大了湖南大学的规模。

---

① 中国人民政治协商会议湖南省委员会文史资料研究委员会编，《湖南文史资料选辑 第19辑》，长沙，湖南人民出版社，第55页。
② 中国人民政治协商会议湖南省委员会文史资料研究委员会编，《湖南文史资料选辑 第19辑》，长沙，湖南人民出版社，第56页。

讲学院一九三八年下半年招的研究班只有一个班,即研究一班。一九三九年上半年招的研究班原只有一个班,后因人数１较多,程度参差不齐,乃通过分班考试,把一个班分为两个班。研究二班和三班的课程,没有"中山学说"这一门。文中写的"文艺(选修)",原为《文学常识》并非选修,另外还有习作课。①

【解读】本段记载了讲学院的的分班情况,原只有一个班,后因人数较多,程度参次不齐,便通过分班考试把一个班分为两个班。并且不同的班级有相对应的课程安排。

2.师范教育
湘乡中学与师范学堂

禹之谟在长沙创办了湘乡中学堂和师范学堂,自己首先捐银百两并向湘乡在乡绅、商募捐开办费。同时召集旅省同乡开会,决议提拨湘乡宾兴公(全县学款管理机关)的学田租谷及在长沙的房产租金为经常费。守旧派反对这个决议,而新派坚决执行。②

【解读】本段记载长沙人禹之谟在长沙开办学校,筹集资金的事迹。守旧派与新派的矛盾反映出清末两派斗争激烈。

新派以禹为首,以湘乡中学堂和师范学堂为中心。旧派以程希洛为首,以劝学所为中心(程为劝学所长)。每逢县里开学,双方针锋相对,甚至动武,大打出手。③

【解读】本段记载长沙学堂由新派、旧派分别把持,矛盾深重。反映政治斗争在教育领域得到了非常深刻的体现。

邵阳中学与师范学堂

禹在创办湘乡中学的同时与邵阳新派领袖石广权(蕴山)等,就长沙黄泥塅邵阳试馆创办邵阳中学堂和师范学堂。衡阳、永州各府在省的新派知识分子亦由禹推动,

---

① 中国人民政治协商会议湖南省委员会文史资料研究委员会编,《湖南文史资料选辑 第19辑》,长沙,湖南人民出版社,第190页。
② 中国人民政治协商会议湖南省委员会文史资料研究委员会编,《湖南文史资料选辑 第1辑》,长沙,湖南人民出版社,第145页。
③ 中国人民政治协商会议湖南省委员会文史资料研究委员会编,《湖南文史资料选辑 第1辑》,长沙,湖南人民出版社,第145页。

依照湘、邵办法，相继就衡清试馆和永州试馆开办学校。这是规模较大的几个。其他各县仿照办理的也不少。一时民立学堂好比雨后春笋一样。每一个学堂都有几个积极分子与禹有联系。这样禹就成为新学运动的核心人物。①

【解读】本段记载新派领袖禹之谟、石广权等人在湘潭、长沙、邵阳等地开办学校，带动其他地区民办教育的发展，传播革新思潮。

西路师范学堂

因此，大声疾呼，停科举，废八股，开学堂，求实学。当局知怒潮不可以遏也，乃顺应舆情，明诏允准。然育人才，必先办学堂，造师资，造师资则师范学堂为首务矣，此西路师范学堂之所以应运而生也。②

【解读】本段记载了西路师范学堂的出现的原因。社会舆论是想停科举，废八股，开学堂，求实学，但是想要培育人才必须先办学堂，造师资，所以山西师范学堂应运而生。

而师范生尤称为尊，不取学费，供给膳宿茶水膏火，寒热制服与靴帽、理发、洗衣、医药、图书、三角板、丁字规、绘图器、课本纸张文具等等，一人一年费已有可观，全体合计，则为数不资矣，此物资之优待诶。③

【解读】把本段记载了师范生的优惠之处。不收取学费，供给茶水津贴，生活学习等各种用品。这体现了对师范生的重视和尊敬。

三路师范学堂

当日官绅筹措三路师范之经常费款，曾煞费苦心。几经商议，始决定在湘岸盐税项下，每征税银一两，附加学款制钱一文，按月由1督销局征拨……自是盐税附加，全部落空，学堂经费，改由省库给发。④

---

① 中国人民政治协商会议湖南省委员会文史资料研究委员会编，《湖南文史资料选辑 第1辑》，长沙，湖南人民出版社，第146页。

② 中国人民政治协商会议湖南省委员会文史资料研究委员会编，《湖南文史资料选辑 第20辑》，长沙，湖南人民出版社，第78页。

③ 中国人民政治协商会议湖南省委员会文史资料研究委员会编，《湖南文史资料选辑 第20辑》，长沙，湖南人民出版社，第82页。

④ 中国人民政治协商会议湖南省委员会文史资料研究委员会编，《湖南文史资料选辑 第20辑》，长沙，湖南人民出版社，第83页。

【解读】本段记载了官绅筹措三路师范经费的艰难，所以学堂的经费后来改由省库给发。

湖南一师

五四运动时期，湖南第一师范曾是湖南学生运动和新文化运动的一个重要基地。一九二零年，在易培基接任校长后，一师进行了一次重大的教育改革。①

【解读】本段介绍湖南第一师范对新文化运动的重要意义以及一九零二年的教育改革。反映出五四运动时期，湖南第一师范发挥了重要的作用。

这次教育改革具体表现在以下各个方面：首先，在人事方面。在改革之前，如上所述，一师的教职员大多数是湖南优级师范毕业生，思想比较陈腐。易接任校长后，把原有的教职员全部撤换，一个不留。先后延聘了一班参加过五四运动或受过五四革命熏陶的新人物，其中大部分是刚从北京高师毕业的……还聘过一位美国女教员教英文……这些新聘来的教师，就其业务水平来说，绝大部分在当时都是一流的。②

【解读】本段介绍湖南第一师范在人事方面的改革，撤掉思想陈腐的原教职员，聘请参加过五四运动或受过五四革命熏陶的新人物。

其次废除了不合理的管理制度，出现了民主自由的校风。教育改革前，对学生管理非常严格，设学监四名，专门管理学生。把教室、自习室和寝室严格分开；上课时，锁上自习室和寝室的门；自习时，锁上教室和寝室的门；就寝后，锁上教室和自习室的门，不准随便出入。学监不断的查自习室，不准随便交谈；查寝室，不准寝后讲话。出完餐后有一段时间可以外出散步外，其余时间，非经请假，持有准假条子，不准出学校大门。学生没有自由活动的余地，一天到晚关在校内死读书。教育改革后，首先废除了学监，由学生组织学生自治会，选举会长和干事。选举时，竞争相当激烈。自治会可以派出代表参加校务会议，关于学校的兴革事项包括教职员的进退、经费的开支乃至执行纪律（如处分学生），自治会的代表都可以提出意见、参加讨论。同时，废

---

① 中国人民政治协商会议湖南省委员会文史资料研究委员会编，《湖南文史资料选辑 第11辑》，长沙，湖南人民出版社，第44页。

② 中国人民政治协商会议湖南省委员会文史资料研究委员会编，《湖南文史资料选辑 第11辑》，长沙，湖南人民出版社，第45页。

史料中的习惯与规则
——湖湘地区方志中民商事习惯史料的整理注释与研究

除自修室，就在寝室里摆设桌椅，兼做自习室。原先寝室的床位教室和自习室的座位，都有管理人员预先规定，贴上姓名，不准自由选择。改革后，寝室由同学自由组合，每四人或六人或八人一间（原有自习室均改为寝室）。有时各自读写，有时开会讨论。教室经常成为课余开会的场所（包括晚上），根本无人干涉。伙食原先由事务员派办或招商包办，这时改由学生自由□轮流管理，自己买菜种菜，指导工友操作。①

【解读】本段记载了学校在管理制度方面的改革。废除学监，由学生组织学生自治会选举会长和干事，初步出现了民主自由的学风。

第三，出现了自由讨论、百家争鸣的学风。在五四运动下，在学校的人事彻底更动和管理制度彻底改革的基础上，同学们开始组织各种团体。团体与团体之间，个人与个人之间，常就政治学术问题，各抒己见，展开讨论。②

【解读】本段记载了学校人事改革和管理制度改革后出现的影响。同学们就政治学术问题，各抒己见，展开讨论。出现了自由讨论，百家争鸣的学风。

第四，彻底改革教学内容和方法……教材方面，清除了颂扬封建主义的教材，采用反帝反封建的教材。一师很少采用一般教科书，多是由教师自己编写讲义。废除了以灌输封建道德教条为内容的修身课程。国文课的改革是教育改革一个突出环节。教育改革之前，教的都是文言文，并且随教师之所好……在教育改革中，彻底废弃了文言文，改用语体文（当时也称为白话文），教材主要选自《新青年》，有时也选用《国民日报》副刊《觉悟》中的文章。教学方法，废除了以前有教师逐字逐句讲解的纯粹注入式，改由教师先就本文的大意加以阐释和引申，然后采取提问的方式，由同学们各抒己见……③

【解读】本段介绍了改革教学内容和方法的具体表现，在教材的内容方面清除了颂扬封建主义的教材，采用反帝反封建的教材。

---

① 中国人民政治协商会议湖南省委员会文史资料研究委员会编，《湖南文史资料选辑 第11辑》，长沙，湖南人民出版社，第46页。

② 中国人民政治协商会议湖南省委员会文史资料研究委员会编，《湖南文史资料选辑 第11辑》，长沙，湖南人民出版社，第47页。

③ 中国人民政治协商会议湖南省委员会文史资料研究委员会编，《湖南文史资料选辑 第11辑》，长沙，湖南人民出版社，第48页。

首先，是以极大的毅力，开创了中等学校男女同学的新风……一师的教育改革，除表现在以上各个方面，还有几点应当提及，也是值得赞扬的。（一）演话剧……（二）创办工人学校……（三）延聘国内外"名流"来一师讲演……（四）教育改革之前，一师不允许学生干涉校外的事。改革后，一师学生利用在省的各县同乡会，传播进步思潮，并推动他们采取一些改革措施。[①]

【解读】本段介绍教育改革的具体表现形式。旨在说明教育改革对传播进步思想的一些积极作用。

第四师范

这所新开办的师范学校，最初习称为全省师范，后始定名为第四师范，经北京教育部核准，于一九一三年春开始招收学生。第四师范开办时，预计收录学生一百五十名（按县份大小，每县分配一至三名不等），分为三个班，定期五年毕业……第四师范最初租赁长沙城内局关祠魏光焘的住宅为校舍，师生人多拥挤，教室就是自修室。虽然设备简陋，但是一切学则规章齐全，校风严肃，教职员都是名儒宿学，办事非常认真。[②]

【解读】本段记载湖南省第四师范的开办情况。虽然条件艰苦、设备简陋，但规章制度完善，校风良好，创造了良好的教育风气。

云山学校与甲种师范学校

云山学校和宁乡甲种师范学校（简称甲师）实在宁乡开展这一革命工作的摇篮……学校放寒暑假时，老师就动员我们回乡办平民夜校……我们都是吃自己的饭，尽义务教学。还要到处募捐，替学生买课本；到处搜集废纸，供学生习作。学员是附近的农民和手工业工。他们开始不大相信我们，只有少数男青年来进夜校，后来，连老的女的也来了。有的夜校学院多达四五十人以至百来人……教学的内容只有两项，即文化课和故事课。文化课本最初是教师自己编的，后来采用李六如编写的《平民课

---

① 中国人民政治协商会议湖南省委员会文史资料研究委员会编，《湖南文史资料选辑 第11辑》，长沙，湖南人民出版社，第52页。
② 中国人民政治协商会议湖南省委员会文史资料研究委员会编，《湖南文史资料选辑 第8、9辑》，长沙，湖南人民出版社，第68页。

本》。这是当初对工农群众进行民主革命启蒙教育和识字教育的一部好书。内容由浅入深，文字由短入长，通俗易懂。①

【解读】本段记载云山学校和甲种师范学校是开展夜校工作的摇篮，一开始夜校的学员是附近的农民和手工业者，后来学员逐渐增多。夜校的教学内容只有文化课和故事课。

湘潭简易师范

在地下党的领导下，把当时的湘潭简易师范办成了为人们称誉的红色堡垒，该校学生大多数出身贫苦，具有一定的政治觉悟。②

【解读】本段记载了湘潭简易师范的基本情况，在当时被人们誉为红色堡垒，该校的学生具有一定的政治觉悟。

庚子年以前，教会学堂全是私塾，宗教课是主要课程，附带读些三字经、四书之类，学生都是教徒儿童，人数不多，辛亥革命以后，才开始教一些国文、算术；五四运动后，教会才办正规化的学校，1919年衡阳创办的仁爱小学就是湖南天主教的第一所正规学校。③

【解读】本段记载了教会学堂的开办情况。教会学堂的主要课程有三字经、四书、国文、算数等，1919年衡阳创办的仁爱小学就是湖南天主教的第一所正规学校。

智育部办有英文夜校和日校，英算补习班，后来有办了一个青年中学……学校除上课外还利用青年学生好动的特点，让学生在课余时间参加青年会的社会活动。英文夜校和青年中学培养了一些青年会的骨干④

【解读】本段记载了智育部办的英文夜校和青年中学利用青年学生上课好动的特点

---

① 中国人民政治协商会议湖南省委员会文史资料研究委员会编，《湖南文史资料选辑 第15辑》，长沙，湖南人民出版社，第128页。

② 中国人民政治协商会议湖南省委员会文史资料研究委员会编，《湖南文史资料选辑 第25辑》，长沙，湖南人民出版社，第30页。

③ 中国人民政治协商会议湖南省委员会文史资料研究委员会编，《湖南文史资料选辑 第30辑》，长沙，湖南人民出版社，第4页。

④ 中国人民政治协商会议湖南省委员会文史资料研究委员会编，《湖南文史资料选辑 第30辑》，长沙，湖南人民出版社，第17页。

培养了一些青年会的骨干。

3. 军事教育
教育概述

军校生活很艰苦，训练也很紧张，尤其是入伍生阶段，每天的军事操课真是累得喘不过气来。对制式教练要求非常严格，特别注重军人的外观气质美，一个立正、稍息、向右看齐的动作，除了有专题训练以外，每天在其他操课之前都有半个小时以上的时间反复练习。在军事体操训练方面，要求也非常严格，单杠要求能正面上，木马要求能并腿跳过……军事课学习的是《步兵操典》和《内务条例》，政治课轮流学习《三民主义》和《总理言行》……学生阶段军事操课的比重少了，增加了军事理论课，如《战术学》、《兵器学》、《地形学》等所占的比重较大，特别是《射击要范》、《地形、地物、地貌在战斗中的运用》等……①

【解读】本段记载了军校生活基本情况。军校的生活艰苦又紧张，学校的军事操是非常严格的，军事课学习的是《步兵操曲》《内务条例》，政治课安排有《三名主义》《总理言行》等，学生阶段还增加了军事理论课。这反应了中国近代军事教育注重实践的问题。

陆军小学

开办陆军小学的目的，是为了长期造就军事人才。其时仿日本军制，在各省会设立陆军小学（相当于日本的地方幼年学校），招收年在十五至十八岁的青年学生，授以基本的军事学术科和普通学科，修业三年期满后，升入陆军中学（相当于日本的中央幼年学校）。当时全国设有陆军中学四所，湖南陆小毕业生，多升入武昌第三陆军中学。陆军中学毕业之后，再升入保定军官学校（相当于日本士官学校），也有直接升入日本士官学校的……湖南陆军小学于一九零五年八月成立，招收第一期学生……如部章规定学生来源，应由各县高小毕业生考送，当时长沙府属十二县，虽设高小，但无毕业生可挑，于是改为由省自行招收。从第二期起，则系由全省六十三州县考送……经体格检查及两场学科考试……当时学科考试内容主要是试国文，题目多出自《论

---

① 中国人民政治协商会议湖南省委员会文史资料研究委员会编，《湖南文史 第41辑》，长沙，湖南文史杂志社，第260页。

史料中的习惯与规则
——湖湘地区方志中民商事习惯史料的整理注释与研究

语》、《孟子》……①

湖南陆小学生名额原规定：正额生九十名，由各州县考送，附课生三十名，由外省宦游子弟、本省官吏子弟及新军优秀士兵均可保送，自备学费附课，每期缴纳学杂膳费银三十两，但是实际上新军优秀士兵入学的并不多，而达官显要的子弟则得到夤缘入学的机会，因此实际入学的名额往往超过规定人数……按部章规定：陆小学生的待遇，每月每人平均四两五钱文银。学堂为鼓励学生计，除伙食费一律开支三两外，优等月给津贴二两四钱、上等二两、中等一两六钱、下等不给津贴，劣等立即开缺。这样，逐月淘汰……陆小的课程分学科和术科两部门。术科以班、排教练为主，劈刺、器械操为辅，主要在野外练习。武器以日本村田步枪居多，也有汉阳七九步枪及其他杂牌枪。学科方面分军事学科和普通学科两种。普通学科有国文、外文（英、法、德、日文均有，由学生选习其一，中选习日文者居多，选习德文者少）、修身、历史、地理、理化、博物、生理卫生、三角、几何、代数等；军事学科有步兵操典、射击教范、阵中勤务令、野外勤务、测绘学等。学堂对学生管束极严，月末考试成绩列劣等学生开缺，操学不及格也一律开缺。正额学生出缺时，有时即以优秀附课学生递补。湖南陆军小学前后共办五期……②

【解读】本段记载湖南陆军小学的学习情况。学生大多由各地推荐考送。学生按照能力等级发给伙食津贴，采取淘汰制度。课程方面开设军事课程和文化课程。反映新式陆军学校的严格管理制度。

陆小的学长每班三人，相当于现在的排长，专司术科教练和学生管理……陆军中学的的毕业生，没有直接升入日本陆军士官学校的。中国派人到日本士官学校学习军事，一般先在振武学校学习日文和普通学科，再到联队见习期满后，升入士官学校。③

【解读】本段记载陆军学校的教学情况。

---

① 中国人民政治协商会议湖南省委员会文史资料研究委员会编，《湖南文史资料选辑 第2辑》，长沙，湖南人民出版社，第60页。
② 中国人民政治协商会议湖南省委员会文史资料研究委员会编，《湖南文史资料选辑 第2辑》，长沙，湖南人民出版社，第61页。
③ 中国人民政治协商会议湖南省委员会文史资料研究委员会编，《湖南文史资料选辑 第8、9辑》，长沙，湖南人民出版社，第418页。

第一期学生的来源：正课生一百二十名，系由俞总办招考的。第二期因配额不均，改由各县保送入考。其次，是本省官家子弟，由主管人保送入校，经校方三个月甄别后，优者补入正课，不及格的退学。第三，可由部队长官保送入校……第四，是外省官家子弟，可自备伙食学费等入堂受课，作为附课生，但自费附课生每月不给奖金……对学生的惩罚。当时规定，仅有记过处分。遇有举动粗暴违反校规……等等，轻则记过，重则记大过。三次记过转成一大过，由监督悬牌示众，或者集合训示一次。而陆小有个特例，就是记过之后，在每月考试中要扣去平均分五厘，而品行分数同时也要降低些，影响到等级和奖金。同时记满三个大过便开缺。毕业的成绩表上，也要把过数和扣的分数记上，一有犯过，便是终身之玷……升学问题。原有部章规定，陆小毕业后只可考升陆中；陆中毕业后投考保定军官学校未录取的，准许考入部办的三个军属学校。[①]

【解读】本段记载陆军学校的学生管理情况。学生管理方面有比较详细的制度性规定，对学生由比较严格的考核制度，尤其是对品行问题非常严格。反映湖南陆军学校对学生的品格要求高。

廷在通令各省设立陆军小学的同时，规定在全国开办四所陆军中学堂。在开办陆军中学堂之前，清廷陆军部就在北京创办了陆军师范学堂，为陆军中学培训师资。随后在北京、武昌、南京分设陆军第一、第三、第四中学堂。陆军第二中学堂原定设在西安，因经费未到，校舍未盖起，迟迟不能开办。陆军第三学堂设在武昌中和门外的南湖，于一九零九年开办。原规定只收录湖北湖南广西云南贵州等五个省陆军小学堂的毕业生，后因西安陆军第二中学堂未开办，又将山西甘肃两省陆军小学的毕业生拨来，加上荆州驻防的旗籍子弟四十多人，总共七百多人。学生年龄最大的二十五六岁，陕甘人居多；最小的二十岁左右……全部学生分编在四个队，我编在第四队。队长相当于连长，以下分排，每队四排。[②]

【解读】本段记载陆军中学的开办过程情况。从开办陆军中学的经费筹集，到陆军

---

① 中国人民政治协商会议湖南省委员会文史资料研究委员会编，《湖南文史资料选辑 第8、9辑》，长沙，湖南人民出版社，第419页。

② 中国人民政治协商会议湖南省委员会文史资料研究委员会编，《湖南文史资料选辑 第10辑》，长沙，湖南人民出版社，第12页。

学堂收取学生的来源分布来看，创办陆军中学的过程中是遇到过一些困难的。

在陆军小学肄业的三年间，学习文武两科，要求很严格。学习成绩好的，给以精神和物质奖励，成绩差的转学军医军需甚至除名。学堂当局除进行封建思想教育外，在政治上采取封锁政策……清廷处在全国各省设立陆军小学堂，并在北京、南京、武昌、西安设立四所陆军中学，以对各省陆小毕业学生进行深造。①

【解读】本段记载陆军小学的文武分科，对学生以成绩好坏进行不同的对待，进行封建思想教育等措施。并指出清廷在全国设立陆军小学堂以及陆军中学堂的情况。

学堂的负责人叫监督……老师不叫老师，叫教习。还有两个日本保姆担任我们的体操和唱歌教习……每逢初一十五早晨九点钟，监督就穿着马蹄袖的袍套，戴着系由红缨子的顶子帽，率领全体教习和学生到大礼堂，向着孔子牌位行三跪九叩的大礼。礼毕，即由监督训话，约一个小时左右，再整队入讲堂学习……男女同学，在湖南省，这个学堂可说是首创。上课时，在讲堂上男生坐一边，女生坐一边，界限分明，互不交谈。上体操和唱歌也是男生一队，女生一队。学堂每年有年考、期考。评卷结束，按成绩分成最优等、优等、中等、下等四个等级。发榜照示……学堂按成绩分等级发给奖品，最优等发给银牌一面，约一个当十个铜元那么大小。银牌上面，镌刻着花纹，很美观，盛在一个小四方盒内，盒盖上面是玻璃的，可以透视银牌。优等和中等则分别发给笔墨纸张等奖品。②

【解读】本段记载学堂的基本上课日程安排，特别指出男女同学是首创，以及学堂每年的考试安排，成绩的好坏对应着不同的成绩等级并发放不同的奖品。

大通学堂

一九零七年的夏天，秋瑾回到绍兴，主持大通学堂体育专修课。大通学堂实际是一个军事学校，名为学习体育，实则借此培养军事人才。秋瑾常常穿着男子服装，骑

---

① 中国人民政治协商会议湖南省委员会文史资料研究委员会编，《湖南文史资料选辑 第15辑》，长沙，湖南人民出版社，第2页。

② 中国人民政治协商会议湖南省委员会文史资料研究委员会编，《湖南文史资料选辑 第15辑》，长沙，湖南人民出版社，第7页。

着马,带领学生在野外打靶,练习射击技术。①

【解读】本段记载清末学堂实行军事化训练,培养军事人才的情况,反映近代体育与军事在清末受重视程度加深。

武备学堂

庚子事变以后,清政府于一九零一年(光绪二十七年)九月颁布了两道上谕,宣布"整顿兵制,停止武科",并于各省会设立武备学堂,以"培养将才,练成劲旅"。湖南武备学堂于同年冬开始筹备,一九零三年五月正式开学。同年又附设兵目学堂,以培养新军骨干。一九零五年夏,武备学堂第一期学生结业,宣告停办,即在长沙小吴门外校场坪侧武备学堂原址(五栋两层楼房)设立湖南陆军小学堂,仍委前武备学堂总办余明颐为总办,总办综理全堂事务,相当于后来的校长……总办之下,设监督、提调各一员。监督相当于教育长的性质,提调相当于总务主任……除监督、提调以外,陆小每期设学长三人(但第一期有六人)专任管理;各科教员若干人,其中兵学教员是专职的,普通学科教员则多由省会各文学堂教员兼任,第一期教生理卫生科的系日本人佐久间(长沙同仁医院院长)。②

【解读】本段记载清末废除科举武科之后,在湖南省改革兵制、筹建武备学堂的情形。武备学堂中既有军事教学,也有文化学科教学和生理卫生科教学。

陆军学堂

松坡先生对学生生活,非常关心,时常亲到厨房,检查膳食;并要求教职员与学生同在食堂用膳,借以加强师生之间的联系。膳食是由公家供给的,就当地的一般生活水平来说,算是比较高的。学生的服装也是由公家供给。松坡先生对于经办服装的人员,监督极严。服装质量很好,夏天是黄卡机制服,冬天是后呢制服,还有皮靴、布鞋、棉衣、棉裤、内衣以至被褥、床单、枕头等,一应俱全……为了增进学生体质,

---

① 中国人民政治协商会议湖南省委员会文史资料研究委员会编,《湖南文史资料选辑 第2辑》,长沙,湖南人民出版社,第37页。

② 中国人民政治协商会议湖南省委员会文史资料研究委员会编,《湖南文史资料选辑 第2辑》,长沙,湖南人民出版社,第59页。

史料中的习惯与规则
——湖湘地区方志中民商事习惯史料的整理注释与研究

松坡先生公余之暇,辄亲率学生练习器械体操。①

【解读】本段记载蔡松坡先生对陆军学堂学生的福利给予极大的关注,以保证学生在受教育方面的物质基础。反映蔡松坡先生对教育的重视。

松坡先生操守清廉。自一九零五年起,他在广西开办随营学堂、陆军小学堂、测绘学堂、干部学堂、讲武堂,统率新军第一标、学兵营等。②

【解读】本段记载蔡松坡先生在广西开办各种军事学堂的情况。反映蔡松坡先生对地方军事教育的重视。

讲武学堂

由于革命形势的迫切需要,大本营在一九二三年冬着手筹备一所军官学校,实际负责筹备工作的是大本营军政部……这个军事学校的正式名称是"大本营陆军讲武学校",地点在广州北校场广东陆军医院旧址。除校本部利用陆军医院原有房屋办公外,食堂、课堂、寝室、浴室等都是利用棕叶、竹条临时搭建的,虽然很简陋,却还经济适用。由于这个学校是归大本营军政部主办,一般人又称为军政部讲武堂。

大本营讲武学校设校长一人,由军政部长程潜兼任。张振武、胡兆鹏任副校长,但他们仅随程潜来过学校一两次,实际并未到校供职。校长之下设监督一人,调军政部军需局长周贯红充任。襄助监督,实际担任教育责任的是教育长李明灏。讲武学堂本部设秘书室及教务组、总务组、军需组、医务组,分别掌管有关业务。③

【解读】本段记载设立大本营讲陆军武学校的情形。

一九二三年冬,讲武学校酝酿开办时,军政部即派柳漱风等到湖南秘密招生,在长沙就录取了青年学生一百多人。因为人数不够,又在广州以军事连为基础扩大招生,在广州直接招收的学生,大部分是投奔广东寻找革命机会的知识青年,也有一部分是

---

① 中国人民政治协商会议湖南省委员会文史资料研究委员会编,《湖南文史资料选辑 第3辑》,长沙,湖南人民出版社,第225页。

② 中国人民政治协商会议湖南省委员会文史资料研究委员会编,《湖南文史资料选辑 第4辑》,长沙,湖南人民出版社,第228页。

③ 中国人民政治协商会议湖南省委员会文史资料研究委员会编,《湖南文史资料选辑 第6辑》,长沙,湖南人民出版社,第110页。

湘军、滇军中的下级军管和军士，他们年龄一般在十八岁以上，二十五岁以下。学生文化程度参差不齐，其中以中学生居多，有的读过几年老书，有的仅有高小程度。从学生籍贯看，虽然学校办在广东，而湖南人占绝大多数，两广籍次之。第一期新生四百多人，入校后编为四个队：第一、二两队学术课并重，以大教程（战术、筑城、兵器、地形、交通）为主，规定学习时间一年；第三、四两队注重术科，以小教程（典范令）为主，学习期间六个月。队职干部和军事教官大多是日本士官学校和保定军官学校毕业的，军事学识都有一定基础。①

【解读】本段记载陆军讲武学校组建招生的情况。根据学生情况的不同，将学生分为不同队伍，教授不同课程。

讲武学校的教育内容，包括军事课程和政治课程，而以军事课程为主。前面谈到，第一期一二两队学术课并重，以五大教程为主，三四队注重术科，以小教程为主。由于军事教官都是旧的军事学校出身，学的是旧的军事知识，教的也是这一套。他们对学生要求相当严格，讲解也很透彻。②

【解读】本段记载讲武学校的教育内容。军事教官由旧军校出身，教授旧军事知识，反映军事教学在一定程度上的落后。

讲武学校的政治课程内容主要是三民主义……这固然是由于讲授者不得法，术科分量太重也是原因之一……如黄埔军校一般学生的政治课程有：三民主义浅说、中国国民革命运动、中国政治经济状况、帝国主义侵略中国史、世界革命运动简史等等，讲武学校仅有三民主义一门课程；黄埔军校设有政治部，有周恩来具体领导政治思想工作，并由许多共产党员担任政治教官，讲武学校没有政治部，担任政治教官的，又是几个封建思想相当浓厚的国民党人。③

【解读】本段记载讲武学校的政治性课程设置。讲武学校只开设一门政治课程即三

---

① 中国人民政治协商会议湖南省委员会文史资料研究委员会编，《湖南文史资料选辑 第 6 辑》，长沙，湖南人民出版社，第 111 页。

② 中国人民政治协商会议湖南省委员会文史资料研究委员会编，《湖南文史资料选辑 第 6 辑》，长沙，湖南人民出版社，第 115 页。

③ 中国人民政治协商会议湖南省委员会文史资料研究委员会编，《湖南文史资料选辑 第 6 辑》，长沙，湖南人民出版社，第 116 页。

史料中的习惯与规则
——湖湘地区方志中民商事习惯史料的整理注释与研究

民主义,并且不设政治部,只有政治教官,与黄埔军校相差较远。反映部分军事学校在政治教育方面的匮乏。

  政治讲习班的教学内容,包括政治课程和军事课程,而以政治主课为程。军事训练的目的,不过是让学员们具备一些军事基础知识,他在全部教学内容中,占得比重很小。学院虽然实行军事编队,穿着军服、发有枪支,但除每日必须进行晨操一个半小时外,军事制式教练是隔日举行一次的,要求并不严格,野外演习也很少举行;军事学科更没有专职教员,仅由队长或请外人来讲讲典范令而已……政治讲习班的政治课程,是根据当时革命形势需要灵活改变安排的。①

  【解读】本段记载政治讲习班的授课内容。政治讲习班虽有军事课程,实行军事编队,但军事化程度并不明显。政治课程根据当时革命形势决定,反映政治讲习班的政治服务功能。

  政治课的学习方式是:教员讲授后,学员以小组为单位,展开讨论,或者举行各种形式的座谈……政治讲习班的学习期间,原来定位半年。后来因适应形势需要提前结业,实际学习期间还不足四个月。②

  【解读】本段记载政治讲习班中政治课的学习形式。学员通过讨论或座谈的方式进行学习。

  当时讲武学堂的军事教官,大都是日本士官学校毕业的,少部分是保定军官学校毕业的。他们对学员的要求很严格,集合要求迅速,内务要求整洁。早上出早操,上午学操典、战术、技术课,下午多是野外训练,项目比较多。学员搞错了,教官动辄拳打脚踢。学员学习期间都要缚横皮带,配指挥刀,这是装饰品,显得威风一些。③

  【解读】本段记载了讲武学堂的基本情况。讲武学堂的教官大都是日本士官学校毕

---

  ① 中国人民政治协商会议湖南省委员会文史资料研究委员会编,《湖南文史资料选辑 第6辑》,长沙,湖南人民出版社,第125页。
  ② 中国人民政治协商会议湖南省委员会文史资料研究委员会编,《湖南文史资料选辑 第7辑》,长沙,湖南人民出版社,第126页。
  ③ 中国人民政治协商会议湖南省委员会文史资料研究委员会编,《湖南文史资料选辑 第31辑》,长沙,湖南人民出版社,第48页。

业的，少部分是保定军官学校毕业，他们对学员的要求很严格，学校的课程安排的较多，学员弄错了教官动辄就拳打脚踢，学员学习期间要配指挥刀。

　　1951年将所有接受美国津贴的各级学校处理完毕，接受其他国家津贴的学校除个别政治上十分反动的外，一般的履行登记，加强管理。原来学校的一部分拿美国津贴，另一部分拿其他国家津贴的，应改组其董事会（除去美国方面的董事，增添中国方面的董事）与学校行政，其行政权必属于中国校长。政府在停止美国津贴后，应酌情补助……原来学校经费全部或绝大部分由美国津贴，在其来源断绝后，又无改由中国人私人出资办理的条件者，接受为公立学校。原来学校经费来自美国津贴，大部分靠学堂收入及由中国私人筹募者，应争取由董事会积极负责，除去所有外国籍董事，改由完全由中国人民自办的私立学校，其经费有困难时，政府可以适当补助。①

　　【解读】本段记载了政府对学校经费来源的管理，接受美国津贴的各级学校处理完毕，接受国家津贴政治上十分反动的学校加强管理，原来学校一部分拿美国津贴另一部分拿其他国家津贴的改组董事会和学校行政。表现了中国政府对加强学校管理的决心。

武备学堂

　　清王朝在对外军事屡屡失败的情况下，停止武科，整顿兵制，于各省设立武备学堂，以培养新军骨干。我省武备学堂只办了一期，即宣告停办，另设立陆军小学堂，招收十几岁的青年入学，每期约一百二十人左右。②

　　【解读】本段记载了清王朝在对外军事屡屡失败的情况下，开始设立武备学堂，以培养新军骨干。我省在此情况下只办了一期武备学堂另设立陆军小学堂的情况。

农民运动讲习班

　　一九二七年"马日事变"前，我在国民党湖南省党校学习。当时，这个学校是由共产党人和国民党左派领导的，革命空气很浓厚。党校学生共有六个中队，每中队

---

　　① 中国人民政治协商会议湖南省委员会文史资料研究委员编，《湖南文史 第34辑》，长沙，湖南文史杂志社，第78页。
　　② 中国人民政治协商会议湖南省委员会文史资料研究委员编，《湖南文史资料选辑 第15辑》，长沙，湖南人民出版社，第1页。

一百二十人,其中五个中队是男生,一个中队是女生,一般具有高中以上的文化程度。附设农民运动讲习班,约有三百多人,全校师生共计一千余人。①

【解读】本段记载国民党湖南省党校由共产党人和国民党左派领导,在湖南地区传播革命思想。学生大多具有较高的学历和知识水平。

会议提出了"学习苏联,面向中小学,集体教学"的师范教育方针。指出学习苏联是要解决思想体系问题。学习苏联,要学习共产主义思想,学习苏联先进科学成果,改革教学内容,凡有苏联已有的教材,我们都要尽可能以他们为蓝本,并尽可能结合中国实际加以改编;面向中小学是要解决理论与实践一致的问题。②

【解读】本段记载了学校提出了学习苏联的教育方针,指出学习苏联解决思想体系问题。这是教育方面的一个重大转变。

向校长主张"学校和社会打成一片,学生和群众打成一片"。"读书不忘救国,救国不忘读书"。我们在桃中时,组织读书会,传播进步思想,他是默认的。我们经常举行时事报告、讲座、座谈和讨论,以提高同学们的思想觉悟,鼓舞抗战热情,增强学习的自觉性。还利用节假日和课余时间走出学校,深入街道田野、工厂、医院,讲解抗战形势等,以宣传群众,组织群众。③

【解读】本段记载了学校主张学生与社会紧密联系。组织读书会,举行时事报告,讲座、座谈和讨论。使学生提高思想觉悟,鼓舞抗战热情,增强学习的自觉性。

4. 特色教育
湖南铁路学堂

湖南铁路学堂是一九零九年(宣统元年)成立的,一九一二年始更名为湖南铁路专门学校……我即向他建议,筹办铁路学堂,一则有本省自培筑路人才,有利于省内

---

① 中国人民政治协商会议湖南省委员会文史资料研究委员会编,《湖南文史资料选辑 第5辑》,长沙,湖南人民出版社,第35页。

② 中国人民政治协商会议湖南省委员会文史资料研究委员会编,《湖南文史 第34辑》,长沙,湖南文史杂志社,第181页。

③ 中国人民政治协商会议湖南省委员会文史资料研究委员会编,《湖南文史 第37辑》,长沙,湖南文史杂志社,第94页。

路段的早日建成；二则可以掩护同盟会的活动，有利于革命事业的推动。当获得他的首肯，并由他出面商得公司方面的同意，遂于一九零九年冬成立湖南铁路学堂，以余肇康为总理，龙璋为监督。学堂分设本预两科，本科设建筑、机械、营业三科，三年毕业；预科两年毕业。我被任为教务长，担负学堂内部的实际责任。①

【解读】本段记载清末设立的湖南铁路学堂的建立情况，其重要目的之一在于掩护同盟会活动，推动革命事业。

直至辛亥光复前，湖南铁路学堂一直是掩护同盟会湖南分会的重要机关之一。辛亥光复后，成立都督府，铁路学堂归教育司领导，改名为湖南铁路专门学校，我被任为校长。一九一三年，杨芗铭督湘，对于国民党人迫害不遗余力。湖南铁路专门学校即于一九一四年春被其解散。②

【解读】本段记载湖南铁路学堂的发展情况。在辛亥革命之后的1913年，杨芗铭在湖南大肆打击教育事业，导致湖南铁路学堂（湖南铁路专门学校）在1914年被解散。

湖南铁路学堂创办于一九零九年冬……有了上述基础，龙铁元遂商得粤汉铁路湘公司董事长龙璋的同意，创办湖南铁路学堂，租赁吉祥巷熊铁生的房屋为校址；以余肇康为总理；龙璋为监督（均名誉职），龙铁元为教务长，负责实际责任。学堂初办时分为三科；文斐为营业科主任；彭延炽为建筑科主任；首凤标为机械科主任。③

【解读】本段记载湖南铁路学堂的开办情况。湖南铁路学堂在开办时设立营业科、建筑科和机械科，实行多学科的培养模式。

学堂经费，除湘路公司略有补助外，全靠学费收入挹注。学制：分为本科、预科；预科两年毕业，本科三年毕业；本科即营业、建筑、机械三科。预科有预一、预二两班；本科营业科有甲乙丙三个班（所收学生，年龄较大，为了适应路站的需要，修业

---

① 中国人民政治协商会议湖南省委员会文史资料研究委员会编，《湖南文史资料选辑 第8、9辑》，长沙，湖南人民出版社，第213页。

② 中国人民政治协商会议湖南省委员会文史资料研究委员会编，《湖南文史资料选辑 第8、9辑》，长沙，湖南人民出版社，第214页。

③ 中国人民政治协商会议湖南省委员会文史资料研究委员会编，《湖南文史资料选辑 第8、9辑》，长沙，湖南人民出版社，第214页。

期较短，类似速成）建筑、机械两科各一班，合共八班。学生共计八百多人，除由其他学校传送一部分外，均系招考而来。①

【解读】本段记载湖南铁路学堂的相关情况。学堂经费大多来源于学费，反映学堂财政较为紧迫。学制分为本科和预科。学生来源大多数为招生考试而来。

湖南法政学堂

一九零六年（清光绪三十二年），湖南法政学堂成立。分官、绅两部：属于官者曰官校，属于绅者曰绅校。校址均在长沙又一村贡院旧址。学堂内设正负监督各一人，并设教务、学监、庶务、会计、文牍、书记等员。正监督由湖南巡抚就候补道员遴委，副监督则聘请湘乡胡子清充任之。官校肄业年限为一年半，由湖南巡抚令在省候差之知县佐杂人员入学肄业。绅校设别科（三年毕业）、讲习科（一年半毕业），招考举贡生监入学，讲习科仅办一二班即停止，以后专办别科。②

【解读】本段记载了湖南法政学堂的基本情况。分为官绅两部，校址在长沙又一村贡院旧址，学堂内设正负监督等职务，官绅两部的讲习科目并不相同。

湘雅医学院

湘雅医学院原名湘雅医学专门学校，成立于一九一四年（本科开办于一九一六年）。它的产生也同上述院校有相似之处，但是又不同于其他教会办的学校，它是由中国的育群学会和美国的雅礼会合办的。雅礼会也不是一般教会，是美国耶鲁大学一部分校友组织的文教团体。③

【解读】本段记载了湘雅医学院的产生，它同其他院校有相似之处，但是又不同与其它教会办的学校，它是由中国的育群学会和美国的雅礼会合办的。

---

① 中国人民政治协商会议湖南省委员会文史资料研究委员会编，《湖南文史资料选辑 第8、9辑》，长沙，湖南人民出版社，第215页。

② 中国人民政治协商会议湖南省委员会文史资料研究委员会编，《湖南文史资料选辑 第20辑》，长沙，湖南人民出版社，第32页。

③ 中国人民政治协商会议湖南省委员会文史资料研究委员会编，《湖南文史资料选辑 第23辑》，长沙，湖南人民出版社，第2页。

经费除湖南省款外，还有教育部和一些基金会的不定期补助。①

【解读】本段记载了学校的经费除湖南省款，还有教育部和一些基金会不定期补助。

为此前院长颜福庆不得不联合校董会进行所谓国立运动，就是申请把湘雅由私立改为公立，经费由教育部拨给，以解脱学院的困境。因为当时通货恶性膨胀，物价飞涨，单靠教育部一点经费，仍难维持学院的开支，因而不得不求助于各种基金会和国外战时援华团体。雅礼会也给予了一定的资助。②

【解读】本文记载了学校创办的艰难，没有足够的经费支撑，校长不得不联合校董惊醒国立运动以摆脱学院困境，同时求助于各种基金会和国外战时援华团体等给予一定的帮助。以维持学校的基本开支。反映了学校在当时的创办及维持是极其艰难的。

对学生的临床实习课，要求也非常严格。教师不仅要求学生正规熟练，而且特别强调对病人的态度要十分谨慎、严肃，绝对不许因实习而引起任何对病人不利的后果。③

【解读】本段记载了学校对学生的临床实习课是非常严格的，需要学生有严谨的态度，而且特别强调严肃，不能因实习引起任何对病人不利的后果。

湖南中山财经专科学校

湖南中山财经专科学校是民革湖南省委主办的一所初具规模从事学历教育的财经专科学校。这所学校是徐行方等同志于1979年2月创办的，曾四次更名，四易主办单位，初创时名"向前职业学校"由长沙市北站路街道党委领导，首届入校生2个班，学生105人；1981年更名为"曙东财经专科学校"，由东区教育局领导；1982年更名为"长沙中山财经专科学校"，由民革长沙市委员会领导；1983年更名为"湖南中山财经专科学校"，由民革湖南省委员会主办……这所学校现有三年制大专、两年半制中专、一年

---

① 中国人民政治协商会议湖南省委员会文史资料研究委员会编，《湖南文史资料选辑 第23辑》，长沙，湖南人民出版社，第7页。
② 中国人民政治协商会议湖南省委员会文史资料研究委员会编，《湖南文史资料选辑 第23辑》，长沙，湖南人民出版社，第9页。
③ 中国人民政治协商会议湖南省委员会文史资料研究委员会编，《湖南文史资料选辑 第23辑》，长沙，湖南人民出版社，第48页。

半制脱产及一年制不脱产班四个层次，设会计、统计、企业管理三个专业。①

【解读】本段记载了湖南中山财经专科学校的创办初期的历史背景。指出湖南中山财经专科学校是民革湖南省委主办的一所财经专科学校，曾四次更名，四易主办单位。

鲁迅艺术学院

毛泽东周恩来等人，当即联合倡议创办一所专门培养抗战文艺干部的新兴学校——鲁迅艺术学院（简称"鲁艺"），向隅转而参加了鲁艺的筹建工作。②

【解读】本段记载了鲁艺艺术学校的开办原因，即专门培养抗战文艺干部。

由中央宣传部拟定，中共中央书记处通过的鲁艺教育方针是"以马列主义的理论和立场，在中国新文艺运动的历史基础上，建设中华民族新时代的文艺理论与实际，训练适合今天抗战需要的大批艺术干部，团结培养新时代的艺术人才，使鲁艺成为实现中国文艺政策的堡垒与核心。"十余间简陋的平房与山坡上的几排新旧窑洞，就是鲁艺的全部校舍了……除了全院的必修课程，音乐系第一届先后开设了视唱、练耳、指挥、唱歌、练声、乐器、乐理、作曲、朗诵、音乐概论等专修课。③

【解读】本段记载了鲁艺艺术学校的教育方针是以马列主义的理论和立场，使鲁艺成为实现中国文艺政策的堡垒与核心。同时介绍了鲁艺艺术学校的必修课程安排。

高等实业学堂

光绪三十四年，湖南巡抚岑春□奏高等实业学堂预科改办高、中两等路矿本科。

审核学校经费，直至对学生一赏一罚，亦用公开会议裁断决定之……毕业学生亦概有学校介绍保送，各得就业。④

---

① 中国人民政治协商会议湖南省委员会文史资料研究委员会编，《湖南文史 第40辑》，长沙，湖南文史杂志社，第203页。
② 中国人民政治协商会议湖南省委员会文史资料研究委员会编，《湖南文史 第46辑》，长沙，湖南文史杂志社，第154页。
③ 中国人民政治协商会议湖南省委员会文史资料研究委员会编，《湖南文史 第46辑》，长沙，湖南文史杂志社，第155页。
④ 中国人民政治协商会议湖南省委员会文史资料研究委员会编，《湖南文史资料选辑 第20辑》，长沙，湖南人民出版社，第50页。

【解读】本段记载了光绪三十四年将实业预科改办为高、中等两等路矿本科的情况。并指出学校介绍保送,使学生可以各得就业。

学校经费,全部由省库发给。一九一六年(民国五年)高师改制以后,经费由教育部发给,预算都还宽裕。学生入学时,只交保证金十元,毕业时退还。除由公家供给每餐三荤三素的伙食和课本书籍外,每年还发给单夹制服各一套和制帽皮鞋等。在前清时,因人数较少,蚊帐被絮均有校备。学生的享受,较其他学校为优,故规定毕业后,应在本省教育界服务至少三年以上,否则须追赔学膳费。①

【解读】本段记载了学校经费的来源与发给。学生入学时只交保证金十元,毕业时退还。学校供给生活和学习用品。由于学生的享受比其他学校更为优越,所以规定毕业以后应在本省的教育界服务至少三年以上。

学员的待遇很高,每人发给兰布长衫一件,单棉操衣服各一套;所有书籍课本笔墨及绘图仪器,都有学校供给;食堂吃饭1,八人一桌,两荤四素。学校备有清朝礼服,红缨金顶帽子、马蹄长袍百件,每逢庆典节日及每月初一,学员各领帽子一顶、长袍一件,穿戴起来,鱼贯而入万岁亭、孔子庙,行三跪九叩首礼。礼毕仍缴还保管人收藏起来,下次再用。②

【解读】本段记载了学校对学员的待遇。每人发给兰布长衫,单棉操衣服,所有书籍课本笔墨绘图仪器等,食堂吃饭八人一桌。学校还备有晚清礼服供庆典节日时用。

女子学堂

距今七十五年前创办的湖南民立第一女学,是辛亥革命前长沙城里的第一所女学……规定的课程有修身、国文、算术、历史、地理、美术、人身生理、裁缝、理科、外国语、体操、教育学等。实际有的课程如人身生理、理科、外国语、教育学等科未开办……学堂章程规定修业期限为寻常二年,高等科一年,共计三年……一九零三年

---

① 中国人民政治协商会议湖南省委员会文史资料研究委员会编,《湖南文史资料选辑 第20辑》,长沙,湖南人民出版社,第54页。
② 中国人民政治协商会议湖南省委员会文史资料研究委员会编,《湖南文史资料选辑 第20辑》,长沙,湖南人民出版社,第61页。

史料中的习惯与规则
——湖湘地区方志中民商事习惯史料的整理注释与研究

六月十日,第一女学正式开学。①

【解读】本段记载湖南第一所女学的开课课程情况。安排的课程种类丰富,虽有部分课程没有实际开办,但是根据已经开办的课程来看,学校是比较看重对学生的人文素质的提高,同时也有部分是看重对生活的实践的。

民立第一女学设立之后,一九零四年春,又有曾广瑢(李夫人)在长沙设立淑慎女学,刚设立不久,也与民立第一女学同样遭致夭折,不过是昙花一现……一九零五年五月,留日归国学生周□纯又以泰安里周家花园为校址,创办周氏女塾,因避清廷禁办女学堂之忌,故用此名程。到一九一零年七月,始取《诗经》《国风》之义,称"周南女子师范学堂"。②

【解读】本段介绍民立第一女学,淑慎女学,周氏女塾的经办背景。反映出当时办女学的遇到重重阻碍。

汉英多方奔走游说,进行宣导,自筹经费,自任校长兼教员,第一期仅有女生10余人,第二年渐增至40余人,迁校址于城内南华宫,由于管教严格,教育有方,学生成绩斐然,由一个班发展到四个班,遂再迁先农坛。汉英常向学生宣传女权,提倡男女平等,打倒三从四德,反对包办婚姻、买卖婚姻、收童养媳及孀妇不再嫁等恶习,争取女子与男子有同等受教育权利和选举被选举权、财产继承权等等。③

【解读】本段记载了汉英首创女子学堂的艰辛。由于女子无才便是德的思想深入人心,所以自学校第一期仅有女生10余人,但由于管教严格,成绩斐然,由一个班发展到四个班,汉英经常向学生宣传男女平等的思想。

第二女子师范

这年十二月,省银行通知停发二女师的经费,教育厅下文要学校自筹经费维持,停办亦可。在此严峻的形势下,祖父咬紧牙关,东拼西凑,坚持把学校办下去。1918

---

① 中国人民政治协商会议湖南省委员会文史资料研究委员会编,《湖南文史资料选辑 第10辑》,长沙,湖南人民出版社,第61页。

② 中国人民政治协商会议湖南省委员会文史资料研究委员会编,《湖南文史资料选辑 第10辑》,长沙,湖南人民出版社,第63页。

③ 中国人民政治协商会议湖南省委员会文史资料研究委员会编,《湖南文史 第43辑》,长沙,湖南文史杂志社,第171页。

年，祖父秘密去广州，参加"非常国会"……向各界同情人士为省二女士募捐，得到各方资助，学校得以勉强维持……此次幸好得到了湘西著名政界人物熊希龄先生的帮助，从湘西办实业款中拨出两千大洋，使得学校得以艰难地继续办下去。①

【解读】本段记载了第二女子师范学校创办时的艰辛。省银行通知停发经费，教育厅要学校自筹经费维持。但是学校在艰难时期得到了湘西著名政界人物熊希龄先生的帮助，使学校得以艰难的继续维持下去。

保学校长训练班

当时创办这个保学校长长训练班的意图，是要在基层建立一个文教中心，用保学校长来代替旧保甲制的保长，以保为单位的学校，除办小学教育以外，还要办成年教育，把扫除文盲和组训民众结合起来，期能逐步做到融管、教、养、卫于一体，纳男女老少于一校，以政为教，以教推政……②

【解读】本段记载了保学校长训练班的创办意图。是要用保学校长来代替旧保甲制的保长，以政为教，以教推政。

六、平民教育

教育概况

为积极推介、实施平民教育，陶行知亲自编写了《平民千字课》，同时积极劝说乡村私塾的教师们，用《平民千字课》代替传统的启蒙读物《三字经》、《千字文》、《百家姓》，他的平民教育面向社会各阶层，面向普通老百姓，继而远及边疆省份，全国各省市县纷纷建立了"平民读书处"。陶行知实施平民教育，是从1920年的夏天开始的，这年的暑假期间，陶行知在南京高等师范学院里，创办了第一届暑假学校。这是他为实践平民教育的开始，他耐心地做通同行的思想工作，发动留校学生，每晚教邻近的一些

---

① 中国人民政治协商会议湖南省委员会文史资料研究委员会编，《湖南文史 第38辑》，长沙，湖南文史杂志社，第132页。
② 中国人民政治协商会议湖南省委员会文史资料研究委员会编，《湖南文史 第39辑》，长沙，湖南文史杂志社，第43页。

"平民"识字,从不却丝毫报酬……陶行知实施平民教育的环境极为艰苦,一方面承受许多封建老儒及社会上种种顽固守旧势力的冷嘲热讽;一方面还要挨家挨户上门去做工作,打消穷苦百姓的顾虑与误解,耐性劝导他们进校学习……陶行知劝来的学生,大都是读不起书的穷苦百姓,缴不起费,很多人从学费、生活费到书籍费等等一概需要学校供给,陶行知除了向极少数开明人士筹集资金外,绝大部分资金均有自筹。①

【解读】本段记载了陶行知积极推介,实行平民教育的基本情况,反映了在当时实施平民教育的环境极为艰难,一反面是上层顽固势力的阻碍,另一方面是老百姓的不理解。

"平民教育试验区"

1922年春,全国协会以长沙为"平民教育实验区",派干事晏阳初来湘,商请长沙青年会协助筹办。长沙青年会欣然从命,借长沙各小学堂教室,招收学生一千名,分成100个班,免费供给油灯书籍等用品。副总干事谭信一为校长,干事彭泽电为教务主任,教员每月津贴费4元。秋季续办90个班,两期共计费用7000余元……前后在长沙各小学和祠堂庙宇附设平民学校200余所。课程是识1000字,叫做"千字课本"同时配合宗教教育。②

【解读】本段记载了全国协会以长沙为"平民教育实验区"的筹办情况。长沙青年会招收学生一千名,分成100个班,免费提供学习用品,同时在长沙个小学和祠堂庙宇设平民学校200余所,课程叫千字课本,同时配合宗教教育。

湖南长沙中山业余大学

湖南长沙中山业余大学,是民革湖南省委主办的。1978年10月创办时,是为了高考落榜青年办的文化补习班,仅188名学生。今天这所学校拥有79个班,3443名学生。他们没有伸手向国家要过一分钱,白手起家,艰苦创业……克勤克俭,以学养学……这所学校与众不同,没有自己固定校舍,租用长沙市五所中小学的多余房间,

---

① 中国人民政治协商会议湖南省委员会文史资料研究委员会编,《湖南文史 第73辑》,长沙,湖南文史杂志社,第55页。

② 中国人民政治协商会议湖南省委员会文史资料研究委员会编,《湖南文史资料选辑 第30辑》,长沙,湖南人民出版社,第21页。

设四个教学点，分布在长沙东、南、西、北四个区……大部分成年学生用小学生课桌学习……校本部设在育英小学，两间约五十平方的楼房作为办公司，指挥几千人的教学活动。学校高度分散，但教学有条不紊。①

【解读】本段记载了湖南长沙中山业余大学与众不同的办学特点。这所学校是民革湖南省委主办的，是为了高考落榜青年办的文化补习班，没有伸手向国家要过一分钱，学校注重克情克俭，以学养学，这所学校的四个教学点分布在长沙的东、南、西、北四个区，学校高度分散但是教学有条不紊。

所收学费，除支付教师授课费外，每年还用近十万元租赁教室。经费略有节余就添置教学设施……他们的收费原则是：以学养学。有的班级入不敷出就以余补亏。②

【解读】本段记载了学校湖南长沙中山业余大学的所收学费及用处的特点，支付老师授课费，略有节余就添置教学设施，收费原则是以学养学。

学生学习科目，启蒙时为三字经、百家姓、四书、声律启蒙、千家诗、幼学等……省政府不得不在所里创办了湘西特区师资训练所，从湘西各县招收百人，毕业后分别回到本地办特区短期义务小学，对苗族子弟进行免费教育。③

【解读】本段记载了学校的学习科目，有三字经，百家姓、四书、声律启蒙、千家诗、幼学等。并且省政府创办了湘西特区师资训练所，对苗族子弟进行免费教育。

补习学校

长沙市立补习学校是余志宏同志征得中共湖南省党委书记周立同志的同意创办的，是省工委的一个地下联络站，也是省工委贮备干部以应革命发展需要的一个场所，从一九四九年三月开学到七月底结束。④

---

① 中国人民政治协商会议湖南省委员会文史资料研究委员会编，《湖南文史 第38辑》，长沙，湖南文史杂志社，第136页。

② 中国人民政治协商会议湖南省委员会文史资料研究委员会编，《湖南文史 第38辑》，长沙，湖南文史杂志社，第138页。

③ 中国人民政治协商会议湖南省委员会文史资料研究委员会编，《湖南文史 第38辑》，长沙，湖南文史杂志社，第139页。

④ 中国人民政治协商会议湖南省委员会文史资料研究委员会编，《湖南文史资料选辑 第12辑》，长沙，湖南人民出版社，第48页。

【解读】本段记载了长沙市立补习学校的是省工委的一个地下联络站,也是省工委贮备干部发展的一个场所。以及其具体开课时间。

可招收三个班一是大学先修班,招高中生;一是高中班,招初中毕业生;一是初中版,招小学毕业生。关于教师问题,可由外地转移来长沙尚未找到社会职业的同志担任,不足时由他到湖大和其他中学找人兼任。校舍已由刘寿棋同志租好了,是北门外油铺街民范女校的旧校舍,租金六十元光洋。①

【解读】本段记载了长沙市立补习学校的招生分班情况,教师来源问题,以及校舍的地址及花费。

工农夜校

夜校是农民和工人最喜欢的学校。过去农民负担了一切教育经费,而受教育的则是大多数上层阶级的子弟。现在农村豪绅势力被打倒了,农民自己开始办起了学校来……农民最喜欢自己办起来的夜学,因为夜校的组织形式和教学内容适合农村特点。(当时衡山农民学校设有儿童日班,成人夜班和妇女班,教学内容一般采用《青年平民读本》,增教应用文,也有教新编杂字的)至于教学方法,值得考虑,不要老是先生讲,学生听,要结合实际,启发学员讨论。关于经费,可以由农会统一解决。②

【解读】本段记载的是夜校的创办情况。夜校是农民和工人最喜欢的学校是因为夜校的组织形式和教学内容适合农村的特点。夜校的教学方法是结合实际的,关于经费问题由农会统一解决。

塘田战时讲学院

一九三八年秋,中共湖南省委在武钢县塘田市(小集镇,现在属邵阳县)创办了一所新兴的革命学校——塘田战时讲学院(以下简称塘院)。③

---

① 中国人民政治协商会议湖南省委员会文史资料研究委员会编,《湖南文史资料选辑 第12辑》,长沙,湖南人民出版社,第50页。

② 中国人民政治协商会议湖南省委员会文史资料研究委员会编,《湖南文史资料选辑 第15辑》,长沙,湖南人民出版社,第13页。

③ 中国人民政治协商会议湖南省委员会文史资料研究委员会编,《湖南文史资料选辑 第18辑》,长沙,湖南人民出版社,第23页。

塘院的办学宗旨，概况地讲，就是"树文化据点与农村"，"建救亡工作据点于农村"……塘院的院训，开学之初，规定为"忠诚勤敏"。一九三八年十二月十九日又规定"精诚团结"、"英勇活泼"、"紧张严肃"十二字为养成院风的准则。当时塘院定的校训，就是旧瓶装新酒，是想把它发展成救国的道德，就是要求全院师生员工把抗日救国作为自己的神圣职责，努力学习，努力工作，在抗日救亡的战斗中做出积极的贡献。[①]

【解读】本段记载塘院的开办时间，办学宗旨，校训等，旨在努力学习，努力工作，在抗日救亡的战斗中做出积极贡献。

塘院的教学方针是以抗日救国为中心，向广大青年进行阶级教育、爱国主义教育和战时教育，培养各种各样的干部。为民族解放输送人才。学院第一学期设三个班，即：研究部第一班、第二班，补习部一个班。共有学生一百二十余人，有的是各地党组织介绍来的，有的是进步人士和开明绅士推荐来的，也有一部分是慕学院和老师之名而来的……研究部第一班、第二班的课程：中山学说、西洋近代史、中国近代史、政治经济学科、现代哲学思潮、军事常识、国际问题、文艺（选修）、外语（选修）。研究部第三班的课程：中山学说、哲学概论 | 社会科学大纲、经济地理、抗战常识、文艺（选修）、外国语（选修）。补习部第一班、第二班课程：中山学说、国文、地理、历史、自然、社会科学讲话、抗战常识、英语（选修）数学（选修）。上述课程，大部分是老师们根据《延安日报》《新华日报》《观察日报》等书报编写讲义进行讲授的。每周振羽同志还利用周会或座谈会对"中国革命运动史"和国内外形势发表演讲，还有人组织了"抗日民族战争讲座"。塘院的教学方法是：教学一致，理论与实际相结合，课堂讲授与课外活动相结合，个人阅读与集体讨论相结合。在这里既要学习，也要工作，学习和工作是为了民族生存，为了抗击日本侵略者。塘院有学生自治会组织，在学院和党支部的领导下，以党员和民先队员为骨干，推动学习，维持治安，管理学生生活，开展课外活动……下设组织部、宣传部、民众教育部、生活指导部、总务部、体育部……有的部还在下面设队或组，现在还能记起来的有：宣传队、歌咏队、壁报队、戏剧组、访问组、募捐组、膳食组、治安组、妇女组……每个学生要参加一至二

---

① 中国人民政治协商会议湖南省委员会文史资料研究委员会编，《湖南文史资料选辑 第18辑》，长沙，湖南人民出版社，第26页。

项工作。塘院的学生生气勃勃、非常活跃。他们经常召开各种会议。①

【解读】本段记载塘院的开班情况,设有研究部、培训部。不同部的开课情况也不相同。上课的课程大都是按照书报编写讲义进行讲授的,塘院的学生在这里既要工作又要学习,学生们生气勃勃,非常活跃。旨在说明塘院的教学方针是以抗日救国为中心,为民族解放输送人才。

为了宣传群众、组织群众,密切与群众的关系,以便战火蔓延到附近地区领导群众开展游击战,学员通过学生自治会以大量的时间组织和发动学生常到附近村庄去访问、宣传和教唱歌曲,还在学院内办了儿童识字班、成年识字班和妇女识字班,吸收附近的农民以及其子弟参加。同时,还在对河街上办识字班,在水溪唐家、油塘办民众夜校和帮助当地办小学。民众识字班和民众夜校的课本实在通俗读物专家曹伯韩老师的指导下,由王时真等同志编写的,内容从简到繁,由浅入深、由远及近、由单字造句到叙事,由群众日常生活到社会生活和抗日救国的大事。②

【解读】本段记载了学员通过学生自治会在学院内外开办学习班,与人民群众密切关系,旨在宣传群众,以便战火蔓延到附近地区领导群众开展游击战。体现了抗日救国关系到每一个人民,需要与人民群众联系起来积极发动群众。

慈幼院

院总部设有市议会,男女二校宿舍,男校名为"勤、谦、俭、恕"四村,女校名为"信义和平"四村,在"见心斋"旁山麓,建有"小家庭"住宅数栋。似乎村有村长,小家庭亦有家长,由村长和院内某些专职人员组成市议会,市议会为最高权力机关,至"小家庭"。③

【解读】本段记载了熊希龄老人的慈幼院的基本构造。设有男女二校宿舍,建有小家庭住宅数栋反映了熊老先生精神上的一些寄托。

---

① 中国人民政治协商会议湖南省委员会文史资料研究委员会编,《湖南文史资料选辑 第18辑》,长沙,湖南人民出版社,第28页。

② 中国人民政治协商会议湖南省委员会文史资料研究委员会编,《湖南文史资料选辑 第18辑》,长沙,湖南人民出版社,第29页。

③ 周少连,吴汉祥编:《维新·济世·救亡 凤凰文史资料第三辑》,北京,中国文史出版社,第83页。

慈幼院的学制，分"专读""专工"两类。"专读"系指从幼稚生到小学、中学、师范和职业班而言；"专工"系指各工厂的职工艺徒而言，只晚间有些文化学习。①

【解读】本段记载了慈幼院的学制分为"专读"和"专工"两类。体现了熊希龄老人"蒙以养正"的思想。

技术教育

当时工专的教育，在德、智、体、群四育方面，仅施行智育，彻底重视智育。各科教学绝不马虎，考试非常严格，每周有小考，每月有月考，过期考时未全校的同学混合编座制度，监考者川流不息地巡堂，如临大敌。不及格者，没有补考之补救，就自然地降级重读。有一种奖励方式，凡学期平均成绩各科达八十分以上，而平均超过八十五分者，有"特待生"。特待生的姓名于下学期开学时，以镜框悬挂在讲堂之外的墙上，并免缴学费一学期，学费每学期为十块大洋……当时没有训导课程，也没有课外活动，既缺三民主义课程，也没有史地课程。②

【解读】本段记载了当时工专的教育在德智体群四育方面仅重视智育缺乏课外活动。各科教学绝不马虎，考试非常严格，每周有小考，每月有月考。

七、其他教育

新派杂志

他与湖南学生陈天华、杨笃生等共同创办了《游学译编》。在这个刊物同留日的浙江学生创办的《浙江潮》、江苏学生出版的《江苏》、湖北学生出版的《湖北学生界》都是宣扬革命理论的产物。同时邹容所著《革命军》、陈天华所著《猛回头》、《警世钟》、杨笃生所著《新湖南》以及各省留学生所著宣传革命的其他各种小册子，风起云涌，大量涌入国内，唤醒了国人，也震动了各省官吏，因而曾引起禁查报刊、停止留

---

① 周少连，吴汉祥编：《维新·济世·救亡 凤凰文史资料第三辑》，北京，中国文史出版社，第103页。
② 中国人民政治协商会议湖南省委员会文史资料研究委员会编，《湖南文史 第46辑》，长沙，湖南文史杂志社，第187页。

学生官费的一场风波。①

【解读】本段记载清末学生思想开放，表达政治诉求，通过印刷刊物宣扬革命理论，遭到官府查禁。反映清末统治者名义上是让学生接受先进教育，实际上还是为了维护封建统治。

八、教育钳制

"马日事变"以后，国民党反动派害怕学生运动，竟采取野蛮手段，封闭各学校，勒令停办一年。当时除明德中学由于胡元倓的力争，照常开学外，其余的都在反动政府的命令下关门了，到一九二八年四月，才明令复校。复校后，借口加强"党化"教育，高中每周加授"三民主义"和"政治学概说"，初中加授"三民主义"和"政治常识"。并设立训育处，加强反共反人民的思想教育，防止"赤化"；同时，规定学生入学必须填交志愿书和保证书，出了问题，保人要连带负责。学校内的国民党组织也建立起来了，省党部派人出席学校纪念周讲话，并在各校秘密收买学生（津贴学膳费），利用他们监视进步的教职员学生，操纵学生自治会的活动。反动军警闯入学校逮捕学生，也是由这些坏家伙做好引线的。②

【解读】本段记载国民党反动派封闭湖南学校以防止学生革命的情况。复校后，国民党政府要求学校增加所谓的政治课教学，传播资产阶级学说，防止革命思想的传播。

一九二七年上半年"马日事变"以前，我在省立高级中学教务处工作。这个学校是由本省几个省立中学、师范学校的高中、高师部合并成立的，由罗驭雄担任校长，谭常恺任教务长，缪崐山任总务长，校址在南门外书院坪（今第一师范），学生近千人……高级中学是长沙学运的中心，进步学生控制了学生会的活动，教职员学生经常到校外去参加示威、游行、演讲、贴标语，做化妆宣传工作，革命的空气很浓厚。③

---

① 中国人民政治协商会议湖南省委员会文史资料研究委员会编，《湖南文史资料选辑 第1辑》，长沙，湖南人民出版社，第26页。
② 中国人民政治协商会议湖南省委员会文史资料研究委员会编，《湖南文史资料选辑 第5辑》，长沙，湖南人民出版社，第28页。
③ 中国人民政治协商会议湖南省委员会文史资料研究委员会编，《湖南文史资料选辑 第5辑》，长沙，湖南人民出版社，第37页。

第五章　学校教化史料

【解读】本段记载"马日事变"前湖南地区的高中具有浓烈的革命风气。

"马日事变"以后不久，反动派为了彻底反共，镇压学生运动，勒令全省各公私立学校一律停办，有的私立学校改办补习班，公立学校则一律关门。省立高级中学也跟着关门了。①

【解读】本段记载"马日事变"后国民党反动派通过关停全省学校镇压学生运动的情况。

一九二七年春，我在第一师范初师部读书。当时，一师高师部在南门外书院坪，初师部并入稻田女师，男女同学。稻田女师隔东巷不远，省总工会办公地点就在东茅巷湘汉旅社……第二天，学校临时纠察队继续巡逻站岗，不准自由出入。②

【解读】本段记载马日事变之后国民党反动派对湖南省第一师范学院进行管控的情况。

"马日事变"以前，三分校的革命空气是很浓厚的，有许多著名的共产党人到学校作过报告，受到学生欢迎……经过"马日事变"，整个湖南处于残酷的白色恐怖之下。三分校也不例外。过去那种生动活泼的气氛被扫得一干二净，政治讨论停止了，文娱活动取消了，革命口号也不再喊了。整个学校是死气沉沉的，人们好像失去了灵魂一样，惶惶不可终日。③

【解读】本段记载马日事变之后，原先生动活泼的学校由于国民党的高压统治而变得死气沉沉。

"马日事变"后的省党校，是一个培植训练反共反人民的基层骨干的场所，他用种种办法，诱骗正在革命道路上彷徨的青年，使他们走上反革命的道路。当时省党校的课程以三民主义为主，以政治经济学、社会问题、劳工运动、农民问题、合作概论

---

① 中国人民政治协商会议湖南省委员会文史资料研究委员会编，《湖南文史资料选辑 第5辑》，长沙，湖南人民出版社，第38页。

② 中国人民政治协商会议湖南省委员会文史资料研究委员会编，《湖南文史资料选辑 第5辑》，长沙，湖南人民出版社，第41页。

③ 中国人民政治协商会议湖南省委员会文史资料研究委员会编，《湖南文史资料选辑 第5辑》，长沙，湖南人民出版社，第50页。

等为辅。三民主义一课完全是照本宣科。政治学的主讲者则极力宣传欧美资产阶级的议会民主和"法治",连孙中山先生的民主革命精神也被阉割了。其他经济学、社会问题、劳工运动、农民问题等课的主讲者,率多抄袭欧美和日本资产阶级御用学者的改良主义,以及考茨基、托洛斯基、布哈林等老修正主义、机会主义的谬论,对马克思主义进行无耻的污蔑;更狂妄地吹鼓"共产阶级是从恨出发,资产阶级是从爱出发"来反对阶级斗争;对孙中山的"联俄、联共、扶助农工"三大政策,也肆意加以曲解,极力为反共反人民找理论上的根据,以麻痹学生。①

【解读】本段记载马日事变后湖南省党校通过歪曲孙中山先生的理论和污蔑马克思主义,鼓吹议会制民主和反共思想,以在教育领域实现对学生的洗脑。

---

① 中国人民政治协商会议湖南省委员会文史资料研究委员会编,《湖南文史资料选辑 第5辑》,长沙,湖南人民出版社,第75页。

第六章 保甲乡约史料

一、蓝山县

约众组织

咸同间患盗，办团练。就形便，又分十六团。其大慈乡自一二三四五六七都外，有名上团中团三团四团者，则原隶蓝山之四十六村。曾拨宁远，后又归还之所编也。①

【注释】咸同：清代年号咸丰与同治的并称。

【解读】团练为中国古代地方民兵制度，在乡间的民兵，亦称乡兵。

然蓝山今有二十九里，每里十甲，故其数为二百九十甲。旧志只载二十八里与，与二十九里有殊者。大慈乡之四都，今分为上下也。今甲数或绝或并，早已不足二十九甲矣。盖蓝山甲数，即各户首之数也。里之名，为各征粮里旧之数也。团之名，为各地防匪之所也。尝有共□一户，而属此里非本团者，属此团非本里者，此亦参差不齐之故也。凡稽蓝山户籍，即以上列民户屯户徭户三者括之。民户氏族不一……而大慈乡境之四十六村，户以村别，不以姓别。其粮册名亦曰村字也。……其因里分团，因团画区，或主团防，或言自制……及咸丰同治间，分全县三十六团以便团练。团制挨户编造，不分某乡户籍。旧志古城属凤感乡可证也。既而城乡人迁居，及新入城乡籍者日多，因团系挨户，互相守望，画入城乡东二团。②

【解读】保甲是旧时代统治者来统治人民的户籍制度。此处蓝山县将十甲编作一

---

① 雷飞鹏等纂修，《蓝山县图志》，民国二十二年刊本，载《中国方志丛书》，台北，成文出版社，第615页。
② 雷飞鹏等纂修，《蓝山县图志》，民国二十二年刊本，载《中国方志丛书》，台北，成文出版社，第622页。

里。设里为确定向有旧交的乡亲征收粮食的数目，设团是为防范匪贼。有属于同一里而不属于同一团的，属于同一团而不属于同一里的，这就是里与团范围不一样的原因。每户因为村而区分，不因为姓氏而区分，粮册制作也是依据村来分。顺着里分团，顺着团划区。有的设立团防，有的自制。咸同期间，团防挨家挨户编制，不分乡镇和户籍。

康熙五十二年二月二十九日，奉分守衡永郴道刘宪牌，内开本年二月初八日。准湖南布政司咨开。本年正月二十八日，奉巡抚部院潘批。据蓝山县详前事，详称曾光余等，恳前事。词称蚁系蓝山县大慈乡二都里乙元户口，里甲丁粮夏，生员红案，俱已在蓝。缘因先年各村置员宁远县庄粮二百余石，便产各居，与本邑蓝民，烟火相连，非走居宁民境内。流寓无籍者可比。虽与宁界接壤，原属蓝山管辖，历百余年矣。祸因康熙四十五年，突遭宁远县主新任，不查来历，捏以生杨作楫黄云彩曾习孔等村，不服宁编。混详各宪。据详批入宁编管考试。遭宁邑衿棍，屡屡抗阻。于四十六年，曾光余等有违批岐视之控。四十九年，杨高远等有抗法阻试之控。五十一年，生黄云彩等又有粘情哭奏之诉。连年奔赴抚宪，构诉不休。两县不安，哭天开释等缘由，据详巡抚院批。四十六村之民，应否仍归蓝邑编管考试，以杜讼端。仰布政司迅移衡永郴道转饬蓝宁两县，会同查明，妥议详夺，奉此。两县移会，订期于四月十四日齐赴适中之地，公同会查。看得四十六村黄梁会杨众姓。祖籍蓝山、大慈乡二都民人。均有庄粮。溯其由来，自明季初年，各村先人买得江华县给发高砦白芒等管杀手工食，自明末裁革杀手。江华微粮写远，因就近拨附宁微。兹查据村民投验当日江华县出给印信实收，确然不爽。则此粮初非宁邑版籍民赋。四十六村原非宁邑管辖地方可知矣。再查楚南民人凡有寄庄邻县产业，止有完纳钱粮，并无因粮而改隶他邑之事。如桂阳州常宁永兴并宁远与附近零陵道州。此一定之例，在在皆然。卑□等窃谓事有窒碍难行者。固不便强民以所从，而事有遵循顺意者，又不便拂民之所好，与其变易成规，以兴连年不了之讼。曷若仿例而行，仍其旧贯。则两邑之士民，其讼端可杜情。两县会详衡永郴道，似应如二该县所议，移咨布政司。复查四十六村等人民。虽编宁六载，但连年构讼不休。今据两县会详，似应如该道及该二县所议。将四十六村等人民，仍和归蓝邑编管考试。其有人命逃盗者等案，亦应责令蓝山县稽查管理。惟钱粮一项，完纳宁县，以顺舆情，以绝讼端者也等缘由。详奉巡抚部院潘批。如详转饬遵照，仍取具两县永远遵依，报查缴。总督部院批如详备案缴。等因转令蓝宁两县，各出具永远遵依，申赍在案。谨奉勒石，以垂不朽。清康熙五十二年仲冬月谷旦。蓝山大慈乡二都坪石头公立。四甲里长。黄均得应杰应宁同立。①

【解读】此为解决蓝山县与临县宁远县管辖权冲突一例，县民对两县关于考试、案件、纳钱粮等方面的管辖权分配不服，以致构诉不休，两县不安。布政司与两县会同查明，主要考虑两县以往管辖权分配的习惯、渊源以及民意，最终解决争议并备案，两县各制作书面文件确认。布政司为掌管一省民政、田赋、户籍的二品官员。

夫必有籍者，以起役也。自宋以来，名曰保甲。讫于逊清皆沿之。所谓牌甲者也。其取义不外均输弭盗二者。盖去教养之义日远。当国家承平，民习于礼义而无奸非，国安于尊荣而无微役。久而久之，官吏视保甲为虚文，闾阎且以编查保甲为多事矣。…②

【注释】闾阎：原指古代里巷内外的门，后泛指平民老百姓。

【解读】此为对保甲制度作用、现状的介绍。牌甲为地方基层组织，是保甲制度中的基层单位，设立目的原为消除盗贼，在国家太平，民习礼义时，保甲制度不为官吏所重视，老百姓视编查保甲为多余之事。

清重保甲省会置局，领之以司道大员。叔季失职，因行巡警，而保甲法扫地尽矣。夫咸同间之团练，资以诛土匪，平大盗，团练故因保甲而起者也。③

【解读】清朝重视保甲制度。咸同年间设置的团练制度，用以平息盗窃财物众多或盗窃活动猖獗的人，团练依着保甲制度产生。

义助会

义助会。义助会名甚夥法亦不一。有名父母会，亦曰孝义会。凡父母丧葬乏赀者，充首会。邀族邻中有年老父母者组合之，各具银若干助费。并派壮丁往丧家异柩。继后会友逢父母丧，悉依助首会例行之。有初会时，即各派谷为公积者。盖以防将来

---

① 雷飞鹏等纂修，《蓝山县图志》，民国二十二年刊本，载《中国方志丛书》，台北，成文出版社，第634页。
② 雷飞鹏等纂修，《蓝山县图志》，民国二十二年刊本，载《中国方志丛书》，台北，成文出版社，第853页。
③ 雷飞鹏等纂修，《蓝山县图志》，民国二十二年刊本，载《中国方志丛书》，台北，成文出版社，第854页。

史料中的习惯与规则
——湖湘地区方志中民商事习惯史料的整理注释与研究

义助不周所弥缝也。有名花筵会者，或因子女，或本身昏嫁，邀集者有同等需要者若干人，组会助赀。有昏嫁皆助者，有仅助娶亲者，一年限助两次或三次。倘每年超过会次，即顺挨次年照助。或亦采公积法，以谋救济。会毕，乃告结束。又有因消极之灾害，或积极之兴作，而求义助者。区分苏会与标会两种。苏会由某首会邀十人，十个月一会。初会时，即□定会。轮至某会，即由拈定之某人备席接会。假如以会金百元，计首会二会，均付出银十四元五角，三会付十三元五角。以此递减。至尾会付银五元五角，会金总额二百元，则付款倍之，以此类进。若标会，则人数不拘多寡。会金每人数元，或十元，二十元，高至三五十元为仅见。一年两会三会四会，乃至按月一会，皆首会备餐，会友酌予津贴。金少会密者，仅茶会而已。其法，如每人助首会银十元，二会以后，当众开标。某标四元，会友各付六元，标五元，付五元。首会及已标人者。照原额付款，未标者，照标余之额付款。新法则每次拈定下次接会者，届期，备席集会，悉照款定标额十分之几领付，标其名而额其实，可免操纵。又有以谷计者，无论苏会标会，均以秋收为期。谷苏会一班，大都连首会六人，分加五退二，加三退四，两种。假如额谷千斤，前例由五会友各助首会二百，至二会则首会付五百，三四五六会友共付五百。三会则首会二会各付一半，四五六会仿此。后例亦由五会友各助首会二百，至二会则首会付三百，余会友共付七百。三会则首二会各付三百，四五六会友共付四百，四五六会仿此。若谷标会，与银标会无甚出入。前此多由私家男子，出名邀会，事极慎重。近则机关或团体，亦踵行之。妇女尤竞此道，诚善法也。惟是始以义相尚，继则义利参半，近则固利而伤义，以致半途撤散者有之，标入拖付者有之。乃有已助会而辄愿退出者，求其全始全终，已不多见。此最良之互助法，几为嗜利辈所误矣。①

【解读】此为治丧互助的民间习惯，亦可视为民间生活互助的多边契约。包括对丧葬、婚嫁、消极灾害、积极兴作四个方面互助，会员一家有丧，义助会用各家交纳的钱或物资帮助有丧事之家，并派壮丁抬灵柩；会员一家有婚嫁之事，与有同等需要的人组会互相资助，每年资助的次数有限制。因遭受灾害或需要兴造制作而求助的，分为苏会和标会两种。苏会首会人数为十人，十个月开一次会，每次会议由拈定的人备席。会员所出会费与会资具有一定关系。标会无人数限制，每人所应交纳的会费与开

---

① 雷飞鹏等纂修，《蓝山县图志》，民国二十二年刊本，载《中国方志丛书》，台北，成文出版社，第1023页。

会频率均不定，开会均是首会备餐，会员酌情给其津贴，会资少而开会频繁的，仅仅是以茶会的形式进行，通过一定交纳会费的方法以及领付的方法，使得义助会免于受人操纵。苏会标会均以秋收为期限。以谷出资的苏会和标会出资方式有所区别。

其坝权，或田主所有，或一姓一村所专，或数姓数村轮管。有坝会坝田，岁以谷若干，雇人包筑。合则留，不力则去之。若无常款，而又向归某姓某村专管轮管之坝。自冬徂秋，鸣锣集众，大小毕至，抢工兴筑。其工赀于秋割时，按亩刈禾若干兜或派谷数斤以赏之。此皆含有合作性。然劳获不易公平，坝制良否，影响田之收获不浅也。……①

【解读】此为有关坝权的归属及其管理的民间习惯，坝权的归属有田主所有、一姓或一村专属、数姓数村轮管三种形态，可视为民间合作的习惯。

禁社

俗称社会，实即农社。大概联络数村组织之。凡田禾蔬菜百物生理，皆禁偷窃，及牛马鹅鸭之践踏。远者分别轻重，责令赔偿与罚金，报者给奖。②

【解读】此为关于民间田禾蔬菜百物的管理，可视为多边契约，由数村共同组织形成农社。还规定了牛马鸭鹅践踏的侵权责任，责任形式包括责令赔偿与罚款两种。

若禁山会，专业树木，赏罚轻重，各从其宜。有大书禁山无义四字标语者。盖以无义为义，亦可味也。其常会多在旧六月六日。碗酒块肉，欢宴一度。藉申禁约。盖俗称此日土地生辰。趁此荐新，所以酬神也。③

【解读】此为禁止进山砍伐、放牧的民间规定。

佃农

佃农向田主承耕，不独无押金，且有买牛使畜，薄取牛租而平分其犊。甚至下种

---

① 雷飞鹏等纂修，《蓝山县图志》，民国二十二年刊本，载《中国方志丛书》，台北，成文出版社，第1024页。
② 雷飞鹏等纂修，《蓝山县图志》，民国二十二年刊本，载《中国方志丛书》，台北，成文出版社，第1025页。
③ 雷飞鹏等纂修，《蓝山县图志》，民国二十二年刊本，载《中国方志丛书》，台北，成文出版社，第1025页。

时，贷钱贷谷，以济其急。秋收还本，而不计息。其副产物，如豆薯等，全归佃农所获。故有耕至累代而不改佃。其田主之庆吊，亦欣然相通焉。①

【注释】佃农佃种田主的土地不收押金，使用田主买的牲畜，只交少量租金，牛犊归双方平分。在播种时田主会向生活困难的佃农借给钱粮，秋收时还，不收利息。田地出产的副产品全部归佃农。所以常有佃农世世代代佃种土地。遇到田主家红白喜事，佃农也都会参与。说的是佃农和田主的良好关系。

约众义务

斠工

农忙如分秧割禾时，甲农邀乙丙丁斠工，乙丙丁邀甲亦如之，但参差时日而已。以一人不便工作，合数人则工半事倍。且农器亦可互用，省费尤多。②

【注释】斠：调换。

【解读】农忙时农民互相帮忙做农活，各家农器相互使用。数人合作事半功倍，提高农作效率。可视为农民之间的多边合同。

助工

凡遇昏丧，邻里率往助工，不取值。此风于山居零户为盛。大族巨村较少。③

【解读】此为一家遇有婚丧之事，邻里都前往支援劳力，帮助干活，不取报酬的民间习惯，在人烟稀少之地盛行，聚集之地较少。

义务抬柩

凡丧家葬亲，多由族邻抬柩，或口邀，或柬请。无论路之远近，地之险夷，时之冻燠，皆奋勇以赴，毋规避者。但丧家酒食之款待，匍匐之哀叩。或加赠尺布草鞋，其隆重过于吊宾。盖以义礼为周旋也。近来偶有藉抬丧而挟持丧家者，大失义务之旨矣。④

---

① 雷飞鹏等纂修，《蓝山县图志》，民国二十二年刊本，载《中国方志丛书》，台北，成文出版社，第1025页。
② 雷飞鹏等纂修，《蓝山县图志》，民国二十二年刊本，载《中国方志丛书》，台北，成文出版社，第1025页。
③ 雷飞鹏等纂修，《蓝山县图志》，民国二十二年刊本，载《中国方志丛书》，台北，成文出版社，第1025页。
④ 雷飞鹏等纂修，《蓝山县图志》，民国二十二年刊本，载《中国方志丛书》，台北，成文出版社，第1025页。

【解读】一家遇有丧事，其族人与邻里有帮其抬灵柩的义务。遇事之家以酒食款待抬柩之人，匍匐哀悼叩谢。有的赠予布料、草鞋。用义礼作为交际，比对前来吊唁的宾客更为隆重。近来有以抬柩来要写丧家的情况，严重失去了抬柩作为义务的要旨。

牧牛团

农家一牛一夫，耗工费时。于是一村，或联合数村若干牛，公雇一牧童。清晨击梆放牛，傍晚击梆送归，无分晴雨也。牛闻梆声，亦即合群往返，不待鞭策。其牧童轮流供餐。其值每牛一头，岁出谷米若干，秋收计给。此与现代合作事业相类，他事可推仿也。①

【解读】农村每家一个人放一头牛，太过耗费工时，于是联合数村的牛，共同雇用一名牧童。牧童在各家轮流吃饭，每牧一头牛一年就出若干谷米，秋收之日一起给牧童作为报酬。与现代的合作事业类似，各牛所有者之间、牛所有者与牧童间均有合同关系。

救火

农村向无救火会，消防队也。遇有火警，鸣锣为号。邻童壮丁，皆奔赴往救，争先恐后。被火之家，一饭酬劳。贫者但温语谢之，无须饭也。②

【解读】此为有关邻里帮助救火的民间习惯。农村没有救火会、消防队。遇到有火灾，敲打铜锣作为信号。相邻的孩子壮丁都敢去救火。发生火灾的家庭以一顿饭作为酬劳。贫穷的家庭只是言语感谢，不用以饭酬谢。

邻老

民间口角钱财田土昏因，往往先投邻老，理论是非。最善者苦劝双方，忍骂赔钱，必和解而后已。次则两造设宴后，始肯周旋。又次乃索坐席礼，轿马礼。礼即银包之雅称。甚至从中挑唆，构成讼狱。乃知赔钱息事之邻老，为不可多得矣。③

【解读】民间因钱财田土婚姻纠纷，往往先向邻里长辈投诉，邻里长辈理论对错，

---

① 雷飞鹏等纂修，《蓝山县图志》，民国二十二年刊本，载《中国方志丛书》，台北，成文出版社，第1026页。
② 雷飞鹏等纂修，《蓝山县图志》，民国二十二年刊本，载《中国方志丛书》，台北，成文出版社，第1026页。
③ 雷飞鹏等纂修，《蓝山县图志》，民国二十二年刊本，载《中国方志丛书》，台北，成文出版社，第1032页。

最善良的还规劝双方，忍受辱骂，并赔钱，必定要和解了然后才停止。不善的需要两争议方设置宴席后才愿意帮其调解。更过分的人还索要坐席钱、轿马钱，甚至从中挑唆构成诉讼，才知道赔钱息事的邻里长辈不可多得。

二、石门县

乡约主持
老人

附乡约保甲乡约明□称老人

国朝每里金报一名，城市数名，择公正者充之。每月吉宣讲约正全书。雍正间，城村俱设约正，值月宣讲圣谕。设约讲三名，村落报充不一伺候正杂官。按临宣讲保甲明称团总，每里团长一统甲长，十甲长一统烟户，十城市团长一总甲，五小甲十①

【注释】金同"签"。约正：地方基层组织的头目。约讲：乡村基层工作人员。烟户：人户。

【解读】每里选择一名公正的人充当约正，每月初一宣讲。每里团长统管甲长，甲长主管烟户。

附相约保甲

乡约明称老人

本朝每里金报一名，城市量金报数名，择里中品望公平者充之。每月吉宣讲新 颁约正全书。雍正年间，城村俱设约正，值月宣讲。

圣谕城市设约讲三名，村落报充不一，伺候正杂各官，按临宣讲。②

【解读】此为关于宣讲乡约的宣讲人的选任、内容以及时间的规定。值月：在当值的那一月承应差事或担任某项工作。

---

① 林葆元修，申正飏纂，《石门县志》，清同治七年刊本，载《中国方志丛书》，台北，成文出版社，第207页。
② 苏益馨修，梅峄纂，《石门县志五十五卷》，嘉庆二十三年刊本，载《中国方志丛书》，台北，成文出版社，第101页。

本朝每里十保，每保甲长一统烟户，十城市总甲五小甲五里以稽粮。每里分十区，今名区分十柱。今各粮册分编者，是保甲以稽户口。今编审烟名册所编者，是按烟户轮当一年一换，讼匪粮役皆责查焉。①

【解读】此为关于保甲制度层级设置、区划的规定。

四、江华县

约章实施

□□礼部则例，凡置省府州县乡村巨堡及番寨土司地方设立讲约处所，拣择老成者一人为约正，再择朴实谨守者三四人为值月，朔望齐集耆老人等宣读。

圣谕广训及律令务令明白讲解，家喻户晓。该州县教官仍不时巡行宜□，如地方官奉行不力者，督抚查参。

讲约仪□

约正副讲赞诸人须预议□期轮管当讲前一日□管人于讲所打□□□各如式陈司鼓者击鼓三遍同约击至知□先向

圣谕香案前行礼毕，拱立于旁，然后司赞司铎亦向案前行□□□分东西□□□司赞唱□班，各依次列齐，四拜毕，再唱跪宣。

圣谕司铎者振铎，高声朗宜，宜毕再高唱。肃静，听讲司讲至讲案前，每人一款轮讲。通讲毕，司讲北面一躬退立。司磬击磬三声，司赞唱彻讲案。彻毕再唱。和班约正，以下俱向香案，北面齐立，再唱平身。礼毕乃散。

约正副为一方领袖。苟非其人生事扰众、滋诟酿争，不惟无益而又害之矣。必须举年高德邵、品行端方，里中□□者工人，一为约正，一为约副。

约赞亦□公道□干礼仪熟娴者二人。一约讲必须晓畅文义，声音嘹喨者二人。一司□司磬者随时择用。一香案、讲案、皮鼓、方磬各如图置办。一每月初二十六日会讲□，于辰时齐集讲所，午时讲完。讲毕即散，庶无参差。②

---

① 苏益馨修，梅峄纂，《石门县志五十五卷》，嘉庆二十三年刊本，载《中国方志丛书》，台北，成文出版社，第101页。

② 刘华邦纂修，《江华县志》，清同治九年刊本，载《中国方志丛书》，台北，成文出版社，第497页。

【解读】此为民间宣讲礼仪的程序。包括选择场地、宣讲时间、约正等人选工作内容。宣讲的内容主要为圣谕广训。《圣谕广训》是雍正二年出版的官修典籍,满清时期的国教。训谕世人守法和应有的德行、道理。源于满清康熙皇帝的《圣谕十六条》,雍正皇帝继位后加以推衍解释。清政府在各地推行宣讲,并定为考试内容。

五、桑植县

乡约组织

户口

土司时,土民生男生女,辄报名书于册长则当差。

县民最杂糅,由慈利拨归者,曰民籍。旧土司治者,曰土籍。旧卫所辖者,曰军籍。苗曰苗籍。外自县迁移来者,曰客籍。籍有五民数,则土四之客六之。①

【解读】此为对户籍的分类。分为民籍、土籍、军籍、苗籍、客籍。

保甲

保甲之法,以十家为一牌,十牌为一甲。每甲设保正一名。邑内城乡内外共有保证一百二十八名。其中有一甲两保者,亦有两保一甲,视地势之广狭,人户之疏密以为权宜焉。其清查之法,或某厅州县编第几牌、第几户,某人年岁若干,某厅州县某籍或居城某铺、居乡某甲地名,某处种田住屋,或系已业,或系佃业,有无功名,作何生理,现在家男女友伙□工、仆妇、婢女寄居。男女各大小,若干未在家者,或即本身,或系伯叔兄弟子侄。某名现往何处,何事,分别开列造具,循环正册。如有待查,自新者造入另册,以便稽查。②

【解读】此为保甲制度的内容。十家为一牌,十牌为一甲,每甲设有一名保正,一县城乡共有保证一百二十八人,有一甲有两保的有两保一甲的,具体情况视地势和人口的疏密程度而定。清查的内容主要为属于某州县编制下的第几户的某人、年龄多大、从事何种工作等如果有待查或自新的情况的另外登记到名簿上以便于稽查。

---

① 周来贺纂修,《桑植县志》,清同治十一年刊本,载《中国方志丛书》,台北,成文出版社,第133页。
② 周来贺纂修,《桑植县志》,清同治十一年刊本,载《中国方志丛书》,台北,成文出版社,第167页。

团练

咸丰四年

团练规署

各村之内，不拘十家八家，总以衡宇相依者，聊为一牌。再以牌内声息相通者，聊为一团。团有长久于一团之中，无论贫富，家出一丁，编为一册。必须年十八岁以上、五十岁以下强壮有力者充之。按村之大小以定丁之多寡，选择公正老成绅者充为团总，团长分别总理约束，并训练技艺。其有畸零单户，即附于附近团内一律编查，并责成团清其团族清。其放如一家有犯，九家同坐。团总团长实心任事，不得懈忽。①

【注释】署：同"略"。

【解读】各村之内不限于十家八家，房屋相互依靠的编为一牌，一牌内信息能够相通的编为一团，团有团长。一团内不论贫富，每家出一男丁编为一册，男丁年龄必须由十八岁以上五十岁以下的强壮有力的人充当。按照各村大小来确定男丁的多少，选择公正老成的绅士作为团总团长，分别总理约束并且训练技艺。有零星的单户人家就附着到附近团内一起编查。并让团负责完成清查团族。如若一家犯法则有九家受到连坐，团总团长认真办事不得懈怠疏忽。

团丁宜酌给口粮，凡值操演技艺之期，每人给米一升，盐菜钱三十交，如有惊报，即停力作共相抵御。每名给米一升，盐菜钱一百交，毋许稍有削减。一遇有匪人，即鸣锣相助。每户均须踊跃携带器具，协力捉拿解究，当堂赏给花红银牌。如有能盘获著名逃凶逃盗及访查奸细要犯足迹报信者，酌量加等给赏，以示鼓励。②

【解读】此为团丁权利义务的规定。

劝谕助捐以充团练练经费。凡团练壮丁设立团总所需口粮等项，即在于各保内殷实之家银钱谷米，量力捐出，各从其便，以俱支用。支用经费即于各村内殷实公正之人经手发给，以专责成。仍将用数逐一据实登记，以凭查考。③

---

① 周来贺纂修，《桑植县志》，清同治十一年刊本，载《中国方志丛书》，台北，成文出版社，第167页。
② 周来贺纂修，《桑植县志》，清同治十一年刊本，载《中国方志丛书》，台北，成文出版社，第137页。
③ 周来贺纂修，《桑植县志》，清同治十一年刊本，载《中国方志丛书》，台北，成文出版社，第137页。

【解读】此为劝勉晓谕各保内殷实的家庭量力捐钱粮谷米充当团练经费及口粮。支用经费则需要村内家境殷实且公正的人经手发给专门负责的人，要将所用的数额根据实际登记以待追查考究。

各团总、团长查阅团丁，实系奋勇武艺兼全者，即将训练之人与该团丁一并酌赏。其因循懈怠者，从重罚惩。①

【解读】此为团丁的奖惩规定。

团勇即系本村各户农工执业之壮丁充当，以本村之人守护本村之地，不得雇用游手好闲之辈。各村绅者协同团丁父兄家长随时训导约束，勉为善良。如□□不法，公同指名禀究。②

【解读】此为雇用团勇的规定。

团练、壮丁及各村团练、团长均应造具花名清册，注明往□□何技艺，以备稽查。③

【解读】此为团长团总有造具花名册的义务。

六、道州

乡约组织
保甲

城乡有团各有练长，练长由百姓报充，由来旧矣。一姓举报一人，或数人多寡，视族之大小。故一乡有多至十余人，少则六七人不等。合十乡而统计之，共得百六十余人。察其行事之公私与，稽察之勤惰，分别奖惩。设立总簿，于每月朔赴州，应点所发门牌，各注年貌、户口，及作何生理。每户悬牌一面，十家设一牌长，严连坐之法，互相稽查。十乡之内，聊之如一家。仍令练长按户挨查，遇有停留面生之人，许即送州究诘。稍或疏虞，先坐练长。每月□板具甘结，于点名时投递。俾窃贩酗博匪

---

① 周来贺纂修，《桑植县志》，清同治十一年刊本，载《中国方志丛书》，台北，成文出版社，第137页。
② 周来贺纂修，《桑植县志》，清同治十一年刊本，载《中国方志丛书》，台北，成文出版社，第137页。
③ 周来贺纂修，《桑植县志》，清同治十一年刊本，载《中国方志丛书》，台北，成文出版社，第137页。

徒不明之无处潜匿。地方之责者，倡率而遵行之，则百姓安堵矣。①

【解读】此为团练中选任练长、练长的奖惩办法、门牌的制作发放、连坐、清查户口等的规定。练长由百姓充当，一姓中推举一人或者多人，具体人数视家族的大小人员的多少而定，因此一乡之中有多到十几人少到六七人的，十乡的练长总共有一百六十多人。调查他们办事是否公私分明以及工作是否勤奋分别对其奖惩。设立总的名簿在每月的初一和十五前往州接受查点。门牌上载明年龄相貌户口以及从事的工作，每户悬挂一块门牌。十家设一个牌长，严格实行连坐，一牌之内相互稽查。十乡之内像一家。安排练长挨户清查。遇到有面生的人停留的送往州纠察或者治练长疏忽之罪。每月取保证书在点名时投递。私自贩卖、酗酒、赌博踪迹不清无处可藏有地方官员的职责。若地方官员能够落实遵守那么百姓就安定了。

七、宝庆府

乡约组织

村团

志地必先疆里。明制分州县为若干乡，分乡为若干里，分里为十甲。甲推田粮多者为首里。置粮表一以司粮赋，老人一以司争讼盗贼，国朝因之。然里甲无一定之域，随甲中人所并之地而为转移，有一里之地，此甲在县东数十里，彼甲在县西数十里者。又有同为一甲张家在县南数十里，而李家在县北数十里者。守望赴愬，皆有不便。于是宝庆五属因形势之便设为村团，各置耆老。②

【解读】州县分为若干乡，乡分为若干里，里分为十甲，在甲推举田产粮食多的人为首，设立粮长负责粮赋，老人负责争讼盗贼。里甲没有确定的范围随甲中人所合并的土地而转移，因此看守很不方便。于是顺应地势的便利设村团。

里甲

明洪武十四年，诏天下编赋役黄册，近城曰厢，在乡曰都，各编十甲，皆谓之里，

---

① 李镜蓉修，许清源纂，《道州志》，清光绪三年刊本，载《中国方志丛书》，台北，成文出版社，第475页。
② 黄宅中等修，邓显鹤等纂，《宝庆府志》，清道光二十九年修，民国二十三年重印本，载《中国方志丛书》，台北，成文出版社，第216页。

一曰图。每里设木铎以宣教化，粮长以征赋税，民田不无变易，里甲岁有收除。每十年令有司更定其册，并省贫里，使其民附于近里而析富里为二，以补原额。故今邵阳之三溪乡有五都六都，而无二都四都；新化之永宁乡有七都八都而无六都；邵阳新宁乡之一都，新化大阳乡之八都，永宁乡之二都，皆分上下都也。国初里甲仍明，旧稍有增益。①

【解读】此为保甲制度中关于宣扬教化、征收赋税的规定。木铎：以喻宣扬教化的人。粮长制是重要的田赋制度，明代在各州县设置的由粮长负责征解税粮的制度，明代田赋制度中一个重要而突出的部分，粮长的主要职责是负责本区的田粮催征、经收、解运等事宜。

八、澧县

乡约组织

乡镇

初画城为一区，通县为东南西北中二十区，旋以序数名之主者为团正。继画为十大区，区长主之画，设九十一乡镇，今定为三十乡镇为乡镇长。是主分甲乙。辖保甲、薪资皆由公给，但人有性□之殊，地有阔狭之别，政令纷繁，易于侵扰，安上全下，实在牧民者戒勉而纠察之耳。②

【解读】此为地域行政管辖的规定。保甲的薪资由公费给付，因性别有别，因土地的宽窄有别。

九、清泉县

乡约组织

里都

里都本兼坊厢而言，衡阳旧编户四十五里，城内雍和坊，城外东厢乡，都四十三，

---

① 黄宅中等修，邓显鹤等纂，《宝庆府志》，清道光二十九年修，民国二十三年重印本，载《中国方志丛书》，台北，成文出版社，第223页。

② 张之觉修，孟庆暄等纂，《澧县县志》，民国二十八年刊本，载《中国方志丛书》，台北，成文出版社，第28页。

各分里甲。

国朝康熙中编区废甲，更定都名。乾隆二十一年析置清泉县，割东南境属焉。城内雍和坊之半，城外东厢乡都十七。①

【解读】康熙年间编区，废除保甲制度。

十、祁阳县

约章实施

旧志祁旧十四乡，后增兴□废新化两乡，共十六乡。赋役用里甲催办，各设有局在城□东无艺共□□矣。自康熙四十二年，知县陈宗泰奉文废甲编区□十六乡为十六都，都各十区，共计一百六十区。完纳钱粮，民得有封投□薄赋轻徭，永无追呼之扰。今乡名仍旧，而局则久废矣。②

【解读】赋役依靠保甲制度催办。

乡约

嘉庆四年十二月奉

上谕各省地方有司，每逢朔望日，傅集民人宣讲。

圣谕广训之事，如果膺民牧者能教以大义于闾家，设立科条，摘其大端，恺切宣示。俾闾听之民知所领悟，则不但循谨良善闻，而忻慕即桀骜不驯之徒，亦当知所敛戢。况地方大小官员，有教育斯民之责，岂可视为迂阔，置之不讲。嗣后不但朔望宣读圣谕广训，当明切讲谕及公堂听狱，赴乡劝农时，皆可随时训导启发。颙蒙庶默化潜消可渐收，易俗移风之效毋得视为具文，虚应故事。特此谕遍各督抚，率所属实意，奉行于化民成俗之道，朕实有厚望焉。③

【注释】膺：担任。大端：事情的主要方面。恺切：切中事理。忻：同"欣"。

---

① 王开运等修，张修府等纂，《清泉县志》，清同治八年刊本，载《中国方志丛书》，台北，成文出版社，第26页。
② 陈玉祥等修，刘希关等纂，《祁阳县志》，清同治九年刊本，载《中国方志丛书》，台北，成文出版社，第400页。
③ 陈玉祥等修，刘希关等纂，《祁阳县志》，清同治九年刊本，载《中国方志丛书》，台北，成文出版社，第1484页。

【解读】此为对讲约作用的介绍,通过宣读圣谕广训,将主要法令条文的大道理宣读给民众,让听者领悟,进而使得民众守法谨慎。此为关于讲约的规定,包括地方官员有通过讲约、列席公堂旁听刑事案件、下乡劝导农民等教育民众的义务。

嘉庆九年

钦定礼部则例,凡直省府州县乡村巨堡及番寨土司地方设立讲约处所,拣择老成者一人以为约正,再择朴实谨守者三四人以为值月,每月朔望,齐集耆老人等,宣读圣谕广训。

钦定律条,务令明白讲解,家喻户晓。该州县教官仍不时巡行宣导。如地方官奉行不力者,督抚查参。

讲约义注

约正副讲赞诸人,须预议分期轮管。当讲前一日,该管人于讲所打扫洁净,各如式陈列。司鼓者击鼓三通,同约毕至。知县先向

圣谕香案前行礼毕,拱立于旁。然后司赞铎亦向案前行。礼毕,各分东西对立。司赞唱排班各依次列齐。四拜毕,再唱跪宣。

圣谕司铎者振铎高声朗宣,宣毕再唱。肃静,听讲司讲至讲案前,每人一款轮讲。讲毕,司讲北面一躬退立。司磬□磬三声,司赞唱彻讲案。彻毕再唱合班。约正以下俱向

圣谕香案北面站齐再唱,平身,礼毕乃散。

约正副为一方领袖,苟非其人生事扰众□诟酿□争,不惟无益,而又害之矣。必须举年高德邵、品行端方、里中钦服者二人,一为约副。

约赞亦须公直强干、礼仪熟娴者二人

约讲必须晓畅文义、声音嘹喨者二人

司鼓司磬者随时择用

香案讲案皮鼓方磬各如图置办

每月初二十六日会讲,俱于辰时齐集讲所,午时讲完。讲毕即敬庶免参差[①]

【解读】此为讲约的程序、礼仪等,程序严谨,约正、约副、司赞、司铎等人选均

---

① 陈玉祥等修,刘希关等纂,《祁阳县志》,清同治九年刊本,载《中国方志丛书》,台北,成文出版社,第1484页。

有要求，在讲约过程中各司其职。

[附记籍]雍正七年奉部文覆淮，凡州县城内及大乡村，择一宽阔洁净之处设为讲约所。约正值月，置二籍德业，可劝者为一籍，过失可规者为一籍。值月掌之月终，则以告于约正，而授于其次。每月朔日，约正及耆老、里长皆至，相对三揖，众以齿分左右，立设几案于庭中，值月向案北面力宣读。①

【解读】此为讲约中记籍的民间规定，在县城内选择一块宽阔洁净的地方为讲约处所，由值月置备两本簿册，德行与功业能够劝导的记在一册上，因疏忽而犯错可以规制的记在另一册上，由值月掌管，月底向约正报告。

圣谕广训推说，其义剀切叮，□使人警悟通晓。未达者仍许昏□。讲毕，于此乡内有善者，众推之，有过者，值月斜之。…其实状众无□词，乃命值月分别书之。值月遂读记善籍一遍。其记过籍呈约正及耆老、里长默视一遍，皆付值月。收事毕，众揖而退。岁终，则考校其善过，汇册报于县官。县官设为劝惩之法。有能改□者一体奖励，使之鼓舞不倦。县官亲临讲图。②

【解读】此为讲约中呈报善恶，记载于册，每年年底考订校对名册上报给县官，形成奖惩之法的规定。

十一、长沙县

乡约组织
都甲

康熙十年，里民杨启先、艾□伯、林北远具呈均图知县俞□，始从与议详定审编。通计阖邑熟垦粮二万一千七百石，有零仍照十二都三厢名色，每都厢各十甲，每甲分为十柱，自一柱起至十柱止。大差九空一当粮不出甲差不过都额□始免重累花户，亦得均平行之。有年官民雨便至，吴逆一乱田亩尽荒。军需旁午，供億浩繁。恢复之后，

---

① 陈玉祥等修，刘希关等纂，《祁阳县志》，清同治九年刊本，载《中国方志丛书》，台北，成文出版社，第1484页。
② 陈玉祥等修，刘希关等纂，《祁阳县志》，清同治九年刊本，载《中国方志丛书》，台北，成文出版社，第1484页。

仍当里役族管催征，积弊多端，民苦莫支。屡奉各宪禁革里役。康熙二十八年，里民胡朝隆、林世旺等具呈院宪郑，泣诉弊端，求为自行□纳知县向登元方行详请永行禁革里役，汰除一切杂派，止照由单钱粮花户自行上纳，十数年来强无躲闪，弱无包赔。愚民落业田价倍增至。三十七年奉文清丈田亩，四十年又履亩清丈。通县丈过原熟垦，并丈出新增共粮三万六千石有零，都各十甲甲各十区，又坊一厢一仍照自行上纳，无里□名色。①

【解读】此为康熙十年保甲制度的规定。每都厢分为十甲，每甲分为十柱。后改为每都分为十甲，每甲分为十区。

费用分担
社谷

一向无社谷，今愿捐谷立社者，准其酌定仓所，选充社长，一体立社，报明地方官通详。倘新分之社，社谷尚少，听其尽数出借，以待渐次捐添。地方官如有充公银米，亦许详明作为社，本此不必拘定。有四五百石方准立社也。凡立社分社，均将借谷村庄一一列明，以免争借越借。②

【解读】此为关于乡间公益社谷的规定。社谷与"公益法人"类似。对捐谷成立社谷的人准予其酌定社仓的选址并让其竞选社长职位。成立社谷须向地方官呈报。如若是新分立出来的社谷，存储量少，任其全部借出等待以后的捐添。地方官若有充公的银子和谷米也应当审查明白让其作为社谷资本。规定谷要达到一定数量才准许成立社谷，凡事成立社谷，分立社谷都应当将借谷的村庄一一列明。

通报出借还仓已经酌发摺式。该州县止须将各社长缴到印簿数目结总填入，即可照式通报，不可因此又令社长另造报上之册，致滋需索烦费。如州县照式填明数目不错者，上司衙门亦不必苛驳。凡社谷数目至斗升而止合勺以下之尾数，即有讹错，藩

---

① 赵文在等修，易文基等纂，《长沙县志》，清嘉庆十五年刊，二十二年增补本，载《中国方志丛书》，台北，成文出版社，第154页。

② 赵文在等修，易文基等纂，《长沙县志》，清嘉庆十五年刊，二十二年增补本，载《中国方志丛书》，台北，成文出版社，第578页。

司衙门更正造报，不得以零数不符驳查滋扰。①

【解读】此为有关州县上报社谷账目的要求以及藩司衙门更正编制文件或表册向上级报告的要求。藩司衙门是承宣布政使司，设布政使，从二品，掌管一省的财赋、民政。

地方官新旧交代，止就各社长所报印簿，查核领状相符，取具社长，甘结存案，即可接收出结交代。不可因一官交代逐社盘量交收，以后平时随便可以查验。不必分委佐杂多差胥役四出分查，致社长有供应之费奔走之劳。②

【注释】出结：出具事已了结或事情属实的证明。盘量：计算，盘点。

【解读】地方官上任时只针对社长所上报的社谷的账目印制名簿查验核实，相符合的就领取备办社长所出具的保证书，接收并出具账簿记载属实的证明。不得因为一官员交代逐个社仓盘点。交收以后可以随时查验，不用分派众多差役四处查看导致社长有供应的费用，奔波劳累。具结：旧时对官署提出表示负责保证的文件。

地方偶有偏灾，所借之谷，秋后免息还仓。如本年不还，次年仍收加一息谷，必须详明批定，方准免息。不得擅准免息，亦不得因一隅偏灾，而请免一县之息。③

【解读】此为关于免息还仓的规定，免息必须要有详细明确的批准，不得擅自免息。

社长三年经理公平，无侵欠者，地方官详明给匾奖励。经理年久，社谷渐多者，即系惠济乡里之正人，不愧娴睦，任恤之实事。详请院司给匾年高者详充。乡饮绅衿，则充宾介。贫民则充众宾。④

【解读】此为对根据社长绩效给予不同奖励的规定。社长经营管理三年处事公平没

---

① 赵文在等修，易文基等纂，《长沙县志》，清嘉庆十五年刊，二十二年增补本，载《中国方志丛书》，台北，成文出版社，第578页。
② 赵文在等修，易文基等纂，《长沙县志》，清嘉庆十五年刊，二十二年增补本，载《中国方志丛书》，台北，成文出版社，第578页。
③ 赵文在等修，易文基等纂，《长沙县志》，清嘉庆十五年刊，二十二年增补本，载《中国方志丛书》，台北，成文出版社，第578页。
④ 赵文在等修，易文基等纂，《长沙县志》，清嘉庆十五年刊，二十二年增补本，载《中国方志丛书》，台北，成文出版社，第578页。

有侵欠粮食的,地方官员审查明白后给予起牌匾奖励;经营管理年岁长久,社谷逐渐增多的是施恩于乡里的正派之人,不愧于诚实并给人以帮助同情的有用之事,请院司给予牌匾奖励,年岁高的让其充当乡饮酒礼的绅士青衿等。

嘉庆五年十月二十六日奉本府张 札奉布政司通 奉抚部院祖之忘准 户部咨一件为傅付事。户部谨奏,为核拟具奏事。嘉庆四年八月内奉上谕,各省社仓,仍听本地殷实富贵择其谨厚者自行办理,不必官吏经手,以杜弊窦。而裕民食等,因行文各省钦遵在案。嗣据陕西巡抚台布咨称,以社仓既归民间管理,惟社长贤否不一,倘习劣之徒彼此侵蚀粮石,势必渐亏与小民,仍无实济。请嗣后令社长于岁底将出入贮欠数目造册结报一次,地方官转报上司无庸造册报部,仍严饬各属,毋许差役催查,一切出纳听民自便等语。经部核与不必官吏经手之谕旨相符,惟岁底社长既结报地方官备案,自应仍行造册咨部,以便查核通行在案。兹复据安徽巡抚荆道乾咨称,社仓谷石酌议春秋出纳,听社长副经行办理。俟出纳事竣各将借出收还数目造册,呈官备案。至年终保题以及季盘交代应否,令各州县据其收支存欠数目造册结报,并社长副应否三年一换,由里民公举。州县详充之处,咨请部覆等,因除年底令各州县据其春秋出纳收支存欠数目造册结报之。年终保题季盘交代,毋庸造册结报。①

【解读】各省的社仓让本地家境殷实的人中选择谨慎笃厚的自行管理,不需要管理经手以杜绝产生弊端以致让民众食物充裕。社仓归民间管理,社长又好坏不一,倘若狡诈恶劣的人侵吞社仓粮食会导致弱小民众遭受损失。于是令社长在年底将本年度社仓出入的数目造册到地方官,地方官转报到上司,严格整治。通过一系列造册报册等措施防止出现社长侵吞社仓粮食的情况。

选举社长副一节,查例载直省社仓,每社设立长副各一人,选择品行端方、家道殷实之人充当。一应出纳事宜,责成经管三年更换无弊,许同社公保再留三年等语。又例载江苏省社长一年一换,于一社中择殷实公正者数人轮流充当。查以上社长副三年一年更换之处,例载既有参差期限,不无拘泥。从前官为经理,或不免藉端扰累小

---

① 赵文在等修,易文基等纂,《长沙县志》,清嘉庆十五年刊,二十二年增补本,载《中国方志丛书》,台北,成文出版社,第582页。

民，不愿充当。定期更换，尚属有因。今积贮出纳一切由民百姓，自无累苦。若经理不善，其益何必刻期纷？更况一社之中，选择品行端方，须家道殷实，殊非易事。倘更换者不如原办之人，于社中无益有损。是三年一年更换之例，实觉拘而难通等。查雍正二年，九卿议定社仓事目内开，正副社长每乡务择立品行端方、家道殷实者二人经管出纳。一年无过，给以花红，三年无过，奖以匾额，五年免一身差役，十年免及一家。该抚题请给以八品顶带。如有不善经理，致滋弊端者，即行革惩。侵蚀者以监守自盗例治罪。所少谷石，著令赔还等语等。细绎例意，实为允协。除公举社长副时，止令呈官存案。如办理妥善，照例办给奖赏，及免差役。如有侵蚀等弊，一经乡民告发，照例治罪。其有经理不善，仍听同社自择妥人请换，毋许官吏指名充补，及藉端为难达者察出究办外，所有社长副管理年分及劝惩条规，应请遵照雍正二年九卿所定社仓事目画一办理。将则例续改三年一年更换，参差未协之处悉行删除，仍归旧例。通行各省一体遵照如此办理，则官吏既不得藉有年限之名抑勒更换，而社长之良善者始能安心经理于社仓，似有裨益。①

【解读】此为对社长的选任、任期、奖惩等的规定。每个社仓设立正副社长各一名，由品行端正，家境殷实的人充当，负责所有的出纳事宜，让其经营管理三年更换。过程中没有出现弊端的在定条件的情况下允许其再任职三年。江苏省社长任期为一年，由同一社仓中选择家境殷实公正的数人轮流担任。不同地方社长的任职期限有不同的规定。雍正二年通过一系列的奖励措施来鼓励社长，通过一系列措施惩罚社长不善经理、监守自盗等情况。社长的换人任同社之人自己选择，不允许管理指名任职。

万历间，知府吴道行行县，立社仓于通货门内。后移驿步门□。明末毁于兵，雍正元年，知县张熙淳奉督部院杨宗仁文劝绅士捐谷□贮本县十都，即令本甲里民轮流报充社长，放收社谷。雍正十二年，知县陈率先奉文于好善乐施案，内官捐社仓谷□贮城内各铺，八年前县王世经以贮谷城内，乡民不便，乃拨交付各都乡绅与民捐社谷一例借放。乾隆十年，知县汪庆奉文于各都适中之地，建仓十二座。乾隆十二年，知县李大本择举殷实端方绅士充膺社总，每年印簿社总会同都甲、牌保分别丰歉，照例

---

① 赵文在等修，易文基等纂，《长沙县志》，清嘉庆十五年刊，二十二年增补本，载《中国方志丛书》，台北，成文出版社，第582页。

借放造册，报官查察办理，以防影射侵渔之弊。①

【解读】此为有关里甲之民轮流充当社长，县官率先为社仓捐谷，乡民捐谷，设总会同都甲牌保之人监察的实例。

乡约

嘉庆四年十二月奉

上谕各省地方有司，每逢朔望有传集民人宣讲

圣谕广训之事，如果膺民牧者能教以太义于国家，设立科条，摘其大端，凯切宣示，俾圂听之。民知所领悟，则不但循谨善良闻而忻慕，即桀骜不驯之徒，亦当知所敛戢。况地方大小官员有教育斯民之责，岂可视为迂阔，置之不讲，嗣后不但朔望宣读

圣谕广训当明切讲谕。及公堂听狱赴乡劝农时，皆可随时诲导启发。颛蒙庶默化潜消可渐收易俗移风之效，毋得视为具文，虚应故事。特此通谕各督抚率所属实意奉行于化民成俗之道，朕实有厚望焉。

嘉庆九年

钦定礼部则例，凡直省、府、州、县、乡村、巨堡及番寨土司地方设立讲约处所，拣择老成者一人以为约正，再择朴实谨守者三四人以为值月。每月朔望，齐集耆老人等宣读。②

【注释】凯切：切中事理。忻：同"欣"。

【解读】此为对讲约作用的介绍，通过宣读圣谕广训，将主要法令条文的大道理宣读给民众，让听者领悟，进而使得民众守法谨慎。膺：担任。大端：事情的主要方面。此为关于讲约的规定，包括地方官员有通过讲约、列席公堂旁听刑事案件、下乡劝导农民等教育民众的义务。

---

① 赵文在等修，易文基等纂，《长沙县志》，清嘉庆十五年刊，二十二年增补本，载《中国方志丛书》，台北，成文出版社，第609页。

② 赵文在等修，易文基等纂，《长沙县志》，清嘉庆十五年刊，二十二年增补本，载《中国方志丛书》，台北，成文出版社，第907页。

十二、汝城县

乡约组织

义勇队之组织

编组依各县现在行政区域系统，县以下分若干区，区以下分若干乡，乡以下分若干村。县设总队，区设支队，乡设分队，每分队辖若干甲，甲辖若干组。总队部设监督一由县长兼任总队长，一由保安团长兼充，或由县长遴昌派充，不另设副队长。总队部附设县政府或保安团，部内职务由县政府及保安团内职员兼办，酌给津贴，或酌设事务员一二人监督总队长。如由县长派充者，须同受保安团长之指挥支队。依各县现在所分行政区域，每区设支队长一员，支队部附设于区公所内。其佐理人员由区公所人员兼办。支队长月薪暂规定十八元，由总队部统筹支给。分队依各县现在行政区域，每乡设分队长一员，分队部即□设于乡公所内，其佐理人员亦由乡公所内职员兼充。分队□无给职员每月津贴火食洋八元，由总队部统筹支给。甲依各乡以下之行政区单位每一单位设甲，每甲设甲长一名，完全义务职如乡，以下再无行政区域单位者，则按每百户以上设甲长一名，二百户以上设甲长二名，余类推。不足百户者可不设甲长。组凡自十八岁至四十岁之壮丁，无论富贵贫贱，均应编为义勇队丁。每十户为一组，如奇零时在五户以上，得成组。五户以下并入邻组。每组设组长一名，任本组内一切事物之领导人员任免。支队长由总队长就各该区选保公正忠勤，具有相当军事学识及资格能力者，报由县政府令委。分队长由支队长选保报，由总队长令委甲长，由分长队选保报，由支队长令委组长，由甲长选保，报由分队长令委。但各级官如长有溺职，得按级呈由总队部撤惩。

各县义勇队兵及甲组长均为完全义务。平时在大集合点训时，酌与给养。奉命出剿匪，共往返在一日行程者，每队兵津贴火食洋二角或三角，甲组长津贴三角或四角。出剿日久者，按此规定算给。但分队长于出剿时，每员每日增给旅费洋四角，各县大乡须储备队兵三百名半月之火食费，小乡须储备二百名半月之火食费，预由各乡公所开会筹措存储，并呈报总队部备案。

依照义勇队章程筹措经费时，须由各区乡公所造具预算，呈请总队部备案，方可开始收捐。每月终须将收支填表呈报总队部，每季终须将决算书造报总队部，并公布周知。

凡区乡内发现□匪，由先得知之义勇队兵立发信号（鸣锣击梆远者则放烽烟），召集各队兵团捕。各队兵一闻信号，无论任何种工做，均应停止，前往应援。并一面飞报甲长及分支队长处置。如有无故不去应援，即由各甲组长查实具报，分支队长转报总队部惩治。

各乡区编组队兵倘有藉故□延阻挠之人，即报请总队部查明惩处。①

【解读】此为民间组织义勇队的编制、人员选任程序、预算决算程序、紧急情况出兵方案、奖惩程序的规定。义勇队有县、区、乡、村、甲、组六级，在县、区、乡分别设总队、支队、分队。总队部监督由县长兼总队长或者保安团长兼任或者县长遴选派遣的人任职，不设副队长。总队设有县政府或者保安团内职务，酌量给其津贴或者设事务员监督总队长。每区设支队长一名，由区公所人员兼任，由总队同一发给薪水，各分队设分队长一名，由乡公所内职员兼任。乡之下得行政区单位设甲，每甲设甲长一名。乡以下不设行政区单位的按每一百户以上设甲长一名，两百户以上的设甲长两名以此类推，不足一百户的可以不设甲长。只要是十八岁到四十岁的壮丁不论其家境均应编制到义勇队中。每十户为一组，不满十户在五户以上的也得以成立组，在五户以下的并入邻组，每组设组长一名负责组内事务。支队长由总队长选择公正忠勤具有一定军事知识的资格和能力的人报到县政府委任。分队长由支队长选择报总队长委任。甲长由分队长选报，支队长委任。组长由甲长选人，分队长委任。各级官员如果有不尽职的逐级上报给总队撤免惩罚。

义勇队兵和甲组长都会酌定给其给养以及津贴。

依照义勇队章程，筹集经费需要由各区乡公所编制预算呈请总队部备案才能够开始接受捐助，每月需要将收支填表呈报到总队部，每一季度需要将决算书造册报到总队部公布。

凡是在区乡内发现匪贼，首先得知的义勇兵应发出信号召集各队的兵团，各队兵不管其正在做何事都必须前往援助并同时尽快报告甲长和分支队长。处置无故不援助的人，由各甲组长查实报给分支队长，分支队长转报告给总队部惩治。

各乡区编组队有借故阻挠的人报请总队部查清后惩处。

---

① 陈必闻修，范大淮等纂，《汝城县志》，民国二十一年刊本，载《中国方志丛书》，台北，成文出版社，第876页。

十三、桂东县

费用分担
义仓

同治二年奉巡抚部院恽□饬劝捐义仓，以备荒歉。乡城建仓分存董事举各乡劝明殷实绅士，二三年一换，核实交替。胥吏衙署人等，不得下乡需索。经营出入数目具载印簿，印簿□满即续，请署内不得□索钱文。其未佃耕与无业者，不许挟借经营者，亦不得丝毫侵蚀。先是佥举董事无敢应者。初社仓之设，县令始至胥吏即以查仓禀，或亲行阅视，或书役盘查，或每年委捕署清查。岁以此为胥吏利薮，稍不应即，以他事陷之，供亿繁费，董事岂能□赔，不得不取诸仓谷。不数十年，遂耗散一空。夫仓谷之设，本为济饥，而清厘核稽，又关心民瘼者。抚字实政，乃欲以济民，而反以病民，是谁之责欤？兹义仓之建邑，令陈玉祥禀请大吏，痛革往时积弊。惟期董事公慎，自矢上承德意遵守勿替，而良有司复勤加维持，庶荒歉有备，而民无失所矣。案详藩司并存县署碑文载后

为遵建义仓捐收积谷永定章程事案。①

【解读】此为关于同治二年管理社仓的规定，包括选任社长、县令胥吏监督社仓、设立社仓的目的等的规定。

县分五都，都分十甲，甲分十牌。都设保正或二四人不等。保正统甲长，甲长统牌长，每户籍其男妇丁口生理悬挂门首。保正以次清查，其素行不轨者，不许连牌。共甲境宵小既不得隐藏土著人民，亦皆归本业。②

【注释】宵小：小人。

【解读】此为关于保甲制度结构的介绍。县分为五都，一都分为十甲，一甲分为十牌。都设保正，保正主管甲长，甲长主管牌长。每一户籍中的男女人数从事业务要通

---

① 刘华邦、郭岐勋纂，《桂东县志》，清同治五年修，民国十四年重印本，载《中国方志丛书》，台北，成文出版社，第345页。
② 刘华邦、郭岐勋纂，《桂东县志》，清同治五年修，民国十四年重印本，载《中国方志丛书》，台北，成文出版社，第604页。

过门派悬挂在门上。保正按次序清查户口。行为不轨的人不允许其加入牌和甲中,境内的小人不得隐藏在本地人中。农民应务本业。

谕旨严密稽查行之而善者也。一练乡团,每乡分团乡,择其勇干一人为练总,其次为团总。籍乡之丁壮者,以练总统之。无事则守门庭,有警则官兵乡勇互为犄角。此前令阎公士魁因砂夫剽劫行之而效者也。一化徭民种类虽殊天良,则一命徭总择其秀者诣县赴学□书,稍通文艺者,照例收为黉宫子弟。其余山居水饮,禁戢奸民,不许欺辱滋事。久之革面革心,皆为良民矣。一审佃户□东缘山为田所招佃人,半江广贫民,责令本处有田人户细加察核。果系贫民,方许佃耕。保甲随时稽查,田主不得额外滥索,则人安土著自格非心。一禁坑冶坑冶之害挖破山谷芟柞草木,淤水流泄,污坏良田。而且聚集徒众作奸犯科逆匪藏匿,难于稽察。此砂夫之变,又为前鉴者也。盖严保甲,则宵小难容练乡团,则缓急有备有诗书以化徭,民有桀土以安客佃禁坑冶,则山林无从啸聚,匪徒无由遁匿。历任守土举行厘剔,亦已利与弊除矣。加以官兵按月会哨,民皆乐业。①

【解读】此为关于团练的规定,每乡分团,乡选择一名有胆略和才干的人作为练总,在之后的作为团总,练总统计乡中壮丁的户籍。严禁不务正业的人滋生事端,田主不得额外不加节制地索取,禁止坑冶破坏草木良田,禁止聚众作奸犯科等。

十四、嘉禾县

约章实施
保甲团防案

保甲本于井田法之守望相助,周礼之遗也。□□征兵自强之意焉。管子相齐,作内政寄军令分为士、农、工、商诸乡,省周礼之繁重,而以简驭之。其时去成周盛时未远,遂用之以霸天下。王安石为宋神宗变法,亦意在御辽金之侮,而求强国之策。保甲其善者,元明及清盖莫不沿,是以治民其法。十家为牌,牌有头;十牌为甲,甲有长;十甲为保,保有正,以相联比,以察奸暴,行之既久,名存实亡。县官例饬胥

---

① 刘华邦、郭岐勋纂,《桂东县志》,清同治五年修,民国十四年重印本,载《中国方志丛书》,台北,成文出版社,第604页。

吏查门牌，民且以保甲为□，故承平时，适以滋扰。乱时又苦于苛则法无善矣①

【解读】此为保甲制度的由来介绍，明清沿旧制用保甲之法。

十五、兴宁县

乡约主持
讲约

雍正七年奉部文覆淮，凡州县城内及大乡村，则一宽阔洁净之处设为讲约，所约正值月置二籍，德业可劝者为一籍，过失可规者为一籍。值月掌值，月终则以告于约正，而授于其次。每月朔日值月，预约同乡之人□与会集于讲约所，俟约正及耆老、里长皆至，相对三揖，众以□分左右立，设几案于庭中，值月向案北面立先读。

圣谕广训，抗声宣读，使人鹄立案悚听。然后约正推说其义，剀切叮咛，使人警□□未达者仍许其□间讲学于此。乡内有善者，众推之；有过者，值月纠之。约正询其实状，众无异词，乃命值月分别书之。值月遂读记善籍一遍，其记恶籍呈约正，及□老里长默视一遍，皆付值月。收事毕，众揖而退。岁终则考校其善过□册，报于县官。县官设为劝惩之法，有能改过者一体奖励，使之鼓舞不倦。又与乾隆十二年奉颁摘刊律侧一卷于宣读广训后读数条以示戒。②

【解读】此为关于雍正七年讲约礼的规定。

十六、宁乡县

乡约主持
读法

朔望讲约古月言读法之制也

上谕十六条 抚宪□公注以直解引□原情温文□义如圣经翼以贤傅不□之书也农复

---

① 雷飞鹏等纂修，《嘉禾县图志》，民国二十七年刊本，载《中国方志丛书》，台北，成文出版社，第638页。
② 郭树馨、刘锡九修，黄榜元纂，《兴宁县志》，清光绪元年刊本，载《中国方志丛书》，台北，成文出版社，第895页。

切照宁乡上俗，作俚诗十六首，每朔望先讲直解后，诵俚诗以导读法之制。

上谕十六条

敦孝悌以重人伦 笃宗族以昭雍睦

和乡党以息争讼 重农桑以足衣食

尚节俭以惜财用 隆学校以端士习

黜异端以崇正学 讲法律以儆愚顽

明礼让以厚风俗 务本业以定民志

训子弟以禁非为 息诬告以全良善

戒匿逃以免株连 完钱粮以省催科

联保甲以弭盗贼 解雠忿以重身命①

【解读】此为宣读法令的规定。每月初一和十五进行讲约，宣读法令。诏书十六条的内容分别为：

督促孝敬父母，友爱兄弟姐妹，重视人伦，忠实于宗族显示团结；

与乡里相处和睦减少争讼，重视农作满足衣食；

崇尚节俭爱惜财物，兴办学校端正读书人的风气；

除掉旁门左道推崇合乎正道的学说，讲法律减少愚昧顽固的思想

懂得礼让，使民风变得淳朴浓厚，致力于本业安定民心

教导子弟禁止干不顾法纪或礼法的坏事，平息诬告保全良善的人

警戒逃匿防止株连，交纳钱粮避免催收租税

结合保甲来平息盗贼，放下仇恨重视命运。

乡约实施
城守

保正五人，保副五人，保有十甲，甲若干人。保正警夜，保副营修筑缮□□霜降，则聚而习射，四城皆然。

乡甲

四乡各有保正，乡十保，保十甲，或以木构楼守望或□天□以自固各置锣一炮一

---

① 吕履恒等撰，《宁乡县志》，清康熙四十一年刊本，载《中国方志丛书》，台北，成文出版社，第120页。

于其上有事则鸣以聚众。①

【解读】此为保甲制度中保正有警夜的义务，保副有修建的义务。

十七、新化县

乡约实施
联保甲以弭盗贼

从来安民在于弭盗，摘发守御之法，必当先事而为之备。故缉捕有赏，疏纵有罚。讳盗有禁，违限有条。而最善者莫如保甲。十家为甲，十甲为保，甲有长，保有正。设立簿册交察互警。此即井田守望之遗制。②

【解读】安定百姓在于平息盗贼，实行保甲制度意在平定盗贼。十家设为一甲，十甲设为一保，甲有甲长，保有保正。

圣祖仁皇帝上谕曰联保甲以弭盗贼，诚欲使四海九州，间阎安堵，澄氺清源。

圣虑实为周切矣。第恐遵行，既从逶至。因循吏则徒稽。户籍民则仅置门牌，而于联比纠察之法，未见实心奉行，以至勾引窝藏之弊种种，而生邻舍失事，竟有如秦越之相视富家被劫，反指为悖，出之当然。甚且假公济私，藉盘诘之虚名，滋无厌之苛求，汛防因而骚扰，胥吏缘以生奸。有保甲之名，无保甲之实。有保甲之累，无保甲之益。此盗贼之所以难弭也。夫良法有利于民，在奉行之□求其实。嗣后城市乡村，严行保甲。每处各自分保，每保各统一甲。城以坊分，乡以团别。排邻比户，互相防闲。一甲之中，巨室大户□佃多至数百。此内良否，本户自有责任。若一厘一舍之散步村落者有业无业，或良或否里正保正得以微窥于平素，一出一入得以隐察，其行迹遇有不务恒业，群饮聚博□鸡走狗，夜集晓散，以及履□不明，踪迹可疑者，皆立为纠举，不许暂容甲内。其荒原古庙，闹肆丛祠，尤易藏奸，更宜加紧防察之。汛地兵丁务必昼夜巡□一体查结，毋借端生事，毋挟仇陷害，毋受贿赂而徇从，毋惜情面而

---

① 吕履恒等撰，《宁乡县志》，清康熙四十一年刊本，载《中国方志丛书》，台北，成文出版社，第131页。
② 关培钧等修，刘洪泽等纂，《新化县志》，清同治十一年刊本，载《中国方志丛书》，台北，成文出版社，第179页。

姑容。协力同心，轮流分派，则盗贼将安所逃□所谓寓兵法于保甲中也。若夫江海出没之区，有未可以保甲行者，舟楫往来烙号联□，彼此互相稽查，匪类亦难藏匿，皆在实心奉行先事而为之备。若视为具文，怠忽从事，至于被盗者失财，连坐者受累，不惟贫朕息盗安民之至意，亦甚非尔等保身保家之良策也。①

【解读】此处说明在实行保甲制度的过程中没有达到效果，产生窝藏栽赃等弊端，导致有保甲之名无保甲之实，有害无益。

里甲

明洪武十四年，诏天下编赋役黄册，近城曰厢，在乡曰都，各编十甲，皆谓之里。每里设木铎以宣教化，粮长以征赋税。民田不无变易。里甲岁有收除，每十年令有司更定共册省。贫里使其民附于近里，而析富里为二以补原额。②

【注释】木铎：以喻宣扬教化的人。

【解读】此为保甲制度中关于宣扬教化、征收赋税的规定。粮长制是重要的田赋制度，明代在各州县设置的由粮长负责征解税粮的制度，明代田赋制度中一个重要而突出的部分，粮长的主要职责是负责本区的田粮催征、经收、解运等事宜。

十八、长沙府

乡约主持
宣讲礼

每月朔望文武各官遵照会典序班行礼宣讲

圣谕

仪注恭设

圣谕牌于万寿宫朔望地方，文武教职各官齐集赞礼。生赞□班各依次就位，行三跪九叩礼。礼毕分班敬听，宣毕退班。雍正七年奉文，凡州县城内及大乡村，择一宽阔洁

---

① 关培钧等修，刘洪泽等纂，《新化县志》，清同治十一年刊本，载《中国方志丛书》，台北，成文出版社，第179页。

② 关培钧等修，刘洪泽等纂，《新化县志》，清同治十一年刊本，载《中国方志丛书》，台北，成文出版社，第486页。

清之处为讲约所，遴设约正直月将，德业可劝者为一籍，过失可规者为一籍。直月掌之月终告于约正而授于其次。每月朔日，直月预约同乡之人夙，与会集于讲约所，俟约正及耆老、里长皆至，相对三揖，众以齿分左右，立设几案于庭中。直月向案北面立先读。

圣谕广训皆朗声宣诵，使人鹄立悚听，然后约正推其质问。讲毕，于此乡内有善者，众推之；有过者，直月纠之。约正询其实状众无异词，乃命直月遂读记善籍一遍。其记过籍呈约正及耆老里长默视一遍，皆付直月□。事毕，众揖而退。岁终则考较其善过□。册报上有能改过者一体奖励，使之鼓舞。①

【解读】此为讲约的程序、礼仪等的规定。

乡约

嘉庆四年十二月奉

上谕各省地方有司每逢朔望有□集民人宣讲

圣谕广训之事，如果厉民牧者能教以大义，于国家设立科条，摘其大端，剀切宣示，俾圆听之民知所领悟，则不但循谨善良闻，而忻慕即桀骜不驯之徒，亦当知所敛戢。况地方大小官员有教育斯民之责，岂可视为阔置之不讲，嗣后不但朔望宣读。

圣谕广训当明切讲谕，即公堂听狱，赴乡劝农时，皆可随时诲导启发。颙蒙庶默化潜消，可渐收易俗移风之效，毋得视为具文，虚应故事。特此通谕各督抚，督率所属实意奉行，于化民成俗之道，朕实有厚望焉。

嘉庆九年

钦定礼部则例，凡直省府、州、县、乡村、巨堡及番寨土司地方设立讲约处所，拣择老成者一人以为约正，再择朴实谨守者三四人以为值月，每月朔望齐集耆老人等，宣读圣谕广训。

钦定律条务令明白讲解，家喻户晓。该州县教官仍不时巡行宣导。如地方官奉行不力者，督抚查参。

讲约义注

约正副赞讲诸人须预议分期轮管，当讲前一日，该管人于讲所打扫洁净，各如式

---

① 《乾隆长沙府志》，载《中国地方志集成·湖南府县志辑》，南京，江苏古籍出版社，第323页。

陈列。司鼓者击鼓三通，同约毕至，知县先向圣谕香案前行礼，毕拱立于傍。然后司赞、司铎亦向案前行礼。毕各分东西对立。司赞唱排班，各依次列齐四拜。毕再唱跪宣圣谕。司铎者振铎高声朗宣，宣毕再唱，肃静听讲司讲至讲案前，每人一款轮讲。通讲毕，司讲北面一躬退立。司磬击磬三声，司赞唱彻讲案。彻毕再唱合班。约正以下俱向圣谕香案北面站齐，再唱，平身，礼毕乃散。

约正副为一方领袖，苟非其人生事扰众滋诟酿□争，不惟无益而又害之矣。必须举年高德邵、品行端方、里中钦服者二人，一位约正，一为约副。

约赞亦须公直强干、礼仪熟娴者二人

约讲必须晓畅文义、声音嘹喨者二人

司鼓司磬者随时择用

香案讲案皮鼓方磬各如图置办

每月初二十六日会讲俱于辰时齐集讲所，午时讲完。讲毕即散，庶无参差。①

【解读】此为讲约礼仪、程序的规定。

团防

长沙十都 各甲历有团禁，乡人士捐赀备地方公事费用。境内倘有穿□之盗及园蔬田禾池鱼树畜，有偷窃者一经捉获，随鸣团甲，禀官送惩。其平时防闲，亦请官示万禁。虽寓守望相助之意，实无练习丁壮之名。自咸丰军兴以来，各大宪劝谕团防，饬行保甲，齐心竭力，为保卫身家至计，始遵谕办理，各立团名，捐置器械，派丁操习技艺，具有成效，兹录。②

【解读】此为团防具体内容的规定。各甲历来有团禁，乡里人士有捐赠资产来为地方公共事务备用，境内一旦捉获盗贼随即通知团甲并禀告官吏押送其去接受惩处。团防和保甲共出力保卫身家。

---

① 《同治长沙县志》，载《中国地方志集成·湖南府县志辑》，南京，江苏古籍出版社，第200页。
② 《同治长沙县志》，载《中国地方志集成·湖南府县志辑》，南京，江苏古籍出版社，第271页。

十九、安化县

乡约组织

团练

论团练 咸丰三年

前因逆匪纷扰,勾结土匪,扰害乡间。迭经降旨,令各省仿行嘉庆年间坚壁清野之法,或筑寨浚濠,或严守要隘。原期守□相助,互卫身家。所有团练兵丁自不宜远行征调。若本邑城池有警,则附近邮堡团练必应纠集壮勇,合力援应,使贼进无所据,退无所掠,自不难一鼓歼除。著各路统兵大臣督抚等剀切晓谕办理,团练各绅凡附近郡州县乡村一遇贼匪骚扰城池,即行会同官兵并力攻击,慎勿株守一隅,致有疏失。盖城池为一方保障,官民聊为一气,斯即众志成城之效。乡团中如有投设杀贼之功,着即行奏请优奖,以示鼓励。其隔府州县仍不得远行征调,以免扰累。将此通谕知之。①

【解读】此为通过团练保卫身家的具体规定,在抵抗匪贼的过程中官兵与团练兵合作。之前因为逆匪纷乱骚扰,勾结土匪扰乱祸害乡里,经过降旨命令各省模仿嘉庆年间采用的使敌人攻不下据点又得不到任何物资的措施或者在集镇、村庄周围修筑寨墙,挖筑壕沟或者严格防守要塞的方法,相互帮助保卫身家。团练兵不宜远行也不被征调。如果本县有紧急情况那么附近的团练必定前来援助。附近的乡村遇有贼匪,团练会同官兵一同攻击。

巡抚骆秉章乡守摘要

编保甲查造户口已毕,即以十户联为一牌,公举牌内一人为牌长。又以十牌联为一甲,公举甲内一人为甲长。又以十甲联为一保,公举保内一人为保正。均须年力精壮、明白勤慎者方准举充。既经公举,不得藉词推诿。编定后,即将各保正、甲长、牌长姓名填入册内,由保正出具认结,并团总、团佐出具保结,将册赉送地方官处,照造循环册二本。先给保正循册,年底换给环册,循来环去,岁以为常,不准废弛。②

---

① 《同治安化县志》,载《中国地方志集成·湖南府县志辑》,南京,江苏古籍出版社,第32页。
② 《同治安化县志》,载《中国地方志集成·湖南府县志辑》,南京,江苏古籍出版社,第32页。

【解读】此为保甲制度各级负责人选任的资格要求和程序。十户为一牌，公众推举一人为牌长，十牌为一甲，公众推举一人为甲长，十甲为一保，公众推举一人为保正。以上人选都要求年轻力壮聪明谨慎的人才准许被推举，被公众推举的人不能寻找借口推卸。确定后将各个保正甲长牌长的姓名填入名册内，有保正提出认可的文件，并由团总团总出具负责保证的文件，将名册送给地方官制作循册环册两本，先给一本保正循册，在年底时换成环册。每年都是如此做法不允许荒废懈怠。

登门牌照造循环册后核对无讹，即按户填写门牌，由保正领交甲长，转交牌长，牌长散给十家，并另刊十家为一牌册交给牌长，又另刊十牌为一甲册交给甲长。其门牌用木板粘贴，悬挂门首。如有遗失，禀明另给。凡各户中遇有寄寓之人，即由本户报明牌长，于门牌及十家牌内各贴浮签载明姓名住处，去则揭之。如为日过久，或有嫁娶、添丁、病故等事，应于门牌上加减人数。以及绝户、逃亡，应追门牌兄弟分析，应换门牌。搬去迁来，应缴应给，均由本户报知牌长，或牌长查明，自行转报甲长，随时登簿，按旬报保证，登入循环簿。俟届年底，由保正携带循环簿，赴地方官衙门当堂更换所有牌册纸张，及保正往来路费，由官酌量捐给。①

【解读】此为门牌的制作、更改、收缴程序的规定。登记门牌制作了循环册后核对无误的按照每户填写好门牌。由保正交给甲长，甲长转交给牌长，牌长分发给十家。并刊订十家为一个牌册给牌长，刊订十牌为一个甲册交给甲长。门牌用木板粘好悬挂在每家的门上。如果门牌有遗失的禀告另给其一块。凡事每户中有寄住的人由各户报告给牌长，在门牌中载明。每户有嫁娶添丁以及病故的情况的也要在门牌上加减人数，没有后代的人家或者逃亡的人家应追回门牌。一家之中兄弟分家的应更换门牌。搬去其他地方应收缴门牌的或者迁移到此处的人家应该发给门牌的都有该户报给牌长，牌长查明之后转报给甲长，甲长及时在名册上登记每十日报给保正登记到循环册中。等到年底由保正携带循环册到地方官衙门处当堂更换所有牌册的纸张。保正往来的路费由地方官酌量给予。

侦稽查各户中，有一为非不法之人，该团总佐保正牌甲均属耳目。切近不难随时稽查禀官拿办，应即责成牌长稽查十家，甲长稽查十牌，保正稽查十甲，团总、团佐

---

① 《同治安化县志》，载《中国地方志集成·湖南府县志辑》，南京，江苏古籍出版社，第32页。

稽查各保。如此层层纠察，不患不周。各保正、甲长、牌长果能勤慎稽查，始终无误，每届年底由该州县奖以花红。倘敢徇隐庇纵抑，或别滋流弊，经官查出严治其罪。①

【解读】保甲中各级负责人对其管辖区内有稽查的义务，团总团佐有也有稽查的义务。对各级负责人有明确的奖惩制度。侦查各户时遇有做错事不守法纪的人，团总团佐和保正牌甲都是能收集情报的，不难随时去稽查然后禀告官员捉拿来依法办理。令牌长专门稽查十家，甲长专门稽查十牌，保正稽查十甲。团总团佐稽查各保。这样层层纠察，不担心不够周到。各位保正甲长牌长如果能勤奋谨慎稽查始终没有差错，每到年底就由所在州县用花红给予其奖励。如果有徇私隐瞒庇护放纵或者另外滋生弊端情况的，经官员查证属实的将严格惩治。

严连坐　一保之中虽有保正、甲长、牌长责司稽查，不若比邻见闻较切。凡左右临户务各互相查察，如邻家有匪，立即密报牌长，甲长转报保正，禀官拿究，但不准挟嫌妄报，诬陷无辜，自干重究。如左右邻徇情隐，纵重问拟。②

【解读】此为一保中实行连坐制度的内容。严格实行连坐，一保中虽然有保正甲长和牌长，责令官员稽查不如相邻之人的见闻更确切，相邻户之间有互相稽查的义务，如果邻家有强盗的应立即秘密报告给牌长甲长，转报给保正。禀报给官员，捉拿追究责任。禁止因为邻里嫌隙而乱报告诬告陷害无辜。顾虑邻里情谊隐匿放纵的加重拟定其罪。

详定保甲

为详定保甲册式，以便造报事。窃照保甲之设，原为稽查匪类，弭盗安民要务。查保靖僻处极边，生苗连界，深山穷谷，最易藏奸。进奉改土设县，自当仰体皇仁。③

【解读】设立保甲的用意在于稽查匪类平息盗贼安定民众。

部示为边土愚氓亟土安全之策。卑职到任，将该地方旧设一十六旗，改为一十六都。各都设立乡耆一人，业已出示，晓谕其所以改旗设都者，不特勘丈田亩，可以按都设里均赋。即编查保甲之后，凡保正、甲长、牌头各有都名，而遇事亦易于稽查。

---

① 《同治安化县志》，载《中国地方志集成·湖南府县志辑》，南京，江苏古籍出版社第32页。
② 《同治安化县志》，载《中国地方志集成·湖南府县志辑》，南京，江苏古籍出版社第347页。
③ 《同治安化县志》，载《中国地方志集成·湖南府县志辑》，南京，江苏古籍出版社，第347页。

其所以设立乡耆者，原令其于都内村庄宣讲。①

【解读】地方各都设立乡耆一人，都设里，保正甲长牌头负责稽查，乡耆负责进行宣讲。

圣谕但编查保甲，亦可于各都内，先令其逐户挨查，以免胥役滋扰。然编查保甲之法，不可不先立一编查之册式也。案查雍正四年奉旨，保甲编排十户立一牌头，十牌立一甲长，十甲立一保正。若村落畸零户不及数者，即其少数编之。如村庄聚族多人，这拣选族中人品刚方者，立为族正。②

【解读】编查保甲需要制作编查的名册，雍正四年后编排为十户设为一牌，有牌头，十牌设为一甲，有甲长，十甲设为一保，有保正。村落不够整数的编成村庄。同族的人聚在一起，选定族里人品刚正端正的人为族正。

二十、保靖县

约章实施

又雍正五年，奉旨将绅衿之家，一体编次。如有仍前不入编次者，比照脱户律之最，钦此。钦遵在案进卑职册式，将都村分注于前各村四至，以及同姓之众寡分注于后，将十甲、十牌、十户逐一分晰于内。又于一户之下，开明土著、客籍，日后设立学校，可以分别取录，不至客籍起借名假冒之弊，而使土著有失上进之志也。现在捐备纸张，发各乡耆，每订一本，令其于都内各村庄，无分士民、客家逐户挨编。俟其造毕，卑职亲往各都查点，于十甲之内选立一保正，十牌之内立一甲长，十户之内立一牌头。更于族大之中立一族正，刊发门牌，给发各户，悬挂门首。倘有容留面生歹人，以及赌博、流匪，便于稽查。如有容隐，照例治罪。果能据实查首，分别奖赏。盗风可儆，良善皆得安枕矣。理合备文通详，伏乞宪台核夺施行。③

【解读】此为保甲制度中有关户籍注册、客籍入学、保甲牌中负责人的选任及其稽查义务的规定。

---

① 《同治安化县志》，载《中国地方志集成·湖南府县志辑》，南京，江苏古籍出版社，第347页。
② 《同治安化县志》，载《中国地方志集成·湖南府县志辑》，南京，江苏古籍出版社，第347页。
③ 《同治保靖县志》，载《中国地方志集成·湖南府县志辑》，南京，江苏古籍出版社，第206页。

二十一、永明县

费用分担
社仓

积谷实遵前抚军阳湖恽中丞奏定章程办理，业户收租，故一石抽捐三升，以百斤一石计者，二百斤抽捐三斤，统归公管，名公积谷，以备饥岁减价济贫。

积谷和团办者，其谷必多至数百石。当择该团适中之村建立公仓。团正外再举仓长一二人，司其出纳若干，分族自办，则谷不多可附储于祠堂，公租亦不必定归团正经管，该族自择人管理可也。

每岁出陈收新，亦自有加二、加三。息谷似不宜易钱存店生息，免致倒欠无者，及空仓无效等弊。[①]

【解读】此为积谷和团办中仓长的选任方式。

出陈收新，需当年十月将本息谷颗粒归仓。即偶逢歉岁动用，亦须于秋收后或再抽捐，或尽粜余钱文买填，不可托饰延误。[②]

【解读】此为社仓收陈出新、抽捐等的具体办法。

管理人有侵蚀，既查的确凭团款族，族众禀官除本息如数追缴外，仍须加倍罚惩。[③]

【解读】此为对社仓管理员侵吞的惩处办法。

设遇荒歉，即将谷做米减价，粜与团内、族内之贫者。其价视市价，每升减去十文，以外听管理人酌定。团族之来粜者，不得争论把持。

遇歉，粜米先尽团族之中之极贫者，其期以端阳后酌定何日为始。大口每日一升，小口每日半升，以见新谷为止。如预计米石有多，不妨推及次贫。至于稍能自给之家，

[①] 《光绪永明县志》，载《中国地方志集成·湖南府县志辑》，南京，江苏古籍出版社，第339页。
[②] 《光绪永明县志》，载《中国地方志集成·湖南府县志辑》，南京，江苏古籍出版社，第339页。
[③] 《光绪永明县志》，载《中国地方志集成·湖南府县志辑》，南京，江苏古籍出版社，第339页。

义不能遍及。不准经手人徇私市惠。①

【解读】此为荒年歉收的情况下减价卖米的规定。

常年出陈收新，不问是否本团本族，不论贫与，总须本息有著。其息加二、加三，视该团族情形所宜。②

【解读】此为社仓关于利息的规定。利息的高低不因是否是本团本族以及家境如何而有所区别。

好善急公之家，除本分照租捐积外，自愿加捐谷石，或捐建仓等费，数至百串者，由官禀请上宪，给与匾额，奖励五十串者，由地方官给匾奖励。所捐之数随积谷登载邑志。③

【解读】此为对于给社仓捐谷或捐资之家给予牌匾奖励，并登载公示。

此项积谷，经恽中丞原奏声明不归官管官。惟综核数目，随时责成团正族长从实办理，不许丁胥干预，亦不能因别项公事提用。即本团本族有事，亦不许提用，以免散失。④

【解读】官员无管理社仓的权力，只能核对社仓业务的数目，责令团正族长依照实际情况管理。也不允许官府中的小吏干预，不能因为本团本族其他公共事务用社仓物资。

每年十月须开明存谷实数，加结呈官存验，另照开清单一目了然。⑤

【解读】每年十月份需要将社谷储存的实际数目公开，做字据呈报给官员保存检验，另要制作清单。

二十二、乾州

调解仲裁
戒苗条约

尔苗轻生嗜杀，只是贪利劫掠，以致官兵屡屡搜剿。今我看尔苗地所产，有现成无限

---

① 《光绪永明县志》，载《中国地方志集成·湖南府县志辑》，南京，江苏古籍出版社，第339页。
② 《光绪永明县志》，载《中国地方志集成·湖南府县志辑》，南京，江苏古籍出版社，第339页。
③ 《光绪永明县志》，载《中国地方志集成·湖南府县志辑》，南京，江苏古籍出版社，第339页。
④ 《光绪永明县志》，载《中国地方志集成·湖南府县志辑》，南京，江苏古籍出版社，第339页。
⑤ 《光绪永明县志》，载《中国地方志集成·湖南府县志辑》，南京，江苏古籍出版社，第339页。

之利，不知受用，而贪杀身败家之利，何也。尔山上栗数砍倒可生木耳，每斤在外可卖钱三四分不等。山上漆树可以砍漆，每斤在外可卖银四五分不等。黄杨木、楠木锯成板片，砍印斧记，放山下遇水泛涨，可以流至乾州。各认斧记，每块可卖银数钱。再山箐之中多有药材，在外可卖重价。尔苗若不劫杀，则我汉人进寨教尔学做，便是安享无穷之利也。

盐布二项尔苗急需，皆因你们性好劫杀，以致无人进来交易。即有转卖进来的，其价又贵。是以尔苗历来常受寒冷没食之苦，殊属可怜。尔若不劫杀则汉人，进来交易者，多将尔土产以换盐布，岂不两得其利。再若尔果守法，可以到乾州五寨司买，其价更贱。①

【解读】由于苗民肆意杀掳，清朝康熙年间颁布戒苗条约。主要内容有：苗民杀内地一人，定要两苗抵命；枪内地二人，定要拿全家偿还。苗民不许制造军器，如果执刀枪行走，就属叛逆，拿获后一定诛杀。有抗粮抗当差者，也是叛逆，也是捉拿正法。苗区有木材、木耳、药材、漆树可以生利，苗民若不劫杀，可让汉民进来教学教做，也可让汉民进来从事买卖，以土产换盐布，此可两得其利，以安享无穷之利。条约中特别强调，大军撤回后，苗民要改过自新，各安生乐业。

二十三、善化县

乡约组织
团防

长沙十都 各甲历有团禁，乡人士捐赀备地方公事费用。境内倘有穿□之盗，及园蔬田禾池鱼树畜，有偷窃者，一经捉获，随鸣团甲禀官送惩。其平时防闲，亦请官示万禁。虽寓守望相助之意，实无练习丁壮之名。自咸丰军兴以来，各大宪劝谕团防饬行保甲，齐心竭力，为保卫身家至计。始遵谕办理各立团名捐置器械，派丁操习技艺，具有成效，兹录。 咸丰八年，县令颜培鼎劝谕团防论 略及條规于左为剀切，晓谕事。照得御寇莫如自卫，而自卫莫如立团事。不大劳而民安，用不甚费而民利。法良意美，由来已久。现在江省逆匪南犯办团筹防，最为急务，特为尔民人等缕晰言之，贼以为

---

① 《光绪乾州厅志》，载《中国地方志集成·湖南府县志辑》，南京，江苏古籍出版社，第190页。

史料中的习惯与规则
——湖湘地区方志中民商事习惯史料的整理注释与研究

合之。众路径生疏，东奔西窜，莫知所适。不如尔等生长间里，何处可以设卡，何处可以预伏，平日早有成算，临事自无失机。团之便民者一也。立团必须筹费，公出则众擎易举，即如收租之家，每石出钱不过数十文。租虽多而费实少。既成一乡之公举，又全一己之私租，是所出甚微，而所全甚大团之便民者而也。既已筹费，即须练丁，而练丁务在齐心协力，无论贫富贵贱，一例派出，不可稍判低昂，致生物议。以家人父子之伦，共保身家。既非外来之兵，恐怀私意，又非初至之地，尚虑迷途。其志合斯，其功易成。团之便民者三也。①

【解读】此为团防保甲合作保卫身家、团防向公众筹费、团练的规定。

丁以器械为先，枪礮刀矛固可杀贼，即一竹一木亦可卫身。果无事勤加习练，临警自获实功，不费时，不荒业，团之便民者四也。立团先清户口，乡闲零星杂处最易藏奸。户口既清，遇有行迹可疑之人细加盘诘。轻则驱逐元乡，重则送案纠治，不惟贼匪无隙可乘，即窃盗亦不禁自弭，一举两得，团之便民者五也。团既便民，而民不立团，其故何哉？一则轻信讹言，谓贼恨团，故不肯立。独不思贼之恨团，正贼之畏团。彼恐到处立团，无地容身，暗串奸民散布谣言，使民间无备，得以乘虚直入，肆行掳掠。即如二年秋，贼窜长沙，无团等处均多受害。惟河西无福团，贼不敢犯。又湘阴长乐团，素有声。贼虽至而无扰。此次逆匪窜入郴贵一带，有团之处均获安全，无团之乡遍遭蹂躏。是有团之益，无团之害，已大彰明较着矣。人同此心，胡不猛省？一则富者吝赀，谓以我之财供人之用，非所甘心。不知出钱立团，借人之力，即以保我之家。吝赀不出，则团不成。一旦贼至，束手被刲，后悔何及？即如二年六年，被刲之家竟至一空如洗。所惜之费安存。近日□匪蔓延永实一带，到处□掠命，尚难全财，何能守与？其轻命以重财，何若散财而保命？一则□者识浅，谓以我等气力保富者身家，殊属不值不思。同居共井，卫人即以自卫，无人何能有我，虽少赀财，岂无家室？纵无家室，亦有性命。试看二年六年，贼扰之处贫民偏多受害。况今无团之处贼匪奸淫掳掠恣意，胁从达者立遭惨毒。从者亦受鞭箠。且于被胁之后驱作先锋，以为礮之具。所以贼匪屡次溃败，有时杀伤遍野。其中短发常多，非百姓甘于目死也。头裹贼巾，身著贼袿，向前则官兵杀之，退后则贼匪杀之。逃生无路骈首就戮，言之

---

① 《光绪善化县志》，载《中国地方志集成·湖南府县志辑》，南京，江苏古籍出版社，第37页。

惨然一则。谓团总难得其人，数年办团以来公正固多，而贪鄙者亦复不少，以致退有后言。此次立团，杜绝前弊，非其人则公请斥革，得其人则公同举充。毋挟嫌攻讦母，殉情阿附，现在实心办公者，亦不得藉□推卸一则。谓贼匪？横势难与敌不愚。贼亦人耳，不过恃众亡命豕突狼奔，人皆畏避，势便猖獗。如尔等一其心力，无处不团，无团不练内匪既绝。内应无人，贼从远来，深入重地。贼客我主，贼劳我逸，山川险易，彼昏不知。号炮一发，云集响应，出以声东击西之计，实者虚之，虚者实之。使贼夜则投□难安□，则傅餐不暇，或伺疲乏，或乘要隘，尾追腰□防不及防，四面皆受敌之区。一夫有当千之勇。甚则闻风胆丧，草木皆兵。再得一二谋勇兼裕者相机决策，行之破竹之势成矣，又何必挫自己之气，而长贼匪之风哉？凡此数端利害显判。本县按时切事，反复指陈。尔等具有见闻，当亦信斯言为不谬也。现经上宪调派水陆兵勇，分途进剿，不难制其死命。第恐余氛未尽散窜日宽，官兵所未及备之处，有团练始足以图其万全□。奉 上宪札饬各乡赶办团练，无非为尔等保卫身家之计。尔等务须实心实力，勿避嫌怨，勿惮烦劳，勿吝赀财，勿存畛域。从前之积弊悉除，以后之章程妥定、长沙俗本淳良，人皆向义杀贼，即以保家保家即以报。①

【解读】此为团防对抗盗贼等不法之人的具体做法。

国乡团之设，势在必行。除将各条开列于后外，为此谕饬尔民人等一体遵照办理，无负本县谆谆劝戒之苦衷。倘再执迷自误，倡为莠言，从中阻挠，一经访闻，断不宽贷。切切特谕 遴派团总必须乡望素孚之绅者，其有武断乡曲徇私扛□者，概应斥革倘伊等□□充不遂即捏造谣言，希图暗阻。本县随时访察，严拿重究

各团集丁专为尔等保卫身家，并非按户抽丁调派远出。有造谣者禀送处治。

六十以下，十五以上，无论贫富贵贱，一例出丁，不得推诿。其单弱之家实系无壮丁者，应准原免各户毋许□为口实。②

【解读】每户已满十五不满六十的人都有出丁充团的义务。

所集团丁分别某都某团字号，平时在家勤习，每月初一、十五各赴本团点验。又

---

① 《光绪善化县志》，载《中国地方志集成·湖南府县志辑》，南京，江苏古籍出版社，第37页。
② 《光绪善化县志》，载《中国地方志集成·湖南府县志辑》，南京，江苏古籍出版社，第37页。

于春初秋末时，每都一年总点二次，以联络声势。①

【解读】此为核对检验团丁的规定。

各团宜预备信旗、信炮、信锣，贼临近时团局宜多设探子，四处探听。如有紧急，飞报团局，登高鸣锣放炮。各户接连奔报齐赴捍御。又随发信旗，飞报邻团，各团递相驰报，带勇应援一呼齐至，毋得迟误达者公同禀究。②

【解读】此为团中遇有紧急情况时应通过各种方式发送信号的规定，延迟发出信号误事的将被追究责任。

遇警时众志奋勇，何难勤贼？倘团勇偶有受伤者，请医调治。遇害者料理身后周恤，其家禀请卹典。杀贼立功者禀请优赏。③

【解读】紧急情况中奋勇剿匪而受伤的团将请人医治，遇害的团将为其料理身后事接济其家属并向上请求举行仪式，为立功的人请求奖赏。

立团须费从前办有旧章，此次自应查照，赶紧□齐公举老成殷实之人经管，以便各团总领取预备各色器械，免致临时掣肘。如费不敷，晓众续捐，明白登记，年终核算，张贴晓单，禀县立案，免滋物议。如有侵吞，查追究办。④

【解读】团中费用由年高有德家境殷实的人管理，费用的出入需要清除登记，年终进行核算并公示清单禀告县官立案，管理之人如果有侵吞财务的追究其责任。

派费无论自种寄庄，一例捐缴寄庄。著佃户缴出，均毋得隐瞒悭吝。如有阻挠，指名禀究。⑤

【解读】不论是自己播种还是在本籍以外置备土地，设庄收租都有捐缴团费的义务。

总局须设大路庙宇祠屋，或一都设一总，或二三都联设一总，公举精明正直三四

---

① 《光绪善化县志》，载《中国地方志集成·湖南府县志辑》，南京，江苏古籍出版社，第37页。
② 《光绪善化县志》，载《中国地方志集成·湖南府县志辑》，南京，江苏古籍出版社，第37页。
③ 《光绪善化县志》，载《中国地方志集成·湖南府县志辑》，南京，江苏古籍出版社，第37页。
④ 《光绪善化县志》，载《中国地方志集成·湖南府县志辑》，南京，江苏古籍出版社，第37页。
⑤ 《光绪善化县志》，载《中国地方志集成·湖南府县志辑》，南京，江苏古籍出版社，第37页。

人坐局。一切食用务宜节俭，所有用费逐日核算注明，毋得浮滥。至各甲局由团总妥为筹办。①

【解读】总局须建设大路庙宇，有的一都设一总局，有的两三都设一总局。公众推举三四名聪明正直的人坐守总局，其食用应从俭，所有费用每日核算注明不得浪费，各个甲局由团总妥善筹办。

团内清查户口，须设十家门牌，注明家口，按派什长，团清其团，族清其族。如有房屋佃赁，细查来历，报知团甲。邻右互保，方准佃赁尤宜于□津渡口盘诘往来行人，如获奸细，迅傅牌甲带交团总送县迅究。其盘获之人，从优奖赏，以示鼓励②

【解读】此为团内清查户口的规定。

立团御寇，必须先除内匪，以靖地方。如有匪徒乘势扬言恐吓，或暗地勾引，或结党坐食，聚众抄抢，以及逃兵逃勇沿路刮掠滋扰，即傅集各团立擒捆送，听候惩办③

【解读】团内有匪徒扬言恐吓、暗地勾结、聚众抄抢、逃兵逃勇的，捆送惩处。

团内如有结盟拜会，吃齐演教，以及赌博、贼窝、烟馆、招引、匪类、油火、拚赖、煨狗、誓愿恶习，准随时禀送，以凭分别惩治，毋许徇从及挟嫌诬害。④

【解读】对结盟拜会，赌博等恶习予以惩治。

逃荒难民，原应赈恤。惟近有一班流匪，借逃荒为名，窥探路逐术取银钱。如系此等匪徒，准即傅团驱逐擒拿头目，解送处治⑤

【解读】驱逐假借逃荒之名探路的流匪并擒拿其首要分子将其押送处置。

长沙十都各甲地势，情形不一。其间因时制宜，随地立法，有非示谕所能罄者。是又在各团总斟酌尽利，变通行之，本县实有厚望焉。

适中之处设立总局，自团总以次有团长、团佐、什长诸名目，皆择勤慎公平士民

---

① 《光绪善化县志》，载《中国地方志集成·湖南府县志辑》，南京，江苏古籍出版社，第37页。
② 《光绪善化县志》，载《中国地方志集成·湖南府县志辑》，南京，江苏古籍出版社，第37页。
③ 《光绪善化县志》，载《中国地方志集成·湖南府县志辑》，南京，江苏古籍出版社，第37页。
④ 《光绪善化县志》，载《中国地方志集成·湖南府县志辑》，南京，江苏古籍出版社，第37页。
⑤ 《光绪善化县志》，载《中国地方志集成·湖南府县志辑》，南京，江苏古籍出版社，第37页。

史料中的习惯与规则
——湖湘地区方志中民商事习惯史料的整理注释与研究

为之。其旗帜、号褂、刀矛之属,捐赀制造火器禀官颁发。各团派选壮丁招师,教习拳棒及各色技艺,操练有极精良者队伍,有极整齐者册籍缴官存案,钱谷归公支用。惟章程不能划一,盖团各有总例,即各殊或因人地不宜,遂有变通之局。然大段不离官示联络声势,保卫身家。所谓殊途同归也。至于城团与乡团,又异乡列十都城分三铺⋯乡团属之绅士,或委员看验则夫马,有费城团领以监司。虽按户清查,而鸡犬无惊。乡团必练习壮丁,城团惟严行保甲。乡团费用取之于民,城团费用取之于官,此其大略之不同也。然协齐户口团结人心,门牌设而民数,咸知旅舍清而匪徒敛迹。虽设法有乡城之异,而立团之本意无非为百姓防奸御侮起见。但城团有垣墉足恃,而乡团无堡砦(同"寨")可依终虑散,而难聚倘。由团而堡渐次行之,有备无患则尽善尽美之道也。①

【解读】此为关于设立总局、选任团总团佐、配合实行保甲制度、收缴及使用团费地规定。

骆中承并村结寨谕

此其明证团练之法,虽现在闲有遵行,究亦未曾多见实效。即如平地,形势宽衍无险要,可扼贼匪入境,处处皆可窜越。一家有警,同团之家各有戒心,势难及时赶来,并力救护。一村有警,前后村声息不通,及闻锣鸣梆响,团众齐至,势已缓不济急。是地居涣散,人各一心,名为团而究无团之实也。

乡民等平时务农,学习手艺,战阵非所素谙一日,闻警难于挺身对敌,即或拳棍尚优,而心之难济,彼此都不相愿。是名为练而究无练之实也。古人并村之法□于平地者,或数十村为一村,或就近十数村为一村,均听民自便。惟选一形势略好适中之地为堡,堡外开壕,壕深六七尺宽一丈有奇,壕内遍布高矣□距地三四尺即安枪炮眼一层,隔两尺又安一层,共计三层,总以平打贼身为主。⋯堡式圆方长斜俱随地形,为之向外三面凸出者为碉⋯亦安枪炮眼数层,彼此对方枪炮,以彼碉枪子,可及此碉之中为主。但使每碉得数十精壮安设二三十枝枪炮轮流施放,任凭恶贼,决不敢冒死冲近堡身。是一堡要紧处所不过数碉,一碉所须不过数十人。而数百家老弱妇女即可安居无恙。碉堡告成之后,各搭草棚,将银钱谷米衣服细□之物先时搬置其中。各家

---

① 《光绪善化县志》,载《中国地方志集成·湖南府县志辑》,南京,江苏古籍出版社,第37页。

自为封识公举妥实之人轮流看守。平时各安生理，耕作如常。探闻贼匪将至，老弱妇女即时入堡，丁壮齐至碉内守御。俟贼匪近前，度碉内枪子及之处，然后施放。枪炮无不得手。高山有险可凭，尤易为力古人结寨之法。行于高山者，先时会集同山居民编查保甲为一大团，又各分为数小团，将山内居民素不安分及形迹可疑者送官究办，以清内奸。然后因山涉险地势可□削者□削大路可堵塞樵径，可截断者截断于要路之□取石□碉或如梅花，形或如品字式。或如连珠形，亦随地形为之。一夫当关，千夫莫过。外来贼匪何足为忧？至于市镇日岸，亦周□掘壕筑墙，安设枪炮眼，两头安设大门以通出入，如平地碉堡之法处处如此，村村如此，贼匪无所掳掠，无所裹胁，饥疲困乏，不死即擒使乡民击贼，则不足使乡民自卫堡卫则有馀，使乡民各自保卫则不足，使乡民共相保卫则有馀，使乡民击大队惯战之贼或不足，使乡民击零星土匪散。我多贼少，我饱贼饥，我不畏贼，贼即畏，我岂不常操必胜之势哉？土匪既以搜除，良民自相保聚。彼此父母兄弟妻子聚在一堡，银钱衣服细□之物皆随身带往。贼匪纵来，所不能保者，亦不过粗重木器及房屋而已。此岂重于身家性命耶？愚民不知，或谓民居星散故，彼此不复相顾。贼匪成队而来，势不能抗，不得已，始为逃散之计，一身可逃矣。父母兄弟妻子能逃乎？性命可保矣。衣服谷米银钱可保乎？又况仓卒之际，游匪劫夺处处皆然颠沛流离，伊于胡底，欲苟全性命，正恐其未能也。即或侥幸苟免，而口无食，身无衣，乍免刀兵，旋为饿莩，则亦何术而能自全耶？同居堡内则势大胆大，骨肉在此，家赀在此，亲友戚族俱在此，则心齐力齐，贼匪与我何怨何仇，不过利吾赀财，胁我壮丁，掳我子女耳。今皆一律筑堡，声势相联，守望相助，无可掳掠，无可裹胁，贼能多运米粮，多制器械，多招匪党，日日与我攻打耶且□从来外匪之来，都因内匪勾引。今既并村结寨，村寨之中谁肯容留匪类？即有一二不安本分之人，为大势所牵制，亦何能为内奸？既绝外侮，自销此亦利害之较然□者，人虽至愚，为已谋则易工，孰安孰危，孰得孰失，谅乡民亦知。所决计矣，但平地筑堡建碉，高山结寨，设险一时，未免有所劳费。今议富户出谷米物料，贫者出工，每工日给谷四升。极大之堡不过用谷数百石便足。物料及器械杂用所费，亦不过二三百石。或照田亩分派，或就本团富室捐输。如捐数较多，自百石至千石，或作一团之用，或分作数团之用者，由各乡绅民具报本部院，按照捐数给予功牌顶戴以昭激。劝尔富户捐谷办本地公事，亦是办自家私事。尔贫民出力为大家保全性命，亦是为自家保全性命。不独一时便宜，且终身攸赖，尚何惮而不为哉？且自粤贼窜入湖南以来，富者尽室偕行转徙，仓皇抛家失业，所费已属不赀。又或中途被劫，囊箧俱空，或遇贼匪纷来，家赀立尽。与其事后懊悔，何如先事绸缪？贫者纵无身家，亦有性命。或被贼裹胁使其临阵当先，而以长发老贼监督其后。退后辄杀，进则死于⋯再本部院访闻湖南各州县，多系聚族而居办理，并村结寨尤为易。尔等各族必有祠堂，必有老屋，各团必有公庙随尔等察看形势，即以祠堂老屋为一族，公堡庙宇为一团，公堡房屋既可居住，只须在外面掘壕筑墙，一如碉堡之法，免致搭盖草棚，更属省事，听尔等自为之，均无不可。①

【解读】团练目前很少又被遵行，也没有见到很多实际效果，一家有紧急情况同团的人很难及时赶来援助，一村有紧急情况，邻村消息不通，等到听到锣声梆声赶来已经来不及。因此有团之名无团之实。乡民平时务农，没有真正做到团练。因此通过选址开壕建造碉堡的结寨之法和编查保甲对抗匪贼，其间富家捐谷物，贫家出工。

乡都里甲

每都设立保正以应差遣，以防盗贼奸邪。嘉庆十九年给门牌，每十家为一甲，有甲长统于保正，乡城一律奸人无所从。但民粮分作十都，田赋多寡不等，似宜仍前六都承粮，每都均粮若干，以合通邑总数。庶疆里正而丝役均焉。②

【解读】在保甲制度中，每都里设保正听候差遣，以防范盗贼和奸诈邪恶的人。十家为一甲由保正统率。

社仓

雍正元年奉 督部院杨宗仁行文，劝绅捐谷，散储本县十都，即令本里甲民轮流报充，社长放收社谷。十二年奉文于好善乐施案，内官捐社谷，散储城内各铺。乾隆八年复奉文，以谷在城内，乡民不便，乃拨交各都乡绅，与民捐社谷一例借放。十年奉文，于各都适中之地建仓。十二年奉文，择举殷实端谨绅士充膺社总，给发印簿，每年会同都保，分别丰歉，照例借放造册，报官查察，以杜亏欠侵蚀之弊。③

---

① 《光绪善化县志》，载《中国地方志集成·湖南府县志辑》，南京，江苏古籍出版社，第37页。
② 《光绪善化县志》，载《中国地方志集成·湖南府县志辑》，南京，江苏古籍出版社，第37页。
③ 《光绪善化县志》，载《中国地方志集成·湖南府县志辑》，南京，江苏古籍出版社，第92页。

【解读】此为有关社仓督部院说服绅士捐谷、里甲民众轮流报告充当社长、通过设置社总并要求造册报官防止侵吞财物等内容。

乡约主持
讲约

宣讲

圣谕

雍正七年奉部文覆准,凡州县城内及大乡村各立讲约之所,设约正一人,于举贡生员内拣选老成有学行者为之。值月三四人,选朴实谨守者为之。置二籍,德业可劝者为一籍,过失可规者为一籍。值月掌值月中,则告终于约正,而授于其次。每月朔日举行先期值月,预约同里之人夙与集于讲约之所。俟约正及耆老、里长皆至,相对三揖,众以□分左右,立设案于庭中。值月向案北面立,抗声宣读。

圣谕广训各人肃听,约正复推说其义,必剀切叮咛,务使人警悟通晓。未达者,仍许其质问。讲毕如此,乡内有善者,众推之,有过者,值月纠之约正。询其实状,众无异词,乃命值月分别书之。值月遂读记善籍一遍,其记过籍呈约正及耆老、里长默视一遍,皆付值月收之。事毕,众揖而退。岁终则考校其善过□册报于州县官,设为劝惩之法。有能改过者一体奖励。

嘉庆四年奉

上谕各省地方有司,每逢朔望,有傅集民人宣讲。

圣谕广训之事,如果膺民牧者能教以大义,于国家设立科条,摘其大端,凯切宣示。俾圜听之民,知所领悟。则不但循谨善良闻而忻(同"欣")慕,即桀骜不驯之徒,亦当知所敛戢。况地方大小官员,有教育斯民之责,岂可视为迂濶,置之不讲。嗣后不但朔望宣读圣谕广训当明切讲谕,即公堂听狱,赴乡劝农时,皆可随时诲导启发。颇蒙庶默化潜消,可渐收易俗移风之效。毋得视为具文,虚应故事。特此通谕各督抚,率所属实意奉行。於化民成俗之道,朕实有厚望焉。

讲约礼仪

每月朔望,预择宽洁公所,设香案。届期文武官齐集蟒服,礼生唱恭请开读,司讲生诣香案前跪恭奉。

史料中的习惯与规则
——湖湘地区方志中民商事习惯史料的整理注释与研究

圣谕诣讲案前司铎者振铎，司讲生高声朗。宣毕，礼生唱请宣讲

圣谕司讲生按次每人一款轮讲。通讲毕，司讲北面一躬退立。司磬击磬，约正以下俱徹班肃退。①

【解读】此为民间宣讲礼仪的程序。包括选择场地、宣讲时间、约正等人选工作内容。宣讲的内容主要为圣谕广训。地方官员有教育民众的职责，除了宣讲之外，地方官员可借听理讼狱下乡鼓励农耕的机会随时教诲诱导启发愚昧的人，潜移默化，进而起到改变习俗转移风气的效果。

善后保甲简明章程

清查保甲　地方官自备夫马饭食，亲赴所管。城乡督同绅耆认真办理。或政繁地广之区，该牧令择近城与紧要处亲往督办。余选佐亲教职贤而能者分任。仍酌送夫费，不许派累民开□滋书役、地保索费诸弊。发册换册，亦勿令胥役勒□□劳守候。

在城外分铺分坊，在乡分里分甲，即于每段地境之内，择公正廉明绅耆数人，举为总首，优以礼貌，专以责成，所举得人自然指臂有助。②

【解读】地方官清查保甲会同所辖地区绅士和年老有声望的人共同办理。乡下分里，里下分甲，每段地境内选择一名公正廉明的绅士和年老有声望的人为总首，令所选中的人专门负责协助清查保甲。

地段既分，定以十户分一牌，立一牌首，择明白晓事。有家计者充之。一户同住数家者，各以户论。一户其住已及十家或过十家者，编作一牌，房主同居，以房主为牌首。无房主同居，即择丁口多家计足者为牌首。人烟稀少不足十家，即就该处数家编一牌。③

【解读】此为牌的设置方式和牌首的选择方式。十户设置成一牌，一牌设立一名牌首，选择聪明懂事有家庭的人充当。数家同住在一户的各自算一户。一户中达到十家在住的或者超过十家的编作一牌，房主与其共同居住的房主充当牌首，没有房主的在同居的人中选择人口多家庭富足的作为牌首。人烟稀少不满十家的编作一牌。

---

① 《光绪善化县志》，载《中国地方志集成·湖南府县志辑》，南京，江苏古籍出版社，第175页。
② 《光绪善化县志》，载《中国地方志集成·湖南府县志辑》，南京，江苏古籍出版社，第271页。
③ 《光绪善化县志》，载《中国地方志集成·湖南府县志辑》，南京，江苏古籍出版社，第271页。

分牌既定，每户填门牌一张，首载家长姓名、年岁、籍贯、所住里铺，作何生理。户内丁口，分别男女，载明大小各若干。一门牌填定，即著十家联保。如有一家为匪，准九家首告，徇隐连坐如相连之家。有各家不肯联保之人，或系客寓饭店、烟馆、茶馆、戏班，或系煤窑、铁木各厂，以及山边水涯小贸棚居寺观庵庙，即于所给门牌该户之上载待查二字。如邻里信心愿与联保，免载。或其人素行不端，尚无犯案实据，姑宽既往许以自新，即于门牌该户之上载以自新二字。凡待查自新等户摘出，填载交牌首收存。查察有不法情事，随商总首禀办。①

【解读】确定了分牌，每户填写一张门牌在最前面载明家长的姓名年龄籍贯所在的里铺从事何种职业、家里的后代及其性别和大小等事项。十家互相作为保证人，如果其中有一家成了强盗，允许其余九家出面告发，徇私隐瞒的则连带受刑。不愿意联保的或者是客栈饭店烟馆茶馆戏班或者是煤窑铁木等厂或山边水旁搭棚居住或是寺庙的就在其门牌上载明"待查"两个字。如果邻里信任愿意与之联保的可以免予载明，或者该人向来品行不端正但没有他犯案的证据姑且宽恕他的过往，准许其改过自新，在其门牌上载明"自新"二字。凡是待查和自新等户摘出来记载交给牌首收存，一旦查出有不法的行为就上报处置。

牌既分填备循还正册各一本，又备循环另册各一本。所填各户门牌，即照填于正册。惟待查自新汇户载另册，亦照所给门牌填明，庶便稽查。

牌册既填汇交总首，送官用印，循册留署备查。其门牌十家牌随交带回转给各户张贴门首，环册即交总首收存，随时按册稽查。如户口增减迁移，即将牌册添改如添改，环册缴署，随将存署循册查照更换，交总首收存。门牌有因风雨毁失者，俟换册时补之。②

【解读】此为门牌的保存、修改补办程序的规定。一牌填写好循册环册各一本，另备循环两册的副本，所填写的各户的门牌照着填在正册上。惟有待查和自新另立一册，同样照着门牌填写明白以便稽查。在填写好牌册交由总首，转送给官员用以印制循册

---

① 《光绪善化县志》，载《中国地方志集成·湖南府县志辑》，南京，江苏古籍出版社，第271页。
② 《光绪善化县志》，载《中国地方志集成·湖南府县志辑》，南京，江苏古籍出版社，第271页。

留在负责机关，留备以清查门牌时转交给各户张贴在门上。稽查户口时一旦遇有户口增减的情况即对牌册进行增添修改，环册上交给负责机关时与存的循册更换，交由总首收存。门牌因为风雨毁灭遗失的等到换册的时候补办。

清查之法 除十家取具联保外，如聚族而居，即责成该族公正族长，或聚村而居，即责成该村公正绅耆，俱出具族内、村内并无为匪切结存案，年终换结一次。至寺观庵庙，札饬僧纲道纪，随时查察，出具切结。又如客寓、茶馆、戏班、寓所、煤窑各厂及棚居小户等处立簿，派人稽查。责令店主、厂主、夫头、地保出具切结，俱送官存案。他如乞丐，如非本境穷民，许即分别驱逐。其市镇稍大，应为择一栖身之所。立丐头管束，给腰牌以便稽查。船只择立船头，给牌悬挂船艄。渔船小划，亦如之，均便稽查。①

【解读】清查户口的方法除了十家联保以外还有同族人聚集在一起居住的责令该族公正的族长或者同村的人一起居住的责令村里的绅士或有声望的人出具本族或本村没有做坏事的人保证书。年终更换一次保证书。至于寺庙写信训斥，随时稽查出具保证书。像客栈茶馆戏班寓所煤窑厂及搭棚而居的小户等地方设立名簿，派人前往稽查，责令店主厂主夫头出具保证书。保证书均送到官府保存。乞丐如果不是本地贫穷的农民就分别将其驱逐到更大的市镇上，应该为他们选择一个栖身之所，设立丐头加以约束，给其腰牌以便稽查。

匪徒果不法有据，公同指禀□办，但不可挟嫌证指。见在分立另册，所有待查与自新各户，除责成总首会同牌首人等随时查察外，地方官应即按册不时私访。如再不安分，即可指名锁□。果能自新，许于换册时由该总首、牌首、绅耆公同禀保，改附正册。至有奸恶之徒，聚散无常，党羽颇众，地方不敢明与构隙。许即暗禀于官，由官查察，分别□办。该绅保等如能实力举行，地方官分别奖励。再能稽查得实，觉察不轨巨匪，分别禀请保奖。倘有籍名武断、图报私嫌，以及得贿包庇，一经访察，治罪不贷。②

【解读】有证据证明是匪徒的上报处置，禁止因为嫌隙诬告。待查和自新的各户除了让总首专门负责会同牌首等人随时稽查。外地官员应按照名册不时私访。如果能改

---

① 《光绪善化县志》，载《中国地方志集成·湖南府县志辑》，南京，江苏古籍出版社，第271页。
② 《光绪善化县志》，载《中国地方志集成·湖南府县志辑》，南京，江苏古籍出版社，第271页。

过自新的允许其在更换名册时由总首牌首绅士或有声望的人共同上报修改正册。有奸诈邪恶的人聚散没有规律，拥护者很多，地方官员不敢明着与其结怨，准许别人私下上报给官员，官员查明了再予以惩办。绅士保正等人如果有实力检举的，地方官对其分别给予奖励，再稽查属实发现不守法的巨匪的分别上报请赏，倘若有借武断之名实际上报复个人仇怨的以及受贿而包庇他人的已经查证即治其罪。

按会典，保甲之法，稽其犯令作□者。凡面生可疑，行迹诡秘之徒，皆令查报，取具并无会匪。切结清查之事，俱在其中章程孙，奉文举行，而有成效者因节採焉。①

【解读】清查保甲主要通过盘查面生形迹可疑的人。

二十四、岳州巴陵县

乡约组织

团练

清查内匪，责成团长保正，清查户册。十家连环互结，其有素不安分之人，九家不愿互结者，作为另户附于册尾，团保随时稽查，有犯立即禀。能自新者，取具保结一体编入。②

【解读】此为团长和保正共同清查户册的规定，可见团练与保甲制度相互依靠。十家互相保证，有不规矩的人其他九户不愿意为其保证的作为另册附在户册的最后。团保联合随时稽查遇有违法的人立即上报，有能改过自新的人让其领取备办保证。

按户派丁，各团各户壮丁，多者二三人，少者一人。无壮丁者，雇充女户，单丁免派。派定后造册报官，每月定期操练，毋许托故，不到违者，或禀究，或议罚。③

【解读】此为团兵的征集办法。团练的团兵由各户的壮丁充当，每月对其定期训练。

选勇精炼经费既少，练勇势不能多听，各团总、团长等自行酌议。合众团设立一

---

① 《光绪善化县志》，载《中国地方志集成·湖南府县志辑》，南京，江苏古籍出版社，第271页。
② 《乾隆岳州府志 光绪巴陵县志》，载《中国地方志集成·湖南府县志辑》，南京，江苏古籍出版社，第190页。
③ 《乾隆岳州府志 光绪巴陵县志》，载《中国地方志集成·湖南府县志辑》，南京，江苏古籍出版社，第190页。

局，公延教师，就团丁中选精壮一二名作为团勇，送局操习技艺。团勇管带再就团勇中择其胆艺尤优者，挑为旗总，分带团勇守卡。御贼团勇当先，团丁随后。①

【解读】此为选择练勇的办法。

佃耕

岳属田多佃种贫民，以佃为产。议佃之初，有进庄礼。自数金至数十金，视田亩多寡为率。然因此而佃户恃出重赀，遂多抗租踞庄。田主夺之，两相讦告者，亦民瘼之一。②

【解读】岳州多有农民租用地主的田耕作，佃户与地主之间常因租金起争议而相互控告是一件民间疾苦之事。

市籴

岳市籴止有米而无谷，米籴亦止郡。城有碓房，平临诸邑则皆担夫贩卖城中，其谷籴必于人家。临仓交易，民食颇艰。然岳有放谷之俗，尚为存厚。凡乡邻称贷，视其初年数目，谓之源头谷嗣。是岁以为常，春放冬还，息止三分。苟无宿逋，终其身可取给。即时价倍蓰，富户必留以俟。又农具、衣服皆可质谷，如期偿还，故岳当青黄不接，贫民犹可少纾其困云。③

【解读】此为政府收购粮食、发放粮食等习惯。

二十五、平江县

乡约主持
宣讲

每月朔望日，文武教职各官遵照会典聚集公所宣讲

圣谕晓谕军民生童人等遵行

仪注

---

① 《乾隆岳州府志 光绪巴陵县志》，载《中国地方志集成·湖南府县志辑》，南京，江苏古籍出版社，第190页。
② 《乾隆岳州府志 光绪巴陵县志》，载《中国地方志集成·湖南府县志辑》，南京，江苏古籍出版社，第190页。
③ 《乾隆岳州府志 光绪巴陵县志》，载《中国地方志集成·湖南府县志辑》，南京，江苏古籍出版社，第190页。

恭设圣谕牌于乡约所设约正、直月，以司讲约。设木铎老人以宣警于道路。朔望地方文武教职各官齐集赞礼生排班。各官依次就拜位，立赞号叩与，各官三跪九叩，头礼毕。分班坐地，率领军民人等敬听。讲毕各官散。①

【解读】此为宣讲礼的规定。

天下之广兆民之众必立君，以主之君总共大，又设官分职于府州县，以各长之各府州县。又于每二百户内设一里长，以细领之上下之职。纲纪不□此治人之法。如此天子祭天地神，只及天下山川。王国各府州县，祭境内山川。②

【解读】此为政府体制的设计。君主之下，在府州县设官，在府州县下每二百户设一里长。

圣谕十六条曰敦孝弟以重人伦，笃宗族以昭雍睦，和乡党以息争讼，重农桑以足衣食，尚节俭以惜财用，隆学校以端士习，黜异端以崇正学，讲律法以敬愚顽，明礼让以厚风俗，务本业以定民志，训子弟以禁非为，息诬告以全良善，戒窝逃以免株连，完钱粮以省催科，联保甲以弭盗贼，解□忿以重身命…③

【解读】此为圣谕十六条具体要求：

督促孝敬父母，友爱兄弟姐妹，重视人伦，忠实于宗族显示团结；

与乡里相处和睦减少争讼，重视农作满足衣食；

崇尚节俭爱惜财物，兴办学校端正读书人的风气；

除掉旁门左道推崇合乎正道的学说，讲法律减少愚昧顽固的思想

懂得礼让，使民风变得淳朴浓厚，致力于本业安定民心

教导子弟禁止干不顾法纪或礼法的坏事，平息诬告保全良善的人

警戒逃匿防止株连，交纳钱粮避免催收租税

结合保甲来平息盗贼，放下仇恨重视命运。

---

① 《乾隆平江县志 同治平江县志》，载《中国地方志集成·湖南府县志辑》，南京，江苏古籍出版社，第94页。
② 《乾隆平江县志 同治平江县志》，载《中国地方志集成·湖南府县志辑》，南京，江苏古籍出版社，第3页。
③ 《同治平江县志》，载《中国地方志集成·湖南府县志辑》，南京，江苏古籍出版社，第31页。

二十六、攸县

约章实施

户口保甲附论

圣祖仁皇帝上谕，其十六曰联保甲以弭盗贼。是知城以坊分，乡以图别，排邻比互相防闲，保甲之责端有在矣。惟是久□恬熙因循易起，有保甲之名，无保甲之实。其□不独在保甲之不得其人也。今□图三十里，每里十甲，皆昔时丁粮，多为里长之旧族，有干有年于兹土者服□食德桀乎□隐隐各得其所。其中岂乏英干，堪任保甲之人，而轮充者类多贫□惰□其人，既不足见重，一有轮办，奔走不暇。或且从而简贱之甚者，胥吏得而凌蔑之。马氏贵与所云期会，追呼困踣无聊之状，盖不免焉。夫稽户籍置门牌，校其夫家，核其术业，防微杜渐。交警互察固英干者事也，以英干待保甲，使保甲亦得以英干，自待循名责实，庶几竭力奉行。①

【解读】在保甲制度实行的过程中，导致有保甲之名而无保甲之实的，不仅仅在于没有人愿意任职，还是由于轮流任职的人是贫穷懒惰之人，官吏对这些人欺凌蔑视，在职的人业务不能有效开展。

二十七、湘乡县

乡约组织

编查保甲

嘉庆十九年钦奉

谕旨颁发条规，通饬实力编查，并令州县每年于秋成后，晓谕村庄，保甲人等将本村户口逐细造册，州县亲往覆查，悉遵条规办理，仍责令该管道府协查票报两司核对。具详岁底汇奏一次。②

【解读】此为关于编查保甲的规定。州县每年秋季成熟之后告知村庄负责保甲的人

---

① 《同治攸县志》，载《中国地方志集成·湖南府县志辑》，南京，江苏古籍出版社，第51页。
② 《康熙湘乡县志 同治湘乡县志》，载《中国地方志集成·湖南府县志辑》，南京，江苏古籍出版社，第313页。

详细制作本村的户口名册,州县官员复查需要按照规定处理,令管道府专门协助复查,之后再上报给两司详细核对,年底汇总报告。

二十八、永兴县

约章实施
工役

工役以日计如□木匠论大小工,小工除饭食外,每日银二分,大工倍之。他工匠做此其丰凶年岁及主工情事缓急,值又各别官府造作亦然。惟抬夫挑夫无定值,大抵农忙岁暮较贵。在本城亦无多丁壮,凡大差徭,需百名内外者,皆在本州夫头处派拨给价。或前数日各乡分头雇充。①

【解读】此为关于土木工程工人类型与工钱的民间习惯。木匠分为大工小工两种,小工除了给其提供饭食以外,每天给其二分银的工钱。大工的工钱是其他工匠的一倍,凶荒之年以及雇主情况紧急同时官府需要做工的时候也是这样。只有抬夫挑夫没有确定数值的工钱。大概在农忙和每年底时工钱会有所上涨。在本城没有很多壮丁,凡事需要上百名工人的差事都从所在州的夫头处付给工钱调遣过来或者各乡之间分别雇用。

颁示圣谕十六条 康熙九年

第一条 敦孝弟以重人伦

第二条 笃宗族以昭雍睦

第三条 和乡党以息争讼

第四条 重农桑以足衣食

第五条 尚节俭以惜财用

第六条 隆学校以端士习

第七条 黜异端以崇正学

第八条 讲法律以警愚顽

第九条 明礼让以厚风俗

---

① 《乾隆永兴县志 光绪永兴县志》,载《中国地方志集成·湖南府县志辑》,南京,江苏古籍出版社,第447页。

第十条 务本业以定民志

第十一条 训子弟以禁非为

第十二条 息诬告以全良善

第十三条 戒窝逃以免株连

第十四条 完钱粮以省催科

第十五条 联保甲以弭盗贼

第十六条 解仇忿以重身命

明祖六论 附

孝顺父母 尊敬长上 和睦乡里

教训子弟 各安生理 毋作非为①

【解读】圣谕十六条的内容分别为：

督促孝敬父母，友爱兄弟姐妹，重视人伦，忠实于宗族显示团结；

与乡里相处和睦减少争讼，重视农作满足衣食；

崇尚节俭爱惜财物，兴办学校端正读书人的风气；

除掉旁门左道推崇合乎正道的学说，讲法律减少愚昧顽固的思想

懂得礼让，使民风变得淳朴浓厚，致力于本业安定民心

教导子弟禁止干不顾法纪或礼法的坏事，平息诬告保全良善的人

警戒逃匿防止株连，交纳钱粮避免催收租税

结合保甲来平息盗贼，放下仇恨重视命运。

习尚……民俗好布施，凡葺观桥梁，稍有力者募□厚偿，且勤于建醮，一年一祈禳，三年一大戏。各乡团皆然。岁或小漫大集城乡绅民，募钱设醮，捞剧礼佛，旬月乃罢，谓之清平醮，亦曰万人缘，一举动费千金。又旧志 岁时节序及新姻家亲友，以物相饷遗献累月。妇女以瓜果刻花卉结人物状□渍暴乾，美观而可口，以待宾客，侈馈赠。余无佗执事。然习勤纺绩，夏则麻冬棉，亲操井臼。虽富室不敢废。且贞洁相尚，谨守闺门。不预男职，不见宾客，不施脂粉，不吃荤，不烧香拜佛，亦无与人山樵採耕田肩挑等事。②

---

① 《光绪兴宁县志》，载《中国地方志集成·湖南府县志辑》，南京，江苏古籍出版社，第38页。
② 《光绪兴宁县志》，载《中国地方志集成·湖南府县志辑》，南京，江苏古籍出版社，第129页。

【解读】此处讲乡间赈济公益，包括布施以建立庙宇、桥梁、道场祈求福祉、赠予亲友宾客等。主要由城乡的绅士民众募集。

二十九、兴宁县

乡约组织

八九月闲，各乡轮次，具蔬酒料。居民以时修治道涂陂者，平塞者，通名曰路会。①

【解读】路会为民间互助组织，为民间多边条约。由各乡轮流出具酒菜帮助修理道路。

又村民尝邀集族？或八人或十余人不等敛钱为会遇父母丧葬会友各具银钱薪米酒肉石灰以助之谊若兄弟谓之父母会又双溪等处每年或每季置酒集族人宣讲②

【解读】父母会为民间互助组织，为乡间的多边条约。主要为遇有丧事的家庭筹钱和物资，每年或者每个季度备至酒席召集全族的人进行宣讲。

圣谕卧碑及先正格言，谓之睦族会。③

【解读】睦族会为民间互助组织，民间的多边条约。

三十、桂东县

约章实施

工役 金石土木，鲜土著，多江广人。凡工作日给四十钱，佣田者亦然。暇时或减半收获，忙迫价或倍之。其长年者曰庄头，月计曰月工，日计曰零工。即其人之能否定。其价之高下富有力者，买奴婢唯给其衣食，奴长则为之娶，或以为义子。婢长则嫁，或以为义女，从未有恃尊贪色，凌逼为妾者。④

---

① 《光绪兴宁县志》，载《中国地方志集成·湖南府县志辑》，南京，江苏古籍出版社，第129页。
② 《光绪兴宁县志》，载《中国地方志集成·湖南府县志辑》，南京，江苏古籍出版社，第129页。
③ 《光绪兴宁县志》，载《中国地方志集成·湖南府县志辑》，南京，江苏古籍出版社，第129页。
④ 《嘉庆桂东县志 同治桂东县志》，载《中国地方志集成·湖南府县志辑》，南京，江苏古籍出版社，第143页。

【解读】此为关于土木工程工钱、根据合同期限的不同对工人进行分类的民间习惯。从事金石土木的工人很少有当地的,工作日每天工钱四十钱,受雇给田主耕田的也一样。在闲暇时工钱可能减半,忙时工钱可能翻倍。长年雇用的称为庄头,每月雇用的称为月工,每日雇用的称为零工。根据每个人能力确定他们的工价高低。家庭富裕的买下女婢给她们衣食,为奴长娶妻或者收为义子,将婢女出嫁或者收为义女,没有仗着地位高贪恋女色欺凌威逼让婢女做小妾的情况。

佃耕 姻族亦佃以客礼之进庄礼,曰润笔钱。承佃钱日押租,视租之多少为杀,有受与不受者。至年久则有改□骗产典卖踞庄强耕获者。或田主因佃人垦□余土藉逋欠为退。佃计滋讼殊多。

【解读】此为有关租田耕种租金的民间习惯。因为骗产、典卖、占据土地强行耕种、拖欠租金地主收回出租土地原因引起引起的诉讼特别多。典卖:一种交易方式,通过让渡物的使用权收取部分利益而保留回赎权。

三十一、桂阳县

约章实施
禁溺女示

照得故杀子孙,律条有禁,相残骨肉,王教不容。男女虽有异形□□总同一体。苟有人心,何忍伤害?乃尔邑生女,每多□溺不□无论士庶,习以成风。本县闻之甚为恻悼。在尔等以为男大可以成家,女大便须出嫁。乳哺养育,枉费心勤。衣饰妆奁,反多拮据。不若忍心下手,省却纠缠。殊不知后来之事,每难逆料。生男未必尽孝,生女未必不贤。娶媳岂尽成家,半子常堪靠老。所见所闻,往往如此。勿谓养女必无益也。至于男婚女嫁,不妨称家有无□钗裙布亦可成礼,何必预□赔钱?杀所生之女尤情理之不可解者也。夫天地生育之理,有男女而后有夫妇,而后有父子大纲大常,皆本于此。若使有难无女,则夫妇,何由配合?躯体何自生成人,苟读诗书识字,何忍减绝伦理,伤天地之和气乎?且豺虎不食其子,乌雀皆能护见,赤子无辜,遽遭□害□嘤婉转情状堪怜。为人父母反异类之。不若揆之情理,实可痛恨。嗣后倘有仍前溺女者，定依故杀子孙律，重则枷号罚谷示警。如有首报者，即以所罚尽赏报人。如溺女之家果系赤贫不堪罚，赎本县赏银一两，邻右不举首告发一并责治。凡两士□各相劝戒，毋负本县一片婆心也。①

【解读】此为禁止通过溺水的方式杀死女婴的规定。民众重男轻女的思想导致女婴被溺死时有发生。

三十二、耒阳县

乡约组织

乡都

民多业耕，星罗棋布，各就共田焉。每因农事而移，东徙西常，无定所。所谓出入相友，守望相助，疾病相扶持之义□焉，未讲职斯土者。其果□何术而使之休养生息，不致流移，安土重迁，咸歌所得耶？若夫阡陌之区书里甲之轮，将则又有土田赋役之志，在兹不具赘。②

【解读】此为农村邻里互相帮忙看家的民间习惯。农民因为农事而经常不在家，形成了相互帮忙看家的民间习惯。

三十三、衡阳县

约众义务

功令严禁赌博。刑戮之民，千纲者不得遁矣。而更有宜杜其萌者□疫间作。不思为贷粟施乐，乃□灾图乐，倡为搬演，目连观音岳王等剧，荒时废事，聚众百千，结舍弥望。而赌博者遂匿于中。此与昔年五月五日龙舟竞渡，以驱疫为名，致相杀伤者何异。禁民为非曰义是所望于移风易俗之贤司牧者。③

【解读】此为法律禁止赌博的规定。

---

① 《同治桂阳县志》，载《中国地方志集成·湖南府县志辑》，南京，江苏古籍出版社，第283页。
② 《康熙耒阳县志 光绪耒阳县志》，载《中国地方志集成·湖南府县志辑》，南京，江苏古籍出版社，第156页。
③ 《乾隆衡阳县志 同治衡阳县志》，载《中国地方志集成·湖南府县志辑》，南京，江苏古籍出版社，第156页。

为严禁丧葬违制之陋习，以笃孝思，以维风化事。照得临丧以哀，为本死葬，以礼为孝圣训两言昭□千古率土，皆遵于令为烈。乃访闻衡邑恶习，凡遇丧葬之期，俗尚奢信鬼□佛种种縻费。或质当田亩，或借贷亲朋，殡葬未完，追呼旋至。一棺初归浅土，半生之血产潜消双。亲饮憾重泉五夜之追悔何济？甚有辞灵演唱，鼓乐闹丧，男女欢呼酒筵…严禁□夫吹手刁刁难丧家。①

【解读】此为禁止办理丧事铺张浪费违反规定。

三十四、江华县

乡约组织

国朝康熙三十年丈量成册，粮与田俱版籍不乱。巡抚赵犹恐法驰弊生，因知县张廷相之，详查衡山废甲编区之法。照依丈量区数一都编作若干区之内，有田若干，按田问人，其田地、塘粮，悉照丈册。上中下山水乡各则，按田科粮征银，务令一田不漏，一粮不飞。故四乡山一都至四十二都外，以宁轮坊厢安插附之。都有大小不等，区因有多寡不一，人人得按册完粮，而里甲、里长把持勒索欺隐飞洒之弊。②

【解读】康熙年间废甲编区主要原因是里长甲长滥用权力行不法之事。

保甲

城乡有团，各有练长，练长由百姓报充，由来旧矣。一姓举报一人，或数人多寡，视族之大小。故一乡有多至十余人，少则六七人不等。合十乡而统计之，共得百六十余人。察其行事之公私，与稽察之勤惰，分别奖惩，设立总簿，于每月朔，赴州应点所发门牌，各注年貌、户口及作何生理。每户悬牌一面，十家设一牌长，严连坐之法，互相稽查。十乡之内联之。如一家仍令练长，按户挨查，遇有停留面生之人，许即送州纠诘。稍或疏虞，先坐练长。每月各取具甘结，于点名时投递。贩、酗、博、匪徒不明之踪迹无处潜匿。有地方之责者，倡率而遵行之，则百姓安堵矣。③

---

① 《乾隆衡阳县志 同治衡阳县志》，载《中国地方志集成·湖南府县志辑》，南京，江苏古籍出版社，第159页。
② 《光绪道州志 同治江华县志》，载《中国地方志集成·湖南府县志辑》，南京，江苏古籍出版社，第94页。
③ 《光绪道州志 同治江华县志》，载《中国地方志集成·湖南府县志辑》，南京，江苏古籍出版社，第119页。

【解读】此为团练中选任练长、练长的奖惩办法、门牌的制作发放、连坐、清查户口等的规定。练长由百姓充当，一姓中推举一人或者多人，具体人数视家族的大小人员的多少而定，因此一乡之中有多到十几人少到六七人的，十乡的练长总共有一百六十多人。调查他们办事是否公私分明以及工作是否勤奋分别对其奖惩。设立总的名簿在每月的初一和十五前往州接受查点。门牌上载明年龄相貌户口以及从事的工作，每户悬挂一块门牌。十家设一个牌长，严格实行连坐，一牌之内相互稽查。十乡之内像一家。安排练长挨户清查。遇到有面生的人停留的送往州纠察或者治练长疏忽之罪。每月取保证书在点名时投递。私自贩卖、酗酒、赌博踪迹不清无处可藏有地方官员的职责。若地方官员能够落实遵守那么百姓就安定了。

志地莫先疆里明制，分州县为乡，分乡为里，分里为甲。

国朝因之田赋出其中，徭役亦出其中。然民田不无变易，里甲岁有收除。于是因形势之便，设为村团。故里甲定域，而村团有定居。今志疆里，而实以村团。里甲、村团分四正四隅，首列去州县治里数里。甲分都厢、乡里，备列十甲姓名，俾阅者案籍而披一览瞭然，所以备稽核亦以重赋役也，故疆里表又次之。①

【解读】此为保甲制度的设置。州县分为若干乡，乡分为若干里，里分为若干甲。

联保甲以弭盗贼

从来安民在于弭盗摘发，守御之法必当先事而为之备。故缉抽有赏疏，纵有罚讳盗有禁，违限有条，而最善者莫如保甲。十家为甲，十甲为保，甲有长，保有正。设立簿册交察互警。此即井田守望之遗制所以。②

【解读】此为设立保甲制度的目的。安定百姓在于评定盗贼，实行保甲制度意在平定盗贼。十家设为一甲，十甲设为一保，甲有甲长，保有保正。

圣虑实为周切矣，第恐遵行既久矣。遂至因循吏，则徒稽户籍，民则仅置门牌，而于联比纠察之法，未见实心奉行。以至勾引窝栽之弊，种种而生。邻舍失事，竟有如秦越之相视。富豪家被劫，反指为悖，出之当然。甚且假公济私，藉盘诘之虚名滋无厌之。

---

① 《道光宝庆府志（1）》，载《中国地方志集成·湖南府县志辑》，南京，江苏古籍出版社，第5页。
② 《道光宝庆府志（1）》，载《中国地方志集成·湖南府县志辑》，南京，江苏古籍出版社，第59页。

苛求汛防，因而骚扰胥吏，缘以生奸，有保甲之名，无保甲之实。有保甲之累，无保甲之益。此盗贼之所以难弭也。夫良法之有利，于民在奉行之，必求其实。嗣后城市乡村严行保甲，每处各自分保，每保各统一甲，城以坊分，乡以图分别。排邻比户，互相防闲。一甲之中，巨室大户，僮佃多至数百。此内良否，本户自有责任。若一□一舍之散布村落者，有业无业，或良或否，里正、保正得以微窥于平素，一出一入得以隐察。其行迹遇有不务恒业、群饮聚博□鸡走狗、夜集晓散，以及履历不明，踪迹可疑者，皆立为纠举，不许暂容甲内。其荒原古庙，□肆□祠尤易藏奸，更宜加紧防察。至汛地兵丁务必书夜巡□一体查结，毋借端生事，毋挟仇陷害，毋受贿赂而徇纵，毋惜情面儿姑容。协力同心，轮流分派，则盗贼无容身之地，军民享安静之乐矣。查昔人御盗之法，村置一楼，楼设一鼓，一家有失，击鼓为号，群起而守。其要害盗贼将安所逃？所谓寓兵法于保甲中也。若夫江海出没之区，有未可以保甲。行者舟楫往来烙号联踪，彼此互相稽查。匪类亦难藏匿，皆在实心奉行，先事而为之备。若视为具文，怠忽从事。至于被盗者失财连坐者受累，不惟负朕息盗安民之至意亦甚非，而等保身保家之良策也。①

【解读】此处说明在实行保甲制度的过程中没有达到效果，产生窝藏栽赃等弊端，导致有保甲之名无保甲之实，有害无益。

【民俗】疆里表一 村团

志地必先疆里明制，分州县为若干乡，分乡为若干里，分里为十甲，甲推田粮多者为首。里置粮长一以司粮赋，老人一以司争讼盗贼。国朝因之，然里甲无一定之城，随甲中人所并之地而为转移，有一里之地。此甲在县东数十里，彼甲在县西数十里者，又有同为一甲。张家在县南数十里，而里甲在县北数十里者，守望赴愬皆有不便。于是宾废五属，因形势之便，设为村团，各置耆老。②

【解读】此为保甲制度设置的规定。州县分为若干乡，乡分为若干里，里分为十甲，在甲推举田产粮食多的人为首，设立粮长负责粮赋，老人负责争讼盗贼。里甲没有确定的范围随甲中人所合并的土地而转移，因此看守很不方便。于是顺应地势的便利设村团。

---

① 《道光宝庆府志（1）》，载《中国地方志集成·湖南府县志辑》，南京，江苏古籍出版社，第59页。
② 《道光宝庆府志（1）》，载《中国地方志集成·湖南府县志辑》，南京，江苏古籍出版社，第210页。

三十五、新化县

约众义务

桂谨按新化风俗，严禁条别流品。每村路旁皆有奉禁，差役乘马坐轿。碑有严禁窝窃私宰，强牵强捉，聚赌。碑有严禁盗砍竹木笋蔬，碑有严禁私放牛马羊豕鸡鸭践食禾谷。碑有严禁强乞恶丐容留生面，无火夜行。碑有倡首捐建石桥木桥九亭桥。碑有倡首捐修石路坡路。碑有公立交叉路口左往某处右往某处。碑有自建茶亭公建茶亭以便行旅以禁宵行。碑有公禁墓山进葬公禁墓山伐树。碑有公设义渡私瞻义渡。碑有公禁贫嫁生妻。碑有公禁男卖为奴女卖为婢。凡有关于风俗者一一申明约束。此则风俗之尤为近古者也。①

【解读】此为严禁区分登记、禁止差役乘马坐轿、禁止窝藏盗窃私自宰割强行牵走捉走他人所有物、严禁偷砍竹木笋蔬、严禁私自放羊牛马羊猪鸡鸭践踏他人的禾谷、严禁强乞恶丐容留面生之人在没有火光的情况下夜行、倡导捐建公共设施捐修公路、建造茶亭供行人休息、禁止夜间出行、禁止墓山进葬伐树、设立义渡、禁止贫嫁年轻的妻子、禁止男卖为奴女卖为婢等民间规定。

三十六、麻阳县

费用分担

康熙五十五年覆准编审，新增人丁，钦奉皇恩已，永不加赋。今以新增人丁补足，旧缺额数，除向系照地派丁外，其按人派丁者，如一户之内，开除一丁，新增一丁，即以所增抵补所除。倘开除二丁三丁，本户抵补不足，即以亲族之丁多者抵补。又不足，即以同甲同里之粮多者顶补。如有多余之丁，归入滋生册内造报。②

【解读】此为同里同甲中粮食多的家庭对未出足赋役的家庭负有替其补足的责任。未出足赋役的先由亲族中人口多的充抵补足，若还不足的由同里或者同甲中粮多的顶替补足。

---

① 《道光新化县志》，载《中国地方志集成·湖南府县志辑》，南京，江苏古籍出版社，第157页。
② 《道光晃州厅志 同治新修麻阳县志》，载《中国地方志集成·湖南府县志辑》，南京，江苏古籍出版社，第46页。

史料中的习惯与规则
——湖湘地区方志中民商事习惯史料的整理注释与研究

三十七、永顺府

乡约组织

团练规略

各村不拘十家八家，总以衡宇相依者联为一牌，再以牌内声息相通者联为一团，团有长。又于一团之中，无论贫富，家出一丁，编为一册。必须年十八岁以上，五十岁以下强壮有力者充之。按村之大小以定丁之多寡，选择公正老成绅者充为团总、团长，分别总理约束，并训练技艺。其有畸零单户，即附于附近团内一律编查，务使团清其团，族清其族。如一家有犯，九家同坐。团总团长实心任事，不得懈忽。①

【注释】畧同"略"。

【解读】此为团练设置的规定。各村之内不限于十家八家，房屋相互依靠的编为一牌，一牌内信息能够相通的编为一团，团有团长。一团内不论贫富，每家出一男丁编为一册，男丁年龄必须由十八岁以上五十岁以下的强壮有力的人充当。按照各村大小来确定男丁的多少，选择公正老成的绅士作为团总团长，分别总理约束并且训练技艺。有零星的单户人家就附着到附近团内一起编查。并让团负责完成清查团族。如若一家犯法则有九家受到连坐，团总团长认真办事不得懈怠疏忽。

团丁宜酌给口粮。凡值操演技艺之期，每人给米一升，盐菜钱三十文。如有警报，即停力作，共相抵御。每名给米一升盐菜，钱一百文，毋许稍有刻减。

遇有匪人，即鸣铎相助。每户均须踊跃□带器具，协力捉拿解究，当堂赏给花红、银牌。如有能盘获著名逃凶、逃盗及访查奸细要犯踪迹，报信者酌量加等给赏，以示鼓励。②

【解读】此为团丁权利义务的规定。

劝谕助捐以充团练经费。凡团练壮丁设立团总所需口粮等项，即在于各保内殷实之家银钱谷米量力捐出，以供支用。

---

① 《同治永顺府志》，载《中国地方志集成·湖南府县志辑》，南京，江苏古籍出版社，第 81 页。
② 《同治永顺府志》，载《中国地方志集成·湖南府县志辑》，南京，江苏古籍出版社，第 81 页。

支用经费即于各村内殷实公正之人经手发给,以专责成。仍将用数逐一据实登记,以凭查考。①

【解读】此为劝勉晓谕各保内殷实的家庭量力捐钱粮谷米充当团练经费及口粮。支用经费则需要村内家境殷实且公正的人经手发给专门负责的人,要将所用的数额根据实际登记以待追查考究。

各团总团长查阅团丁,有武艺兼全者,即将训练之人与该丁一并酌赏。其因循懈怠者,从重罚惩。②

【解读】此为团丁的奖惩规定。

各团勇即系本村各户农工执业之壮丁充当,以本村之人守护本村之地,不得雇用游手好闲之辈。各村绅耆协同团丁父兄家长随时训导约束,勉为善良。如顽梗不化,公同指名禀究。③

【解读】此为雇用团勇的规定。

团练壮丁及各村团总团长,均应造具花名册清册,注明住址,习何技艺,以备稽查点验。④

【解读】此为团长团总有造具花名册的义务。

附录禁陋习四条 乾隆七年 知县 王伯磷

禁勒取骨种…

禁违律转房…

禁违例争赎远年田产…

禁男女混杂坐卧火床…

以上四条仰各□甲长牌头人等逐户□谕一体凛遵禁□以维风化以肃法纪…⑤

---

① 《同治永顺府志》,载《中国地方志集成·湖南府县志辑》,南京,江苏古籍出版社,第81页。
② 《同治永顺府志》,载《中国地方志集成·湖南府县志辑》,南京,江苏古籍出版社,第81页。
③ 《同治永顺府志》,载《中国地方志集成·湖南府县志辑》,南京,江苏古籍出版社,第81页。
④ 《同治永顺府志》,载《中国地方志集成·湖南府县志辑》,南京,江苏古籍出版社,第81页。
⑤ 《乾隆永顺县志 民国永顺县志》,载《中国地方志集成·湖南府县志辑》,南京,江苏古籍出版社,第132页。

【解读】此为知县颁布的对民间陋习的禁令。包括禁止强行索取骨种，禁止寡妇在丈夫死后违反律令改嫁给亡夫的亲属，禁止违反规定争着赎买多年以前的田产，严禁男女混杂坐在躺在火床上。

三十八、桑植县

乡约组织
保甲

保甲之法，以十家为一牌，十牌为一甲。每甲设保正一名，邑内城乡内外共有保正一百二十八名。其中有一甲两保者，亦有两保一甲者，视地势之广狭人户之疏密，以为权宜焉。其清查之法，或某厅州县编第几户某人年岁若干，某厅州县某籍，或居城某铺，居乡某甲地名，某处种田住屋，或系已业，或系佃业，有无功名，作何生理，现在家男女友夥雇工仆妇婢女寄居，男女各大小若干，未在家者，或即本身，或系伯叔兄弟子侄某名，现□何处，何事分别，开列造具，循环正册。如有待查自新者，造入另册，以便稽查。①

【解读】此为保甲制度设置的规定。十家为一牌，十牌为一甲，每甲设有一名保正，一县城乡共有保证一百二十八人，有一甲有两保的有两保一甲的，具体情况视地势和人口的疏密程度而定。清查的内容主要为属于某州县编制下的第几户的某人、年龄多大、从事何种工作等如果有待查或自新的情况的另外登记到名簿上以便于稽查。

三十九、龙阳县

约章实施
保甲办法

以吾从政以来身行保甲之法言之，是有三难□难去而保甲之效，亦盗贼绝迹之效。三难不去，即警察亦属文□于盗贼绝迹不可得，况于一切禁令之行止耶？一保甲之政难□行也□魁市豪习劣之徒，稍有声势，即翘然思避劳自逸，石□之以法，既不胜烦。或且嚣然讦争，若一委曲迁就，则一切灵符严例，皆成文具焉耳。况喜事之名办理不

---

① 《同治桑植县志 光绪古丈坪厅志》，载《中国地方志集成·湖南府县志辑》，南京，江苏古籍出版社，第43页。

善之咎，尤不敢任乎？此保甲之政所以难行也一。保甲之费无所从出也，办此者必先求勿取民间一丝一粟，以免骚费。而地方又往往无可提之费，必出捐廉。即一厅州县之最小者，必有万户数万口。若不实查，将何为查？若实查之则，即万户之门牌□□奔走缮？之火食工□需□若干，廉吏将何为措，而疆域较大办事者，六条绅衿体而之人□举动即需□□火食经月而□历城乡即为速矣。其费尤不可以预测，此其难也然。此二者□荆到其后则有实行之难也。编查既□核实呈报以为保甲之事告成矣。若实行保甲，则此方其始□耳。户口之登降匪类之潜入，十家连成一气五□稽查之□官。①

【解读】此为县官认为的实行保甲制度存在的三方面阻力。其一为官员害怕因为没处理事情而受到处分；其二为保甲的费用无从来；其三为在清查保甲时相互联保的十家多出现相互隐瞒连成一气的情况。

乡坊有街有社，用保甲门摊法。乡有村，有市，有总村，每十里轮为里长。所辖花户市总亦隶其中。用黄册编审法。龙邑旧有牧民宣化，澄清儒林，四坊惟厢所属。或析或并，各村自国朝康熙十二年定为二十里，分上中下里。又没于大团□及诸障患水者，较昔年减过半矣。②

【解读】门摊法是指在每户人家保证费用支出最少的前提下，采用一定的方法使费用摊入成本时实现最大摊入。

四十、沅江县与石门县

乡约组织

按康熙雍正年间，照里分甲。新旧共六里，每里作十甲，分派以地之大小有差。故不论块土编甲，各里互相编甲，名为穿山甲令。穿山甲废，随地应差，尤为便民，可永为定例。③

【解读】此为康熙雍正年间编制里甲的规定。

---

① 《光绪龙阳县志》，载《中国地方志集成·湖南府县志辑》，南京，江苏古籍出版社，第395页。
② 《光绪龙阳县志》，载《中国地方志集成·湖南府县志辑》，南京，江苏古籍出版社，第57页。
③ 《嘉庆沅江县志 嘉庆石门县志 光绪石门县志》，载《中国地方志集成·湖南府县志辑》，南京，江苏古籍出版社，第28页。

史料中的习惯与规则
——湖湘地区方志中民商事习惯史料的整理注释与研究

附 乡约保甲

乡约明称老人

本朝每里佥报一名，城市量佥报数名。择里中品望公平者充之。每月吉宣讲□颁约正全书，雍正年间城村俱设约正值月宣讲。

圣谕城市设约讲三名，村落报充不一伺候。正杂各官按临宣讲。

保甲明称团总，每里团长一统甲长，十甲长一统烟户，城市团长一总五小甲十。

本朝每里十保，每保甲长一统烟户，十城市总甲五小甲五里，以稽查粮。每里分十区，今名区团，每区分十柱。今各粮册分编者是。保甲以稽户口，今编审烟名册所编，是按烟户轮当，一年一换。讼匪粮役皆责查焉。①

【解读】此为保甲制度具体设置的规定。每里选择一名公正的人充当约正，每月初一宣讲。每里团长统管甲长，甲长主管烟户。城市设置三名约讲，村落则没有统一规定。保甲公开称之为团总，每一里团长主管甲长，十位甲长主管烟户。在城市，团长统管小甲。每里设十保，每保甲长主管烟户。城市总甲统管小甲。每里分为十区，每区分为十柱。现在分编粮册的人是保甲，以稽查户口。现今编审烟户名册，由烟户每年轮换。

四十一、益阳县

乡约组织

自康熙季年并丁于□废甲编区，设散区总区。区各有长，散区每甲一人，总区每甲一人，专司田粮推收。而保甲谨司巡缉督率之事矣。惟旧制里长以富者递充。甲首亦十年轮役，其后里甲渐为世承区，甲亦为常役。②

【解读】此为保甲制度设置的具体规定。到康熙第三年废甲编区，设立散区总区，各有区长。散区每甲一人，总区每甲一人专门负责田粮的推收。保甲则谨慎负责巡逻缉拿监督领导的事务。以前的制度里长从富人中推举充当，甲首十年轮流服役，之后里甲渐渐成为世代承袭，甲成为常役。

---

① 《嘉庆沅江县志 嘉庆石门县志 光绪石门县志》，载《中国地方志集成·湖南府县志辑》，南京，江苏古籍出版社，第296页。

② 《同治益阳县志》，载《中国地方志集成·湖南府县志辑》，南京，江苏古籍出版社，第65页。

第七章　清代湖湘地区民间诉讼文化特性的考察

近些年来，对于中国传统法律制度中有关纠纷解决的经验与智慧正不断引起学者重视，以解决当下司法审判中"案多人少"等一系列问题。总体来说，中国传统法律文化中的诉讼文化用"息讼"来概括似乎已成为通说。然而在"息讼"这一较为宏大的指导思想之下，各地究竟有哪些各具特色的诉讼习惯与文化，其成因又是如何等问题，却不能笼统地用"息讼"这一概念去掩盖之。众所周知，中国地域广袤，各地文化各异，一句"百里不同风、千里不同俗"精确地总结出中国多元的文化现象。在研究法律文化的时候，我们一定要对各地不同的文化现象给予充分尊重和关注，以求得中国传统理想中"和而不同"的境界。基于此，笔者通过对清代湖湘地区地方旧志中的相关记载，力图展现中国近代化前后的历史时期中湖湘地区较为具体的诉讼现象与诉讼文化，并结合旧志中描述的社会现象分析其成因，进而对我国民间传统诉讼文化产生更加全面、深刻的理解与认知。

需要说明的是，本文所采用的史料全部来源于《中国地方志集成·湖南府县志辑》（江苏古籍出版社2002年影印版）。笔者认为，在诉讼文化的研究中不能仅仅局限于对"诉讼"的单独记载，也要以广阔的视野去研究诉讼背后的社会原因。由于地方旧志能够较为全面地展现一地的经济、文化现象和特点，故而可以作为研究诉讼文化的理想史料。另外，由于地方旧志为官方编纂，故而能够增加史料的完整性和系统性。当然，正如徐忠明教授在研究江苏、上海、山东、广东四地的地方志时所言，地方志作者大都为所谓"精英阶层"，对于诉讼现象的描述大多会加上自身的主观感受，或者对材料进行筛选、加工，从而影响我们判断的准确性。[①]但是从整体上看，清代湖湘地方志的记载能够为我们研究湖湘地区民间诉讼文化带来极其重要的意义。

一、清代湖湘地区民间诉讼风气概览

为了对清代湖湘地区民间诉讼情况进行宏观把握，笔者对湖南省在清朝和民国初年的84县（府）的109本旧志进行了系统梳理，通过"风俗志（卷）"中对诉讼现象的直接记载得出清代湖湘地区民间诉讼风气的大致情况。其中，共41地的旧志对本地诉讼风气进行了类如"健讼"、"多讼"、"嚣讼"、"少斗讼"、"不好词讼"等大致的概括，占所有府县的48.8%。在这41地中，通过"健讼"、"多讼"、"嚣讼"等词汇形容诉讼多发的地区有23地，占所有府县的27.4%，占有记载府县的56.1%。通过"少斗讼"、"不好词讼"等词汇形容诉讼少发的地区有18地，占所有府县的21.4%，占有记载府县的43.9%。其余43地的旧志没有对本地的诉讼风气进行概括，但或多或少都有对本地诉讼缘由的简单记载。

从以上的统计中，我们当然很难对清代湖湘地区整体的民间诉讼风气下一个比较统一的定论。但是笔者在阅读"风俗志（卷）"中的"民风"一节时，发现绝大部分旧志都通过"性醇朴"、"尚质朴"、"柔懦畏法"、"易治"等用语，对本地民风给予了正面评价，而没有直接指出当地的诉讼风气。在未直接指出当地诉讼风气的43地的旧志中，对本地民风给予正面评价的共有31地，占所有府县的36.9%，占未记载诉讼风气的府县的72.1%。如：

> 其民朴而醇，其性决烈而劲直，火耕水耨，渔猎山伐，人多高年，士无奔竞，退恬于势利，有张司空之遗风焉。[②]

与之相反的是，若修志者认为一地为"多讼"之地，即便此地也是"民风淳朴"，也会将"多讼"现象作为一种特例而重点说明。如：

[①] 参见徐忠明、杜金：《清代诉讼风气的实证分析与文化解释——以地方志为中心的考察》，载《清华法学》2007年第1期。

[②]《嘉庆长沙县志》，载《中国地方志集成·湖南府县志辑》，第1255页。

>……性谨愿，敬畏官府，以理役之，虽劳不怨。然不能忍小忿，每以争斗兴讼，四邑皆有之，而龙山为盛。①

又如：

>土民素淳朴，有垂老不见长吏者。嗣因各府州县民移家于此，往往以口角之嫌，辄兴讼端。然遇乡党老成排解即止。②

而若一地民风刁蛮、难于治理，则"多讼"自然是一个再好不过的佐证现象。当地方修志者对一地的民风给予负面评价时，大都将"多讼"的情况重点指出，如：

>乡居穷僻，不谙科法，庆理乞胜，强于竞讼，视纠众劫斗为故常。③

从上述分析中可以看出，虽然许多旧志没有对本地诉讼风气进行概括性评价，但是由于其民风大多淳朴，修志者并未将诉讼情况作为重点注意的对象，故而没有在地方志中加以体现。故而笔者认为，从清代地方志中可以看出，湖湘地区总体民风淳朴，"多讼"地区比例不高。

二、清代湖湘地区民间诉讼特点

（一）诉讼风气发生变化转折

许多地方官注意到，其所辖区的民风在一段时间内出现了值得注意的变化。如桂阳县的修志者就旧志中记载的民风与如今所见的民风进行了一番对比：

>旧志翁继荣云：某常闻古之先达曹桂山先生，本县地广民寡，事简俗朴，古称易治。盖田有定主，贸易则执券以为信，婚必及时定聘，则托媒以先通。间有强梁幸亲旧之贤者，犹能折衷。亦有寡弱，赖亲友之仁者，必能扶助。至于昧心

---

① 《同治永顺府志》，载《中国地方志集成·湖南府县志辑》，第354页。
② 《同治桑植县志》，载《中国地方志集成·湖南府县志辑》，第47页。
③ 《光绪龙山县志》，载《中国地方志集成·湖南府县志辑》，第108页。

以争乖义以斗者，亦多有之。然尝见邑庭每月限日放告，受诉状不越三五纸，多不越十纸。中间又见有逞忿，而讼忿消□悔，谓之讼简，不亦可乎？此盖桂山先生所目□也。今则大有不然者。人心不古，诈伪日滋。无情之徒相率□□而觊觎侥幸，是风俗之流弊也。①

此处修志者将旧志中记载的桂阳县诉讼情况与当下情况进行对比，发现官府当时受诉状数量极少，且撤案较多，对比当下"诈伪日滋"的情况，将原因归结为"人心不古"。然而修志者没有指出导致"人心不古"的原因。笔者在湖湘旧志中的其余记述中可发现影响"人心"的社会因素。

其一，人口增多和流入使得诉讼风气发生变化。在若干地方志中记载了由于人口增多和迁入导致民间争端增多的事例，如：

鄢俗尚淳朴，敦礼让，以耕织为业，不事商贩。急公税，无抗粮、积逋之习。贫不兴讼狱，无系囚。近因四方杂处，土僻人蛮，各自为俗，好斗健讼亦在所不免。②

曩者云贵未辟，澧非通途，谿洞尚阻。澧多旷壤，今则尽入版图，萃十五国之民，而车驰马骤于澧。田畴渐广，山泽之利日饶，耳濡目染，醉浓沃鲜，宜其事易。而言庞骄侈相胜，讼狱繁而诈伪生也。③

桑民素号济朴，有垂老不见长吏者。近多客家寄籍，或引诱滋事。然加之惩创，亦不至于长奸而蠹善类。④

外来人口在清代大量进入湖南地区，由于不同地方的民族、风俗、语言、习惯等诸多差异以及本地乡民常有的"排外"心理，使得民间纠纷不断增多。湖南地区普遍"地无异产，市无奇货"⑤，且大部分地处山区，交通闭塞，在清朝这样一个变革时代自然会出现民情上的变化，以诉讼增多为明显表现。

其二，商业发展使得诉讼风气发生变化。明清处于经济转型时期，由于资本主义

---

① 《同治桂阳县志》，载《中国地方志集成·湖南府县志辑》，第283页。
② 《同治鄢县志》，载《中国地方志集成·湖南府县志辑》，第442页。
③ 《同治直隶澧州志》，载《中国地方志集成·湖南府县志辑》，第191页。
④ 《同治永顺府志》，载《中国地方志集成·湖南府县志辑》，第355页。
⑤ 《同治绥宁县志》，载《中国地方志集成·湖南府县志辑》，第412页。

第七章　清代湖湘地区民间诉讼文化特性的考察

萌芽的出现，虽然有官方的"重农抑商"政策限制，湖南各地的商业仍然出现了一定程度上的发展。商业沟通了不同的地区，增加了陌生人之间的交往，使得人与人之间发生的社会关系更为多样，从而增加了发生纠纷、导致诉讼的情形。

> 士耽经术，重清议，小民职勤治生多不治，商贾户口日增，民渐殷富，彼鼠此雀，未免讼狱繁兴。①
>
> ……后户口日增，民薄殷富，彼鼠此雀，未免讼狱繁兴。②
>
> 土著民多简朴，亦少健讼者。惟市井以华靡相耀，差役近尤侈横，平民多受欺枉。③

从中可见，当商业发展使得贫富差距明显时，贫民会因为"薄殷富"而出现争端，较富裕的商人也会"以华靡相耀"加剧贫富之间的冲突。

（二）诉讼事由大多轻微

从诉讼事由的角度看，湖湘地区民众提起诉讼的事由大多比较轻微。大多数修志者不会罗列民众具体的告状事由，而仅仅用"鼠牙雀角"等词汇形容事件的轻微。在地方志中我们经常看到这样的记述：

> 风气质朴，不喜争讼。故邑中无大讼狱。然睚眦亦起争端者，半由局中之拙强，半由局外之刁唆。盖相让则无争，相执则不下。此骨□分析之讼，乡里买卖之争，雀鼠口角之衅所在，多有惟一家有一明理人，则讼少。一乡多一明理人，讼亦少也。④
>
> 人多纯朴，古志之矣。然亦为乡曲言之耳……若夫鼠牙雀角无邑无之。明镜不疲，彼健讼者，又安所施其技哉？⑤
>
> 民性谨愿，重乡里，敬畏官府，以理役之，虽劳不怨。然不能忍小忿，以争

---

① 《同治新化县志》，载《中国地方志集成·湖南府县志辑》，第802页。
② 《同治新化县志》，载《中国地方志集成·湖南府县志辑》，第201页。
③ 《光绪龙阳县志》，载《中国地方志集成·湖南府县志辑》，第77页。
④ 《光绪善化县志》，载《中国地方志集成·湖南府县志辑》，第297页。
⑤ 《乾隆湘潭县志》，载《中国地方志集成·湖南府县志辑》，第176页。

斗兴讼,其愚良可悯也。①

可以看出,修志者不论是形容一地"兴讼"还是"不喜争讼",均提到了其诉讼事由的轻微性。修志者认为,人在日常生活中遇到"鼠牙雀角"的小事而争斗是正常的,是由于民众的"愚良"所导致,只需要有明理的人去排解、讲理即可。所以,修志者并没有将这种轻微的诉讼事由当成一件很严重的事情。当然,部分地区的修志者也对本地诉讼事由进行了较为细致的分析,将地方诉讼事由总结为田土、婚姻、债务三大方面:

> 大要有三,曰田土,曰婚姻,曰债负。田土之衅,起于回赎,翻赎不能,因而掘塍拔苗强割,且藉牵牛马,以抗讼者。婚姻则为赖婚,为抢亲,为拐逃,而抢亲之衅,又生于地方之豪右,游民□斗□服毒,命案之□由起,必严禁其?悍之习,而后渐可杜也。至于债负,则行户之拖欠尤多。潭俗行户,皆背客找账,掣银入手,移乙填甲。及其败露,彼不过赤手空拳,一无赖之人而已,追比连岁,迄无归着,清讼之源□始其一。②

此段叙述的田土、婚姻、债务三方面争端是清代各地普遍存在的三种诉讼事由。在争端发展到严重到威胁封建统治秩序(如抢亲、抗讼、服毒等)时,地方官员会对此给予高度重视,并且采取各种方式惩治顽劣、维护社会治安。官府维护社会秩序的具体方式,将在下文予以分析。

(三)讼端常由民间调解处理

民间调解争端在中国传统纠纷解决机制中占有举足轻重的作用。正如上一段所述,由于讼端轻微,地方官府并不倾向于让这些"鼠牙雀角"之事成为其管辖对象。这样一方面会使本地呈现出诉讼增多、治安不良的现象,另一方面也浪费了地方司法资源。同样,民众也不倾向于将民间细故告至官府处理。这样一方面在官府免不了收到官员的呵斥和衙役的勒索,另一方面也耽误了农业生产,付出较大的成本。故而我们在旧志中看到了许多土民一辈子不进城市、见不到官吏的记载,如:

---

① 《同治沅陵县志》,载《中国地方志集成·湖南府县志辑》,第432页。
② 《乾隆湘潭县志》,载《中国地方志集成·湖南府县志辑》,第177页。

第七章　清代湖湘地区民间诉讼文化特性的考察

　　土民素淳朴，有垂老不见长吏者。嗣因各府州县民移家于此，往往以口角之嫌，辄兴讼端，然遇乡党老成排解即止。①

　　辰郡最为稀简，乡民有皓首不至城市者。然亦有为讼徒奸胥所愚教□升，蔓延不止。诚得廉能接踵而至，澄源塞流，固可卧而治矣。②

虽有争端但不见官吏，则往往通过民间调解的方式化解纠纷。大多数情况下，民间调解往往受到地方官员的肯定，也能取得积极的成效：

　　……近来大宪论设乡团、团总之能得人者秉公排解争讼，庶可少息。③

　　邑风称愿厚，本无嚣嚣之习，然睚眦小忿，多由地棍挑唆成讼……所赖邑有师儒乡有善良论之以守分循礼畏法，此风将自息矣。④

　　爱惜身家，不健讼。衣食稍丰之户，遇有争端，亲友劝解即息，绝不轻诉公庭。其畏事愿谨如此。⑤

相反，官府的处理有时却不一定能起到积极的效果，官府有时"不辩曲直"的处理反而会使得矛盾进一步激化：

　　浏多山少泽，民质朴，俭而近啬。性劲直，多尚气轻斗。很官不辩曲直，则险健而讼滋。⑥

通过以上分析我们可以发现，民间细故往往不入官府而由调解解决，特别是在山区众多、交通闭塞的湖南地区更是如此，故而产生了官府对民间细故不需要给予太多重视的情况，由此得出"易治"的结论。

---

① 《同治桑植县志》，载《中国地方志集成·湖南府县志辑》，第47页。
② 《乾隆辰州府志》，载《中国地方志集成·湖南府县志辑》，第270页。
③ 《光绪善化县志》，载《中国地方志集成·湖南府县志辑》，第297页。
④ 《嘉庆安仁县志》，载《中国地方志集成·湖南府县志辑》，第78页。
⑤ 《光绪乾州厅志》，载《中国地方志集成·湖南府县志辑》，第111页。
⑥ 《同治浏阳县志》，载《中国地方志集成·湖南府县志辑》，第340页。

（四）对少数民族采取特殊诉讼政策

湖南属于少数民族聚居区，尤其在湘西的永顺府、辰州府、凤凰厅、永绥厅、古丈坪厅（今张家界市、湘西州、怀化市等），少数民族的治理是地方重大事项。因这些地区中苗族居多，所以在地方志中，将少数民族事务在"苗猺"一章中予以详细记载。总体来说，苗猺与汉民有着不同的性格、风俗和习惯，在不同民族杂居时也会产生一系列的社会问题，如交易习惯不同导致纠纷、民苗交往成仇导致纠纷、汉民强买苗人田产导致纠纷等等：

> 苗民入市与民交易，驱牛马，负土物如杂粮布绢之类，以趋集场。粮以四小碗为一升，布以两手一度为四尺。牛马以拳数多寡定价值，不任老少……初犹质直，今则操权衡，较锱铢，甚于编氓矣。与亲党权子母，以牛计息，利上加利。岁长一拳至八拳，则成大牛。至数十年即积数十百倍，有终身莫能楚者，往往以此生衅。①

> 苗俗既与民俗异殊，即其产业，民苗各有分解，不相混杂。是民与苗原无事关涉也。进来苗猺向化，乐与民人亲近。而民人亦因其亲近，遂与之交往。或认干亲，或结弟兄，彼此绸缪。及至偶有参差，苗性刚愎，即成仇怨。更有奸民因苗猺愚直，易于笼络，故为恩结，以图有事听其指挥。亦有奸苗，平日恩结民人，遇事异其报效，久之必致构衅。②

> 查民苗交易有干例禁。况其田产大都坐落峒寨，岂容民人买卖，以致民苗混杂。即或当买苗产，而仍给苗耕。其收租取课，谅难免于缠扰滋事。且苗猺生齿日繁，所有峒寨内之薄产，尚不敷耕种养赡，再使民人又占其产，苗猺何以糊口资生？令速照原价赎回，并示令民人不许擅买苗产。③

一旦此种争端增多，往往会导致较为严重的社会秩序问题，要不通过诉讼途径解

---

① 《宣统永绥厅志》，载《中国地方志集成·湖南府县志辑》，第118页。
② 《同治永顺府志》，载《中国地方志集成·湖南府县志辑》，第376页。
③ 《同治永顺府志》，载《中国地方志集成·湖南府县志辑》，第377页。

决纠纷，若诉讼不能解决，则会演变为民族之间的武装冲突。故而，地方官员在处理涉及少数民族的诉讼时，采用了一些特殊政策：

在实体方面，重点究查苗人诉讼的起因：

> 苗猺风俗尚属朴实，不知构讼。后因属隶州县一切户婚、田土、鼠牙雀角之事，头人理处不结，许某在该管地方官处告理，乃有唆讼。刁民窥知，苗人有隙，从中为之播弄，主使讼控代为作词，暗地扛帮把恣恿，任其所为，欺诈诓骗，不厌不休……遇有苗猺告案，务先究明，何人所使，何人作词，然后理其所控之事，如究出唆讼之人，立即严拿通详，痛加处治，毋得稍为姑徇，贻害苗疆。①

在地方官员看来，苗人风俗朴实，不知诉讼，其提起诉讼是因"刁民"教唆而起，故而惩办唆讼的"刁民"方能真正解决问题。

在程序方面，对涉苗案件的状纸严格审查，同时加快涉苗案件的处理效率。乾州厅一位地方官员总结出了治理苗务的经验"治苗十三条"，其中有两条涉及处理涉苗案件，即为"凡审理苗案，以清白爽快速结为是，不可拖累以滋煽惑也"和"放告宜少收状纸，不可滥准词讼，以起撞骗之弊也"。②这名地方官员鉴于苗民的诉讼大多因汉族刁民挑唆而起，为了防止讼棍从中挑唆渔利，故而要求对涉苗诉讼的立案严加审查。在受理案件之后需要尽快审结，防止为讼棍提供进一步的榨取空间，也防止纠纷进一步扩大。这些都是处理少数民族关系中，地方官员在诉讼领域提出的特殊政策。

三、清代湖湘地区民间诉讼文化成因分析

（一）好争斗的社会风气

由于所统计的地方志中，关于诉讼情况的记载大多集中在风俗卷中的"民性"一节，故而观察一地的民风对于探究其诉讼文化的成因有着重要的意义。在有关湖湘地区民风的记载中，"好争斗"是反映出的典型特征。关于"好争斗"，各地有如下记载：

---

① 《同治桑植县志》，载《中国地方志集成·湖南府县志辑》，第48页。
② 《光绪乾州厅志》，载《中国地方志集成·湖南府县志辑》，第115页。

> 浏多山少泽，民质朴，俭而近啬。性劲直，多尚气轻斗。很官不辩曲直，则险健而讼滋。①
>
> 颇尚气轻生，喜斗好讼。黠猾之徒，以人命为奇货。每一案发生，株连至数十百人。②
>
> 乡居穷僻，不谙科法，戾理乞胜，强于竞讼，视纠众劫斗为故。③

甚至有醉酒之后争斗增多导致诉讼的记载：

> 城乡肆味薄，而值贱农夫、贾竖入市多酒，往往醉归争斗，诸案率由此起。④

在分析湖湘地区的社会风气时，我们一定要注意到其对诉讼文化形成的正反两方面：一方面，好争斗的性格确实导致争端增多，进而导致诉讼数量的增多；另一方面，大多数争斗的起因并不是因为追求利益，而是因为百姓不能忍让、喜好斗气的性格原因，甚至是酒醉之后大脑不清醒产生的争执。这种争执的特点是发生快，但是容易消解。一般只需要亲戚族人调解讲理，或者由地方上专门负责调解纠纷的长老处理即可。即便是告到官府，洞察民情的地方官员可以通过"一言剖决之"，即可"贴首而服"。中国封建社会长期形成的民间纠纷解决方式，如亲族调处、保甲制度和民间习惯法的形成，使得官方制定的国家法在不出现特殊情况时不需要深入平民百姓之中，从而才可能出现地方志所记载的"垂老不见长吏"的现象。经过民间调处，当事人在头脑冷静之后，怒气大多消去，便可顺利解决纠纷。

（二）地方官员重视社会秩序的综合治理

在面对细微的民间纠纷时，地方官员往往不用将国家法介入百姓的民间生活。但是当这些纠纷演化成为危害社会稳定、扰乱社会秩序的行为时，官员们便会给予高度重视，以维护当地的统治。这些案件往往表现在强占田土、坟山引发的争执甚至械斗、

---

① 《同治浏阳县志》，载《中国地方志集成·湖南府县志辑》，第340页。
② 《民国醴陵县志》，载《中国地方志集成·湖南府县志辑》，第179页。
③ 《光绪龙山县志》，载《中国地方志集成·湖南府县志辑》，第108页。
④ 《同治清泉县志》，载《中国地方志集成·湖南府县志辑》，第128页。

诬赖良善诈取钱财、拖欠债务演变为人命事件等,例如:

> 至田土如霸庄掘塍,强占强砍坟山,如强葬强掘,冒□婚姻,如抢亲毁盟,拐逃命案,如捏故牵证图诈贼案,如诬害良善,每经良有司摘奸发伏,此风渐消。①

> 按平邑讼牒,在楚南尚非甚繁,然地错三省,岁多拐窃之案,而田地□□,售卖价塽,翻赎之风,滋讼尤甚。翻赎者,春则阻耕毁塍,夏秋拔苗强割,或藉牵牛马,甚有塍棺于田,以荒耕作,及服毒图赖者。则清理翻赎,殆移风之首务。②

> 黠猾之徒,以人命为奇货。每一案发生,株连至数十百人。咸同间邑人有思豫堂之设,即为官府相验命案,预防流弊者也。后贤有司加以禁别,不累无辜。杀人者抵,诬罔者罪,一洗旧习。则轻生陷害之风为之一变。③

这类社会纠纷的严重性在于,其危害基本的农业生产和百姓生命安全,是对封建统治秩序的公然反抗。官府必然要想方设法防止此类事件的发生。在处理这些问题时,官府往往在惩治和预防上都有其举措,而在预防措施上投入的精力显然更重。

在惩治纠纷方面,封建官员在处理民间纠纷时给人的印象往往是将情理法综合考量,得出让双方都能接受的结果。但是在这类案件中,官府此时考虑的社会效应不仅仅限于"劝和"带来的息讼目标,而是打击犯罪带来的惩戒效应。此时,官府更多地承担了"惩奸除恶"的刑事目的,将惩罚犯罪作为移风易俗的重要手段,以维持社会秩序。故而在这类案件中,我们看到的不再是父母官"一言以剖之"解决争执,而是"摘奸发伏"的强制手段惩罚刁民。

在预防纠纷方面,官府花费了较大的心思在对民众的教育方面。中国的地方官员清楚,如果想要彻底解决纠纷,那么就需要找出可能产生纠纷的社会原因并进行革除,同时将良好的社会风尚传递给百姓并让他们接受,此所谓"道之以德,齐之以礼"。这些教育既有温和的讲理性教育,也会发布具有强制力的禁令告示以禁止某些不良社会风气。由于乡村百姓普遍的文化水平并不高,故而要对一些道理进行阐释和解读,让百姓能够接受。清代地方有成为制度的"讲约"活动,在固定的时间和地点聚集百姓

---

① 《光绪善化县志》,载《中国地方志集成·湖南府县志辑》,第297页。
② 《乾隆平江县志》,载《中国地方志集成·湖南府县志辑》,第90页。
③ 《民国醴陵县志》,载《中国地方志集成·湖南府县志辑》,第179页。

宣讲教化，以达到移风易俗的社会效果。地方官员对这种活动高度重视，例如：

> 如果厯民牧者能教以大义于囻家，设立科条，摘其大端，凯切宣示。俾圀听之民，知所领悟，则不但循谨良善闻，而忻慕即桀骜不驯之徒，亦当知所敛戢。况地方大小官员，有教育斯民之责，岂可视为迂阔，置之不讲。嗣后不但朔望宣读圣谕广训，当明切讲谕及公堂听狱，赴乡劝农时，皆可随时训导，启发颛蒙，庶默化潜消，可渐收易俗移风之效。①

地方官员也会发布告示，劝谕百姓改正不良习气：

> 为严禁赌博，以除民害，以正人心事。照得士、农、工、商，各有当业，朋当诱赌，例禁□□丧害人心，莫甚赌博。一人其中，昏迷莫返。迨至身家尽荡，放辟邪侈，无所不为。天偷由此乘醴，夫妻因而反目，其弊不可胜穷，其害于人为最。我桂邑僻处□隅，风俗向称淳古。近十馀年来渐趋浇薄。有一种丧尽天良之辈，明不畏典刑，幽不虚报应，逞其狼贪之性，设为井陷之机。一遇丰□子弟，引诱多方。或于酒肆之中，或于集场之所，□托知交，饮以□酒。初以耍玩为乐，复以奔北为囮。无识少年不知是饵，利心既动，云阵斯迷。而奸徒耽得志矣。深房密室，朋□共嚼。现钱既尽，更行执纸勒田。千金之子畏触□威，中人之家不难破散。更有一种为富不仁，惯行谋卖，串同赌棍，专放赌债。五借十偿，叠利书契，问田若履，方敌势均。姑俟数年身后，或争莳以试其端，或强护而速其讼。到官则称言有契折，半以为告□无凭。不知水落终有石出之时，妄思行阴间成侥幸之举，伤风败俗言之殊堪发指。本县廉访有素，本应按名拿究。除姑宽访名□档外，合亟严禁。为此示仰阖邑人等知悉，自示之后，宜痛改前非，洗除肺腑，各谋生业，莫罹法纲。且刻薄成家，理无久享。谋卖田园，多生败子，报应至之理如鼓，应□可为炯戒。至丰腴子弟，尤当借鉴覆车，痛绝匪流，免致事后决裂。其父兄尊长，更须严加约束，杜其萌药，不使出入自出，则诸棍伎无所施，而身家可长保矣。倘示之后，仍敢怙恶不悛，设局勾引良善，或经告发，或被访拿，

---

① 《民国祁阳县志》，载《中国地方志集成·湖南府县志辑》，第1484页。

定行按例分别严行详究治罪，决不姑宽。

以这篇《禁赌博示》为例，湖湘地区素来赌博风气严重，这名知县首先阐述赌博的危害，着重强调了被赌棍带入赌博陷阱之后的后果；又指出赌棍放债诈骗等诸多方法，使得民众对此有所警醒；进而劝勉民众尤其是富家子弟千万不能涉赌，一方面为自己的前程考虑，另一方面使赌棍无利可图，自然消亡；最后指出惩戒措施，警告赌徒如果被官府拿住，则从严治罪。这样，百姓既能知道赌博产生的危害，也能对赌棍产生警觉，从而减少赌博行为，实现地方官社会治理的目的。其他尚有地方官发布的《劝息讼示》、《妄信风水示》、《禁健讼唆讼示》等告示，其目的和教育方法与此篇基本相同。这些地方官员对社会秩序的综合治理起到了一定的社会效果，从引起讼端的根源上化解了问题，使得本地诉讼风气呈现出较为积极的一面。

（三）民间自治条规的发展

如前文所述，清代商业的发展使得发生社会关系的种类和次数增加，传统的"熟人社会"格局逐渐被打破，争端也逐渐增多。但是值得注意的是，清代商业团体形成了具有较强组织性的商行或商会，这些商行或商会有着自己的组织结构和管理制度，能够以较强的公信力去解决民事纠纷。即便是无法形成完整组织的商人，也会由团体的头目订立相应的交易和管理规范。如邻近的两个县的商人共同制定的买卖条规：

> 买卖米粮，买客凭行掺样，随即登船，上凭眼力，下凭掺筒，看定货色，三而估价，书立行票已妥，包样。下河量米时，买客不得故意复擢样米。如样不符，听其另买另卖，客不得故意潮伴减价。由买行户亦不得扶同。客商买米，行户与卖客交代验明，必九九七制钱，如毛不用，如少照补。银必布平，以九二足色。直行如低毛，概行不用。卖米一石出行用钱二十五文，永无增减。交易谷米、豆麦，买卖二比凭行平斛过扬，不许浮鸡窝。其斛十足制斛，每月朔归庙较准火熨称，以法码较定，以昭画一。行伙或有奇盘夹帐以肥己，这行主查出，立即出发辞退。客商查出，投经行主，照议处罚。交易后开明清单图记，载明行用厘金数目、实得钱若干，以杜弊端。买卖米粮货物，银钱当即现兑，行户不得支扯拖延。

船户运米不许装头盖面、泼潮等弊。如违，行户断不劝客买受。船户卖米不得因货难卸，求货急卸，致私须行伙钱文。船户代人卖米，不得向行伙私索钱文，欺瞒米客。运米船户，每石开仓钱二文。宁邑与靖市捐建水神庙，原为船户及各商往来祀神祈祷并寄存货物之所。看守庙宇人须当心照管。以上各条宁邑、靖市共同酌议，日后永无更改。如有违者，二比公同分别轻重处罚，决不徇隐。①

这篇买卖条规由宁乡、靖州两地行会共同制定，对市场交易中双方的权利义务进行了详细的规定，包括进行买卖的各项流程、使用的货币、交付的规定、祭祀水神的规定和违反条规的处理方式等。至于形成完整组织的商会，更有一套完整的规定，涉及组织机构的设置和职能、管理人员的选举与考核、收纳学徒的流程、统一价格、销售货物中选拣、交付、退货等流程的注意事项、税收缴纳、违规责任等内容。在清末社会转型期间，由于国家重农抑商的传统，国家立法无法跟上商业的发展步伐。在缺乏国家强制法的调控之下，商人们用自己的智慧制定相应条规，以维护当地的商业秩序，促进市场的发展。这样的制度能够补充国家法的不足，是民间自治的充分体现。在这样的自治环境中，民众可以合理解决商业活动中出现的各种纠纷，从而避免到官府提起诉讼，减轻地方官员的负担。

四、清代湖湘地区诉讼文化对我国纠纷解决机制的启示

正如清代处于中国近代化变革的特殊历史时期一样，当下中国正处在深刻的社会变革时期。在经济上向城镇化和市场经济过渡的同时，传统思想和文化依旧深深植根在人民的脑海中。因此，在纵览湖湘地区民间诉讼文化之后，笔者认为在纠纷解决方面，无论从民间自治的角度还是从国家治理的角度，湖湘民间诉讼文化都为我们提供了广阔的思考空间。

其一，人民调解和法院审判时应当充分了解地方风气与习俗。解决民间纠纷，最重要的是体现"案结事了"的社会效果，实现和谐稳定的社会秩序。为达到"案结事了"的目的，人民调解员应当思考发生纠纷的社会原因，以及百姓希望达到目的的正

---

① 《民国宁乡县志》，载《中国地方志集成·湖南府县志辑》，第223页。

当性。不同地区的民风不同，就要求解决纠纷时结合当地民风解决纠纷。如湖湘地区刚烈好斗的民风要求调解过程中首先要缓和当事人情绪，待当事人冷静后再进行调处，否则会造成适得其反的效果。尤其是在处理涉及少数民族案件时，更要充分了解少数民族地区的民性。同时，也要尊重各地特有的习俗，如湖湘地区以"好巫鬼"著称，在处理涉及祭祀、丧葬等问题的纠纷中要予以足够重视。

其二，应当重视和鼓励商业自治的发展。市场经济时代，商业相对于封建时期具有更加重要的社会地位。然而，由于我国目前民间的非政府组织发展相对薄弱，商业自治组织尚不能很好地承担起解决商事纠纷的职能，商事纠纷的当事人还是尽量选择司法途径作为纠纷解决的手段。反观清代，许多商业部门建立了完善的商会组织，订立了完备的条规和解决纠纷的方式，使得商事纠纷在商会便可以妥善解决。故而一方面我们需要完善我国的商事仲裁制度，尤其是完善《仲裁法》的立法内容、创造快捷高效的仲裁程序；另一方面我们要为更多的民间自治组织提供生存和发展的土壤，使得民间自治组织能够以专业的、充满活力的、令人信服的态度解决相关领域出现的问题。

最后，司法机关在审理案件时应当加强判决的说理性。民间纠纷的当事人将纠纷诉至法院，除了胡搅蛮缠的"讼棍"之外，大多数人的目的是在一个足够权威的第三方居中处理之下与对方讲清楚道理。古代真正有水平的"父母官"可以"秉公排解"甚至"一言以剖之"便可让当事人满心欢喜地回家，其根本原因在于司法官员用一种符合道理且当事人都能理解的语言化解矛盾。在最高人民法院推广裁判文书公开后，我们发现许多基层民事案件裁判文书的"本院认为"部分仅仅将案件事实与相关法条进行对应，既没有阐述为何运用法条，也不去解读法条背后的合理性，造成当事人无法准确理解判决，进而提高上诉率。故而笔者认为，学习古代司法官员重视说理的特点对当下法院审判有非常重要的意义。

第八章 厚嫁风俗对清末民初湖湘地区婚姻制度的影响

溺婴之俗，尤其是溺女之风在中国很早就已经出现。何为溺女是研究溺女问题首先应明确的。所谓溺女，指的是，将刚生下的女婴投入水中溺毙。随着封建社会的逐步发展，溺女现象也愈来愈严重。至清末已成为乡土社会较为严重的陋习之一。在湖湘地区方志中，嘉庆《长沙县志》称"溺女皆惯，因哺养妆奁种种之关系，昔时数见不鲜。"[1]乾隆《辰州府志》载"索重奁而酿成溺女之风。"[2]雍正《黔阳县志》云"黔俗富家溺女。"[3]光绪《兴宁县志》云"中户亦欲争夸，遂有典田鬻产，以资奁钱者，于是育女苦于暗累不仁者，遂作溺女之计。"[4]。关于溺女的记载在湖湘地区的方志中，屡见不鲜，不胜枚举。

一、"溺女"陋习是如何产生的

溺女陋习惨绝人寰，父母怎能如此狠毒将自己的亲生骨肉溺毙。然而，溺女之所以在封建乡土社会延续，是有一定的社会背景作为其得以存在和延续的前提和基础的。曾任湖南巡抚的卞宝第曰："照得湖南各府州县多有溺女恶习，推原其故，一由家道之

---

[1] 嘉庆《长沙县志》卷之十四风土志 风俗考。
[2] 乾隆《辰州府志》卷之十四风俗志。
[3] 雍正《黔阳县志》卷之一风俗志。
[4] 光绪《兴宁县志》(1-6)卷之五 风土志。

第八章　厚嫁风俗对清末民初湖湘地区婚姻制度的影响

贫，一由风俗之奢华，陪奁多费，不知孩提费用几何，婚嫁有无，惟家是称。"① 由此可见，贫困是清末年间溺女之风盛行的重要原因之一。

在清朝末年，西方列强侵略中华，中国被迫打开国门，进行对外交流和贸易。但这也恰恰推动了落后的小农经济不断转型，促进了清末商品经济的发展。在湖湘地区，一些县镇逐渐富裕起来，人们的经济生活一定程度上具有了现代化的形态。但是，也有部分县乡，属于较为封闭的丘陵地貌。同治《绥宁县志》载 "地无异产，市无奇货。商贾往来恒少，即盐布多取足于他乡。若肩挑背负贸易者，不过谋赡朝夕而已。"② 可见，在以湖南绥宁县为代表的某些县乡，小农经济受到的冲击较小，生产生活依然落后，人们仍然被束缚在土地上，从事着男耕女织，日复一日的以手工劳动力为主的经济活动。除此之外，繁重的苛捐杂税更是让百姓苦不堪言。清史稿《食货志六、征榷会计》云 "清代田赋徵粮之数，乾隆三十一年，为八百三十一万七千七百石有奇。"③ 在清朝一代，法外苛征加派未曾间断。如，"耗羡"、"重戳"、"杂办"、"浮收" 都是指征税官应征钱粮定额之外，再多征收钱粮。甚至实行了 "耗羡归公" 和 "养廉银" 的制度。附加税往往超过应征税税额。致使百姓 "不苦于赋而苦于赋外之赋"。清史稿《食货志六、征榷会计》御史丁绍周言："鳌捐各委员徒事中饱，民怨沸腾。"④ 另外，随着清末封建经济的发展，土地兼并现象也日益严重。大批自耕农失去土地，受雇于地主。而地租也随着清末人口的激增、土地愈发的不足而日益高涨。造成 "田价日昂，田租日增。" 佃农日益无法承受生活之重担。加之水灾、旱灾等自然灾害对湖湘地区的侵袭，西列强在鸦片战争后对中国的残酷掠夺，普通百姓生活日益艰难。湖湘地区的百姓被迫笼罩在贫穷的阴影之下却无能为力。"世道凌夷，生齿日繁，生计日隘，衣食之源迫，子女之爱薄。"⑤ 子女之爱薄，体现了，在清末溺女之风的背后，中下层百姓深深的无奈与痛苦。

当然，造成溺女的另一个重要原因便是落后的封建思想。男尊女卑的封建思想成为 "嫁妇厚奁" 的 "助推器"。"俗贵男贱女，故溺女成风"⑥ 在封建社会落后的生产力活动中，

---

① 光绪十三年《洪江育婴小识》、卷四建置志。
② 同治《绥宁县志》卷十八。
③ 《清史稿》卷一百二十五至一百《食货志六、征榷会计》。
④ 《清史稿》卷一百二十五至一百《食货志六、征榷会计》。
⑤ 魏源：《魏源集》，中华书局1976年版，第366页。
⑥ 永禄等《龙南县志》刻本，1750（乾隆十五年）。

除了田地、种子、简单的生产工具以外,男人便是最重要最主要的生产力。妇女因其自身生理及其他各方面的原因被封建社会所排斥,地位极其低下。封建礼教作为以小农经济为基础的上层建筑,更是对妇女的权利严加限制。溺女行为便是这种恶劣思想的衍生物,当贫苦人家无力赡养多个子女时,因女儿在其心中重要程度很低,遂选择溺女而举男。

除上文叙述的造成溺女的原因以外,奢嫁与厚嫁之风才是溺女的根本原因。嫁妆本诠释着封建民间家庭祈盼女儿幸福的心意。在封建乡土社会,嫁女所依的习俗,成为民间普遍遵循的习惯之前,百姓是循礼制的,即,不甚注重嫁妆和聘礼。正所谓"谕财者,不齿议婚,惟以门户相当。"① 而随着封建私有制的发展,金钱观念逐渐深入人心,富人阶级逐渐讲究比拼婚礼仪式的排场和嫁妆聘礼的多寡。富者成为"嫁妇厚奁"的始作俑者。民国《汝城县志》云"初甚古朴,后因富者相夸,浸入奢华,一切器用备机精好。"② 因而使嫁妆逐渐越备越厚,女儿出嫁,"典田鬻产",置办"衣服、冠履、被帐、绳线、金银首饰、日用器具、装饰品物。"③ 厚嫁,潜移默化地成为民间婚姻制度中的重要部分,民间社会逐渐受此约束。因而造成"市井细民,嫁娶而谕财,"④,"至婚论财,乡村亦间有之,或彼此要求,抑或彼此竞胜。"⑤ 的现象。由此可见,邻里之间的互相攀比,也成为妆奁愈来愈厚的原因之一。乾隆《平江县志》云"男备钗钏衣服致于女家,近皆女家自备。且有以厚奁相赛者。"⑥ 更甚者,若嫁妆"稍从简略,便相诮责"⑦。这种糜烂的金钱至上的观念,自然导致"中人之家至破产,以资妆奁不胜苦累。"⑧。当百姓无力承受如此之重担,便"生多淹溺",溺毙女婴,一了百了。

二、"溺女"陋习对湖湘婚姻产生的影响

在清末湖湘地区弥漫着溺女之风时,必然会造成众多的,严重的社会问题。首先,

---

① 光绪《兴宁县志》(1-6)卷之五风土志。
② 民国《汝城县志》(1-6)卷之二十一礼俗志下。
③ 民国《汝城县志》(1-6)卷之二十一礼俗志下。
④ 康熙《宁乡县志》(全)卷二地理志风俗第 44 页。
⑤ 光绪《耒阳县志》风俗第 1137 页。
⑥ 乾隆《平江县志》卷之十三 风俗志 第 89 页。
⑦ 民国《汝城县志》(1-6)卷之二十一礼俗志下。
⑧ 民国《汝城县志》(1-6)卷之二十一礼俗志下。

第八章 厚嫁风俗对清末民初湖湘地区婚姻制度的影响

溺女会导致男女比例严重失衡,出现男多女少的现象。光绪《衡阳县志》云"县民男多于女,率十之二。"① 这种情况显然不利于社会的存续与发展。其次,这种失衡使无法娶妻的男性增多,在婚姻制度中,又增加了婚配的压力,使一部分男性找不到配偶,便出现"民俗溺女,下户多垂老无妻"②的局面。单身男性无法成家,又易造成流民增多,社会秩序不稳定的情况。第三,越来越重的婚配压力又体现在,男女双方在婚礼方面更加注重礼金,同治《浏阳县志》载"有女家索金帛,服饰,壻家索奁赠。"③ 彼此论财,争相攀比,从而对夫妻、家庭、社会的和谐产生不良影响。第四,溺女造成女婴数量大大减少,又促使了童养婚风气的产生,借以缓解适婚男性找不到配偶的婚配压力。这里产生一个问题,何为童养媳。民国《汝城县志》云"童养媳有二种,一种女子数岁迎歸自养,谓之,过门。一种婴儿出生,抱歸乳哺,谓之,养媳。"④ 这样的从女性幼年时便选定纳入自家宅邸作为过门媳妇的做法,在女性较少的婚姻市场中,可以说是男性家庭为解决婚姻问题而采取的迂回方式。更重要的是,在民间风俗中,男女双方往往多索财礼。一般中下人家,都视这一习惯为沉重的负担,甚至有因贫而终身莫娶者。在此背景下,童养媳的风俗也是封建社会婚姻制度的一个重要"补充"。湖湘地区有大量有关童养媳风俗的记载。同治《祁阳县志》称"至贫户娶童媳,或初生或数月。"⑤ 同治《桂东县志》云"男家妇女,皆将新妇妆奁评验,以致女家。奢侈是尚绫罗纱缎珠翠金银于前迥异,中人之产不胜苦累。于是有血盆抱养者,谓之童养媳。有数岁即迎歸者,谓之过门。以省婚费。"⑥ 乾隆《长沙府志》"有女甫生而过门者,谓之血盆抚养。"⑦ 等等,不胜枚举。第五,溺女陋习又冲击了人们的道德观念。其中,买卖婚姻的现象是人们道德沦丧的具体体现之一。溺女造成女性数量的急剧减少。妇女在婚姻市场上供不应求,身价便随之增高。在夫妻关系的存续中,一旦出现婚姻危机,妇女便会被作为"商品"进行交易,即,卖休。男性作为丈夫便可从中获取利益。更可悲的是,溺女陋习本就是对女性的轻视和对其价值的不尊重,随着男女比例差异的

---

① 光绪《衡阳县志》卷之三 建置志。
② 乾隆《长沙府志(1)》完卷之十四风俗志。
③ 同治《浏阳县志》卷之八学校志风俗纪略。
④ 民国《汝城县志》(1-6)卷之二十一礼俗志下。
⑤ 同治祁阳县志(1-6)卷之二十二风俗志。
⑥ 同治《桂东县志》(1-4)卷之九风俗志。
⑦ 乾隆《长沙府志》(1)完卷之十四 风俗志 P190。

日益加剧，妇女身价的日益增高，无人可嫁的可能性大大降低，这使得女性对其自身竟也产生了"自贱"的心理。不安于现状，便同意或者默认丈夫把自己当作"商品"进行买卖。嘉庆《长沙县志》载"卖休之事，皆因夫难自活，妇不安贫，夫妻反目，而不相容所致。"①另一方面，再嫁、改嫁也不再成为不守妇道的羞耻之事。在清末湖湘地区，较多地出现"夫亡再嫁，多有夫家母，互争财礼，即以绷嫁捉掳捏控。"②之事。第六，溺女亦会间接地造成民间逼婚抢婚、童养媳、再嫁改嫁等风俗风气的延续。这些风俗自身存在不稳定性与不确定性，极易引发诉讼。乾隆《华容县志》云"乡愚恶陋之风，不可救药，至或毁盟，或逼嫁抢亲成讼，又岁匕有之，所当严禁。"③康熙《宁乡县志》称"至家贫自度不能，婚娶多有从三朝半岁，抱养过门为媳，过门后，仍给父母抱回抚养俟长大，再接过门，以致有悔盟结讼。"④康熙《永明县志》载"至于寡妇再嫁，夫家母家争为纳聘，各不相闻。故以一妇而许字两家，因而搆讼者，又比比。"⑤

通过上文的论述得知，溺女，是一种陋习，且主要由于民间奉行厚嫁的传统所造成。而这种厚嫁的传统习俗其实质便是封建民间社会中长久存在的由乡民自觉自发形成并遵循的习惯。厚嫁制度对民间百姓的约束力是极其强大的，百姓不惜变卖家产为女儿置办妆奁。这种强迫性的习惯，显然又是具有"法"的强制力的特征的，即，厚嫁又是一种习惯法。那么，便会产生疑虑，何为乡土社会中的"习惯"？何为乡土社会中的"习惯法"？且什么样的习惯，才具有"法"的约束力，成为"习惯法"，约束着百姓，让百姓自觉地去遵循？下面以清末湖湘地区的厚嫁和奢嫁习俗为例对以上问题进行论证。

三、从"厚嫁"看风俗与习惯

厚嫁与奢嫁本身是一种婚姻嫁娶的观念。因旧时社会婚姻讲究"礼"，因而其应当负有仪式性。在婚姻进行中，便会出现繁文缛节的情况。光绪《永兴县志》云"议婚男家，使媒通于女家，许之乃授以女年庚。今男家合婚，既吉用红全柬二套，男女

---

① 嘉庆《长沙县志2》（3-8）卷之十四风土志 风俗考。
② 康熙《宁乡县志（全）》卷二地理志风俗。
③ 乾隆《华容县志》卷之一方兴志风俗 p19。
④ 康熙《宁乡县志（全）》卷二地理志风俗。
⑤ 康熙《永明县志》风土志风俗。

家各清载世系年庚命名于柬，请媒传送，谓之传庚。继用聘金首饰布帛之类，请媒送往女家，谓之过礼。将娶，则先择吉其报于女家，谓之报日。其亲迎之前一日或本日，用告庙红啟一套，以猪羊牲醴鸡鹅之类，请媒往女家，告庙，谓之奠者。"① 又如，光绪《零陵县志》载"前一月戚族里邻，请女家饭，谓之辞嫁饭。先日上头乃具鸡酒豚及钱，谓花烛礼，以备女家唱歌开脸脂粉等费。是夕，女家宴会，谓之女花烛，择未字者，陪女教以安席把盏。男家亦于是夕设宴，谓之男花烛。择年幼未娶者，陪新郎以香一炷，轮流唱和，女家亦于是日，起歌堂新，嫁女高坐，择未字者，二十餘人团坐唱和。"② 这些都是封建乡土社会在筹办和进行婚礼时，所遵循的乡规俗例。"乡例"多是在长期生活实践中产生，对乡民生产、生活和交易活动具有指导及一定约束作用的规范③，在婚姻方面便如，"父母之命，媒妁之言"、正式结婚之前必经"六礼"，分别是纳采、问名、纳吉、纳征、请期、亲迎。等等。这些乡规俗例都是民间社会在发展演变过程中形成的所逐渐吸收接受的习惯。厚嫁亦如此。厚嫁本是一种观念，即，在女儿出嫁时，给予其丰厚的嫁妆，使其在夫家有一定的地位，受到一定的重视。在乡土社会长期沿用的过程中，逐渐被常规化，依据该观念做出的厚嫁行为，也逐渐被模式化，进而演变成一种习惯，在民间得以留存并被自觉使用。

然而，应当注意的是，被民间社会普遍遵循的习惯并不都具有习惯法的特征，乡规俗例也不全是习惯法所表现出来的形式。这时，便会产生并亟待去解决一些个问题，何为习惯法？促使习惯法形成的因素又是什么？孟德斯鸠说："法律应该和国家的自然状态有关系；和寒、热、温的气候有关系；和土地的质量、形势与面积有关系；和农、猎、牧各种人民的生活方式有关系。法律应该和政制所能容忍的自由程度有关系；和居民的宗教、性癖、财富、人口、贸易、风俗、习惯相适应。最后，法律和法律之间也有关系，法律和它们的渊源，和立法者的目的，以及和作为法律建立的基础的事物的秩序也有关系，应该从所有这些观点去考察法律。④ 这句话用以解释说明习惯法很是恰当。习惯法出于自然。包括两层含义：其一，习惯法并非出于立法者的意志与理性，

---

① 光绪《永兴县志》第五册卷十八至卷三十五风俗志，第448页。
② 光绪《零陵县志》（1-4）卷五学校志风俗，第343页。
③ 梁治平：《清代习惯法》，第38页。
④ 孟德斯鸠：《论法的精神》（上册），张雁深译，商务印书馆1982年版，第7页。

而是民间日常生活中的自动显现。其二，所谓"自然"，既指实际的生活秩序，也包括山川风物、民俗人情。①正如梁治平先生在《清代习惯法》中所述："是以山西之煤窑、四川之盐井、浙江之渔业、岭南之沙田、华北之平原、闽南之山地、两湖之丘陵、江南之水乡，各有其法。"习惯法纵有万种自然因素的支持，最为重要的形成因素便是乡民的关于公正的观念。通行于习惯中的这样或者那样关乎利益的分配、权利义务的均衡制约、损害的分担等的规定，经过长期的利益冲突与演变而逐渐形成，最终可以以"法"来命名。习惯法是民间社会的**"小传统"**，与国家法代表的"大传统"不同。它是**"地方性知识"**②。这些具有一定强迫性的民间之"法"，构成这一或那一小社会的秩序。这在一定程度上，表明了民间百姓对"应然"的共识。人们从一开始就处于根据习惯法来安排生活的过程之中，并不断地去实施它，改造它。重要的是，习惯法是具有"法"的强迫性的。中国社会是**"面子社会"**和**"熟人社会"**。在流通不发达的封建乡土社会中，邻里亲朋互相熟识，"面子"作为一种普遍的社会心理现象，与人的声望、荣誉、赞许、认可等外在事物有关。其主要的控制手段便是公众舆论。非议就成了强有力的控制力量，迫使人们按照某个乡规俗例进行活动。若违背了该乡规俗例，势必要接受公会舆论的谴责。在封建乡土社会，"丢面子"以及被人们所孤立与议论在乡民眼中是一种极为可怕的惩罚。正是在这种若违背了习惯法便要接受"严酷"惩罚的强迫性的作用下，当人们按照习惯法的逻辑和行为规范去进行这样或那样的生产生活活动时，其内心理所当然便会产生一种"合法意识"。③

那么，面对习惯与习惯法，自然会想到习惯与习惯法的区分。梁治平先生在《清代习惯法》中，引用 Malinowski 的说法，来解释说明此问题。即"一套被一方视为权利而为另一方承认为其义务之具有约束力的关系（obligations），因......社会结构中所固有之特殊的互惠与公开机制而保有效力。"这句话，有了一个可以说明此问题的关键因素，即，习惯法具有分配权利与义务的功能。习惯仅仅强调行为的程式化，模式化，固定化，而习惯法则注重所规范的社会关系中，权利与义务的分配，关注利益的分配

---

① 梁治平：《清代习惯法》，第54页。
② 语出 Clifford Geertz，见其 Local Knowledge.（Basic Books, Inc.1983）其中《地方性知识：事实与法律的比较透视》一文已被译成中文，载于梁治平编：《法律的文化解释》。
③ 梁治平：《清代习惯法》，第165页。

与平衡。仍以，厚嫁为例。厚嫁是一种习惯，这种习惯体现在，嫁女时，女方具有需制备丰厚嫁妆的义务。光绪《衡山县志》载"女家妆奁丰俭随人，然富室娶妇，亦间有计较厚奁者，每为知礼者所讥。"①这体现出，若乡民嫁女违背厚嫁之俗，"稍从简略"，便会受到公众舆论的控制，邻里"争相讥诮"。使违背厚嫁之礼的女方家人丢了面子，前文已述，丢面子，遭非议在旧时乡土社会被视为一种很严重的惩罚。是无法想象的。既然违背了厚嫁义务就要承担接受惩罚的风险，那么这种义务便成了一种强制性的义务。公众舆论迫使人们依照此义务进行婚姻活动。厚嫁之礼逐渐演变成了一种婚姻的必备条件。以致影响婚姻的效力。另外，需要注意的是，普通的习惯很少表现为利益之间的冲突与协调，单纯的道德问题也不大可能招致"自力救济"一类反应。②而习惯法则不同，习惯法往往会产生利益冲突，引起纠纷，当事人一旦违背则要承担相应的责任。

论述至此，便对上述问题可以做一种总结性的工作。习惯法，即乡民在长期生活过程中，形成的具有一定强迫性的约束力的规范，是民间社会秩序自发性的体现，通常以乡规俗例为外在表现。但值得注意的是，习惯法并不是成文法，其原理规定并没有诉诸文字，而是扎根于百姓生活中，属于"地方性知识"的范畴。梁治平先生所说，"习惯法的效力来源于乡民对于此种'地方性知识'的熟悉和信赖。"即，习惯法依赖民间的传统。习惯法注重乡民之间权利义务的分配，调整解决他们之间的利益冲突。而乡民也因受"面子"和公众舆论的驱动，自觉地去遵循与维护习惯法。

四、习惯法与国家法的影响

湖湘地区在清末时期，厚嫁成风。厚嫁制度是乡土社会所自发自觉形成的习惯法，长久地影响着湖湘地区民间社会的婚姻价值观念。厚嫁具有的"法"的强制性，迫使乡民依照此规范进行婚姻嫁娶活动。厚嫁要求妆奁丰厚，人们为了避免出现因厚嫁而破产的情况，便选择在源头上规避该规范，即，在女儿刚出生之时便选择溺死。溺女的陋习严重地违反了伦理道德，对社会道德风尚产生了恶劣的影响。司马温公叹曰："世俗之贪鄙者，将娶妇必先问资粧之厚薄，将嫁女必先问聘财之多少，婚娶谕财，是

---

① 光绪《衡山县志》卷二十风俗志。
② 梁治平：《清代习惯法》，第167页。

以生男则喜,生女则戚至有不举其女者,用此故也。然则议婚姻有及于财者,皆勿兴为婚姻可也。"①

在封建社会,奉行礼法结合,引礼入律。礼制慢慢具有了国家强制力,成为国家法的内核。国家法可以被看作是一种受到自觉维护的和具有统一性的精英知识传统。有很强的符号意味,并且表现出相当显著的文化选择色彩。②官方性质的国家法,以纲常伦理来约束国民的思想和行为,目的是为了维护其封建统治。以德治国,礼法结合是封建统治的基础。国家法具有治理民众、教化百姓、实施法律的作用。在中国传统词汇中,与"官府"相对的正是"民间",习惯法乃是"民人"的创造物。③具有强烈的实用理性。国家法与习惯法在封建社会是并存发展的。那么,习惯法与国家规制之间存在着什么样的联系?或者说,习惯法与国家法之间的关系是怎样的?

以湖湘地区厚嫁制度为例进行研究。国家法与习惯法并不是界限明确,泾渭分明的。在封建专制制度刚度发达的清末,习惯法得以在民间留存,恰恰证明了,国家法似乎需要这样的民间秩序对其国家的法律规制进行弥补,从而维护其统治秩序。从这种关切出发,显然,国家法与习惯法之间是互相配合,彼此互相渗透的。以婚姻制度来讲。婚姻之礼受儒家伦理道德的约束。包括,婚约的成立,六礼的要求,各种程序性的规范,均由儒家纲常伦理所控制和制约。在封建民间社会,儒家伦理早已深入人心,民间社会处于纲常伦理的强有力的控制之中。礼,是约定俗成的,逐渐成为民间的习惯法,自发自觉地规范着人们的行为。而作为封建社会中的国家法,纲常伦理乃是其立法之基础。封建统治者往往通过立法,以国家强制法使纲常伦理达到最大限度地适用,以此约束人们的行为和思想,起到维护封建统治的作用。因而,封建社会的国家法的演变更多的是引礼入律,礼法结合。这便是习惯法与国家法相互配合的最初体现。然而,随着封建社会的逐步发展,经济基础在发生改变。国家法与习惯法的相互配合,逐渐体现在这两者开始司其职。换句话说,即,在内容上"分工"明确。以清末《大清律例》为例,该律典直接按照中央各部的名称进行分类。以西方视角看待的有关民事方面的法律规范,应当分进"户律"。然而,事实上,"户律"的内容与现

---

① 嘉庆《安仁县志》卷之四风土志风土第 79 页。
② 梁治平:《清代习惯法》,第 129 页。
③ 梁治平:《清代习惯法》,第 35 页。

第八章　厚嫁风俗对清末民初湖湘地区婚姻制度的影响

代民法有关的事项却多半是因为与户部的主要职能，即与税收有关才被排进"户律"当中。[①] 以执行道德为目标的国家法视"户婚田土钱债"一类事务为"薄物细故"，从来不予重视。[②] 且古代国家受文化与社会两方面因素的制约，很难主动且有效地干预这个每日都在发生着变化的世界。[③] 因而民事方面的法律规范就归入生长于民间的习惯法，对"薄物细故"进行调整。这样的分工与配合，便形成了更大社会范围内的一种相对完整的秩序。

需要格外注意的是，在研究过程中，不能步入极端，即，应保持冷静的头脑，对现象进行客观的分析与评价。前论述的习惯法与国家法之间的"分工"，是配合与合作，然而，还应当注意到，这样的"分工"不一定全都意味着合作。应当明确的是，国家法与习惯法，是两种不同的知识传统，前者是**"精英文化"**，是与**"大传统"**相对应。而后者则是"小传统"。他们受不同的原则支配，有着各自不同的体系。在婚姻制度的历史上，"礼律繁文苟禁，往往与俗悬殊，且有适相反者"[④] "厚嫁""卖休"等皆是习惯法与国家法相悖的例子。习惯法作为"民情土俗"，其存在与消亡，应以其自身的美与恶作为评定标准。在湖湘地区方志中，我们可以看到，国家法对厚嫁制度所持一种抵制遏制的态度。清廷想在上述的习惯法中渗透进国家法，即，对其进行调控，结果是收效甚微。这里不得不提出一个问题，即，国家法对习惯法持何种态度？要研究这个问题，就需要找到国家法与习惯法之间的媒介，或者说是可以代表国家法直接对习惯法进行处理调控的一个媒介。那么最值得注意的便是地方官了。地方官负有亲民的职责。而正因为具有这种职责，他们往往直接参与民间诉讼纠纷的处理。地方官对民间习惯持有的态度和采取的措施，本身即可被视为国家法对习惯法的一种反应。[⑤] 以厚嫁为例。厚嫁属于民间婚姻制度中的重要内容。而婚姻之礼作为封建礼制中的一部分，自然会被国家法所吸收，并加以规定。而在国家法中，婚姻之礼，体现在婚礼的仪式性上，讲究"六礼"，且会影响婚姻的效力。而嫁妆的作用则是象征性的，体现出男女双方对婚姻的重视，女方家人对女儿的不舍，希冀女儿在夫家在生活方面，物

---

① 梁治平：《清代习惯法》，第 130 页。
② 参看梁治平：《寻求自然秩序中的和谐：中国传统法律文化研究》，第四章、第九章。
③ 梁治平：《清代习惯法》，第 15 页。
④ 陈鹏：《中国婚姻史稿》，第 1 页。
⑤ 梁治平：《清代习惯法》，第 132 页。

质条件上，可以更好，便制备嫁妆。然而厚嫁制度与此不同，其更注重婚礼嫁妆的丰盛与完备。在清末湖湘地区婚姻妆奁的多少往往被邻里亲朋拿来作为争相攀比的资本。儒家强调，"俭以养德"，因而，在婚姻活动中，"他处纳徵，有过侈者，不合周礼。"①从湖湘方志的记载中可以看出，厚嫁的习惯显然违背了礼制原本的要求，乾隆《辰州府志》云"索重奁而酿成溺女之风，贪厚聘而致标梅之欵。知礼者所不为，亦法所必争也。"②依照此种逻辑行走，厚嫁也就违背了国家法中关于婚姻礼制的规定，不被与"民间"对立的"官府"所认可。在湖湘方志中，便有较多关于官府对厚嫁进行控制的记载。雍正《黔阳县志》称"万历三十七年，县令王公讳軆道申详两院。立石县前，酌定聘礼，粧奁，称家贫富，以为三等，不许索求，违者治罪。"对违背国家法的习惯法，官府是抱以禁止遏制的态度的。当习惯法违背了封建精英统治者维护的纲常伦理之规定时，国家法便会强制介入进行控制。这时，便可能会出现一种现象。即，习惯法"顽固不化"，国家法难以调控。在湖湘地区，以奢嫁、厚嫁为主要内容的婚姻制度，作为民间的习惯法长久地存在。当国家法介入，欲对其进行治理控制时，往往会出现"虽奉严禁，风未尽变。"③之现象。民国《汝城县志》载"厚富者每节措备礼物，自七八挑以至十余挑不等。民国初年，贫由县议会议决，咨请县公署出示禁止，而习尚日久，禁亦无效。"④这些"屡禁不止"的现象有力地说明了，在民间社会，习惯法在百姓心中的地位甚至超过了国家法的威严。习惯法对社会的影响力是非同寻常的。这就在一定程度上迫使官府在有关场合，作出相应的妥协。

在清末封建社会的法律制度中，国家法与习惯法之间并不是界线分明的截然两分的二元，这两者之间是具有某种内在关联的。习惯法之所以成为一种百姓都自愿遵守，甚至承受着压迫感也要去遵循的一种社会秩序，其内在逻辑必定是符合民间社会的生活状态的，百姓一定是认可与信赖这种"地方知识"的。可以说，在百姓循规蹈矩地实行着一项习惯的时候，也是习惯法逐渐形成并发展的时候。在封建社会，作为一项优先考虑的价值与目标，调处息讼无论在民间还是官府均被奉为基本原则。⑤而在诉讼

---

① 同治《攸县志》卷十八风俗志，第141页。
② 乾隆《辰州府志》卷之十四风俗志。
③ 乾隆《平江县志》卷之十三 风俗志 第89页。
④ 民国《汝城县志》（1-6）卷之二十一礼俗志下。
⑤ 梁治平：《清代习惯法》，第20页。

阶段，官民互动大抵可以视为"官府和乡邻的力量一体动员，为调处息讼而努力"[①]因此，官府经常甚至说是愿意借助习惯法在民间社会的约束力量，实现维护统治的目的。需要注意的是，在封建乡土社会，"民情土俗"之所以会受到关注，与官府履行其职责，推行教化，维护秩序分不开。换句话说，官府之所以对"民情土俗"抱以宽容的态度，甚至利用它，并推广它，是因为这些习惯法是符合官府的统治政策的，是符合国家法律的宗旨要义的。相反，若习惯法与国家法相背离，自然威胁到封建统治，官府便要抵制它，遏制它，以便履行为官职责。在很大程度上，支配了民间社会与经济生活的各种"俗例"，不是被从其内部予以注意、观察和探究，而主要被从外部加以统摄。[②]

---

① 郑秦：《清代司法审判制度研究》，湖南教育出版社 1988 年版，第 219—220 页。
② 梁治平：《清代习惯法》第 135 页。

后 记

历经五年时间终于完稿,本书的写作过程可谓艰难。首先是资料的搜集,为了全面获取材料,课题组除了查找文献还实地走访了所中史料所涉及的县区;其次是标准的选择,为了完成立项时的目标,在选取材料的问题上课题组多次开会,方案几易其稿;再次是文献的识读,由于许多史料都是文言文人工书写而成,字体、错字、断句、通假、方言、读音等问题困扰了课题组成员许久;最后是设想与现实的差别,尽管课题组在立项之初已尽可能预设各种可能,但为了使本书内容完整、逻辑通顺,最终成型还是作出了一定的调整。期间,课题组甚至一度怀疑是否能够完成任务,所幸的是,大家咬牙挺过来了。

本书的最终完成离不开课题组成员的共同努力,这里要感谢陈辉广、方芳、肖银垒、甘甜几位同学在材料整理、解读过程中付出的艰辛劳动,还要感谢湖南师范大学硕士研究生王登峰同学在校对过程中的不舍昼夜。此外,更要感谢学苑出版社的周鼎老师给予极大的帮助,是他的倾情付出,才使本书得以尽快顺利面世。

当然,本书由于涉及内容多,且多为第一次的尝试,故错讹在所难免,我们也会在接下来的时间进一步修改,以期不断完善。

课题组

2020 年 9 月 1 日